2018年江苏省基础教育前瞻性教学改革实验"大数据促进适合的教育实践研究"重大项目研究与实践成果

2019年教育部教育发展研究中心"大数据促进区域教育可持续发展研究"项目研究与实践成果

2020年教育部"基于教学改革、融合信息技术的新型教与学模式"实验区项目研究与实践成果

《探寻适合的教育》编委会 著

探寻适合的教育

以大数据促进因材施教

苏州大学出版社
Soochow University Press

图书在版编目（CIP）数据

探寻适合的教育：以大数据促进因材施教／《探寻适合的教育》编委会著. — 苏州：苏州大学出版社，2022.6
ISBN 978-7-5672-3997-5

Ⅰ. ①探… Ⅱ. ①探… Ⅲ. ①教育研究 Ⅳ. ①G40-03

中国版本图书馆 CIP 数据核字（2022）第 097299 号

探寻适合的教育
——以大数据促进因材施教
TANXUN SHIHE DE JIAOYU
——YI DASHUJU CUJIN YINCAI-SHIJIAO

《探寻适合的教育》编委会　著
责任编辑　杨宇笛

苏州大学出版社出版发行
（地址：苏州市十梓街1号　邮编：215006）
苏州市深广印刷有限公司印装
（地址：苏州市高新区浒关工业园青花路6号2号厂房　邮编：215151）

开本 787 mm×1 092 mm　1/16　印张 21.25　字数 504 千
2022 年 6 月第 1 版　2022 年 6 月第 1 次印刷
ISBN 978-7-5672-3997-5　定价：120.00 元

图书若有印装错误，本社负责调换
苏州大学出版社营销部　电话：0512-67481020
苏州大学出版社网址　http://www.sudapress.com
苏州大学出版社邮箱　sdcbs@suda.edu.cn

专家指导委员会

杨宗凯　刘三妍　钟绍春　陈兴昌　熊丙奇

沈　坚	葛　虹	刘海燕	顾振伟
顾建元	杨原明	夏静怡	肖年志
曹　宏	朱建忠	孙春福	张久旗
赵　卉	李君岗	郑　权	

目录 CONTENTS

绪论 ·· 1
 第一节　探寻适合的教育是推进时代变革的需要 ············· 2
 第二节　大数据时代适合的教育的区域行动框架 ············· 4

第一章　大数据支撑适合的教育学理分析 ························ 8
 第一节　适合的教育概述 ······································· 8
 第二节　大数据与教育大数据概述 ························· 15
 第三节　大数据支撑适合的教育理性探讨 ··············· 25

第二章　支撑适合的教育大数据平台建设 ······················ 32
 第一节　平台功能研发 ··· 33
 第二节　平台数据架构 ··· 54
 第三节　平台环境布局 ··· 66

第三章　大数据支撑适合的教育课程建设 ······················ 74
 第一节　课程建设理念 ··· 74
 第二节　课程建设目标 ··· 83
 第三节　课程建设实践 ··· 92
 第四节　课程建设内容 ······································· 105

第四章　大数据促进适合的教育实施路径 ···················· 134
 第一节　学——植根核心素养的"个性学" ············· 134
 第二节　教——指向立德树人的"智慧教" ············· 151
 第三节　测——实现全程覆盖的"科学测" ············· 163

第四节　评——促进优质均衡的"智能评" …………………… 178
　　第五节　管——立足五育并举的"精准管" …………………… 192

第五章　大数据支撑下适合的教育典型应用 ………………………… 200
　　第一节　学前教育的典型应用 ……………………………………… 200
　　第二节　小学教育的典型案例 ……………………………………… 219
　　第三节　初中教育的典型案例 ……………………………………… 245
　　第四节　高中教育的典型案例 ……………………………………… 261
　　第五节　特殊教育的典型案例 ……………………………………… 279

附录：支撑适合的教育数据标准规范 …………………………………… 298

后记 ……………………………………………………………………… 332

绪 论

随着"互联网+"、人工智能、虚拟现实、物联网等新一代信息技术飞速发展,相关数据的生产、传播、利用、管理与评价等呈现指数级增长态势,人类已然迈入"大数据时代"。作为国家重要发展战略资源的教育大数据成为推动教育信息化、"教智融合"发展的重要力量。显然,教育教学领域产生的大数据将为教育教学的变革创新带来机遇和挑战。

每个时代都有相应的教育行动路向,将大数据发展的历史性成就运用于教育领域,必定会带来教育面貌的划时代革新。《探寻适合的教育——以大数据促进因材施教》为2018年江苏省基础教育前瞻性教学改革实验"大数据促进适合的教育实践研究"重大项目研究与实践成果,研究者主动迎接全球信息化发展新浪潮,探索了大规模"因材施教"的新时代表达方式;为2019年教育部教育发展研究中心"大数据促进区域教育可持续发展研究"项目研究与实践成果,研究者重点打造区域教育改革发展新引擎,为区域教育可持续发展提供了强大的技术新支撑;为2020年教育部"基于教学改革、融合信息技术的新型教与学模式"实验区项目研究与实践成果,研究者将顶层设计与创新运用深度结合,双线推进,为推动课堂的革命、学习的革命提供了可借鉴的范式和路径。

本书集中反映了苏州工业园区(简称"园区")立足"先行先试"探索,努力打造区域教育高位发展新标杆,以教育科研揭示基于大数据的区域教育发展规律,深入践行适合的教育,将国家与江苏省的教育战略要求转化为区域教育创新的理性思考与实践探索。在此过程中,本研究得到了国家数字化学习工程技术研究中心与教育部数字化学习支撑技术工程研究中心专家的全方位指导,因此,本书对我国基础教育的理论与实践发展有着十分重要的意义。

但我们必须意识到的是,面向大数据的学习理论研究及实践探索还不完善,成果也不丰富,特别是在区域发展层面,至少还有以下三个方面的问题亟待破解。第一,大数据能否支撑区域适合的教育大面积展开,其展开是否符合学生身心发展的目的性与规律性,其相应的行动框架与实践策略是否具有学理性?第二,大数据软硬件平台环境能否满足区域适合的教育开展,其相应的课程建设与教学实施的可能途径有哪些?第三,大数据支撑区域适合的教育相应的机制有哪些,如何评价大数据支撑区域适合的教育的效能?

因此,本书以大数据支撑适合的教育为行动路向,对"教智融合"新型教与学改革的重大教育命题进行攻关,首创性地提出从学、教、测、评、管五大维度达成适合的教育的理论,并结合典型案例分析,构建平台建设、课程优化、效能对比分析等领域的实践范式。

第一节 探寻适合的教育是推进时代变革的需要

2017年,《关于深化教育体制机制改革的意见》指出要大力宣传普及适合的教育才是最好的教育等科学教育理念。2019年,《中共中央关于坚持和完善中国特色社会主义制度 推进国家治理体系和治理能力现代化若干重大问题的决定》要求:"加快发展面向每个人、适合每个人、更加开放灵活的教育体系。"因此,探寻适合的教育是面向未来基础教育的路向,是促进规模化因材施教的时代需要。

一、未来基础教育的前沿流变

人工智能、云计算、物联网等新一代信息技术正在引发人类社会第四次工业革命。第四次工业革命毫无疑问将给人类社会带来巨大的变化,对许多行业产生不可预估的冲击。第四次工业革命的核心特征是通过大数据驱动各领域全方位创新与变革。人类正悄然迈入大数据时代。大数据时代的教育变革已然成为时代重大命题。联合国在发布的《大数据促发展:挑战与机遇》白皮书中指出:"大数据时代已经到来,大数据的出现将会对社会各个领域产生深刻影响,教育也不例外。"目前教育界对大数据赋能教育创新与变革寄予厚望,正以极大的热情将教育大数据转化为提升教育质量、提高教学水平、提高学习效率的具体方法和工具。[1]

重新设计教育以应对未来挑战已成为各国推进教育发展的重要举措。2006年美国建成全球第一所将创新方法和先进技术融合的学校;随后俄罗斯未来项目、新加坡"智慧国2015"项目、日本"超级高中"计划等,都强调技术与课程、教学、空间融合的未来学校建设。[2] 我国对新一代信息技术促进教育改革发展的理论与实践探索持续深入。《中国未来学校白皮书》指出,未来学校将突破时间、空间、内容和师资等限制,满足人们不同教育需要,更好地提高全民素养,以应对未来更加复杂的社会挑战。

每个时代都会面临新的问题,产生新的疑问,探求新的答案。这在变化速度呈指数级增长的今天是不言自明的。概而言之,新时代教育正呈现技术赋能的新特征,数字化、智能化、国际化、一体化是当代基础教育的突出属性。这就要求学界重新研究教育本质及时代精神,透视未来国际基础教育变革趋势,构建新时代教育理论与实践。

基础教育变革肇始于新一代信息技术的强大功能,特别是大数据技术应用的丰富性,破解了教育公平、教育空间、教育评价等方面的难题,为优质教育、灵活创新、因材施教等提供了现实可行性。在大数据时代,透视国际基础教育创新变革的路向,不难发现未来教育倡导的是创新教育方式与先进技术融合下的教育重新设计,其核心价值是向学生提供个性化教育。这与苏州工业园区着力推进适合的教育具有相同的旨趣。其要义都是通过新一代信息技术促进学生更好发展,达成使学生学会认知、学会做事、学会共同生活、学会生存的四大教育愿景。[3]

---

[1] 赵勇. 智能机器时代的教育:方向与策略[J]. 教育研究, 2020, 41 (3): 26-35.
[2] 祝智庭, 管珏琪, 丁振月. 未来学校已来:国际基础教育创新变革透视[J]. 中国教育学刊, 2018 (9): 57-67.
[3] 联合国教科文组织. 教育:财富蕴藏其中[M]. 北京:教育科学出版社, 2014: 12.

二、当代新型教与学变革缘起

教育兴则国兴,教育强则国强。中华民族伟大复兴赋予教育重大使命,建设教育强国是中华民族伟大复兴的基础工程。第七次人口普查统计显示,我国教育水平不断迈向新的高度。随着人口素质的提高,"人口红利"加速向"人才红利"转变,人才成为实现中华民族伟大复兴的核心动力。"培养什么人,怎样培养人,为谁培养人"①,是当代课程与教学面临的根本问题。

人才观决定了课程与教学变革的走向。检视我国基础教育课程与教学的发展脉络,其目标厘定经历了从注重基本知识与基本技能的双基目标,向关照知识与技能,过程与方法,情感、态度与价值观并重的三维目标,再向人文底蕴、科学精神、学会学习、健康生活、责任担当、实践创新六个框架组成的中国学生核心素养迈进的过程,其宗旨是培养学生适应终身发展和社会发展需要的必备品格和关键能力。随着经济全球化深入发展,国际竞争日趋激烈,人才强国战略深入实施,时代和社会发展需要进一步提高国民的综合素质,培养创新人才。需要强调的是,最新的人才观是面向人工智能、"互联网+"、大数据等复杂社会情境培养运用知识解决所面对的各类问题的创新型人才。

对照《关于深化教育教学改革全面提高义务教育质量的意见》《关于进一步减轻义务教育阶段学生作业负担和校外培训负担的意见》文件精神,当前,中小学课程改革从总体上看,整体规划、协同推进不够,与立德树人的要求还存在一定差距,主要表现为"三重三轻"。一是重智轻德。单纯追求分数和升学率,学生的社会责任感、创新精神和实践能力较为薄弱。二是重教轻学。现在学习最大的问题是教师主宰了学生的学习,教师控制了学习的要求、标准、节奏、方式、内容和评价。学什么、何时学、何处学、怎么学,甚至为什么学,都是由学校和教师规定的。学生缺乏自主权与选择权,学习发生在教师的指令中,学习按照教师预定的方式进行。② 三是重考轻育。现有的考试方式,不注重综合考查学生发展情况、引导学校实施素质教育、科学选拔人才,没有充分利用现代信息技术手段,改进教学方式,适应学生个性化学习需求。教师育人意识和能力还有待加强,还没有充分发挥学科独特育人功能和各学科综合育人功能。因此,整体构建符合教育规律、体现时代特征、具有中国特色的人才培养体系,建立健全综合协调、充满活力的育人体制机制是适应教育内涵式发展、基本实现教育现代化的必然要求,对于全面提高育人水平,让每个学生都能成为有用之才具有重要意义。③

随着人类社会从信息技术(IT)社会向数据技术(DT)社会转型,数据密集型研究导向已然成为教育研究与实践新场域,通过挖掘教育大数据与教育现象的相关性,让数据"说话",发挥数据在学习过程中的检测、监测、调控、评价、预测、决策等作用,以技术赋能学生大规模个性化学习,以大数据调适学生学习进程,促进每一位学生以适合自身的方式发展,消解"三重三轻"成为教育发展的时代必然。

---

① 杨银付. 70年基础教育发展的"中国道路"[J]. 中国教育学刊,2019(10):3.
② 沈坚,杨原明. 一场聚焦学习路径重构的探索:苏州工业园区促进学习真正发生在学生身上 [N]. 中国教育报,2021-06-12(3).
③ 教育部关于全面深化课程改革 落实立德树人根本任务的意见[EB/OL]. (2014-04-08)[2021-07-28]. http://www.moe.gov.cn/srcsite/A26/jcj_kcjcgh/201404/t20140408_167226.html.

三、学生都了不起的时代意蕴

让每个学生都了不起，不仅是教育对每个学生发展的尊重，也是教育引导学生立身行道，发挥各自的才能，由此而敞开自我人生整体发展的通道，从而实现教育美好愿景的需要。为此，教育就要立足学生自我禀赋，经由教学，引导学生在社会发展中找到合理位置，走向自我成长之路，实现大以大成、小以小成的个人发展目标。

《国家中长期教育改革和发展规划纲要（2010-2020年）》（简称《纲要》）在总体战略中提出，关心每个学生，促进每个学生主动地、生动活泼地发展，尊重教育规律和学生身心发展规律，为每个学生提供适合的教育。① 适合的教育成为我国教育改革的重要价值取向。江苏省教育厅厅长葛道凯在《教育研究》撰文指出，发展适合的教育就是要坚持有教无类，保障每个人平等受教育的权利，努力为每个学生提供公平而有质量的教育，使教育选择更多样、成长道路更宽广，让人人都有出彩的机会。②

心理学研究发现，人与人之间的个别差异是与生俱来的，人的个别差异是多方面的，如智力、能力、动机、态度、个性、学习方式等，③ 这就导致每个学生都有独一无二的特点、兴趣、能力和学习需要，这就要求教育满足其个性化教育需要，因材施教，有教无类，进行有针对性的适合的教育，以培养互补型人才，促进人才的多样化发展，以满足我国社会主义事业发展对人才的总体需求。同时，人才多样性也孕育着创新，为不同层次、不同类型的受教育者提供适合的教育，有利于培养受教育者的创新创造能力。

推进"大数据支撑适合的教育"是为了成就每一个受教育者，让每一个受教育者都了不起。以大数据、人工智能为代表的新一代信息技术的日益成熟，为不同层次、不同类型的受教育者提供了个性化、多样化、高质量的教育服务，为促进学习者主动学习、释放潜能、全面发展提供了基础保障。苏州工业园区紧扣大数据时代教育发展的脉搏，重新定义学习，构建以新一代信息技术为支撑的信息化教学环境，根据大数据设计探索新型的教与学模式以应对未来教育挑战。

第二节 大数据时代适合的教育的区域行动框架

本节以系统思维开启研究与行动路向，围绕行动目标，通过建立逻辑框架、内容框架、实施框架，以保障研究与实践的方向性、科学性与严密性。有两点需要说明的是：文中所指的"区域"特指"苏州工业园区"（简称"园区"）；"大数据"这一术语是"易加数据"（园区教育大数据系统采集的数据）的上位概念。

一、行动目标

本研究以办人民满意的教育为宗旨，聚焦大数据促进育人方式变革的时代场域，对

---

① 国家中长期教育改革和发展规划纲要（2010—2020年）[EB/OL].（2010-07-29）[2018-04-16]. http://www.gov.cn/jrzg/2010-07/29/content_1667143.htm.
② 葛道凯."适合的教育"才是最好的教育[J]. 教育研究，2021，42（3）：19-22.
③ 杨清. 尊重学生课程需要的认识误区及对策[J]. 中国教育学刊，2017（11）：75-80.

"教智融合"新型教与学改革的重大教育命题进行攻关,以智慧管理生态开启行动路向,以教育科研揭示当代教育发展规律,以课堂为主阵地,深入践行适合的教育,以期进行理论建构并获得实践范式,打造区域教育高位发展新标杆。

二、逻辑框架

模型框架是一种比概念、语言更开放,也更严谨的表达方式,可以激发想象力和创造力,也同样会产生不同观点的理解和论辩。① 在大数据支撑适合的教育逻辑框架(图0-2-1)范畴模型中,研究者与实践者可在此领域中找到自己的定位,明确自己的目标。

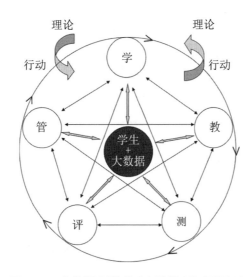

图0-2-1 大数据支撑"适合的教育"逻辑框架

本范畴的逻辑起点是"易加大数据",逻辑终点是适合的教育促进学生多样化、个性化发展,精神实质是"大规模因材施教",换言之,适合的教育是灯塔,大数据是聚焦灯塔的路向。"易加大数据"是真实客观、实时动态、萃取提纯的区域教育大数据,通过数据汇集—数据清洗—数据分析—数据服务—数据解释—驱动学、教、测、评、管五大效能实现。本框架是一个逻辑框架,也是区域教育创新顶层设计的工作机制框架,其核心观点是以理论指导行动,以行动丰富理论,支撑个体个性化、群体多样化高效学习。

三、内容框架

本项目研究内容设计为五个部分,如图0-2-2所示。

内容1:针对适合的教育内涵进行历史梳理与当代表述,对大数据内涵、发展、特征、趋势进行分析,提炼出大数据支撑适合的教育的学理依据。

内容2:呈现区域教育大数据环境架构,对系统功能进行解析,为本研究与实践提

---

① 桑新民,李曙华. 教育技术学范畴体系建模研究及其方法论:与美国"94定义"研究群体的对话(上)[J]. 中国电化教育,2007(11):1-8.

供环境支撑，对具有首创性大数据相关标准建设进行说明。

内容3：结合区域实践、课程理念、课程目标、课程内容四个方面进行探索，形成具有区域特色的大数据，以支撑适合的教育课程体系。

内容4：从学、教、测、评、管五个维度提出达成适合的教育效能的理论框架，并从理论与实践方面对其价值进行判断。

内容5：面向全学段，结合主题方向，遴选典型案例展现大数据支撑适合的教育实践样态。

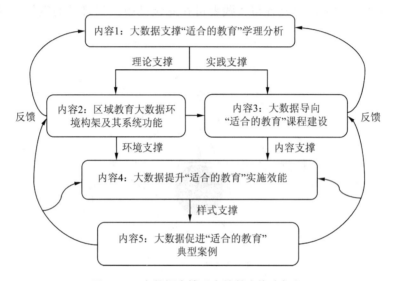

图 0-2-2　大数据支撑适合的教育内容框架

四、实施框架

本项目行动的实施框架（图 0-2-3）分为行动主脉、行动领域与行动方法三部分。行动主脉涵盖了每个实施阶段的策略，是目标性纲领；行动领域指明了实践的时空，是内容的方向性描述；行动方法则指每个阶段的实践中应该采用的具体研究方法，属技术性规约。

一个目标：运用大数据支撑适合的教育，其核心思想是大数据赋能的规模化因材施教，实现新一代信息技术支撑的教育创新发展。

两个系统："易加教育大数据"的软、硬件系统迭代建设。

三个理念：依据用数而思、因数而定、随数而行的策略进行课程及资源开发，开展"教智融合"背景下适合的教育创新实践。

四个层面：国家层面提供政策与技术规范，区域层面基于社会需求进行顶层设计，学校层面围绕大数据支撑适合的教育重大命题展开研究与实践，学生是服务对象，是实现高效学习、全面发展的主体。

五个效能：学、教、测、评、管五大效能是检测、监测、调控、评价、预测、决策适合的教育的策略，同时也反映了本项目的理论贡献。

绪 论

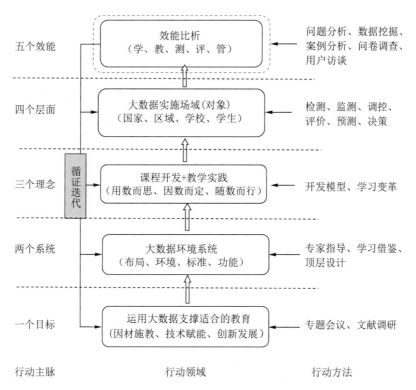

图 0-2-3　大数据支撑适合的教育实施框架

第一章　大数据支撑适合的教育学理分析

适合的教育是一个内涵丰富的、多维度的、多阶段的概念，可追溯至两千多年前孔子所倡导的"因材施教"，且不同时期都有相应的适合的教育，适合的教育带有显著的时代特征。在当今时代背景下，信息技术、互联网、大数据、人工智能改变了既有的教育环境和教育方式，为适合的教育突破困境、开拓新路提供了有力的支持，而教育大数据则促进了适合的教育的有效落实。因此，本章首先对大数据支撑适合的教育做学理分析。

第一节　适合的教育概述

《纲要》提出："把育人为本作为教育工作的根本要求。关心每个学生，促进每个学生主动地、生动活泼地发展，尊重教育规律和学生身心发展规律，为每个学生提供适合的教育。"[①] 在当前社会发展时代背景下，兴办适合的教育已成为国家教育改革的趋势。

捷克教育家夸美纽斯曾说："只有受过一种适合的教育之后，人才能成为一个人。"美国教育家布卢姆则表明："教育者的基本态度是选择适合儿童的教育，而不是选择适合教育的儿童。"由"选择适合教育的学生"到"提供适合学生的教育"，是现代教育理念的重大转变。这一理念将"学生"放到了重要位置。只有从学生的角度出发，关注人的成长，并将其作为教育的价值选择，这样的教育才真正拥有教育的内涵。为每一个学生提供适合的教育是教育的应有之义，也是21世纪教育改革和发展的出发点和最终归宿。

一、理论溯源

简言之，所谓理论就是对道理的论述。当所论述的道理被学界承袭，并被广泛依循的时候，它就成为一种理论或学说。从纵向的国内教育史追溯到横向的国际教育研究考察，适合的教育理论主要来源于因材施教的教育思想、多元智能理论、稳定匹配理论及最近发展区理论。

---

① 国家中长期教育改革和发展规划纲要（2010—2020年）[EB/OL].（2010-07-29）[2018-04-16].http://www.gov.cn/jrzg/2010-07/29/content_1667143.htm.

(一) 因材施教的教育思想

我国伟大教育家孔子早在 2 500 多年前就提出了"有教无类"的理念。后来的学者继承并发展这一思想。朱熹将其概括为"孔子施教，各因其材"。这就是"因材施教"一语之由来。因材施教，顾名思义就是从实际出发，根据不同学生的个体差异，采用不同的教育方法，有的放矢，进行教育教学，注重发挥学生优势，使每个学生均在原有基础上获得最佳发展。孔子虽然未在理论上明确提出因材施教，却在实践中严格遵循这一原则，并对后世教育产生极为深远的影响。从这个意义上说，给每一个学生提供适合的教育是对我国传统教育思想的继承和发展，是"因材施教"教育思想的当代表述。

(二) 多元智能理论

美国哈佛大学教授、著名心理学家霍华德·加德纳（Howard Gardner）提出了多元智能理论[①]，强调人的智力的多元性和差异性。加德纳把个体以相对独立形式存在的智能分为八种，即语言智能、逻辑数理智能、音乐智能、视觉空间智能、身体动觉智能、自我认知智能、自然观察智能及人际关系智能。多元智能理论拓展和丰富了"智能"的概念，进一步揭示了人的差异性客观存在的事实。教育者要重视每个学生智能结构的特点，关注学生的个体差异，用发展的眼光看待学生的优缺点，帮助学生发现潜能，使其获得充分发展。基于对多元智能的理解，教育者能为学生提供适合的教育。适合每个学生发展的教育才是最好的教育。在这个意义上，多元智能理论为适合的教育提供了一个新视角，对于实现教育目标具有深远意义。

(三) 稳定匹配理论

2012 年，诺贝尔经济学奖获得者埃尔文·罗斯（Alvin E. Roth）和劳埃德·沙普利（Lloyd S. Shapley）提出了稳定匹配理论。该理论很好地解决了如何恰当地选择两个不同主体并对其进行配对的问题。把稳定匹配理论引入教育领域就是强调教育的适合性。两个主体只有适合才能形成稳定匹配：教育适合学生，才能实现教育与学生的契合，从而促进学生的可持续发展；将学生与适合其发展的教育相匹配，是教育的应有之义。

(四) 最近发展区理论

苏联心理学家维果茨基提出了最近发展区理论，即儿童发展有两种水平：第一种为现有发展水平，表现为儿童能够独立解决智力任务；第二种水平称为最近发展区，指向那些尚处于形成状态的表现。教育要适合学生，关注、重视学生现有水平，但并非迎合迁就，只有积极地引导学生，才能真正促进学生未来的发展。因此，适合的教育不只是适应的教育，还是基于最近发展区理论，能促进学生更好发展的教育。[②]

二、概念厘定

以"适合的教育"和"适合教育"为篇名对中国基础教育期刊全文数据库进行检索，发现至今有 500 多篇相关文献，而以"适合的教育"为主题进行检索，相关文献有 2 000 篇左右。文献数量较大，但多数仅提供了呼应政策与实践层面的散点举措，在学理上进行概念界定及严密论证的研究并不多，这在一定程度上反映了适合的教育的研究

[①] 加德纳. 多元智能新视野 [M]. 沈致隆，译. 北京：中国人民大学出版社，2008：5.
[②] 成尚荣. 适合的教育：要义与要点：一种框架性的思考 [J]. 江苏教育，2017 (50)：34-36.

和实践还不够广泛和深入。为此,对适合的教育概念内涵进行梳理与厘定具有现实意义。

(一)适合的教育的明确提出

2010年,《纲要》首次明确提出"为每个学生提供适合的教育"。自此,适合的教育这一概念逐渐进入教育管理部门、教育研究者的视野以及中小学校的研究与实践。

《纲要》提出后,在政策层面得到了及时响应。2011年,教育部颁发的《幼儿园教师专业标准(试行)》《小学教师专业标准(试行)》《中学教师专业标准(试行)》均在"基本理念"中指出,要以学生为本,提供适合的教育。2013年,教育部颁发的《义务教育学校校长专业标准》中也明确要求,全面实施素质教育,为每个学生提供适合的教育,促进学生生动活泼地发展。2017年,中共中央办公厅、国务院办公厅发布《关于深化教育体制机制改革的意见》,提出营造健康的教育生态,大力宣传普及适合的教育才是最好的教育的理念。

(二)适合的教育的多重解读

适合的教育的内涵是什么,《纲要》中尚未明确指出。基于我国教育发展的阶段性特征,《纲要》没有将发展适合的教育作为总体战略目标,而是在工作方针中指出,要关心每个学生,促进每个学生主动地、生动活泼地发展;尊重教育规律和学生身心发展规律,为每个学生提供适合的教育。

对于适合的教育的理念内涵,研究者们多从适合的属性方面加以理解,且他们提炼的关于适合的教育的属性大多相似,呈重合交叠状。

张新平认为,适合的教育是国家教育意志的新表达,是"以生为本"教育理念的具体化,是一种有关教育管理的新思维。[1]

成尚荣强调,适合的教育是教育的基本原理和重大原则,它遵循的是青少年身心发展的规律和特点,折射出并规定着教育的规律。[2] 它是素质教育的核心内涵,也是素质教育的切入口和生长点。适合的教育必须以落实立德树人为根本任务,培育和发展学生的核心素养。多样性、多元化是适合的教育的特性,这一特性适合所有学生,能促成和而不同的教育生态。适合的教育不只是适应的教育,还是促进学生更好发展的教育;不只是给予学生的教育,还是师生共同创造出来的教育。

葛道凯指出,不同的人基于不同立场对适合的教育有不同的理解,但总体看,都是围绕"人"这个核心要素,从个体和社会两个维度进行审视,充分体现了人的个体性和社会性、教育的个体功能和社会功能辩证统一和相辅相成的关系。从个体维度看,适合的教育是面向每个学生的、因材施教的教育;从社会维度看,适合的教育是适应经济社会发展需要、全社会共同参与的教育。[3]

周思、赵峻岩在研究相关文献的基础上,对适合的教育做出界定:以符合教育规律为前提,以学生为根本,以发现差异为核心的最公平的教育。[4]

综上所述,对适合的教育内涵的理解,基于不同的视角,不同的教育研究与实践场

---

[1] 张新平. 何谓"适合的教育"[J]. 基础教育论坛,2017(24):61-62.
[2] 成尚荣. 适合的教育:要义与要点:一种框架性的思考[J]. 江苏教育,2017(50):34-36.
[3] 葛道凯. "适合的教育"才是最好的教育[J]. 教育研究,2021,42(3):19-22.
[4] 周思,赵峻岩. 论"适合的教育":内涵与实现路径[J]. 教育探索,2019(1):9-12.

域，专家学者有各自的解读，但也有一致性。他们基于共性的、多层面的、多角度的解读丰富了关于适合的教育的认识与理解。正如成尚荣所言，适合的教育是一个多类型、多层次的结构，存在多维度的适合的教育，但有一个共同的核心思想——因材施教。①

三、时代价值

适合的教育是中国教育从"有其学"阶段迈向"优其学"阶段提出的新理念，是从"集体化的大众教育"向"个性化的人才教育"的迈进方式，因此适合的教育有显著的时代特征。

（一）适合的教育是"以生为本"的实践路径

适合的教育伴随时代发展具有了新的实践诠释，核心观点是从学生适合教育到教育适合学生发展展现出现代教育观的本质转变，指明了新时代适合的教育实践路径。

1. 对"以生为本"理念的新诠释

适合的教育最根本的是适合每一个学生。学生是教育存在与发展的前提和目的。以学生为本自然是教育的题中之义，也是以人为本在教育领域的具体体现。从根本上说，适合的教育是一种新的教育观，超越了传统的教育观。传统上，我们所说的学生，一般指向全体学生或者作为整体的学生。教育者很少也很难关照到多姿多彩的、活生生的每一个学生个体。适合的教育对学生的关照和重视，超越了这种传统的教育观。在适合的教育中，整体的抽象的学生变成了具体的、鲜活的每一个人。所有的教育教学活动，都要落实到每一个拥有不同特点和禀赋的学生身上，都要以满足每一个学生成长需要为标准。

适合的教育对"以生为本"教育理念进行了新的诠释。在教育教学对象上，关注每一个学生发展，不仅意味着全体学生的发展，还强调每一个个体的发展。适合每一个学生的教育教学方式不仅适合概念意义上的学生，还适合具体学校、班级中活生生的学生。这种合适不仅是相对于个体的恰到好处（既不是越位的也不是缺位的），而且是符合国家和民族发展需要的。②

2. 从"选拔适合教育的学生"到"创造适合学生的教育"

很长时间以来，我国义务教育秉持的是"塑造教育"的理念，特别强调作为教育者代表的教师和学校具有改造受教者的权力、能力、责任和义务，教育者可以根据需要对受教者实施有目的、有计划和有组织的改造，只要教育者愿意，受教者就有可能成为教育者所期望的样态。而适合的教育理念聚焦于促进每一个学生生动活泼地学习、健康快乐地成长、全面而有个性地发展。适合的教育是一种国家教育意志的新表达、教育领导管理的新思维、"以生为本"思想的新体现。对政府来说，其要发展适合的教育；对学校来说，其要提供适合的教育；对学生与家长来说，其要选择适合的教育；对社会来说，其要支持、参与适合的教育。③ 由"选拔适合教育的学生"到"创造适合学生的教育"，是现代教育理念的重大转变，是"以生为本"的实践表达。

---

① 成尚荣. 适合的教育：要义与要点：一种框架性的思考 [J]. 江苏教育, 2017 (50): 34-36.
② 王九红. 适合的教育：新时代学校高质量发展的样态 [J]. 学校管理, 2020 (5): 4-6.
③ 王九红. 适合的教育：新时代学校高质量发展的样态 [J]. 学校管理, 2020 (5): 4-6.

（二）适合的教育是对教育规律的有效遵循

适合的教育是现代教育的基本取向，即教育应基于对学生的基本认识，应尊重作为人的学生的发展规律。因而，适合的教育亦应是教育及其改革的重大原则，即无论实施什么教育，也无论进行什么改革，都必须是适合学生的，能促进学生有效发展的。

1. 学生成长有其节律

《纲要》中明确指出，尊重教育规律是为每个学生提供适合的教育的前提，即适合的教育就是符合规律的教育。英国教育家怀特海提出"教育的节律"理论。他把教育的节律当作教育的一个特定原则，认为不同科目和不同学习方式应该在学生的智力发育达到适当的阶段时采用。① 在此基础上，成尚荣先生认为，适合学生体现了教育的节律和原则。教育的节律不只是教育的节奏，而且体现了教育的规律，适合学生的教育一定是适合生命规律和发展规律的教育。② 苏联心理学家维果茨基提出的"最近发展区"理论，强调教育要尊重学生的身心发展规律，让学生处在"最近发展区"，重视学生现有水平，适应学生的不断生成状态。

2. 学生发展各有差异

发现差异是开展适合的教育的起点。霍华德·加德纳提出了多元智能理论③，成尚荣强调，看到差异，就是看到个体；抓住差异，就是抓住机会；利用差异，就是利用资源，适合的教育是有差异的教育。适合的教育不仅要适合不同类别的学生，还要适合整体上所有学生。一方面，适合不同类别的学生，要深入或具体地了解每个学生，使每个学生都能够得到关怀，追求教育的个性化发展；另一方面，适合所有的学生，体现出教育的共性特点。

适合的教育的主体是受教育者，发现差异不仅仅是教师了解学生，对学生做出判断，挖掘不同学生的潜能，还是让学生学会自由选择、自主判断、自我评价，以发现自己的闪光之处。尊重学生差异是教育工作者践行符合规律的教育的基本要求与行为准则。

（三）以适合的教育应对教育困惑

发展适合的教育是破解教育基本矛盾的必然选择。倡导适合的教育，就是要坚持问题导向，致力于解决过去没有解决或没有解决好的问题，或者解决教育高质量发展过程中出现的新问题，致力于回应经济社会高质量发展给教育带来的新挑战、新要求。

1. 改变高度同质化的课程与教学

教育必须基于可行的课程来实现。因此，为每个学生提供适合的教育，就其本质而言，应是为每个学生提供可选择的丰富课程。

虽然国家有严格的课程标准，但在将课程标准转化为教材，将教材转化为实际教学时，应当基于实际情况，充分考虑学生的需要。在物质丰富时代，在政府有意愿为教育投入大量资源的条件下，学校能够而且应该打造"课程超市"，实行选修制与学分制，

---

① 怀特海. 教育的目的 [M]. 徐汝舟, 译. 北京：生活·读书·新知三联书店, 2002: 28.
② 成尚荣. 为每个学生提供适合的教育 [J]. 人民教育, 2010 (20): 9-12.
③ 加德纳. 多元智能新视野 [M]. 沈致隆, 译. 北京：中国人民大学出版社, 2008: 5.

丰富教学方法，改变评价方式，把选择的主动权交给学生，让学生选择符合自身需求的课程组合，真正促进学生个体优势素养与基础素养的提升。① 简言之，适合的教育的载体是课程、教学改革，应当以增强选择性为重点，推动课程和教学改革。②

2. 改变高度标准化的教育评价

教育评价对教育发展具有导向性作用。有什么样的评价就有什么样的办学行为。高度标准化的教育忽视了学生的差异性，阻碍了学生的发展。适合的教育最根本的思想是以生为本。教育应当具有多样性功能，让学生根据自己的实际需要进行选择。我们必须以"教育要适合每个学生"为出发点，对高度标准化的教育评价制度不断地进行反思与改进。③

为了顺应新时代的发展要求，落实立德树人根本任务，2020年，中共中央、国务院印发了《深化新时代教育评价改革总体方案》，其中的改革目标指出：经过5—10年努力，各级各类学校立德树人落实机制更加完善，引导教师潜心育人的评价制度更加健全，促进学生全面发展的评价办法更加多元。教育部等八部委联合印发了《关于进一步激发中小学办学活力的若干意见》，明确为一线学校扩大自主权：鼓励和支持学校在落实国家课程方案和课程标准的基础上，结合实际，科学构建基于学校办学理念和特色的校本课程，明确提出四个"自主"：自主安排教学计划，自主运用教学方式，自主组织研训活动，自主实施教学评价。这也为适合的教育的落实和推进起到了积极作用。

四、实践审视

适合的教育是我们共同追求的美好目标，许多教育者都在为其努力。诸多文献研究与实践探索表明，全国各地各学科在各个方面均有相关实践研究。梳理已有的实践成果可为本研究提供借鉴材料与实践参考。

（一）已有探索的述评

通过文献的检索及阅读，我们发现各地各校实践大多呈散点状，但也有少量长期、持续的实践探索，如江苏省南京市天正小学在十余年里申请了省"十二五""十三五"规划课题，发表了系列论文。基于各地各校的已有实践，本书从学校文化、课程教学、教师培养、教育评价这四个方面对适合的教育的已有探索进行述评。

学校文化是适合的教育的实施基础。适合的教育要从理想转化为现实，首先要有与之相匹配的学校文化营建工作。只有构建起真正平等对待每一个学生的学校文化，切实尊重每一个学生的特点和禀赋，在学校集体生活中积极创建让每一个学生都能获得满足感和成功体验的教育环境，欣赏每一个学生的个性，高度包容学生的表现，适合的教育才有可能走进和融入学校的日常生活，成为办学、管校、施教的灵魂和主旨追求。④

课程教学是适合的教育的重要载体。满足学生个性化发展需求，创造适合每个学生的教育，意味着需要以丰富的、多样的课程为依托，即打造"课程超市"。将课程拓展

---

① 马健生，李洋. 为每个学生提供适合的教育：何以不可能或何以可能：基于课程的教育功能的分析［J］. 北京师范大学学报（社会科学版），2016（6）：22-31.

② 成尚荣. 适合的教育：要义与要点——一种框架性的思考［J］. 江苏教育，2017（50）：34-36.

③ 周思，赵峻岩. 论"适合的教育"：内涵与实现路径［J］. 教育探索，2019（1）：9-12.

④ 张新平. "适合的教育"与学校文化营建［J］. 基础教育论坛，2017（27）：63-64.

为"课程超市",就是增加课程的丰富性,让学生自主选择需要的课程。而"课程超市"的落实要以选修制作为保障机制,走班制则是对选修制的进一步补充和完善,是与选修制相伴而生的教学管理制度。在一般情况下,学生步入校园后能够自主选择的机会很少,他们很难有选择班级、课程以及教师的可能,而分层走班的核心就是将选择的权利授予学生。①

教师培养是适合的教育的实施保障。适合的教育是当下最需要的教育,教师应当具备相应的能力以促进其理念的实现。教师具有关键能力是开展适合的教育的重要前提和保障。在适合的教育视域下,教师的关键能力是在教育过程中有效地使每个学生全面地、个性化地、生动活泼地发展。关键能力分为内部和外部两种:内部关键能力包括知识力、思维力、洞察力;外部关键能力包括协作力和幸福力。②

教育评价是适合的教育的实施导向。教育评价对教育发展具有导向性作用。江苏省南京市天正小学聚焦小学阶段适合的教育的评价特征,以评价内容的开放性、评价目的的发展性、评价方式的适切性、评价主体的多元性为原则,构建校本化的评价体系,激发学生的发展潜能,促使学生以更加适合自身的方式发展,为探索适合的教育评价提供了样本。③

综上所述,适合的教育是一项系统工程,有赖于学校文化、课程教学、教师培养、教育评价的同步发展。尤其是"课程超市""分层走班教学",它们是美好的设想,但在当下的实践中面临诸多困难。新时代适合的教育能否走出一条跨越式发展的新路呢?

(二)线上教育:为适合的教育拓展未来空间

适合的教育,既要指导当下,又要指向未来,引领教育的深度改革。如今,新一代信息技术的迅猛发展与广泛应用,正在改变着世界,改变着人类生存与生活的方式。技术与教育的深度融合必将改变教育,而教育必将因信息技术的融入而更加凸显其专业特质。面向未来的课堂教学必将随技术的应用而发生根本性变革。这样的变革本质上是一种遵循教育规律的实践。

2019年3月,联合国教科文组织发布的报告《教育中的人工智能:可持续发展的挑战与机遇》指出:人工智能技术能够支持和包容无处不在的学习访问,有助于确保提供公平和具有包容性的教育机会,促进个性化学习,并提升学习效果。2020年年初,面对突如其来的新型冠状病毒肺炎疫情,江苏95.6%的教师参与线上教学活动,96.5%的学生参与在线学习活动。史无前例的大规模线上教育,推动传统教育教学形态发生质的变化,借助网络新载体,有效打破空间的限制,将学生的视野从教室的有限空间延伸到广阔的无限空间中,形成更加广阔的认知领域。④

(三)区域的突围之道:基于大数据为适合的教育求解

关于适合的教育,不少学校已有散点状的探索,但在当前班级授课制的现实情况

---

① 周思,赵峻岩.论"适合的教育":内涵与实现路径[J].教育探索,2019(1):9-12.
② 周思,赵峻岩.适合的教育视域下教师关键能力的构建[J].现代教育科学,2019(3):69-73.
③ 王九红,张婷."适合的教育"评价:困境、特征与实施:基于南京市天正小学的思考与实践[J].教育视界,2021(4):49-53.
④ 葛道凯."适合的教育"才是最好的教育[J].教育研究,2021,42(3):19-22.

下，怎样让区域教育既适合学生群体，又满足学生个体的不同需求？如何在困境中突围，使适合的教育这一美好愿景在教育实践中落地？这是各地在探索适合的教育时遇到的普遍问题。

《服务于"适合的教育"的区域智慧学习平台建设研究》一文给出了区域整体性解答，即基于大数据为适合的教育求解。大数据的核心应用价值在于能为"规模化个性学习"提供支撑，重点从三个层面探究：一是基于数据快速精准地为学习者群体和个体"画像"，定位"长短板"，定位共性与个性；二是提供丰实的学习资源，满足学习者的选择性学习需求；三是针对学习者实际形成关联性推送，可以是学习图谱推送，强化学习者的自我认知，还可以是资源关联，实现扬长补短，还可以是路径优化，驱动有效学习。① 在这样的场景中，学习者不断体验选择。在选择过程中个性不断完善，批判性思维逐渐形成，这也是适合的教育的现实追求。这样的教育是基于现实且面向未来的适合的教育。"适合的"一定不是唯一的，一定是变化的。②

基于以上理解，园区通过区域智慧学习平台建设，探寻出一条实现适合的教育的路向：通过建设区域学习平台，从根本上解决教育教学的痛点问题，满足适合的教育的需要，支撑"规模化因材施教"；满足学习者个性化、差异化高效学习的需求。

第二节 大数据与教育大数据概述

当前，学界普遍认为，大数据是继云计算、物联网之后 IT 产业的又一次重大技术变革。随着数据可获得性的增强，对教育工作者来说，正确理解大数据及教育大数据的时代内涵、发展演进、典型特征及其未来趋势，有助于正确合理地使用大数据进行科学研究及实践指导。

一、内涵演进

随着互联网技术的不断发展与成熟，大数据技术已在各行各业广泛应用，并深刻影响着人们的学习和思维方式。由于人们对大数据及教育大数据的认识是一个渐进的过程，了解大数据的内涵拓展，有助于厘清认识，形成统一观念。

（一）大数据内涵

"大数据"（Big Data）这一术语最早由美国学者阿尔文·托夫勒（Alvin Toffler）在1981年出版的《第三次浪潮》③ 一书中提出。"大数据"一词是对某种问题现象的描述。1997 年，美国 NASA 宇航局研究员迈克尔·考克斯（Michael Cox）和大卫·埃尔斯沃斯（David Ellsworth）在使用超级计算机处理模拟气流数据时遇到了难题——数据集相当大，对主机内存、本地磁盘甚至远程磁盘容量都提出挑战。这样的数据被称为大数据。④ 这时，大数据第一次正式进入大众视野。2000 年，弗朗西斯·X. 迪博尔德

---

① 肖年志，葛虹. 服务于"适合的教育"的区域智慧学习平台建设研究［J］. 中国教育信息化，2021（7）：1-8.
② 厉成根. 慎谈"最适合的教育"［J］. 山东教育，2013（10）：64.
③ TOFFELR. The Third Wave ［M］. New York：Bantam Books，1981.
④ 何克抗. 大数据面面观［J］. 电化教育研究，2014，35（10）：8-16.

（Francis X. Diebold）发表的论文使大数据第一次出现在学术期刊中。2008 年，《自然》杂志"大数据专栏"的推出让更多研究人员了解了什么是大数据技术。2010 年，大数据作为一项前沿技术进入互联网行业，并发展至今。

然而，大数据作为互联网领域的一项创新应用，目前仍处于快速发展与研究阶段。美国麦肯锡全球研究所（McKinsey Global Institute）将大数据定义为一种大规模数据集合，其数据量之大使其无法通过传统数据处理方式得到采集、储存、管理等。①

如今，大数据技术已融入人们生活的方方面面。随着深度学习、人工智能、5G 等技术的发展，数据采集方式愈发便捷，数据挖掘愈发深入，数据分析愈发准确，同时各行各业的数据得到前所未有的高效整合，事物发展规律得以准确呈现，事物发展趋势可被预判，以引导行业进行改革与快速发展。

大数据既是数据的一种表达方式，也是数据的一个部分，是相对于小数据而存在的。数据还未上升到大数据层级时，一直以小数据或数据（库）的形式存在。对比数据库和大数据这两个先后发展的数据技术演化的产物，将有助于人们学习和理解大数据的起源。

通过对比数据库和大数据在各个维度上的表现，我们可以窥见大数据所具备的先进性、多样性以及时代性等特征（表 1-2-1）。学者方海光用"池塘捕鱼"和"大海捕鱼"生动比喻传统数据和大数据，并从表 1-2-1 中列出的几个维度进行了分析。②

表 1-2-1 数据库和大数据基本属性比较

项目	数据规模	数据类型	模式和数据的关系	处理对象	处理工具
数据库	规模小	仅含有结构化数据	先有模式，再有数据	仅为数据	单一固定
大数据	规模大	包含结构化、半结构化、非结构化数据	先有数据，再有模式，并且模式在不断变化	既是数据，也是资源	多样变化

第一，从数据规模上看，顾名思义，大数据代表着数据容量的扩充，从以前数据库中仅仅若干 KB、MB 规模的数据单元正逐步演化为需要用 TB、ZB 表示的大规模数据。第二，从数据类型上看，原本单一的结构化数据演变为包含结构化、半结构化、非结构化的复杂数据类型。③ 例如，数据从单一文本中的行数据演变为日志文件、JSON 文件、文档、图片、HTML 等。第三，传统的数据库往往是先有固定的模式，然后再产生数据，而现在，由于大数据灵活多变等特征，数据模式变得越发模糊，时常因大数据的变动而处于变化之中。第四，大数据从"等待被处理的""静止的"数据演变为"丰富的""动态的"资源。第五，在处理大数据时，人们需要升级处理的工具，多样的、变化的大数据处理方式逐渐成为主流。

---

① 大数据战略重点实验室. 大数据概念与发展 [J]. 中国科技术语，2017，19（4）：43-50.

② 方海光. 教育大数据：迈向共建、共享、开放、个性的未来教育 [M]. 北京：机械工业出版社，2016：13-15.

③ 祝智庭，沈德梅. 基于大数据的教育技术研究新范式 [J]. 电化教育研究，2013，34（10）：5-13.

纵观大数据技术演进的时间线，从涌现出翻转课堂、MOOC、微课程的第一波大数据变革浪潮到以学习分析、教育数据挖掘为关键技术的第二波大数据浪潮，大数据技术正在从原始的信息技术转变为数据技术，数据演变则经历了"数据—信息—知识—智慧"的时代转变。① 大数据正逐步影响着人们的生活，似乎成了大众身边不可或缺的"伙伴"。人们迫切地想要更加清楚地去了解这位"伙伴"的历史背景，想要更加深入地去探寻它的本质特征，想要试着去分析国内外大数据研究进展中的优劣得失，总结规律，提炼出适合区域大数据发展的路向指标。

（二）教育大数据的内涵

大数据技术与教育行业的结合是我国教育信息化的未来发展趋势。大数据技术作为一项推动我国教育变革的重要手段在各级各类学校中得到应用。2018年，教育部印发的《教育信息化2.0行动计划》中提出："大数据技术的到来将深刻改变人才需求和教育形态；利用大数据技术实现教育资源共享、提升教育管理水平以及推动教育模式变革。"目前有更多的学者对大数据在教育领域的应用开展了深入研究，如有学者探讨了大数据技术支持下个性化教育的实施路径②、自适应学习新模式③、教育评价方式变革④、智能化在线教育⑤、智慧校园创新建设⑥等应用模式，还有学者在教育大数据的核心技术⑦、教育政策制定⑧、教育研究范式创新⑨、教育管理模式变革等方面做了深入研究及解读。

上文已经对"大数据"术语的由来和大数据的基本特征进行了概述。教育大数据（big data in education，BDE）作为大数据的一个分支，专指教育行业的大数据。查阅已发表的文献，我们发现，仍未有学者对教育大数据进行明确的定义，目前所说的教育大数据通常是指在教育教学活动中所产生并通过技术手段采集到的，可用于推动教育行业发展及存在巨大的教育价值与潜力的数据集合。⑩

根据数据的类型及来源可以将教育大数据分为四个层级（图1-2-1）。不同层级的教育大数据的主要采集方式与应用方式各不相同，层级越高，数据采集方式就越复杂，应用价值也就越高。

---

① 胡水星. 大数据及其关键技术的教育应用实证分析［J］. 远程教育杂志，2015，33（5）：46-53.
② 吴刚. 大数据时代的个性化教育：策略与实践［J］. 南京社会科学，2015（7）：104-110.
③ 胡旺，陈瑶. 自适应学习：大数据时代个性化学习的新推力［J］. 中国教育信息化，2018（21）：42-47.
④ 张敏强，凡细珍，郭凯茵，等. 大数据理念下教育质量监测评价的变革与发展［J］. 现代教育论丛，2016（3）：2-6.
⑤ 陈池，王宇鹏，李超，等. 面向在线教育领域的大数据研究及应用［J］. 计算机研究与发展，2014，51（A1）：67-74.
⑥ 蒋东兴，付小龙，袁芳，等. 大数据背景下的高校智慧校园建设探讨［J］. 华东师范大学学报（自然科学版），2015（A1）：119-125，131.
⑦ 孙洪涛，郑勤华. 教育大数据的核心技术、应用现状与发展趋势［J］. 远程教育杂志，2016，34（5）：41-49.
⑧ 陈霜叶，孟浏今，张海燕. 大数据时代的教育政策证据：以证据为本理念对中国教育治理现代化与决策科学化的启示［J］. 全球教育展望，2014（2）：121-128.
⑨ 祝智庭，沈德梅. 基于大数据的教育技术研究新范式［J］. 电化教育研究，2013，34（10）：5-13.
⑩ 杨现民，王榴卉，唐斯斯. 教育大数据的应用模式与政策建议［J］. 电化教育研究，2015，36（9）：54-61，69.

图 1-2-1　教育大数据的结构

教育大数据中的"教育"并不局限于学校教育，家庭教育、社会教育中产生的数据都属于教育大数据的范畴。它具有全员（全体人民）、全程（贯穿终身教育）、全覆盖（涵盖全部教育类型）的特点。

二、发展进程

大数据采集技术的革新将推动传统意义上的数据向现代大数据的转型发展。随着技术发展，收集、存储、管理和分析大数据能使人类更有效、精准、全面、深刻和及时地了解教育现象，揭示教育规律，更好地服务教育教学。

（一）大数据发展

根据前文对大数据起源的描述，大数据来源于人们身边，但是随着时间的推移、科技的演进，大数据慢慢替代了原来的数据库，并将它独有的特点展示给大家。大数据带来了时代的改变，每一次大数据的发声呐喊都激起下一波大数据浪潮的涌动。利用数轴时间线，我们可以清晰呈现20世纪末以来数据演变为大数据的发展里程碑以及教育大数据在其中的萌发与生长[1][2]（图1-2-2）。

首先，通过图1-2-2我们可以发现，大数据的萌芽、成熟以及应用阶段都给教育大数据的产生与发展带来了直接的影响。例如，人们对数据挖掘理论和数据库技术的成熟应用带动了数据仓库的应用发展。

再次，大数据在教育领域的应用实践助推了大数据自身的持续发展。例如，在大数据成熟期中，人们对"教育数据挖掘"和"学习分析技术"的重点探索为大数据的大规模应用产生了积极的影响。[3][4]

再次，在大数据发展的浪潮中，西方发达国家长期处于领先地位。不过，2015年之后，中国迎头赶上，通过政策发布、行动规划、科学研究等措施快速、有效地推动了大数据应用研究的初级阶段发展。

---

[1] 林子雨. 大数据导论：数据思维、数据能力和数据伦理：通识课版［M］. 北京：高等教育出版社，2020：11-12.

[2] 方海光. 教育大数据：迈向共建、共享、开放、个性的未来教育［M］. 北京：机械工业出版社，2016：21-25.

[3] 陆璟. 大数据及其在教育中的应用［J］. 上海教育科研，2013（9）：5-8.

[4] 胡水星. 大数据及其关键技术的教育应用实证分析［J］. 远程教育杂志，2015，33（5）：46-53.

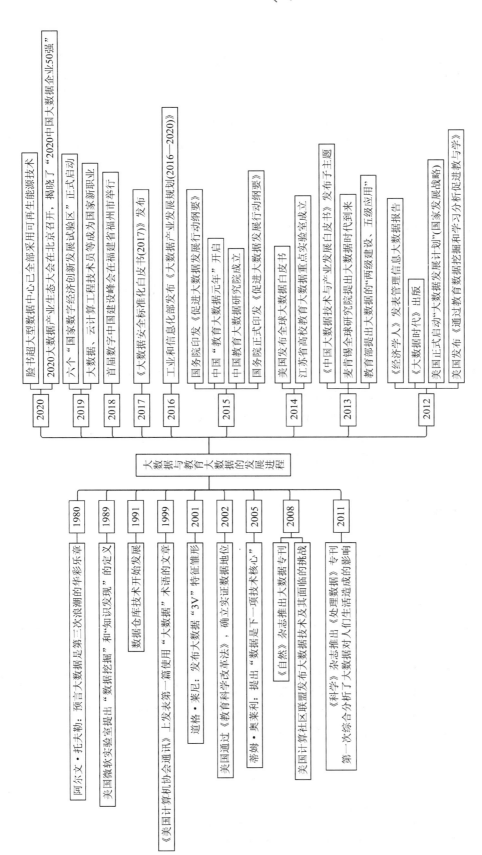

图1-2-2 大数据与教育大数据发展进程

(二) 教育大数据发展

传统教育数据以人工采集为主，完整采集一次数据的时间较长，因此传统教育数据采集具有阶段性特点，并且数据采集通常在用户知情的情况下进行。数据分析方式大多采用简单的数据汇总和统计分析，体现我国各级各类教育的整体发展态势。进入大数据时代，在5G、人工智能、云计算、无感监测等新技术的支持下，数据采集将涵盖教育教学全过程，并在不影响正常教学活动的情况下，可以通过摄像头、互动教学平台等实时地、持续地采集教育活动中的过程性数据。相比传统教育数据，教育大数据更能揭示教育规律，预判教育发展趋势。

与传统教育数据一样，教育大数据也有多种分类方式。按数据的业务来源来分，教育大数据可以分为教育教学类数据、教育管理类数据、教育科研类数据、教育服务类数据。[①] 按数据结构来分，教育大数据可以分为结构化数据、半结构化数据、非结构化数据。[②] 结构化数据严格按某一规律存储和排列，非结构化数据则无固定的规律，如图片、文档、文本等。按数据采集的环节来分，教育大数据可以分为过程性数据、结果性数据。[③] 过程性数据从教育教学活动过程中采集，差异性极强，无固定的数据结构，如学生与教师的互动次数、学生课堂作业情况等。结果性数据一般为教育教学活动后的最终量化结果，如考试成绩等。

我国在教育大数据发展早期，更多关注教育宏观层面发展的数据，且受数据采集技术限制，获取的数据多为教育管理数据、结构化数据、结果性数据。在现阶段，伴随数据采集技术的迭代升级、数据分析整合人工智能的发展、数据挖掘的深入科学研究，学界对教育大数据的认识也不断进步发展，更加关注非结构化的过程性数据的采集、分析与挖掘，通过分析此类看似无关的数据探索因人而异的个性化学习路径，实现一人一案的自适应学习，以此推动教育变革。

三、典型特征

近年来，随着大数据技术与产品的不断成熟，大数据与教育大数据都表现出相对明显的典型性特征。

(一) 大数据特征

IBM公司提出了大数据最新的"5V"特征，即数据量（Volume）大、数据种类（Variety）多、数据处理迅速（Velocity）、数据真实可靠（Veracity）和数据价值（Value）密度低。[④]

从外显的特征看，如果把大数据比作一座房子，当我们站在房子外面时，容易观察到的第一个特征就是它比一般房子体积要大，即大容量的数据呈现。数据量大意味着采集、存储和计算的量都非常大。大数据的起始计量单位通常是PB、EB或ZB。

站在大数据房子外，我们观察到的第二个特征是，它好像比普通的房子多了庭院、

[①] 杨现民，周宝，郭利明，等. 教育信息化2.0时代教育数据开放的战略价值与实施路径 [J]. 现代远程教育研究，2018（5）：10-21.

[②] 张岩. "互联网+教育"理念及模式探析 [J]. 中国高教研究，2016（2）：70-73.

[③] 柴唤友，刘三女牙，康令云，等. 教育大数据采集机制与关键技术研究 [J]. 大数据，2020，6（6）：14-25.

[④] 孟小峰，慈祥. 大数据管理：概念、技术与挑战 [J]. 计算机研究与发展，2013，（1）：146-169.

草坪和车库，即种类繁多的数据开始呈现。它包括结构化、半结构化和非结构化数据，具体表现为网络日志、音频、视频、图片、地理位置信息等，多类型的数据对数据的处理能力提出了更高的要求。

这些显性的特征是我们很容易通过肉眼观察到的，而且这些数据特征相比于一般数据的特征，有了本质上的不同，"房子"升级成了"宅院"，海量数据的产生和积累在带来丰富数据资料的同时，也改变了房子的"装修结构"和"功能室场"，让大数据的作用和价值也变得独一无二。

从内隐的特征来看，外显、静态的特征衬托出大数据的"大"而"繁"，但是当我们进入这座"大房子"时，看到的则是大数据真正有别于一般数据的特色，这也是我们探索挖掘大数据真正价值的地方。第一个内部特征就是它对于数据的处理迅速。这就好比为这座"大房子"精心配备了能干的"管家"，他们相互协作、有序配合，共同处理好房子内外大小事务，有条不紊且雷厉风行。数据增长速度快，处理速度也快，对时效性要求高。比如搜索引擎要求几分钟前的新闻能够被用户查询到，个性化推荐算法要求尽可能实时完成推荐。这也是大数据区别于传统数据挖掘的显著特征。"大数据房子"中的每一分子都在为这座"房子"的成功运作尽心竭力，他们忠厚诚实、不虚假造作的品质就是他们最为朴素的特征。由此可见，大数据所提供的数据准确性和数据可信赖度就代表了大数据的质量。

大数据具有低密度价值。虽然我们知道了"数据房子"里的每一个人都具备良好的素养，但是每一个人无论是在个性上，还是在兴趣爱好上，或者是在为人处事上都不尽相同。因此，当我们需要找寻具有某一专长或特点的"人物"时，就会力不从心。这样一来，数据的价值密度就相对较低。

通过对比观察大数据发展的里程碑，我们可以清楚地认识到我们在大数据时代所处的位置。

首先，大数据具有与时俱进的理论创新性。大数据是一种无形的战略资产，是一座可供开采的"金矿"，充分挖掘与应用是使数据"资产"增值的有效途径。

其次，大数据具有优化改革的指导引领性。例如，在教育领域，教育大数据可以推动破解教育公平难题，为教育公平取得明显进展提供有力的信息支撑和技术保障，为全社会提供均衡的教育资源和优质教育的共享机会，长期推动劳动力资源升级与优化。有学者认为大数据的这一特征体现了它的社会属性。[①]

我国大力推动实施国家大数据战略，大数据产业保持良好发展势头，涌现出一大批大数据新企业、新产品、新服务、新业态。不断涌动的创新、深度的融合和庞大的体量让我国加速迈入大数据时代。突破核心技术、培养竞争优势、培育持久动能、增强管理能力，都是推动大数据产业发展的题中之义，也是增强民族自信的重要路径之一。

（二）教育大数据的特征

与医疗、交通、传媒、金融等领域的大数据相比，教育大数据具有其行业独特性，主要表现为以下三方面。

第一，教育大数据具有高度不确定性。随着素质教育的稳步推进、STEM 等创客教

---

① 刘丽，郭苏建. 大数据技术带来的社会公平困境及变革［J］. 探索与争鸣，2020（12）：114-122.

育的深度融合，学校教育呈现多元化发展趋势。"教学有法、教无定法"在现阶段学校教育中体现得淋漓尽致。教育教学活动没有标准化的操作流程及工作模式，致使教育大数据采集方式复杂，数据内容具有高度的不确定性。

第二，教育大数据的应用具有目的性。虽然所采集的教育大数据的数据规模远比不上金融大数据，但其数据类型之多、相同类型数据前后变化之大是其他行业无法相比的。例如，学生的学习状态会受情绪、健康状况、注意力集中情况等内在因素影响，也会受气温、气压、噪声等外界环境因素影响，因此即使是在同一时间段采集同一学生的学习数据，其数据结果也会呈现起伏状态。面对如此复杂多变的教育大数据，数据分析者需要具备极强的创新性，采用多学科整合分析的方式，充分挖掘教育大数据的内在价值，更好地揭示教育规律及发展趋势，进而指导教育决策。

第三，教育大数据更注重数据间的因果性。在商业、金融等领域，依托物联网技术，其行业大数据通过挖掘数据的相关性，分析不同数据的相关关系，得出用户的喜好、个性、一般需求等信息，以指导用户的行为。大数据之父维克托·迈尔-舍恩伯格（Viktor Mayer-Schönberger）指出，在大数据时代，数据的相关性比数据呈现的结果更具价值。[1] 而教育大数据与上述行业大数据有本质区别。教育的目的是根据一定社会的政治、经济、生产、文化科学技术发展的要求和受教育者身心发展的状况确定的，因此教育大数据不但需要挖掘其数据本身的价值，还应关注该数据产生的原因、过程、结果。

四、未来趋势

目前，国内外学术界普遍看好大数据在教育领域的应用前景，对运用大数据技术促进教育的深化改革寄予很高的期望，因此准确把握大数据技术及其应用前景趋势，有利于超前布局大数据环境与应用，促进区域适合的教育更加科学合理地发展。

（一）大数据的趋势

对大数据技术与应用领域的研究已经逐渐成为世界各国，尤其是一些发达国家战略发展的重中之重。如何运用大数据技术保障和促进国家经济发展，如何利用大数据完善国家社会治理，如何让大数据服务于政府服务监管都将慢慢成为备受关注的话题。以下通过梳理大数据未来发展的六种可能趋势，为区域大数据发展提供借鉴与参考。

第一，大数据成为企业和社会关注的重要战略资源。国务院印发《促进大数据发展行动纲要》《中华人民共和国国民经济和社会发展第十三个五年规划纲要》等，均把大数据作为基础性战略资源。数据的资源化现象也意味着大数据将成为企业和社会关注的重要战略资源，并将成为大家争相布局的新领域。

第二，大数据与云计算深度融合。开源技术将继续为大数据提供强有力的技术支撑。2013年，大数据技术已开始和云计算技术结合发展，预计今后它们之间的关系将更为密切。除此之外，物联网、移动互联网等新兴计算形态，也将助力大数据时代发展，扩大大数据营销的影响力、辐射面。

第三，大数据促进科学理论的突破。大数据的汹涌来袭将带来新一轮的技术革命。正如计算机与互联网为我们呈现的发展态势，逐渐兴起的数据挖掘、机器学习和人工智

---

[1] 张引，陈敏，廖小飞. 大数据应用的现状与展望［J］. 计算机研究与发展，2013，50（C2）：216-233.

能等相关技术，在很大程度上将给数据世界里的算法和基础理论带来新的冲击，从而实现人类在科学技术上的又一项进步。

第四，大数据推动数据科学和数据联盟发展。在不久的将来，以独立学科存在的数据科学将让人们耳目一新，同时，世界各国很多院校也会将数据科学作为一门新兴的独特学科，并由此创造出一批新的职业岗位。更为关键的是，基于大数据平台，人们将建立起跨领域的数据共享平台。数据共享将延伸到企业层面，并在未来产业中占据主导地位。

第五，大数据安全问题受到重视。随着铺天盖地的大数据来袭，数据泄露等现今容易被忽视的问题今后将成为人类面临的重大挑战。为了避免数据攻击，人们要重视大数据安全问题。而解决大数据安全问题的关键应在于预先计划好且准备充分的数据安全预防措施。

第六，大数据生态系统的复合化程度持续加强。大数据带给我们的是一套完整的生态系统。它由大量的活动元件与多元参与者共同构成，如终端设备提供商、基础设施提供商、网络服务提供商等，打破了以往我们认为大数据只是另一种"计算机网络"的固有认知限制。面对新形势，大数据所打造的生态系统内部将进行一系列的"系统角色"（市场）细分、"系统机制"（商业模式）调整、"系统结构"（竞争环境）优化等，促进自身复合化程度的持续加强。

（二）教育大数据的趋势

大数据技术已影响到我国教育行业的方方面面。教育与大数据的深度融合将有效推动我国教育事业走向智能化、科学化、个性化。教育大数据的趋势主要体现在以下五个方面。

第一，科学辅助教育决策。随着国家教育管理公共服务平台的建设与运营，我国教育数据的采集工作将越来越规范化、有序化和全面化。在大数据时代，教育大数据分析将走向深层次挖掘，既注重相关关系的识别，又强调因果关系的确定。大数据技术能够从海量的教育数据中发现隐藏的、有用的信息，反映教育系统中实际存在的问题，从而为做好教育管理和决策工作提供科学的数据支持。大数据在教育管理业务中的应用方向主要体现在三个方面：一是教育的科学决策，二是教育设备与环境的智能管控，三是教育的危机预防与安全管理。

美国政府早在2002年就通过立法的形式确定了教育数据在支持教育科学决策方面的重要地位。[①] 纵观我国十几年的新课程改革历程，虽然新课程改革在课程内容、教学方法、教学环境等方面取得了进步，但实际的改革效果远未达到预期状态。其中的重要原因之一便是忽视了教育数据在课程改革诸多决策上的重要性，使改革更趋向于理性思辨和经验决策。

第二，有效变革教学方式。应用大数据技术对海量教学数据进行分析与预测，将改变传统千篇一律的教学模式，有利于真正实现个性化教育。以翻转课堂、互动课堂等为代表的新型教学模式的成功开展，离不开大数据的支持。通过对学生学习过程记录的分

---

① 杨现民，王榴卉，唐斯斯.教育大数据的应用模式与政策建议［J］.电化教育研究，2015，36（9）：54-61，69.

析，教师能够快速、准确地掌握每个学生的兴趣点、知识缺陷等，从而设计出更加灵活多样、更具针对性的学习活动。① 传统预设的固化课堂教学将转变为动态生成的个性化教学。在大数据的支持下，教师能够更好地认识自己和学生，不断改进教学模式与策略，并且在学生进行自我导向学习时，真正变成学生学习的促进者与协作者。利用大数据技术，管理者可以对教师进行全面考核，跟踪教师成长过程，还可以运用回归分析、关联规则挖掘等方法帮助教师分析教学方法和手段的有效性，使教师及时调整教学方案，优化教学方法，提高教学质量。②

第三，打造适应性学习路径。大数据能使教师真正了解每个学生的真实情况，从而为其提供真正个性化的学习资源、学习活动、学习路径、学习工具与服务等。在线学习虽然具有天然的"个性化"优势，但是缺少大数据的支持，机器将无法真正了解每个学习者，也就无法实现个性化资源与服务的推送。如果说互联网促进了教育的民主化，那么大数据将实现教育的个性化，③ 而教育个性化首要的便是学习的个性化。

当前学习管理系统正在向智慧型学习平台发展。园区教育主管部门研发的"易加学院"，通过集成教育数据挖掘与学习分析技术，能够持续采集学习者的学习行为数据并进行智能分析。这些过程数据一方面可用于精准分析学习资源的质量，进而优化学习资源的设计与开发；另一方面，可以对学生某一段时期内的学习情况进行分析和预测，以便学生尽早通过这些预测做出最适合自身发展的决策，更好地开展适应性学习和自我导向学习。

第四，智能辅助教育评价。教育大数据的发展推动着教育评价从"经验主义"走向"数据主义"，从"宏观群体"走向"微观个体"，从"单一评价"走向"综合评价"。

通过新一代信息技术采集到的教与学的全过程数据不仅包括网络教学平台上记录的使用数据，还包括更多学习情境数据（地点、时间、个体特征、所用设备、周围环境等），为开展中小学学业成就评价提供了更全面的数据支持。目前，教育部已经建立了较为完整的国家基础教育质量数据库和多级数据采集网络，全面客观地记录学生成长轨迹，积累多维度的学生成长数据，把反映学生发展状态的数据完整显示出来。

第五，创新转变科研范式。传统的教育研究的科学范式至少具有四个要件：客观的研究对象、可靠的数据证据、可再现的研究情景、因果关系。但大数据方法在一定程度上突破了经典科学方法的范式框架，对进一步推进教育研究科学化进程具有重要意义。④

首先，教育大数据改变了研究对象的设置。由于大数据方法只采集教育数据，并通过特定算法对大量的数据进行自动分析，揭示数据之间隐藏的关系、模式和趋势，教育大数据无须预设所谓研究对象。其次，教育大数据改变了教育研究的数据处理模式。传

---

① 雷云鹤，祝智庭. 基于预学习数据分析的精准教学决策［J］. 中国电化教育，2016（6）：27-35.

② 崔延强，权培培，吴叶林. 基于大数据的教师队伍精准治理实现路径研究［J］. 国家教育行政学院学报，2018（4）：9-15，95.

③ 姜强，赵蔚，王朋娇，等. 基于大数据的个性化自适应在线学习分析模型及实现［J］. 中国电化教育，2015（1）：85-92.

④ 张务农. 大数据推动教育科学研究进入新境界［J］. 中国教育学刊，2018（7）：32-36.

统教育研究范式运用的数据是理想的、局部的、片面的，难以有效揭示教育现象与规律，而教育大数据涵盖教育的全过程，并运用人工智能、深度学习技术深入挖掘数据价值，可以真正体现教育现象。再次，教育大数据改变了研究结论的表达方式。传统科学研究范式注重逻辑关系，而大数据方法基于概率论，不具有必然性等恒常联系的属性，它只是一种心理习惯意义上的定律，与之相对应的教育属于意义价值系统领域。教育规律更接近于人的文化心理习惯，因此大数据方法能够更好地发挥作用。

第三节 大数据支撑适合的教育理性探讨

实现适合的教育需要教育大数据的服务机制作为保障。园区已具备通过数据平台大规模采集教师、学生、学校、区域等个人或组织的数据源的能力。为增强大数据的时效性和准确性，强化精准服务，升级教育决策，我们有必要对区域教育大数据支撑适合的教育做理性分析。本节从"学、教、测、评、管"五大维度进行理性探讨，将有助于实践层面的探索。

一、重构学习方式

随着现代高科技的快速发展，信息技术和教育技术的融合发展已经成为推动教育行业变革的重要力量。深入研究大数据支撑下学习方式的变革，对新时期以适合的教育培养学生学习能力和促进教学模式改进具有重要意义。

（一）虚实结合，实现个性化学习

当下全球教育的两个核心关键词为"公平"和"质量"。教育的公平不仅仅体现在人人平等，更体现在"适合"。教育的质量不能简单地用某次考试的分数去衡量，而要看基本质量标准达成适合程度。基于此，适合的教育成为当下学校教育的转型方向。[①]首先，大数据支撑下适合的教育的课堂的最大价值是将知识性的学习通过数据驱动的方式进行前置，通过在线学习和实体学习融合，围绕学习者的基本学情有选择地进行内容配置、方式配置和结构配置，形成"虚实融合"的课堂形态，让学习者选取真正适合自己的内容。适合的教育的课堂创新形式都将学习者的主体性释放作为价值取向，并为个性化的教与学提供源源不断的数据。其次，大数据支撑下适合的教育的资源形态不断丰富，层次不断明晰，为个性化的教学提供了充分的数据支撑。教学层次不清、内容不明等现实问题制约了个性化教学的发展，而适合的教育依托大数据对学习者的基本情况进行精准定位，完成了学习资源推送的私人定制。再次，大数据支撑下适合的教育学习时空不断优化，为实现因材施教的个性化课堂奠定了坚实的基础。最后，适合的教育依托数据驱动技术被应用于学习时空，连接多种形态的教育资源，支持灵活机动的学习形式，促使个性化教学组织的基础环境逐渐形成[②]。

（二）优化资源，促进自主性发展

在传统的教学形态下，学习者获取知识主要通过实体课堂。随着时代的进步，学习

[①] 陈学军. 期待"适合的教育"的二次突破 [J]. 江苏教育, 2018（62）：79-80.
[②] 吴南中, 夏海鹰, 黄娥. 课堂形态演进：迈向大数据支持的大规模个性化教学 [J]. 电化教育研究, 2020, 41（9）：81-87, 114.

者在实体课堂所获得的学力技能仅仅是学习内容的一部分，他们还需要在课堂外获得补充。适合的教育是以学习者发展为本的教育，它根据学习者不同的天赋和秉性、兴趣和爱好，施加不同的教育和影响，使学习者能主动地学，促进每一个学习者持续发展。① 大数据技术的发展和网上授课等教学模式的创新使学习者可以根据自身情况对学习时间、进度、内容和方式有针对性地进行选择。大数据技术的集成性、交互性、开放性和智能性为学习者开展适合自身的自主学习提供了可能。教师可以基于数据驱动下的教学系统给学习者选择的学习资源、方式及知识掌握情况等进行综合系统的分析，实现海量富媒体教学内容和学习者碎片化时间的有效对接，有针对性地通过在线教学或实体教学为学习者推荐适合的学习方法与内容，让适合的教育落到实处，提高学习者的学习效率。② 同时，大数据时代的网络课程又为学习者自主学习提供了实时、开放、交互、泛在的学习环境。学习者可以随时随地通过网络实现按需学习。大数据支撑下适合的教育的学习环境变化必定会引起学习者学习需要的变化。数据驱动下的教学系统可以为学习者提供集成化、个性化、社交化的适合终身发展的教学服务，使学习者在自主学习的过程中实时交流学习心得和方法。基于此，大数据支撑下的适合的教育拓宽了学习者获取经验或知识的途径，为学习者自主学习提供了一个前所未有的获取资源和信息的平台（网络）空间。因此，在大数据时代，以实体课堂教学为中心的学习转变为多元化空间的自主学习是适合的教育发展的必然趋势。③

二、优化教学模式

作为数字化时代的核心要素，大数据强烈地冲击着教学活动，诱发了教学活动在思维、结构、方式等方面的深度变革。传统教学研究侧重于采用思辨性研究方法，研究结果缺乏数据的支持。适合的教育依托大数据平台为教学分析与诊断提供了客观的数据支持，力求体现教学方式个性化、精准化的特点。

（一）改变教学时空，构建开放的教学环境

教育的目的是培养学生。适合的教育的本质是"以生为本"，其最终目的是促进学习者的发展，让每个学习者都能接受高质量的、适合自己的教育。随着现代信息技术的不断发展，知识不再是一种稀缺性资源④，这为学习者追求自主发展、推进适合的教育提供了基础条件。传统的教学面对的主要矛盾是知识传授的有限性与无限性之间的矛盾。如果教育者依然固守实体课堂模式的僵化教材体系和知识框架，学习者会产生厌烦情绪并质疑组织者开展教育活动的意义与价值。大数据支撑下适合的教育将有效教学的开展与数据空间实现充分联结，推动传统教学模式的优化变革。这也是大数据时代提高课堂效率与教学效果的行动路径。适合的教育依托大数据平台在构建新型教学形态、助力教学结构变革、再造教学流程方面的作用日益凸显。⑤ 教育者在教学组织过程中，应

---

① 陈学军. 期待"适合的教育"的二次突破 [J]. 江苏教育, 2018 (62): 79-80.
② 张慧丹. 大数据时代英语自主学习体系的特点、问题和对策 [J]. 教育评论, 2016 (7): 142-145.
③ 付安玲. 大数据时代思想政治教育评价的数字化变革 [J]. 思想理论教育导刊, 2019 (4): 125-129.
④ 段霖瑶. 大数据时代有效教学的实践路径 [J]. 教学与管理, 2019 (5): 8-10.
⑤ 《中国信息技术教育》编辑部. 盘点2019中国信息技术教育关键词 [J]. 中国信息技术教育, 2019 (24): 4-16.

当将所教授知识技能与数据检索、分析技巧结合起来，引导学习者掌握更加丰富的关联知识，在多层次教授知识的同时也将其与其他有关联的知识进行多维度比较、区分和联结，进而让每一个学习者根据自身情况更加有效、扎实地掌握所学的知识。在大数据时代的开放教学环境中，传统的实体教学过程与大数据资源和技术充分对接，将有效实现大数据时代的适合的教育。教育者要认识到教育的过程绝不是单一技能或知识的传递过程，而是在海量的大数据世界中指导学生形成自我判断能力、完善思维机制的过程。这就要求教育者依托大数据，加强对学习者的引导，促使学习者形成在大数据环境中分析问题、解决问题的能力，实现问题的解决与大数据的信息环境的无缝对接，进而在大数据信息环境下与学习者建立起一种良性互动的关系，以更好地实现适合的教育。[1]

（二）改进教学过程，实施精准的教学策略

适合的教育在国家立场上要适合国家，在区域立场上要适合施教的地区，在学校立场上要适合本校，最根本的是要适合学习者。随着数据采集与分析体系的不断精细化、明确量化，教育者的课堂组织、学习者的课堂实践、教学空间的课程资料准备以及学习者的课后反馈都被纳入一张数据网络结构。教学流程中的每一个环节都可以通过数据表达的方式得到完整呈现。大数据支撑下适合的教育具有极大的教学优势。学习者的态度、效率不佳，甚至学习者的学习存在盲区等各种错综复杂的问题，通过数据平台都可以得到直观的体现。这极大地方便了教育工作者根据学习者学情差异因材施教，从而依据学习者的学习程度、问题等实施恰当的改进方案，推进适合的教育下的精准教学。在大数据技术的支撑下，教学过程变得更加科学化和智能化，特别是可以最大限度地发挥灵活性。教育者在开展教学活动的过程中能够借助多种渠道采集和了解学习者的学习状况，并通过特定的数据分析系统针对不同的学习者提供适合其自身发展的学习建议及解决问题的策略，使学习者的学习成效能够通过精准教学得到最大限度的实现。学习者独特的发展需求能通过数据资源库、教育实施者而得到快速、高效、适当的回应，这充分展示了大数据支持下适合的教育的潜在价值。[2]

三、支撑全程监测

随着移动互联网、教育大数据以及人工智能技术的发展，技术已渗透到教育教学的各个方面，通过数据开展监测评估已经成为教育评价改革的新方向。个体监测大数据作为优质的适合的教育的大数据，具有覆盖完整、维度全面、准确性和关联性优异、价值密度大等特点，有利于开展追踪评价、增值评价和关联研究，为区域和学校提升教育质量把脉。

（一）从样本到总体，实现数据监测全覆盖

学校教育者能否快速获取学习者的信息，是其能否准确迅速处理学习者事件、有效开展教育、缩短教育时间的关键。随着网络云共享和云平台技术的完善，大数据支撑下的适合的教育为教育数据的创建提供了便利。传统的教学环境产生了数字化变革，使双主体化学习、个性化学习、精准化学习、泛在学习、协作学习等成为可能，同时教育监

---

[1] 段霖瑶. 大数据时代有效教学的实践路径 [J]. 教学与管理，2019（5）：8-10.
[2] 段霖瑶. 大数据时代有效教学的实践路径 [J]. 教学与管理，2019（5）：8-10.

测数据也从单一的小数据转向多维度的大数据。① 运用不断更新的数据驱动技术进行教育测量，有助于打造21世纪适合的教育的新平台，构建高科技时代学校适合的教育的工作新模式，规范学校适合的教育的工作新机制。大数据平台能为教育测量提供丰富的数据信息，甚至可以将个别现象融入数据资源库，统一地进行数据处理，不再依赖传统的数据随机抽样。在大数据支撑下开展适合的教育，对于教育测量的意义有三点。首先，提升了数据监测信息的可靠性。大多数的学习者数据监测信息都来自其现实学习情况，新技术全程记录了学习者的行为动态和思想信息，突破了传统监测模式，打破了时空的障碍，排除了信息获取的干扰因素，有力地提升了数据信息的可靠性。其次，加强了数据监测信息的精准性。每个学习者的数据信息都被记录于数据平台。大数据后台系统能有针对性地分析每个学习者的问题，提供差异化的精准教学策略来指导学习者，增强适合的教育的实效性。最后，提高了数据监测信息的整体性。从适合的教育的主客体出发，教育单位运用大数据收集、整理、分析整体的思想信息和行为动态，形成整体的思想价值链条，以共性凸显个性问题，让适合的教育适合所有人的发展。②

（二）从局部到整体，建立数据监测强保障

新时代教育评价技术随着海量数据技术的发展不断完善，在我国，以BAT为代表的互联网巨头都在不断加强对高科技大数据的研究，目前已经形成了丰硕的数据研究成果。在大数据时代，学校开展教育教学活动，更要利用数据驱动技术和科技研发的优势，构建对应的大数据平台给学习者学习，推动适合的教育的发展。首先，精准预测和科学分析是大数据时代教育评价的特色。教育者要依托大数据平台，紧扣其精准预测和科学分析功能，开发学习者的日常动态数据资源库，通过教育测量对学习者课内外的学习、生活数据进行分析，积极调整适合的教育下教育的思路和方法等。其次，在大数据支撑下，适合的教育通过数据测量，对学习者的学习、生活等各类数据进行全方位的监控。随着信息技术的发展，新媒体和自媒体成为很多学习者非常喜欢的社交平台。网络可以记录下每一个学习者的思想信息和行为动态。数据资源库对其进行统一收集整理并进行有效筛检，将零散信息转化成有用信息，得出分析报告。最后，大数据支撑下的适合的教育通过科学的数据测量，实现学习者的个性化教育。积极关注和分析当前学习者喜闻乐见的网络媒体，通过多样的媒体平台来了解当前学习者中的流行话题。寻找不同学习者的共性，挖掘此类数据信息的规律，更好地引导和教育学习者。经过大数据的精准测量，适合的教育对学习者多样化的、难以把握的思想行为进行精确化研究，精准推送适合的教学方法和内容。③

四、达成多元评价

大数据时代注重对多元化的数据进行全程化的收集，对数据进行全面的深度挖掘。在大数据支撑下，通过分析工具对教育进行评价，能为教育质量改进提供新的思路和方

---

① 付安玲. 大数据时代思想政治教育评价的数字化变革［J］. 思想理论教育导刊，2019（4）：125-129.
② 朱德全，吴虑. 大数据时代教育评价专业化何以可能：第四范式视角［J］. 现代远程教育研究，2019，31（6）：14-21.
③ 朱德全，吴虑. 大数据时代教育评价专业化何以可能：第四范式视角［J］. 现代远程教育研究，2019，31（6）：14-21.

法，有助于教育评价从基于小样本数据的推测转为基于多样化数据的证据性决策，为区域适合的教育提供新方法。①

（一）嵌入式评价，增强评价的实效性

教育的过程须不断进行反馈调控，从终身教育的理念出发，教育质量的优劣在一定程度上取决于教育的整个过程能否形成一个自我调控和自我完善的系统。随着时代的发展，教育系统要实现这一目标，就必须依赖科学的教育评价，对整个教育活动开展实时数据监控，并获取持续性信息反馈，也就是实现教学评的一体化。现代教育评价自产生以来经历了测量、描述、判断和建构四个时代，先后形成了工具导向、目标导向、决策导向和价值导向的教育评价理念，评价方法逐步由简单向多元发展，评价的形式也从单一地强调终结性评价转向注重形成性评价。② 但从现在的教育评价时空角度出发，教育评价与教学活动目前没有真正实现一体化，教育评价的智能化水平不高，这使得滞后的教育评价无法实时获取动态的过程性教育数据，也难以实时反馈最精准的信息来改进教学活动。在大数据时代，泛在网络、移动通信、传感器、云计算等信息技术飞速发展，教育数据呈现爆炸式的增长，同时数据驱动技术能对教育活动中的大量实时教学数据开展动态捕捉和深度挖掘，教育评价依托数据平台变成智能化的动态信息反馈系统。具体而言，适合的教育依托数据平台，对整个教学活动进行动态监测，不断搜集和处理海量的与教学相关的数据信息，并通过分析系统第一时间将评价反馈给相关主体，使教育者不断调整和变革教学的策略与方法，实现适合的教育的实时化，维持数据系统的动态平衡，不断提高教育教学的质量。大数据支撑下适合的教育的评价并非单向度的结果性评价，而是依托科技手段的数据监测，是贯穿整个教育过程的伴随式评价。教育评价与教育教学活动之间不再是有间隔的线性关系，而是构成一个反复迭代的循环回路，能促使教育成为一个"自我纠正系统"，真正实现以评促改、以评促教、以评促学、教学评合一，有助于实现对学习者的个性化指导。③

（二）多元化评价，增强评价的全面性

受传统教育观念的影响，很多地方依然将学习者主科文化考试成绩和升学率视为评价标准，关注重心过多地偏向非自然状态下单维认知能力的发展结果，忽视对学习者其他能力，严重影响学习者的全面发展。随着社会主义现代化程度的不断提高，我国对复合型人才的需求日趋迫切，学习者需要具备良好的问题解决能力、探究创新能力、沟通合作能力和强大的心理素质等。这就说明教育评价要在范畴和内容上实现扩展，在五育并举下重视综合能力的评价。适合的教育能够使教育者依托科技手段、情境感知技术等，获取学习者在真实状态下展现出复杂能力的数据，并建立学习者综合能力发展模型，以此加强教育评价结果的可用性。教育评价从评价内容或范畴的角度，在大数据的强有力支撑下，以"落实立德树人根本任务"为基本纲领，将评价扩展到"一切适合的教育和教育适合的一切"，使评价真正能够适合学习者全面发展和促进教育质量的提

---

① 熊善军. 大数据评价下区域教育质量的改进[J]. 教学与管理，2018（19）：9-12.
② 朱德全，吴虑. 大数据时代教育评价专业化何以可能：第四范式视角[J]. 现代远程教育研究，2019，31（6）：14-21.
③ 朱德全，吴虑. 大数据时代教育评价专业化何以可能：第四范式视角[J]. 现代远程教育研究，2019，31（6）：14-21.

升。从评价目的的角度来看，适合的教育依托数据平台进行的综合评价涵盖了诊断性评价、形成性评价和终结性评价。数据驱动技术能对整个教学活动的不同阶段进行监测评价，实现对一个完整的教学活动展开教学的前馈控制、实时控制和反馈控制，使前、中、后三个阶段都对数据平台提取的资源进行分析处理并及时反馈，这种基于数据又超越数据的反馈能更加及时、主动、精准地服务于教育管理和决策，更好地为适合的教育服务。从评价方法的角度来看，适合的教育通过大数据能综合处理结构化、半结构化和非结构化数据，统整评价过程中的定量分析和定性分析，有效避免因评价的单一量化而导致绝对化，以此来增强评价结果和结论的科学性、精准性。从评价范围的角度来看，适合的教育使用大数据进行评价时既关注对群体的评价，又重视对个体的评价。大数据技术不仅能够对适合的教育开展覆盖性的质量监测，还可以对评价对象单一个体进行个性化监测，这样教育评价既能从整体上促进教育的改进和发展，又能关注个体发展的特殊需求，使学习者的个体、群体都可以全面地发展。①

五、再造管理生态

学校是产生教育大数据最多的地方。适合的教育依托大数据的支撑，先从开始注重学业成绩的表层数据，逐步深入到以关注学生发展为核心的深层数据，再到关注深层数据复杂的内涵与连接过程，通过大数据应用触及教育改革与创新中最难突破的核心地带，可为教育管理提供最佳的经验与路径。②

（一）借助数据分析，优化决策建议

每个人对事物的追求源自自我发展的内驱动力，人与人与生俱来的差异性又使得每个人需要在不同的选择中实现自我的发展。为学习者提供适合的教育要立足于学习者的发展，需要通过不同的教育决策让学习者有差异性地发展，最终指向适合的教育。③ 传统的教育决策大多凭借教育者的教学经验做出，可能会忽视学习者的实际情况，盲目地追求教育目标。适合的教育通过大数据分析的决策方式能够保证实时在线的数据收集，避免受到教育者本身或外界因素的干扰，让数据真实有效，利用数据分析和可视化模型，为适合的教育的管理者提供决策建议。此外，适合的教育运用大数据进行分析，可以在学习者的学习情况分析、校园舆情分析、教育决策等方面发挥教学管理的预测作用，利用准确的数据弥补教育决策者预见能力的不足。大数据平台对纷繁复杂的数据进行统一分析，对潜在的、微观的教育问题有聚焦、预警功能，尤其是在教学活动中的危机管理以及风险管控等方面，教育大数据将发挥更有效的作用。④

（二）利用动态数据，优化管理过程

适合的教育强调教育决策在关注学习者的全面发展的同时，对接其个性化潜能的开发需求，而教育管理者所接受的信息是否及时、准确在很大程度上影响其决策科学性。

---

① 朱德全，吴虑. 大数据时代教育评价专业化何以可能：第四范式视角[J]. 现代远程教育研究，2019，31（6）：14-21.

② 王学男，宋衍. 课程管理与评价的大数据应用：北京市十一学校智慧校园的经验[J]. 基础教育课程，2019（10）：32-37.

③ 郭力嘉. 论适合学生的教育[D]. 吉林：东北师范大学，2015.

④ 钟婉娟，侯浩翔. 大数据视角下教育决策机制优化及实现路径[J]. 教育发展研究，2016，36（3）：8-14.

大数据具有开放性和聚合性的特点,能够统一整合和实时解决适合的教育的决策信息。作用于教育管理决策的大数据分析技术通过对教学信息、学习者管理信息(包括个人PC端录入、无线设备应用程序产生的信息)进行收集整理、去冗降噪,建立可视化的表达模型,发掘隐藏于教育教学或学习者活动数据中的各种行为关联,从碎片化的信息中发现并整合数据信息,为教育科学决策提供快速精准的数据支撑。数据经过平台的收集、整合、分析及可视化技术处理后,为适合的教育提供决策依据。同时,大数据具有的完整性、快捷性、动态性的特点也便于实现对复杂问题的灵活处理。教育单位基于大数据平台的动态分析和跟踪分析技术在整个教学活动中的持续运用,推进大数据支持下的管理决策,适应不断变化的情况,及时调整管理对策,深入分析教学过程中的动态数据,根据数据变化和规律动态地制定管理办法,最终指向适合的教育,指向适合每一个学习者的成长。①

---

① 钟婉娟,侯浩翔. 大数据视角下教育决策机制优化及实现路径[J]. 教育发展研究,2016,36(3):8-14.

第二章　支撑适合的教育大数据平台建设

教育大数据发展到今天，其概念不再局限于大量驳杂的教育数据，还表现为对海量数据进行分析、处理的超高速度。这就需要教育人认真思考"数据从哪里来""如何汇聚""如何支撑适合的教育发展"等问题。由此，涵盖多元功能、数据架构、底层环境的教育大数据平台应运而生。

如何建设一个好用的教育大数据平台？教育大数据应用技术国家工程实验室主任、西安电子科技大学校长杨宗凯教授给出了三点明确的意见。

一是充分感知学生、刻画学生。要做到因材施教就必须充分感知学生，构建能力评价指标，树立能力素养价值观。其实，大数据的核心是解决过程评价问题。若只考探结果，就没有必要运用大数据了。

二是要有丰富的学习资源。教育的实施还是内容为王、资源为王。特别是资源类型要丰富，能够提供满足每一个学生学习需求的资源。

三是资源的个性化推送。有了大数据的刻画，推送的适合性才更强。[①] 其中，教育数据的汇聚需要大数据平台作为通路，学习资源的结构化呈现需要大数据平台作为载体，而决策路径关联推送的支撑也需要大数据平台。由此可见，大数据平台是支撑适合的教育的重要媒介。有了平台、有了大数据支撑，适合的教育才能真正成为大数据时代的行动路向。

为此，园区紧跟国家发展战略、顺应时代发展与技术变革需求，始终坚持以办人民满意的教育为宗旨，大力实施"现代化、均衡化、国际化和特色化"战略，开创教育事业持续、健康、协调发展的良好局面。在"大数据变革教育发展"的理念引领下，实施"大数据促进适合的教育"发展战略，全面启动智慧教育工程。坚持以用户需求为导向，以服务学生、教师、管理者、家长、居民为目标追求，优化顶层设计，创新区域推进，探索建设路径，强化应用驱动，建立支撑适合的教育的大数据平台，创建智慧教育大数据应用实验室、数字化学习实验室，形成了大数据促进适合的教育的整体格局。

自2012年起，历经9年，园区共完成了三期平台建设，研发了覆盖学生、教师、管理者、家长、居民全对象，学、教、测、评、管全业务，课前、课中、课后全过程的区域智慧教育大数据应用体系，并于2016年成功注册国家级智慧教育大数据平台"易加"商标，让好用的平台服务区域适合的教育发展。目前，园区"易加"大数据平台

---

① 肖年志."大数据促进适合的教育"的思考与实践[J]. 中国教育信息化（基础教育版），2019（9）：23-26.

实现了"三拥有"。一是拥有众多活跃用户。平台登录总量达3 000万人次，日均活跃用户20 000多人次。2020年年初受新冠肺炎疫情影响，在"停课不停学"期间，园区"易加"平台经受住了前所未有的大规模在线学习考验，为全区近20万学生提供了强大的线上学习支撑。二是拥有丰富的结构化、层级性学习资源。其中，区域教师自主开发的学科微课50 966节，特色微课2 431节，实验微课520节，教学精品课、假期辅导课3 187多节，名师在线课程7 809节，学习课程包172 574个，监测题目209.2万道，覆盖了全学科、全章节、全知识点体系的国家课程，支撑全学程教与学，实现了学习内容的开放。三是拥有完备、鲜活的教育数据。目前"易加"平台已累积90万条基础数据、180万条主题数据，在12轮学业质量监测中为全区30多所中小学采集多达42万条次监测数据，进行100多次网络阅卷，实现区域性监测考试和统考分析100%使用平台、100%数据进库。

可以说，园区已经走出了一条区域智慧教育大数据平台建设之路，为"个性学""智慧教""科学测""智能评""精准管"的适合的教育提供了强大的平台支撑。

第一节　平台功能研发

建设促进适合的教育大数据平台，要符合时代发展需求，要有科学及具有前瞻性的顶层设计、清晰合理的迭代路径，要真正以人为本、服务人的发展。园区教育大数据平台建设紧紧围绕这三个方面着力深化推进。

一是顶层设计。区域教育大数据平台建设绝不能"凭经验、拍脑袋"，不能走一步看一步，需要有前瞻性的理念引领和科学的顶层设计，需要有准确的定位与系统的规划。因此，在大数据平台启动建设之初，园区就利用专项课题研究的方式开展顶层设计探索。2012年，申报立项了"园区教育信息枢纽平台的可行性研究"课题，通过专家引领、草根探索，用"一张蓝图绘到底"的思路，明确了智慧教育的"概念""定位""架构""举措""愿景"，明晰了"整体规划、分步推进"的研发路径，为平台设计与研发提供有力的理论支撑与技术保障。10年的实践证明，科学及具有前瞻性的顶层设计，让区域教育大数据平台建设有了明确的方向和科学的架构，少走了弯路，避免了急功近利，避免了重复建设。

二是路径迭代。平台建设不可能一蹴而就，需要从"需求导向、功能优化、特色定位"三个要点出发，不断迭代优化。区域教育大数据平台建设也是在这样的过程中日趋成熟。2012年，园区学校信息化迅速发展，而区域教育信息化缺乏统整、基础薄弱。园区是当时苏州市唯一"无教育城域网""无软件平台""无信息中心"的"三无"区域。为此，园区在成立教育信息中心、完成教育城域网建设的同时，首先想到的就是提基础、补短板。2012年启动一期平台建设时，就侧重"管理补缺，基础提升"，研发了以管理功能为核心的"一库一门户六系统"；2015年以科学评价作为导向，着眼于教育教学改革和质量提升，启动二期项目建设，侧重"学习创新，评价优化"，建成"双线五块"，其中"双线"指以构建学习型社会为目标的学习体系和以深化评价改革为目标的评价体系。2018年起，"学习的革命""未来学校""适合的教育"等教育发展理念日渐深入人心，园区因需而动，又启动了三期项目建设，侧重"智慧学习，智能应用",建成包含管理、教学和评价的"一站三块六系统",着力打通教育大数据应用的"最后一公里",让平台成为数据汇聚的通路,充分发挥数据之于教育决策与适合的教育的支撑性作用。可以说,区域教育大数据平台历经三个阶段的建设,实现了功能和性能上的迭代升级、螺旋提升,不断满足教育管理、教育教学变革的需要,全面支撑了新型教与学模式的构建。

三是宗旨定位。为"办人民满意的教育""促进人的全面而个性化发展"提供支撑是平台建设的终极目标,也是区域教育大数据平台建设的立足点和出发点。无论技术如何发展,平台如何迭代,区域平台建设始终遵循这一宗旨,并明确平台的功能架构必须彰显"关注以人为本、强化服务改革、顺应时代发展"的科学定位。

所以,在区域教育大数据平台的建设过程中,园区紧紧抓住"服务人的发展"这一"牛鼻子",着眼于从"管字当头"的传统办学模式向"以学定教""以测促学""以评优教"的新型办学模式转变,让平台的核心功能服务于教学,让平台的诊断功能服务于监测,让平台的导向功能服务于评价,让平台的基础功能服务于管理,为学习者、教师、家长、居民和教育管理者提供多样化成长与发展空间,形成了"学生E学习、教师E教学、家庭E沟通、社区E服务、行政E管理"的平台服务体系,直指"无限学习,无限未来"的美好愿景的实现。

一、服务于教学的平台

区域教育大数据平台的使命是服务于人的全面、个性发展,教与学是达成这一目标的核心要素。因此,区域教育大数据平台最核心的功能就是要为学生的"个性学"和教师的"智慧教"服务。"个性学"是指学生自主选择和参与相关学习活动,按需制定学习路径和进度,不断发展自己的个性。这样的学习方式需要教师在智能技术支撑下,根据学生的认知水平、能力、学习风格等特点向学生提供多样化的学习资源,实施"智慧教"。与此同时,随着时代的发展,"人人皆学、处处能学、时时可学"的学习型社会构建也让终身学习成为一种从宏观环境到自我成长的应然选择。为此,好的平台既要服务于学习者的个性化学习,又要服务于学习者的终身发展。基于这一思考,园区在2015年就研发了支持"个性学、智慧教"的平台基本版"易加互动"和支持终身学习的"易加终身",2019年"易加互动"升级为具有学科特色的"易加学院",为"个性学、智慧教"提供更加全面和优质的服务。

(一)满足教学的基本需求

教学平台既要支持学生常态化的个性学习,又要满足教师常态化教学的需要,因此,教学平台应该包含丰富的学习资源,以知识点体系或章节体系进行结构化呈现,实现学生自主的学习;包含多样的课程设计与管理,满足教师教学管理需求;具有灵活全面的组织形式,具有支撑过程性和终结性评价的生成等基本功能。对于终身学习平台而言,其也应具备便捷的资源学习和课程学习支撑功能。园区服务于教学的平台"易加学院""易加终身"均具备了这些基本的功能。

1. "易加学院"让个性学习有了支撑

在一个学习资源丰富与发展机会巨大的时代,每一个学习者都能够历经"乐学、学会",最终"会学、善学"。区域研发的"易加学院"学习平台实现了人工智能在教学、管理、资源建设等方面的全流程应用，以学科知识点体系和素养体系为智能引擎，采用"1+N"的学堂建设模式。所谓"1"就是满足通用教学功能的"慧学学堂"，所谓"N"就是支撑学科教学的"特色学堂"，包括"语文学堂""数学学堂""英语学堂"等（图2-1-1）。"易加学院"平台既满足普适性学习需求，又满足学科特色学习需求，面向全体学生，覆盖教学全程，聚焦于课堂教学，支撑泛在学习，为探索新型教与学模式提供支撑，在新时代背景下，满足学生的学科核心素养培育和学科应用能力提升的需求。

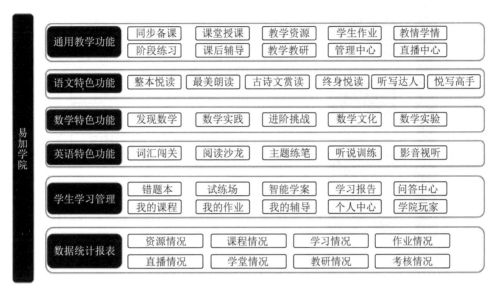

图2-1-1 "易加学院"平台功能架构图（局部）

其中，"慧学学堂"满足各学段、各学科常态教学需求，具有普适性教学功能，包括同步备课、课堂授课、教学资源、学生作业、阶段练习、课后辅导、教学教研等模块。通过构建"错题集、关键能力图谱、知识体系图谱、素养体系图谱"等功能，各种特色学堂进一步彰显了学科特色，更好地满足学科特色教学需求。目前已建成的语文特色学堂重点打造"读、写"特色，数学特色学堂重点打造"趣味数学"特色，英语特色学堂重点打造"原汁原味，我爱我学"特色。每个学堂都有优质资源的结构化呈现，方便教师的备与教，以及学生的自主学、个性学。此外，"学生学习管理"为学生打造了个性化的学习空间。学生可以通过"我的课程""我的作业""我的辅导"快速进入自己的作业任务；可以借助"错题本""试练场""智能学案""学习报告""问答中心"便捷开展针对薄弱知识点的智能练习；可以基于"个人中心""学院玩家"中全面细致的学情分析数据了解自己的学习情况等。"数据统计报表"则为教师和教研员服务，他们可以通过查阅资源、课程、学习、作业等情况的统计报表，深入了解学情，调整教学、教研策略。

2. "易加终身"让终身学习成为可能

园区设计并研发的"易加终身"平台（图2-1-2）通过课程体系建设、数字化学习优质资源研发以及按需开展的终身学习资源推送，助推各类社区教育资源共享共通，实现了学校学习向社会学习的跨越，满足人们日益增长的对终身学习的需求。园区的每一位居民可以应用多种网络终端登录"易加终身"平台，实现校内教育与校外教育、学历教育与继续教育的无缝对接。"易加终身"平台能为全体市民的终身学习创造更公平的机会、更便捷的途径与更优质的资源，促进居民终身发展与生活品质改善，让每一个学习者活到老、学到老。

图 2-1-2　"易加终身"平台功能架构图

"易加终身"平台包含支持公众信息发布和查看的"网站部分"、支持线上线下活动展示与评比的"活动中心"、支持学习活动记录的"个人中心"等模块。学习者能在"个人中心"的"研习圈"模块下发布研究主题，构建线上线下交流圈，解决问题，增强能力。此外，"基础管理"模块提供多维度的管理，让使用路径更清晰；"课程中心"模块提供种类丰富的线上课程资源和线下课程信息，同时链接国家公共资源服务平台，方便居民按需选择、自助学习。

（二）聚焦于"人网融合"的特色创新

教育信息化 1.0 时代倡导信息技术与学科教学的"整合"，学习者在教师引导下对专用学科资源展开学习，因此平台以分学科提供相应学习资源为主。随着教育信息化 2.0 时代的到来，技术飞速发展，教育资源也从专用性小资源形态向通用性大资源形态转变，"人网融合"的学习新样态成为现实。所谓"人网融合"，就是充分运用人工智能、大数据、"互联网+"和 AR/VR 等技术，使学生发自内心认同教师所安排的学习内容，引导学生找到最适合的学习路径，为学生提供最有效的网络支撑环境，让学生找到最佳学伴并享受最优质的教育资源，让学习逐渐从"单一封闭"走向"多元开放"，从"机械统一"走向"个性精准"。[①] 为此，平台在实现全学科覆盖和全教育跨越的基础上，做到教育资源的有效、精准供给，学习路径的灵活、清晰规划，以及个体学情的精准呈现。园区的教育大数据平台建设主要从以下三个层面彰显了"人

---

① 钟绍春. 构建信息时代教育新模式［J］. 电化教育研究，2019（4）：23-29.

网融合"的特征。

1. 满足个性化学习的"七化"资源支撑

在"个性学"和终身学的过程中,平台需要为学习者提供可用、好用的资源。园区通过自主研发、层级梳理及"本土化、体系化、结构化、精品化、多元化、生态化、层级化"丰实平台资源,为实现"人网融合"提供坚实的内容支撑。

所谓本土化,就是充分引导区域教师进行优质资源建设。教研员引领教材研习,梳理知识点和素养点;信息中心组织落实各级技术培训;骨干教师带头制作,学科教师常态化开发拥有自主知识产权的、以"微课"为主要形式的学习资源。

所谓体系化,就是做到"四全",即学段学科全覆盖,国家课程章节知识点全覆盖,学科实验类型全覆盖,区域特色课程全覆盖。

所谓结构化,就是平台呈现结构化,即学段、学科、年级等组织架构,教材章节架构和学科知识点架构,"我的资源""校本资源""区域资源"等资源层级架构,呈现清楚、应用便利。

所谓精品化,就是在解决了数量的问题后,提升"微课"等资源包、课程包的质量,通过集体备课、评估评选等方式,制作出更多学生愿意上的微课。

所谓多元化,是指资源类型的多元化,关注"资源库、课程库、题库"等三个金库的建设,支撑学生课前、课中、课后的全学程学习活动。

所谓生态化,就是一方面让资源研发从行政强制、行政干预逐步成为行动的自觉;另一方面,关注资源的优胜劣汰,并基于数据的关联性,推送优质学习资源,优化学生学习路径。

所谓层级化,就是根据学习者不同的学习水平,开发难易程度不同的学习资源,并打上相应的标签,为实现个性化推送、学情分析和因材施教提供基础支撑。

如今,平台"资源库"以"微视频"为主,有多达 50 000 个视频资源,实现所有年段、所有学科、所有国家课程教材章节和知识点的全覆盖,并充实校本特色课程视频资源。每一个微视频都能自动生成二维码并实现结构化呈现,方便学生查找与使用,满足按需选择的学习需求。"课程库"把整合"学习目标""学习内容""学习资源""学习评测"的课程包进行结构化呈现,完成 85 000 多个课程包研发,让系统化学习更为便捷。"试题库"提供 200 多万道在线试题,满足园区教师在线命题、制卷、批阅、统计等需求,支撑学生进行实时自主评测学习,为"适合的教与学"新模式构建奠定基础。

2. 满足按需学习的教学路径规划需求

"易加学院"研发了基于路径优化的课程导引,连通课前、课中、课后,支撑全学程教学管理的课堂设计优化,生成线上线下常态练习、监测练习数据下的综合学情分析,形成学生"个性学"和教师"智慧教"的路径规划,全面支撑"人网融合"的课堂教学与泛在学习。

(1) 学生"个性学"路径规划

学生"个性学"路径包括两个方面。一是国家课程"个性学"。学生在平台上主要利用智能推送的资源自主学习,或者学习教师推送的个性化辅导内容。平台会根据学情,结合知识点图谱或学科核心素养图谱推送相应资源,对学生学习的全流程数据进行采集,形成综合学情分析和个性化学习报告,再根据学生的优势与弱项推送资源,形成以夯实基础为目的的"消灭错题",以查漏补缺为目的的"智能学案",以精准突破为目的的"个性辅导"和以促尖培优为目的的"关键能力图谱学习",构建"人网融合"模式下自主学习的闭环,助力学生学习路径的重构与优化。二是特色项目"个性学"。学生可进入特色学堂,按需开展学习活动。平台基于群体样本分析,全面诊断学生学情,形成学习者知识和素养的相关刻画。语文特色学堂聚焦语文教学最核心的"学生不会读、不会写"的问题,提供了包含以整本悦读、最美朗读、古诗文赏读、终身悦读为重点的"悦读项目"和以听写达人、悦写高手为重点的"悦写项目",通过任务式驱动、项目化学习,重构语文学科学习生态路径,实现育人、阅读与写作共生发展;数学特色学堂建设了发现数学、数学实践、进阶挑战、数学文化等功能板块,引导学生在发现与提出问题、分析与解决问题的过程中,理解数学概念、锻炼数学技能、感悟数学思维方法、积累数学实践经验,形成数学能力,提高学科素养;英语特色学堂具有词汇闯关、阅读沙龙、主题练笔、听说训练和影音视听五大功能模块,以此将教师的教学与学生自主学习相结合,在寓教于乐的环境中综合培养学生的语言能力、文化意识、思维品质和学习能力等,在"原汁原味,我爱我学"的学习氛围中积极打造园区英语的国际范。

(2) 教师"智慧教"路径规划

课堂教学路径规划的逻辑起点是教学达成目标。教学路径的选择,首先需要明确教学目标,然后在教学目标的基础上做出规划。为此,针对国家课程教学,平台在备课、授课阶段提供知识点分析和学科核心素养体系分析,根据教学目标,为教师推送适合的分层级资源,让教师的授课有内容支持;在课后辅导阶段,基于学习数据分析进行分类资源关联推送,帮助教师对学生进行精准的个性化辅导和查漏补缺,真正实现规模化地因材施教。针对特色项目教学,教师可基于平台,灵活创建学习组织体系,结合学科核心素养引导学科的项目化学习,打造多样化学习场景,促进师生多维沟通,构建多样学习社区,将学生的学习差异变成资源,充分支持具有不同特质的学生实现个性化发展。全路径的规划导引,助力教师精准、灵活多样化教学组织形式的形成,助力评价导向下的学生分层作业的精准优化,助力教学研训的科学适切,最终助力"人网融合的课堂教学"和"教智深融的泛在学习"的实现。

3. 满足精准学习的多元图谱刻画需求

构建"人网融合"学习模式的基础,就是要精准刻画学生的学习,并将其转化为支撑学习的策略和方法。知识图谱,实际上就是以问题或任务为线索,有序组织可能的策略与方法,有机关联所涉及的基础知识、策略和方法[1]。学生学习情况大数据的采集以及学习路径的构建,都应该依据学科知识图谱来完成。

园区所研发的知识体系图谱、关键能力图谱和素养体系图谱都是基于这一图谱构建思路,通过将结构化绑定的资源转换为可视化的知识、能力、素养互联的视图,为学习者提供更加直观的学习指引和更加清晰的资源关联路径。平台利用图谱链接相关资源支持学习,在具体学习过程中精准刻画学习者的能力与素养,这一刻画又为资源的个性化与针对性推送提供导引,形成有效教学的闭环。

---

[1] 钟绍春. 构建信息时代教育新模式[J]. 电化教育研究, 2019 (4): 23-29.

(1) 知识体系图谱

知识体系图谱是园区"易加学院"对标最新课改要求在平台上构建的完整知识点管理体系。学科教研员引导骨干教师团队梳理学科所有知识点并进行结构化呈现后，学科教师将每章或每个单元以微视频为核心的教学资源与知识点进行绑定，形成多层级关联的知识点及资源体系。教师可以根据知识体系图谱索引，快捷地查找资源并将其直接生成二维码，提供给学生学习，学生也可以通过章节或单元知识点索引快捷地找到学习资源，避免了海量资源导致的知识迷途与信息过载问题。知识体系图谱的结构化呈现，便于教师掌握学生学习情况，教师也可通过知识点之间的关联分析，优化下一步的教与学环节，组织针对薄弱知识点进行训练，或引导学生开展进阶训练。针对不同学习者的学习需求，平台还设计了不同的知识点呈现形式，如星空图、网状图或树形图等，供学习者根据现实需要选择。例如，树状图（图 2-1-3）形式的知识体系图谱，就能够在一定程度上较为科学地呈现知识点的难易关系，让学习者由易到难，由浅入深，渐进式地掌握学科知识。

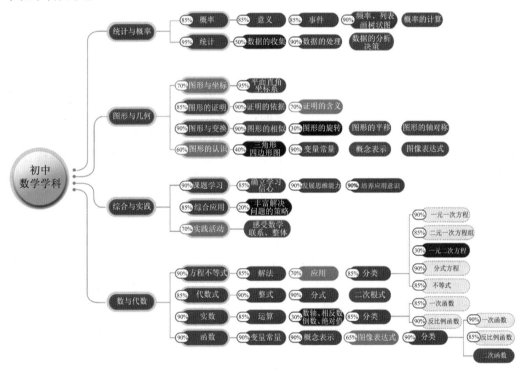

图 2-1-3　树状图形式的知识体系图谱

(2) 关键能力图谱

学科关键能力是核心素养的重要组成部分。在以往的教学中，教师往往参照布卢姆（B. S. Bloom）教育目标分类法，将认知能力水平由低到高分为"记忆、理解、运用、分析、综合、评价"六个层次。如今园区"易加学院"尝试建立初中、高中学科关键能力和认知能力水平之间的联系，形成"关键能力图谱"，把握学生学科关键能力"长短板"。关键能力图谱就是在布卢姆教育目标分类法的基础上，增加了"创造"认知能力水平维度，形成"记忆、理解、运用、分析、综合、评价、创造"七大认知能力水平，同时结合学科关键能力与七大认知能力水平建立双向细目表，形成勾连关系，便于监测与参照。

以初中物理学科为例，园区参照《义务教育物理课程标准》，将初中物理关键能力分为观察与建模、概括与推理、辨析与梳理、问题与猜想、设计与操作、证据与论证、分析与解释、思想与方法、反思与评价、求实与质疑和迁移与创新 11 个要素，分别归结到上述七大认知能力水平上。在实际落地过程中，平台支持一道试题绑定多个关键能力，通过学生自主练习和区、校级监测，形成学生关键能力发展刻画，并基于双向细目表，通过"易加学院"建模计算，把学科关键能力数据转换为学习者的认知能力水平。学习者在关键能力图谱的引导下，能够准确定位自己在该知识点的能力发展水平，接收按需供给专题学习资源包（包括试题解析、试题讲解微课、知识点讲解微课、同质题训练及其微课、推荐资源等），进一步扬长避短。此外，平台还关联了中高考历年真题及解析内容，帮助学习者及时了解中高考命题特点与发展趋势。学习者只需展开针对性练习，就能增强薄弱能力，强化优势能力，从而避免陷入"题海战"，优化时间管理，提升学习效率。

（3）素养体系图谱

2014 年教育部印发《关于全面深化课程改革落实立德树人根本任务的意见》，提出"教育部将组织研究提出各学段学生发展核心素养体系，明确学生应具备的适应终身发展和社会发展需要的必备品格和关键能力"。2017 年，学科核心素养正式进入课程标准体系。核心素养主要指学生应具备的，能够适应终身发展和社会发展需要的品格和关键能力。学科核心素养体系图谱的构建比知识体系图谱和能力体系图谱的构建更为重要也更为困难。为此，园区开展了深入探索与研究：以国家颁布的学科核心素养体系为纵向评价指标，以综合素质发展为横向评价坐标，依据教育部颁布的中小学教育质量综合评价改革意见，形成了中小学语文、数学、英语、物理等学科的核心素养图谱。

学科核心素养图谱共包含三级评价指标。以五年级英语为例（表 2-1-1），评价指标形成了语言积累、语言实践、学习策略 3 个一级维度，每个一级维度都包含 3 个具体的二级维度，三级维度则对二级维度进行了具体的描述和解释。学科核心素养体系图谱支持平台资源的多层级绑定，也支持一个资源绑定多个素养点。当学习者开展课程学习或练习监测时，相关素养点的内化情况也随着数据的汇聚而呈现，从而将学生在特定学科的关键能力与必备品格具体化。目前基于"易加分析"平台的区级监测和校级监测是学科核心素养测评的主要数据来源。在素养体系图谱导引下，区域、学校和师生都能够获取常态教学、自主练习及学生学习行为的关键数据，形成刻画学生素养发展的"素养树"，为优化教研教学提供依据，为培养学生核心素养提供有力支撑。

总体而言，园区依托"易加学院"和"易加终身"，契合不同角色对资源的运用和学习的发展需求，支持学生的"个性学"、帮助教师"智慧教"、助力全域泛在学，全面深化"人网融合"学习模式构建。

表 2-1-1　五年级英语核心素养体系评价指标

学科	一级维度	二级维度	三级维度
五年级英语	语言积累	语音	正确朗读，语音语调正确；了解拼读规律；听得懂所学词汇、固定用法、语段等内容
		词汇语法	在语境中准确理解和确切表达单词、短语、习惯用语、固定搭配等
			包括词法知识（词的形态变化）和句法知识（时态、结构等）
		语篇语用	理解和运用有关下列话题的语言表达形式：个人情况、家庭与朋友、身体与健康、学校与日常生活、文体活动、节假日、饮食、服装、季节与天气、颜色、动物、异国文化等
五年级英语	语言实践	听力理解	听录音，判断图中被谈到的人物分别是谁 听问题选择合适的应答 听对话，根据问题，选择最合适的图片 听一篇短文，根据问题，选择最合适的答案
		阅读理解	单项填空 根据句子含义，选择词汇 完形填空；读图判断 短文判断/选择
		综合运用	听录音，完成对话 用括号中所给单词的适当形式填空 根据上下文，将对话补充完整；填入表示先后顺序的词 根据图意，填写词汇，完成对话 书面表达
	学习策略	元认知策略	制订学习计划，主动复习和归纳 尝试阅读英语故事及其他英语课外读物 注意观察生活或媒体中使用的简单英语 通过图书馆、网络等资源获得更广泛的英语信息等
		认知策略	在词语与相应事物之间建立联想，在学习中集中注意力，能初步使用英语词典等
		交际策略	遇到问题主动向老师或同学请教，积极与他人合作，遇到困难主动求助，勇于克服困难等
		情感策略	体会英语学习乐趣，敢于开口，主动参与学习实践

二、服务于监测的平台

在传统教学监测中，学生学情数据获取途径较为单一，导致教师难以进行持续性学情追踪，只能凭主观印象进行教学，使教学的有效性大打折扣。基于大数据平台的质量监测通过全过程、全方位的数据采集，能科学、准确、及时"把脉"教育质量状况，使监测更加科学和智能。这就是区域服务于监测的大数据平台的诊断功能。园区研发"易加分析"平台，使教学从经验主义、因果分析走向科学诊断、发展评价，对学生的学和教师的教进行精准刻画，为全面评价提供素材，全方位落实中小学生发展核心素养的培育工作，促进教育高质量发展。

（一）满足监测的基本需求

一般而言，服务于监测的平台具有考务、出卷、阅卷和分析的基本功能，融合了阅卷系统、扫描仪器等各类软硬条件，通过数据和算法建立密切的联系，达到细化教学数据反馈，促进教学质量提升的目的。园区基于区域和学校的需求构建了服务区、校两级监测的"易加分析"平台（图 2-1-4），支持有痕/无痕阅卷模式，依据科学的指标、明确的导向，通过多元、多维度、多种类的分析数据，清晰呈现出教学、教研、学习、管理的现状，为学情刻画、精准诊断提供依据，促进改善教师的教学方法、学生的学习方式和管理者的管理行为。

图 2-1-4 "易加分析"平台功能架构图

1. 全流程服务

"易加分析"提供考务、出卷、阅卷和分析全流程的功能模块服务，汇聚多样化数据。考务功能包括监测项目维护、项目发布、考生管理、考场安排、准考证生成、阅卷教师设置模块所需基础信息的采集。出卷功能包括题库组卷、试卷导入、试卷审核、答题卡制作、问卷管理等相关出卷信息的采集，其中题库组卷功能支持手工组卷和调用平台试题的智能组卷。阅卷功能包括扫描识别、答卷管理、阅卷设置、在线批阅、阅卷进度查询、阅卷质量管理相关阅卷数据的采集。在执行分析功能前，只有将试题与核心素养维度、知识体系等进行绑定，才能采集到所需的数据。

值得一提的是，"易加分析"平台支持灵活多样的阅卷功能：无痕阅卷，有痕阅卷，有痕、无痕阅卷相结合。无痕阅卷是先扫描再进行网络阅卷，采用"互联网+教育"模式设计，实现客观题自动批阅，主观题网上评卷，操作简单。用户只需使用"扫描"和"批阅"功能，即可在分析功能模块得到全维度的考试数据统计与分析。这种方式多用于区级监测。有痕阅卷是先阅卷后扫描方式。学生填写答题纸后，教师批阅。这种方式不改变教师原有的批阅习惯，在教师批改之后通过高速扫描仪进行数据采集，然后把数据自动传输到系统中使用分析功能呈现多维度分析报告。有痕、无痕阅卷相结合的方式则是教师只进行主观题的手工阅卷，给出大题总分，再将客观题和阅卷结果进行扫描。这样既能保留评卷所需的手工阅卷痕迹，又能完成客观题分数和主观题分数汇总，生成测试分析结果。这种形式更适用于学校组织的单元练习、周监测、月监测等。

2. 多层级覆盖

园区"易加分析"平台不仅满足区、校两级的各类学情监测需求，还能满足学校学科常态练习检测的需要，有效打通了区、校两级数据，便于教师全面、有效地采集学情大数据，为教师的备、教、改、辅、研工作有效开展提供有力支撑。

区级教学质量监测（图2-1-5）首先利用考务管理模块，从基础库获取学生数据信息，可根据一定比例和规则进行抽样，并为每所学校的学生安排考场和生成准考证号。区域管理员在使用组卷功能时可通过手动方式录入试题，或直接调用平台试题资源，在组卷时为每道题绑定监测维度和学科核心素养点，并设置试题绑定的每个素养点分值，使得质量监测成绩生成后分析功能模块能自动形成相应的监测报告。通过阅卷管理，管理员可指定阅卷教师。区级监测一般采用无痕阅卷的方式来评卷，通过智能分析模块完成监测数据的采集与智能分析。对于区级以上监测，在根据要求落实考务安排后，由上级部门实施监测、阅卷等流程，将成绩直接导入"易加分析"平台，进行智能分析。

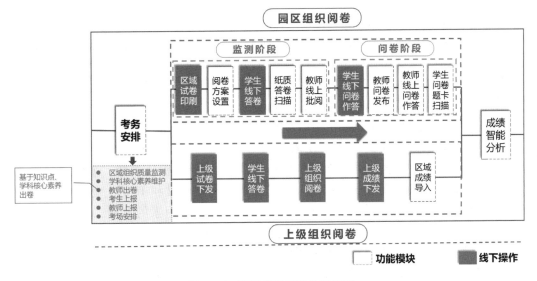

图 2-1-5　区级教学质量监测流程

学校常态监测（图2-1-6）与区级监测流程不同。教师直接进入组卷模块进行组卷，确保试题绑定知识点、核心素养等维度，组卷完成后可自由选择线上发布检测或纸质打印进行线下答卷。线上检测模式采用学生线上答卷、教师无痕阅卷方式；线下检测模式采用学生线下答题、教师有痕阅卷方式。监测数据通过分析模块最终生成相关知识点、核心素养分析报告。

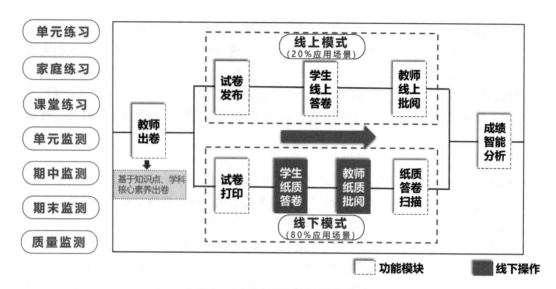

图 2-1-6 校级教学质量监测流程

（二）汇聚监测数据的特色创新

园区在全对象、全过程、全维度的大数据的诊断基础功能之上，创新"易加分析"平台功能，充分发挥靶向引领作用，支撑学校精准改薄、学生精准学习，为教育教学减负担、增绩效。

1. 减负担

教育部等六部门联合出台《义务教育质量评价指南》，将推进减负工作的成效纳入义务教育质量评价的重要内容。文件指出，减轻中小学生过重的学业负担，不是简单缩短在校时间、减少作业量、降低课程难度，而是把注意力聚集到提高教学效益上来，做到"减负不减质"。"易加分析"平台正是通过对监测数据的分析，指导差异化教学和个别化教学，保障学生学习达到国家规定的学业质量标准；通过负担监测优化学生课业负担，使学生负担保持在合理的、适度的范围之内。

（1）学业质量监测，促进学生全面发展

园区根据教育部颁布的《中小学教育质量综合评价指标框架（试行）》，出台《苏州工业园区小学生学业质量监测方案》，利用"易加分析"系统，采取"分段监测、缓步推进、聚焦问题、长线跟进"的思路，在每年 6 月和 12 月，选取两门学科进行学业质量和"家庭、学校、学生、教师"等相关影响因素的监测。每次监测时，区域利用考务功能进行学科、维度、监测点等基础配置的维护。在平台完成统一组卷后，学生学业质量试卷和问卷一般采用线下作答、无痕阅卷方式；教师、学校、家庭问卷则采用线上作答、无痕阅卷方式。教育局收集监测数据后，利用分析功能，根据业务实际需要生成包括成绩汇总、多维比较的区、校、班级分析报表和雷达图、柱形图等多种形式的可视化报表。随着监测的分段推进、长线跟进，园区已积累了大量学业质量数据，使得平台分析报表所展现的项目和维度越来越丰富，为课堂教学改革、学生学习潜能挖掘提供了科学依据。

在这样的质量监测数据支撑下，区域引导学校展开数据分析，评估学生学业发展，对每一个学生的学科核心素养进行个性定位。学校根据分析结果寻找问题，从备课、上课、作业布置与批改、课外辅导、测试、课外活动、校本研修等诸多方面，落实在大数据平台支撑下有效促进学生"个性学"、主动学的教学行为指导意见，调整教学策略、教学行为，形成个性化培养方案，促进学生全面发展。

（2）学业负担监测，助力学生快乐成长

评判学生的学业负担，要综合考虑学生的实际境遇，把学生的综合情况作为其学业负担评判的重要依据，并以同类学生整体的负担指数为坐标，做到个体关切与整体观照相互比照，从而确保评判的效度。① 园区教育局制定了《关于开展义务教育阶段学生学业负担状况监测实施意见》（简称《意见》）（苏园教〔2015〕18号），将高中教育阶段学生也同步纳入监测范围。"易加分析"平台通过全覆盖的取样，横向比较学业负担水平；通过跟进式的监测，纵向对比学生负担变化。实施监测前，园区首先根据《意见》要求和区域实际，在考务模块动态维护负担监测指标体系和相关信息，采用平台提供的区域监测流程采集数据，基于分析功能，从联系、动态、发展角度审视学业负担，实行一年一报告、一校一反馈。多样的可视化报表展现了学业负担的变化趋势，变被动学业负担治理为主动学业负担预警。区、校通过监测，科学诊断学生学业负担情况，推进"轻负高效"教学改革，助力学生快乐成长，同时也为区域教育决策提供参考和依据，着力营造区域适合的教育的绿色发展新环境。

2. 增绩效

"易加分析"平台整合线上线下监测模式，依据园区创新的监测指标体系，从知识、技能、能力、方法等维度进行学业质量监测。经过科学的数据处理，不仅为初、高中普通监测提供了成绩统计、三类占比、分数线变化、总分与等第融合度等方面的报表，更为中小学学业监测提供了不同区域学生学业质量、不同性别学生学业质量、典型题目作答分析、各校学生在监测指标上的表现等相关报表，实现评价的"全对象、全学科、全维度"，"用数据说话、以实证诊断"，变经验性判断为大数据分析。雷达图、柱形图一目了然地呈现班级、学生学习的长短板，为教师有针对性地教、学生有针对性地学提供数据支撑。

为了让数据更形象、更直观，"易加分析"平台根据实际业务，在分析功能模块生成学情报告。学情报告主要包括传统报表、监测报表两类，可以涵盖所有的检测和考试项目。传统报表包含各科均分与难度系数、区域调研对比分析、学生来源调研对比分析、三类占比、学生性别调研对比分析、平均分跟踪分析、平均总分跟踪分析、各学科均分跟踪分析与平均总分合并、普通考试知识点得分、分数变化情况等内容。监测报表包含区域监测报表和学校监测报表。区域监测报表涵盖区域总体得分，学业质量监测情况汇总表，学业质量监测样本人数统计表，全体学生学业质量，不同区域学生学业质量，不同性别学生学业质量，各校学生学业质量，学校历次成绩跟踪对比，区域、校学生各级指标上的表现，典型题目作答分析，典型题目选项情况，各级指标项平均得分率等内容。学校监测报表涵盖学校总体得分、历次成绩跟踪对比、年级单科综合报告（标准平均分），年级单科综合报告（班级单科综合报表、任课教师综合报表、学生各科综合报告、学生单科综合报告）等内容。

---

① 张铭凯. 学业负担监测系统的构建、运行及保障[J]. 福建教育，2016（19）：20-21.

自2015年以来,"易加分析"为全区30多所中小学提供了网络常态监测绿色通道,采集到38 000多条监测数据,输出区域、学校评价报表近600套,实现区域性监测考试和统考100%使用平台,100%数据进库。历年的园区小学学业质量监测均使用"易加分析"进行统计分析,输出相关报表88套。

园区基于学业质量监测反馈的大数据分析,精准诊断教学与教研层面的问题,强化区域、学校、教师对监测结果的分析与应用,开展跟进式案例的研究,催生了"数据说话、案例跟进"的区域教研文化,提升了教育教学的绩效。

三、服务于评价的平台

教育评价在教育教学中发挥着重要导向作用。教育评价平台应满足对象多元、过程持续、结果多维需求,帮助评价对象不断进行自我完善,同时为教育决策提供依据。为此,园区建设了导向学生全面发展的"易加综素"平台、导向教师队伍建设的"易加人才"平台、导向学校优质发展的"易加评价"平台三大教育评价平台,从经验判断走向科学循证,从单一的终结性评价走向多元评价,全面发挥教育质量评价的导向作用。

(一)满足评价的基本需求

教育评价事关教育发展方向。评价平台要充分发挥导向功能,通过积累、挖掘、分析群体数据及个体数据,形成精准刻画,支撑精准发展,一般包含了评价体系建立、数据采集、数据建模、数据分析和可视化呈现等基本功能。园区三大评价平台建立了适合园区发展的评价指标体系,形成了以"数据分析—特征提取—形成刻画"为特征的智能评价模式,驱动面向学生、教师、学校、区域的精准发展决策,达到真正意义上"为每一位师生提供'适合的教育'"的评价创新目标。

1. 导向学生全面发展的"易加综素"

导向学生全面发展的平台应该包含合理的指标体系,通过多样化数据采集,形成成长档案,刻画学生发展。园区在充分吸收国内外先进评价理论、认真贯彻国家和地方教育评价相关政策以及借鉴国内广大中小学校优秀实践经验的基础上,研发了"易加综素"平台(图2-1-7)。该平台又称"小五星评价平台",全面服务于学生思想品德、学业水平、身心健康、艺术素质、社会实践五个维度的发展,通过线上与线下相结合的问卷、监测、赋分等多样化的全生命周期的数据采集,提供基于评价的反馈体系,全方位地展示学生个人成长档案,能够让学生、家长、教师、教研员更全面、科学、直观地了解学生的综合素质发展,为学生的成长提供支撑服务。

"易加综素"平台主要包含能够根据学生发展情况而调整的项目,以及进行指标体系管理、采集全程发展数据的数据中心(支持形成性评价数据采集的写实记录,具有日常赋分功能,以及支持终结性评价数据采集的学业成绩管理、体质健康管理等功能),具有对学生的综合素质表现进行刻画的综合统计功能,维护基本信息的系统管理功能等。平台基于五维综合指标体系,通过数据中心的数据抓取,能够形成学生每学期的电子化素质报告、综合素养发展的成长档案,同时基于"成长写实"板块记录学生的成长轨迹,帮助学生纵向比较自己的成长,全面客观了解自己。

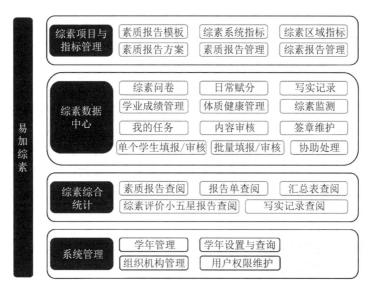

图 2-1-7 "易加综素"平台功能架构图

2. 导向教师队伍建设的"易加人才"

导向教师队伍建设的平台应该为教师提供任职全生涯、全周期数据的采集、分析与应用服务,为教师专业发展搭建阶梯,为教育人才培养提供决策依据。园区的"易加人才"平台(图 2-1-8)就是对教师的基础信息、荣誉、职称、资质、奖励、招聘等相关数据进行整合和管理的系统,实现人事数据管理、人才指数测评、教师职称评定、教师人才招聘和人事数据统计,从而为教师成长构建培养体系,呈现教师进阶发展的动态过程及教师的个人成长轨迹,辅助单位进行人事决策。

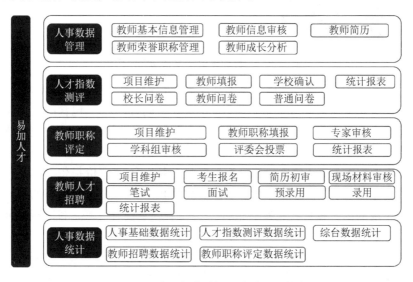

图 2-1-8 "易加人才"平台功能架构图

"易加人才"主要基于基础信息、职称、荣誉、成长轨迹等信息呈现教师动态发展情况;基于问卷采集呈现学校教师教育人才指数测评结果;基于填报、投票、统计等实现教师职称申报和评审;基于报名、审核、测试、录用、统计等流程实现教师人才招聘；独立呈现多元统计分析报表，实现人事数据统计。"易加人才"构建完整的教师成长体系，对教师整个执教生涯的数据进行串联、汇总与统计，统一整合管理教育人事数据，让数据鲜活可用，为区域教师队伍建设提供依据。

3. 导向学校优质发展的"易加评价"

导向学校优质发展的平台应该拥有科学全面的评价体系、高效便捷的采集系统，为学校发展提供支撑。园区构建的"易加评价"平台（图 2-1-9）又称"大五星评价"平台，依托其日常监测、调查问卷、校园安全管理、配置管理、评价分析等功能，从学校发展、学生发展、教师发展、内部满意度、外部满意度五个维度全面客观地评价学校的教学管理长短板，通过过程性采集分析学校数据，全方位了解学校发展的潜力和不足，用数据驱动学校的发展。

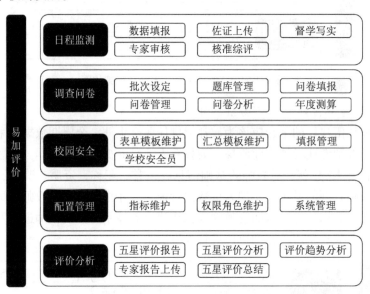

图 2-1-9　"易加评价"平台功能架构图

"易加评价"平台主要包含以下基本功能。"日程监测"支持数据填报、佐证上传、督学写实等，方便专家对学校上报材料进行评审；"调查问卷"包含问卷填报、问卷管理等，支持校内外问卷发放与统计；"校园安全"表单模版维护、汇总模版维护等，方便学校完成校园安全管理的实时填报；"配置管理"能够根据区域发展需要动态调整评价指标体系；"评价分析"包含学校分析、区域分析、年度评价报告等，支持区、校两级评价报告的生成。"易加评价"平台全面支撑学校五个维度立体动态的评价，形成了多层级、多维度的区、校可视化发展报告，实现了"学校看发展，校际观差异"。

（二）着眼于全面评价的特色创新

一个好的评价，不仅要有初期结果的证据，还要有中期和长期效果的证据。园区在中共中央、国务院印发的《深化新时代教育评价改革总体方案》引领下，针对教育的复杂性创新了综合评价体系，实现了各类评价数据的及时采集和长期保存，增强了评价反馈的及时性、评价结果的真实性和评价维度的全面性，使传统意义上的单一性评价转向全面性评价、终结性评价转向增值性评价、静态性评价转向动态性评价、水平性评价转向诊断性评价，让评价从"测量—描述—判断"走向"建构和综合"的全新阶段，提高教育治理能力和水平,加快推进教育现代化,建设教育强国,办好人民满意的教育。

1. 对象化指标建模,完善评价体系

园区面向"学生、教师、学校"创新构建了"易加综素""易加人才""易加评价"三位一体的评价平台。一是基于"易加综素",结合中国学生发展核心素养,从思想品德、学业水平、身心健康、艺术素养、社会实践五个维度建模,用数据跟踪、刻画学生在自主发展、社会参与、文化基础三个层面的成长,对学生个人综合素质发展进行画像,培养全面发展的人;二是基于"易加人才",用数据跟踪、刻画教师个人的专业发展,为教师的成长搭建阶梯,根据"教育人才指数",反映和综合评定区域、学校的教育人才整体状况,助力科学开展师资供给和调配,为区域教师队伍整体建设提供决策依据;三是基于"易加评价",架构《苏州工业园区中小学综合发展评估行动方案》,从学校发展、学生发展、教师发展、内部满意度、外部满意度五个维度刻画学校发展,实现"历史性数据,过程化记录,校际观差异,学校看发展,问卷全开放,满意百姓言",构建绿色评价体系。

2. 适用性工具研发,汇聚多维数据

针对不同的评价对象的特点,采集数据的方式不同,采集工具也会不同。因此,平台研发了多种实用工具,全方位支撑评价数据的收集,保证了数据的鲜活可用,为评价分析提供了坚实基础。

面向学生的"易加综素"平台,既需要学生成长的过程性数据,又需要学生成长的终结性评价数据。平台通过成长写实记录、社会实践反馈、艺术素养考察、学业水平监测、身心健康跟踪等工具进行数据采集。面向教师的"易加人才"平台打破人事数据壁垒,对教师的招聘、基础信息、荣誉、职称、薪资、奖励等相关数据进行统一整合和管理,所以"易加人才"提供的采集工具主要包括项目基础信息维护、教师填报、学校问卷、校长问卷、教师问卷、普通问卷和统计报表等。面向学校的"易加评价"平台则通过调查问卷、专家打分、数据填报、佐证上传等工具对学校发展进行全方位评价。

3. 全方位分类刻画,支持绿色发展

评价体系的创新实现了多层级对象刻画,既有学生发展、教师发展、学校发展的综合分析,也有伴随性数据的细化分析;实现了多维度对象刻画,既有学校个体数据分析,也有区域整体数据分析,还有校际的横向对比分析;实现了对象刻画可视化,数据表、雷达图、柱状图、折线图等直观呈现各类数据,结构清晰,长短板一目了然;实现了"学生优素养,教师勤专业,学校看发展,校际观差异"。

(1) 用大数据刻画学校,促进内涵发展

"易加评价"提供了用雷达图模型、评价总分报表、日常监测得分报表、问卷得分报表、满意度分析报表等用数据刻画学校的方式。教育管理部门通过雷达图模型(图2-1-10),可以直观地看出三个发展水平(教师发展水平、学生发展水平、学校发展水平)和两个满意度(内部满意度、外部满意度)在区域、同类校之间的比较和差距;通过日常得分汇总统计报表,可以直观地对比不同学校在同一个指标维度上的差距;通过满意度分析报表,可以直接看出学校内外满意度与区域、同类校之间的差距。"易加评价"通过差距的呈现,推动园区教育评价改革与创新的具体实践,推动"学科评价"向"综合评价"发展,推进绿色发展的教育生态构建。

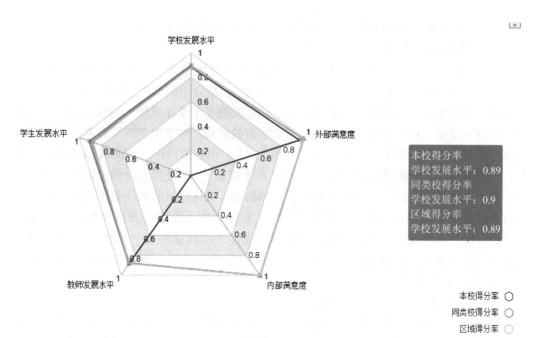

图 2-1-10 "易加评价"雷达图

（2）用大数据刻画学生，推动全面发展

园区借助"易加综素"平台建立学生学习数据档案，通过动态分析、数据追踪机制，准确定位每一位学生的动态，研制更适合、更有效的教学策略，促进每一位学生发展；利用"易加综素"平台精准助力未来发展，通过"小五星评价"雷达图建模（图 2-1-11），直观地看出学生某个指标项中的短板，以此帮助学生精准发力，助推学生全面而又个性地发展。

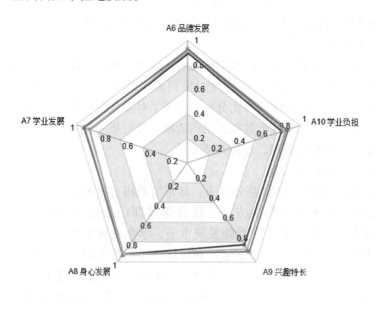

图 2-1-11 "易加综素"雷达图

(3) 用大数据刻画教师，提升专业发展

园区通过"易加人才"平台，对区域内教师数量、年龄结构、学历结构、职称结构、各类骨干教师占比情况、新入职教师情况、各校生师比、平均年龄、高职称比例、高学历比例、教师培训完成率、境外研修比例、骨干教师各学段覆盖比例等数据进行采集与动态监控，为教师招聘、教师交流、教师教育工作提供科学、精准的大数据支撑，助推教师专业成长；同时通过构建"教育人才指数"测评系统，提升人才队伍建设的科学化水平，促进区域教育优质均衡、可持续发展。

四、服务于管理的平台

教育决策的精准落地、教学活动的有序开展都离不开教育管理的有效保障。因此，管理功能是区域教育大数据平台应当具备的基础功能。园区深入调研教育管理部门的需求，打造"易加办公"平台，实现区域教育的个性化管理和特色化治理，让管理更快捷、更有效、更具前瞻性，全面支撑教育科学决策，促进了教育公共服务水平的提升和教育治理体系的现代化。

（一）满足管理的基本需求

管理平台要方便教育的常态化管理，其基本功能应包括行政管理、教务管理、家校管理、总务管理和招生管理等项目内容，面向群体服务人员提供高效、优质的管理服务。园区"易加办公"平台（图2-1-12）的建设就是面向教育管理，以即时通信为基础，按照统一的数据接口规范，定制研发满足区域各种教育管理与应用需求的集合体，覆盖招生、健康、教务、校产、办公、家校联系等内容，实现管理流程再造、数据全方汇聚、精准科学决策，让教育管理更加精准。其基本功能主要体现在两个方面。

图 2-1-12 "易加办公"平台功能架构图

1. 全领域应用

"易加办公"平台研发设计充分考虑了用户的使用习惯和业务流程，覆盖行政管理、教务管理、家校管理、总务管理和招生管理五大功能模块。行政管理集成了即时通信、公文管理、业务审批、数据填报、预决算管理、信访管理等行政类功能，提升办公效率；教务管理集成了课表管理、学生选课、活动管理功能，满足教务需要；家校管理为学校提供校长信箱、班级空间、班主任邮箱、教师助手、公众服务功能，畅通沟通渠道；总务管理集成了病情监控、资产报表、安全管理、补贴管理、用餐管理功能，规范信息流转；招生管理集成了移动报名、新生信息采集、小升初招生、学位管理、双月调研功能，服务方便大众。

2. 多条线贯穿

"易加办公"平台基于基础数据库和单点登录身份认证体系（SSO），支持微信、企业微信、App、域账号、短信等多种登录方式，实现一人一账号，一次登录、处处使用。"易加办公"集成人人通空间，包含通知消息、应用中心和基础管理等功能。平台还实现了国家教育资源公共服务平台等上级教育单位或协作厂商的互联互通，进入不同平台无须逐一输入用户名、密码登录，大大方便了用户。不仅如此，面对管理者、教师、学生、家长和公众等不同的用户群体，平台还提供个性化的空间服务。用户可根据自己的应用需求，如应用的频率、应用的喜好等，像"搭积木"一样进行空间应用设置，让应用界面更加人性化。

（二）支撑精准管理的特色创新

在教育信息化2.0时代，教育管理平台不仅应确保教育管理正常进行，还应不断提升管理实效和精准度。"易加办公"平台在实现基础管理功能之上，进一步研发了创新功能，有力支撑常态管理工作"掌上办""移动办""马上办"。

1. "掌上办"

"易加办公"平台支持电脑端、移动端的在线应用，满足教育管理的各方面功能，提升管理效率。比如使用"招生管理"功能模块，就能实现招生"掌上办"，让百姓少跑路；同时，平台积累的招生数据能够支撑教育决策，让教育资源更均衡。

招生入学时，家校双方都可以通过"招生管理"（图2-1-13）模块下的学位管理功能，正向查询学校和施教区，也可以输入家庭住址，反向查询所属学校，实现房产信息验证；通过新生信息采集模块，完成信息采集。

2021年在多年网上招生基础上，园区主动对接并融入政务服务平台"融易办"（一网通办），在"移动报名"模块实现新生信息采集、在线登记、在线审核。家长们只需通过扫码登录、人脸认证、新生信息登记、基础信息绑定、在线登记、选择学校等步骤就能轻松完成在线登记流程。这不仅给广大家长带来了便利，也减轻了学校现场报名的工作量。

平台自2014年投入使用以来，积累了全面的招生数据，教育行政部门还利用这些数据进行建模分析，形成了具有园区特色的招生压力海拔图，直观地反映生源压力。这些数据也有利于教育行政部门的学校规划和教师招聘决策。

图 2-1-13　"招生管理"——入学报名"掌上办"

2. "移动办"

"易加办公"平台构建无纸化办公的一体化移动办公管理体系，实现信息流转、沟通协作、绩效提升。

（1）移动通信，延展家校业务

家校管理往往需要沟通教育情况，传递教育理念，激发育人合力。"易加办公"平台的家校管理模块，除提供基础通信功能之外，还有校长信箱、班级圈、班主任信箱等功能，家长可以在电脑端或移动端操作，与老师进行互动，让家校互动无障碍，提升办学满意度。

校长信箱是学生、家长、老师与管理层对话的有力工具，老师、学生、家长可实时留言反馈，学校也可按需与老师、学生、家长定向互动，让民情民意畅通无阻。班主任信箱支持消息通知、考勤查看和请假条等功能，达成家校联系的互通，学生考勤的审批，让家校沟通及时顺畅。班级圈支持老师、学生、家长上传、查看、分享照片和评论，引导家长参与学校课程活动，让协同育人在家校间逐步形成。

（2）民办补贴，畅快结算流程

总务管理模块下的补贴管理功能基于园区财政的幼儿园民办教育补贴政策，为解决目前线下操作的结算流程复杂、审核工作繁重、数据校验易错等问题，将线下结算和审核工作转移到线上，提供便捷的补贴申请、审核功能，并且能够快速、便捷地生成多种报表，以便区域管理员及幼儿园管理员查看。报表数据能够帮助管理者了解民办幼儿园的办学情况，为相关政策的制定提供科学依据。

3. "马上办"

在日常教育管理活动中，安全管理是重中之重。"易加办公"平台研发的安全管理功能包括安全检查项目管理、安全问题管理、突发事件管理等，覆盖安全管理全过程，通过数据及时上报、科学流程管理、数据分析预警，做到安全问题马上办，达到有效防范、及时处置的目的。

（1）安全问题，及时处置

安全问题包括专项检查中发现的问题和安全人员临时发现的问题。学校发生安全问题或发现隐患后，可以直接把突发事件上报给校长室，并在安全管理模块中录入安全问题分类、安全问题处理方案；校长室接收信息后判断是否需要上报给教育局，并安排安全专员线下处理问题，线上录入处理结果；区域管理员会收到一则相关学校通知，了解学校处置具体情况。这一流程能够实现安全问题及时发现、及时上报、马上处置。安全管理平台还支持安全管理报表的生成，有助于发现安全管理问题，落实安全责任，打造平安校园。

（2）防疫病情，及时上报

病情监控功能可以实现每天学校学生病情数据上报导入。区域管理员可以查看各学校每天的报告情况和生病人数统计；可以根据国家相关文件定义病情和预警阈值，对特定病情进行预警、跟踪管理；可以在病情统计中查看各学校的报告情况和人数统计，可利用GIS地图可视化查询，根据在病情定义中设置的预警阈值，在地图上查看到处于病情预警中的相关学校情况。

第二节　平台数据架构

构建教育大数据平台，在规划与建设的初期，必须融入大数据思想，构建科学的大数据架构，厘清平台之间的数据关系，确保平台互融互通、数据关联应用。

一是要具有"数据冰山"思维。海明威在总结自己多年的创作经验时曾说："冰山运动之雄伟壮观，是因为它只有八分之一在水面上。"这是著名的"冰山原则"。根据冰山原则，心理学家弗洛伊德提出了著名的"冰山理论"，即人的意识如海面上的冰山一样，露出来的仅仅是一部分，即有意识的层面；剩下的绝大部分是处于无意识的，而这绝大部分在某种程度上决定着人的思想和行为。"冰山理论"在心理学、文学、管理学、医学等领域得到应用。

区域的大数据架构设计也需要应用"冰山理论"。平台是显性可见的，好比冰山一角；而平台背后面向各种教育应用形成的数据是海量的，就像冰山藏在海面下的部分，虽然不可见，却是平台互融互通、应用驱动的核心要素。

二是要具有"数据仓"思维。数据仓是数据库概念的升级，可以说是为满足新需求设计的一种新数据库，但又不是简单的大型数据库。数据仓需要容纳更多的数据，是更加庞大的数据集。

平台用户既是数据的消费者，又是数据的生产者。随着用户的大量使用，每个平台都会产生海量数据。比如教学平台会产生学习行为数据，监测平台会产生作业成绩数据、错题数据等，评价平台会产生综合素质数据、学生日常写实数据、奖惩数据等。这些庞大的、分散的数据就像一粒粒粮食，需要粒粒归仓。数据仓就是汇聚海量数据的仓库，也是数据共享中心。数据仓是区域教育大数据平台的核心资产所在，也是一切数据应用的基础。

三是要具有"驾驶舱"思维。数据驾驶舱是数据可视化仪表盘的总汇，是为教育教学、评价、管理服务的。平台通过数据可视化技术，以驾驶舱的形式，通过各种常见的图表（雷达图、柱状图、折线图、速度表、音量柱等）直观形象标示教育运营情况，对异常关键指标进行预警和挖掘分析，以此来帮助教育部门全局掌控区域教育实时状况。

在大数据平台建设与数据应用中，应同步思考平台设计与数据架构。如何将分散对诸多应用场景中的相关数据进行采集、汇聚分析和关联应用是科学数据逻辑和整体架构必须解决的重要问题，否则数据关系理不清、数据彼此孤立，就无法形成教育大数据及其应用，支撑适合的教育也就成为空谈。

其一，数据采集是基础。数据采集决定着教育大数据分析和应用的质量，并最终影响教育大数据价值潜能的实现程度。① 教育大数据采集是利用平台搭建数据汇聚的通路，在不影响教师和学生活动的情况下，自然、连续地记录整个教育教学、评价、管理过程分布在多个应用场景中的静态和动态的所有数据。

其二，数据分析是关键。平台掌握的大量数据信息不一定能支撑适合的教育，平台还须对大量的数据信息进行清洗加工，把"脏数据"变为"高质量有意义的数据"。只有基于业务问题导向，对数据进行深度挖掘、建模分析，发现个体和群体差异，才能支撑适合的教育。

其三，数据应用是核心。基于海量数据平台可从不同维度精准定位问题、量化长短板、明确差异，为"个性学、智慧教、科学测、智能评、精准管"提供大数据支撑，构建面向每个人、适合每个人的更加开放灵活的教育体系，从而真正实现适合的教育。

一、数据架构整体思路

数据架构设计思路决定了整个区域教育大数据平台的建设思路。一般而言，区域教育大数据平台数据架构可以从定位与目标、设计与推进两个层面进行。

（一）定位与目标

数据架构是大数据平台建设的顶层规划和指导思想，也是各个大数据业务应用边界划分和数据互通的基础，对大数据平台的建设与落地应用具有决定性作用。如果大数据架构缺乏合理性，将会直接影响数据的采集、分析与应用。

据此，科学合理的数据架构必须要实现三个明确的目标。

1. 数据粒粒归仓

教育大数据是指在所有教育活动过程中产生的以及依据教育需求采集到的，一切用于教育发展并能创造巨大潜在应用价值的数据集合。② 伴随式采集的教育大数据以过程性数据为主，普遍具有密集性、动态性、复杂性、全面性等特点。其中，密集性是指相关数据内容产生的速度和数量级别均远远高于常规总结式采集方式，动态性是指相关数据内容一直处于持续、动态的定位与追踪之中，复杂性是指相关数据内容通常类型多样、结构异质，全面性是指相关数据内容能够完整记录所有与学生学习相关的信息。③

教育大数据粒粒归仓是区域大数据平台数据架构的首要目标。构建标准统一、可共享应用的教育大数据仓可满足全业务数据采集需求。一方面，各业务子系统需要在统一规划

---

① LI Y, ZHAI X. Review and prospect of modern education using big data [J]. Procedia Computer Science, 2018, 129: 341-347.
② 杨现民，唐斯斯，李冀红. 发展教育大数据：内涵、价值和挑战 [J]. 现代远程教育究, 2016 (1): 50-61.
③ 柴唤友，刘三妍，康令云，等. 教育大数据采集机制与关键技术研究 [J]. 大数据, 2020, 6 (6): 14-25.

的情况下,将初步处理完毕的数据按照标准规格输出至本数据仓进行集中式存储。另一方面,数据仓也将对收集起来的各种大数据通过专用的挖掘工具进行清洗、分析,形成较为通用的分析结果(学生学科素养能力指数、学科知识点掌握程度指数等),向各业务子系统提供读取服务。业务子系统可结合本地数据、数据仓提供的共享数据,根据本地的业务模型进行进一步智能化的处理,如支持个性化智能推荐处理、学科工具的智能化处理等①。

2. 数据鲜活可用

数据鲜活可用是区域教育大数据平台数据架构的基本目标。只有数据鲜活了,才能彰显其可用价值。为此,平台应做到数据来源多渠道、采集方便灵活,分析建模与关联输出也要灵活。

鲜活可用的数据必须是准确的,这样才能真正有效。要让数据准确,应构建科学的清洗策略与流程、精准的分析模型,保证每个业务子系统既是教育大数据的提供者,又是教育大数据的消费者。

当然,数据的鲜活可用还离不开完备的管理保障制度。保障制度为区域大数据建设有序开展和持续发挥价值提供可靠的长效机制,使各项工作能够安全、自主、有序地推进。②

3. 数据关联驱动

实现数据关联驱动是区域大数据平台数据架构的终极目标。平台就像露出海面的冰山一角,是可见的,而数据是海面下的冰山,是隐性的。平台要实现支撑教育科学决策,就必须要让数据可视化表达。要将分散在各个应用系统的鲜活数据汇入数据仓,通过数据的深度挖掘与关联分析,对区域、学校、教师和学生进行精准刻画,最终驱动学习的个性化、教学的智慧化、管理的精准化,为促进师生、学校、区域长足发展,促进教育科学决策、教育均衡发展、教育质量提升提供指导性服务,支撑适合的教育的发展。

(二) 设计与推进

基于明确的目标和定位,大数据平台数据架构需要结构化设计与推进,让架构层级清晰、关联紧密、数据链路完备。

1. 搭建基础,统一账号

这里的基础是指基础数据库,学校、教师和学生的基础数据能互融互通,保证基础数据的准确性和统一性。同时,为提高用户体验度,通过统一单点登录和统一身份信息,采用"一人一账号",实现"一次登录、全域可用",就能让用户能在不同系统、不同角色之间穿梭自如,让数据在业务流程中无缝流转,保证数据的互融互通。

2. 关联业务,汇聚数据

有了用户基础数据和统一账号,根据教育业务实际需求,平台还须逐步建设教学应用、监测应用、评价应用和管理应用等,使用户在开展教育业务的过程中源源不断地形成

---

① 肖年志,葛虹. 服务于"适合的教育"的区域智慧学习平台建设研究[J]. 中国教育信息化,2021(7):1-8.

② 刘邦奇,张振超,王亚飞. 区域教育大数据发展参考框架[J]. 现代教育技术,2018,28(4):5-12.

与业务相关联的教育大数据，通过数据仓，实现"各得其所"，保证数据的鲜活可用。

3. 分析建模，数据驱动

大数据、人工智能、知识图谱、智能推荐等关键技术建立面向教育业务的"采集、统计、分析、表达"数据链，通过数据驱动应用创新，形成"个性学、智慧教、科学测、智能评、精准管"的应用闭环，保证数据的关联驱动。

二、区域"易加数据"架构设计

"易加数据"是园区教育大数据平台的数据仓，遵循区域教育大数据整体架构的基本思想，满足园区学、教、评、测、管的应用建设需求，具有科学的整体架构和清晰的业务架构。

（一）"易加数据"整体架构

"易加数据"整体架构，不仅考虑园区教育大数据平台内部的数据流转逻辑，同时兼顾园区教育大数据平台与外部其他平台的数据共享，以此满足高质量教育发展需求。

1. 技术架构设计

从大数据平台内部来看，"易加数据"为其他各个业务平台提供基础数据，同时从各个业务平台抽取业务数据，经过数据汇聚、清洗、管理、分析，形成多维度、具有综合性的主题数据，反馈给各业务平台，从而驱动"个性学、智慧教、科学测、智能评、精准管"（图 2-2-1）。

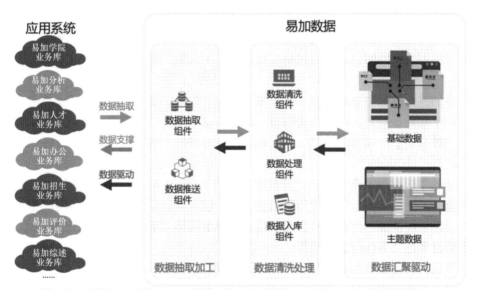

图 2-2-1 园区大数据平台内部数据流转逻辑图

从大数据平台外部来看，不论是横向与园区其他部门的数据共享，还是纵向与国家、省、市相关行政机构的数据共享，在"易加数据"中都能实现（图 2-2-2）。

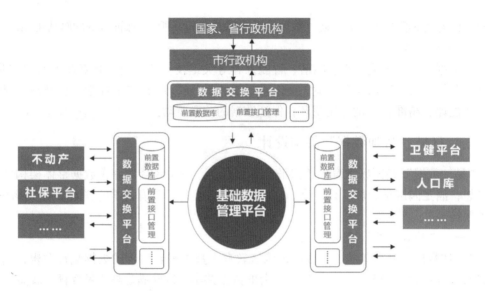

图 2-2-2　园区大数据平台与外部平台的数据共享交换

2. 基本数据组成

基于以上技术架构,"易加数据"着力形成两类基本数据:一是基础数据,二是主题数据。

(1) 基础数据

基础数据是描述教师、学生、教学机构和教育基础类别的数据,主要包括学生基础信息、教职工基础信息和教学机构基础信息。基础数据的建设,满足了教师和学生基础数据统计的需求,同时也确保通过基础数据接口为大数据平台提供的数据的唯一性和统一性。

学生的基础数据主要来源于"省学籍系统""易加招生""易加数据",包括学生基本信息、学籍异动信息、入学注册信息、简历信息、毕业结业信息、家庭成员信息、奖励信息、处分信息、奖学金信息、考评信息、困难补助信息、技术等级证书信息等数据。

教师的基础数据主要来源于"省教职工系统""易加人才""易加数据",包括教师基本信息、家庭成员信息、学习简历信息、工作职务简历信息、专业技术职务信息、语言能力信息、岗位证书信息、社会兼职信息、学术团体兼职信息、开课记录信息、公开课记录信息和论文著作信息等数据。

教学机构的基础数据主要来源于"易加数据",包括学校基础信息、分校区信息、班级信息、校内机构信息、教学专业信息(职业学校)、教学课程信息、教学教材信息、教育经费收入情况信息、教育经费支出情况信息、房产用地信息、房产建筑物信息、房产设施信息、社会办学机构基本信息和社会办学机构变更信息等数据。

(2) 主题数据

主题数据是与业务相关联的数据,是在基础数据范围之外的复杂业务数据,主要包括教育规模与发展、校园安全、教师人事、招生、学生体质健康、学生素养、学生综合素质、学习行为和学业成绩等数据。教育主题数据的汇聚形成了主题数据仓,让个性学习、智慧教学和精准管理等有了数据支撑。

从平台汇聚的主题数据来看，服务于"个性学、智慧教"的"易加学院""易加终身"平台数据主要包括个性学习层面的课堂表现数据、学生练习数据和资源相关数据，以及终身学习层面的终身学习课程数据和活动数据等；服务于"科学测"的"易加分析"平台数据主要包括区级质量监测数据、校级监测数据、班级监测数据和错题本等；服务于"智能评"的"易加综素""易加人才""易加评价"平台数据主要包括学生评价层面的道德品质数据、学业水平数据、社会实践数据、身心健康数据、艺术素养数据、学生素质报告数据，教师评价层面的职称评定数据、荣誉数据、人才指数数据，以及学校层面的学校评价数据、区域总体评价数据、内部满意度数据、外部满意度数据等；服务于"精准管"的"易加办公""易加招生"平台数据主要包括学校管理层面的病情监测数据、双月调研数据、资产填报数据，以及学生管理层面的施教区数据、学位占用数据、适龄儿童信息等。

（二）"易加数据"业务架构

1. 完备的数据应用闭环

数据来源于业务，又驱动业务发展，两者之间相互作用、相互促进，形成数据应用闭环。"易加数据"业务架构就是构建了这样的业务数据应用闭环：以智慧教育大数据平台为核心，以"学、教、测、评、管"五大类应用数据为基础，逐步沉淀结构化和非结构化数据，形成基础数据和各类应用主题数据，通过大数据技术手段进行数据治理，为各类用户提供多层面、多维度的显性画像，为"个性学、智慧教、科学测、智能评、精准管"提供隐性数据关联驱动，最终构建教育大数据应用闭环，为适合的教育提供强大的支撑[①]（图2-2-3）。

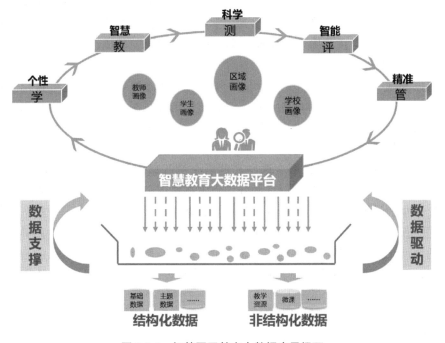

图 2-2-3 智慧园区教育大数据应用闭环

---

① 肖年志，葛虹. 服务于"适合的教育"的区域智慧学习平台建设研究［J］. 中国教育信息化，2021（7）：1-8.

2. 数据驱动业务

在应用场景中，不同的业务对象形成不同的数据，数据会沉淀到数据仓，又回到"学、教、测、评、管"业务场景中实现数据驱动。

（1）数据驱动"个性学"

传统的学习以"统一"为主要特征——统一的课前预习、统一的课后作业，让学生就像流水线上的产品，平庸且缺乏个性。

而数据驱动下的"个性学"，通过给学生提供个体的数据刻画，让学生清晰了解自己的学习状况，从而更好地认识自我、规划自我、发展自我。

对于学生来说，大数据的精准刻画让平台比学生更了解自己。画像上清晰呈现学生的优势学科、薄弱知识点、薄弱素养点、成长轨迹，便于他们全方位了解自身学习现状、调整学习重点、有效提升学习质量。同时，学生在学习资源上的数据也被精确地记录下来，如资源浏览时间、时间段内浏览资源的频率、资源访问次数等。分析学习过程中潜在的学习规律，可以帮助学生明确自己的学习特点、兴趣爱好和行为倾向，更好地规划自己的未来发展。除此以外，平台向学生智能推送类似知识点的试题，避免了题海战术，有助于学生精准学习。

大数据技术使教育围绕学习者展开，让学生"学在自身的薄弱点，发展在个人的优势点"，实现"适合的学"。

（2）数据驱动"智慧教"

在传统的课堂教学中，教师的教与学生的学常常是通过以下三种教学模式来开展的：教师讲，学生听；教师问，学生答；教师演，学生看。这些模式均采用单向的信息传递方式。教师是教学信息的主动发出者，学生是被动的接受者，师生之间很少有主动的信息的双向交流①。无论哪一种模式，都具有"满堂灌"的属性，其根本目的是服从于传统学科教学的需要。

而数据驱动下的"智慧教"，是基于平台对学生个体的数据刻画，可视化展示学生个体的学科知识掌握情况、薄弱知识点、学科素养形成情况等。教师可发现每个学生的学习长短板，避免"一窝蜂""一刀切"，从而科学智慧地制订教学计划、改变教学策略，与学生更加顺畅地沟通。

比如，在"易加学院"课前、课中和课后全学程教学中，预习和复习的内容不是全班统一的，而是根据每个学生以往的知识点掌握情况分层推送。课前，教师通过平台获得每个学生的学情数据，实现精准预学指导；课中，教师借助平台记录的资源使用时间、使用时长、上课答题情况、举手次数等数据及相应的分析，了解学生差异，实现学习资源的个性化推荐、学习结果的多元化评价；课后，教师及时调整自己的教学计划和教学方式，对不同水平的学生给予相应的延学指导，让"智慧教"助力学生个性又全面地成长。

大数据使教师的教学围绕学生真实需求展开，让教师"教在学生的痛点"，实现"适合的教"。

---

① 王奕标. 透视翻转课堂：互联网时代的智慧教育［M］. 广州：广东教育出版社，2016：7-8.

(3) 数据驱动"科学测"

传统的监测往往局限于单一的成绩分析，无法全面了解学生的学习和身心健康状况，无法全面掌握影响学生发展的相关因素，更无法准确报告基础教育质量的现状。而数据驱动下的"科学测"，不再把测试的成绩作为衡量学校表现的唯一标准，而是全面收集数据，基于知识体系和学科素养体系进行深度分析，精准诊断学生短板，形成多层次、多维度的综合性分析报告，为政府评价学校教育质量提供科学的依据，切实改变单纯以成绩和升学率为标准评价学校的做法，进一步推动素质教育的有效实施。例如，在"易加分析"平台，学生能看到自己的成绩、知识点报告、素养点报告、错题集等，通过查看每一次监测的单体分析报告和历史监测数据的跟踪分析报告，全面明晰自己的长处和弱项，让学习质量提高更快、更明显，也让自己成长、发展得更均衡。

(4) 数据驱动"智能评"

传统意义上的评价是单一性评价、终结性评价、静态性评价和水平性评价，在教育向"培养全面发展的人"变革的今天，呈现出评价指标体系不够科学、评价价值标准单一片面、评价目的功能极端狭隘等弊端。可以说，根深蒂固、盘根错节的教育问题，在很大程度上是评价导向与改革不适应所造成的。

而数据驱动下的"智能评"，是从宏观到微观、从甄别到选拔、从量化到质性、从单一评价到综合评价、从教育内部到教育外部，重新建构一套评价标准和评价工具。平台基于多主体、多维度的数据刻画，改进结果评价、强化过程评价、探索增值评价、健全综合评价，促进教育评价改革创新。

园区构建了双坐标评价体系。一是研制园区特色的学科核心素养图谱和测评指标，优化学科素养评价，推动"评价知识"向"评价认知"转化；二是制订《苏州工业园区中小学综合发展评估行动方案》，全面推进"五星评价"。"五星评价"从学生发展、教师发展、学校发展、内部满意度、外部满意度五个维度全面客观地评价学校的教学管理长短板，全过程采集分析学校数据，全方位了解学校发展的潜力和不足，用数据驱动学校的发展。"五星评价"是园区教育评价改革与创新的具体实践，推动"学科评价"向"综合评价"发展，推进绿色发展的教育生态构建。

区域可用平台大数据为学生画像。园区的"易加综素"平台建立学生学习数据档案，通过动态分析、数据追踪机制，从思想品德、学业水平、身心健康、艺术素养、社会实践五个方面，用数据跟踪学生中小学综合素养成长图谱，对学生个人综合素质发展进行未来画像[1]，实现学生综合素质评价，准确定位每一位学生的动态，研制更适合、更有效的教学策略，促进每一位学生发展。

(5) 数据驱动"精准管"

传统的教育决策常常被戏谑称为"拍脑袋"行为，是指决策者常常以自己有限的理解、经验和推测，依据直觉或冲动制定政策。这种来自决策者"头脑发热"的政策通常会陷入朝令夕改的尴尬境地。

而数据驱动下的"精准管"，是基于对区域、学校的数据刻画，清晰呈现学校发展、教师发展和学生发展的综合评价及发展趋势，为教育管理者科学决策提供强大的数

---

[1] 肖年志."大数据促进适合的教育"的思考与实践[J].中国教育信息化（基础教育版），2019（9）：23-26.

据支撑。例如，在"易加招生"平台中，教育管理者通过园区特色"双月调研"，摸清各施教区下一届新生的基本数量。"易加数据"通过综合毕业班学生数和学校班级数等数据，计算班容比和班级缺口数。教育管理者基于这个数据全局把握教学资源布局的现状和问题，促使教学资源布局调配决策（学校的规划、教师的招聘等）更加科学合理。

大数据让教育管理"管在区域、学校的需求点"，实现"适合的管"。

三、区域"易加数据"功能实现

大数据平台的功能主要包括数据汇聚、数据清洗、数据管理、数据分析、数据展示和数据驱动六个方面，以此完成数据从采集到应用的整体流程，保障数据的完备性、准确性、鲜活性、权威性和安全性。其中，数据汇聚清洗是基础，数据管理是保障，数据分析展示是关键，数据驱动是核心。

作为园区教育大数据的数据仓，"易加数据"在秉承这一基本流程之上进一步贴合园区具体实际，彰显其特色功能的价值。

（一）自动化数据汇聚

自动化数据汇聚清洗是平台数据架构的基础。

教育大数据涉及的数据内容普遍存在场景多样、量化困难、汇聚复杂等特点。具体而言，场景多样是指教育大数据来源于众多与教育或学习相关的场景，如教学活动、科研活动、社交活动等相关场景；量化困难源于教育场景的多样性、人的不确定性以及人、机、物之间交互的复杂性等因素；汇聚复杂是因为教育大数据具有来源多样化、结构异质化和内容复杂化等特点。[①]

"易加数据"针对教育大数据来源多样、形式不一的特点，利用数据汇聚模块实现多源型数据汇聚，包括来自区域教育内部"易加学院""易加人才""易加招生""易加分析""易加综素""易加评价"等平台的数据，以及来自区域教育外部如"省学籍平台""市招生平台""省教师人事系统"等平台的数据，在很大程度上保障了数据的完备性，为大数据建模分析打好了数据基础。

教育大数据有结构化数据、半结构化数据和非结构化数据。来源的多样性决定了数据类型多样、结构异质的特点。"易加数据"基于一定的清洗规则，利用数据过滤、数据校验、数据转换、合并拆分等数据清洗功能，将缺失、异常、重复的"脏数据"自动清洗成"高质量可用数据"，保证了数据的准确性。例如，一个来自外部平台的教师人员类别数据有事业编专任教师、企业化专任教师、参编管理专任教师、事业编职工、参编管理职工和其他六个不同的人员类别，而"易加数据"中的教师人员类别有专任教师、在编职工和其他三个不同的人员类别。待这个外部平台教师的信息汇聚过来后，"易加数据"就会将"事业编专任教师、企业化专任教师、参编管理专任教师"转换成"专任教师"，将"事业编职工、参编管理职工"转换成"在编职工"，以此形成区域统一且适用的数据。

（二）高质量数据管理

高质量数据管理是平台数据架构的保障。一般的数据管理提供数据即席查询、基础

[①] 刘三妍，杨宗凯，李卿. 计算教育学：内涵与进路 [J]. 教育研究，2020，41（3）：152-159.

代码管理、元数据管理、数据资源目录管理、数据日志管理等功能。"易加数据"在此基础上为园区教育基础数据和主题数据两类数据提供高质量、全生命周期的数据管理，保障数据的有效性和安全性。其中，基础数据管理聚焦园区"易加"平台中学生、教职工、教学机构和基础代码等数据资产的管理；主题数据管理围绕区域、学校、班级、教师、学生等多个维度，结合教育业务需求实际，提供相关服务。此外，为贴合园区实际扩展应用需求，"易加数据"通过元数据管理功能，实现对基础数据和主题数据所有表及其字段的维护和管理，切实保证平台数据的高质量，满足大数据平台随时新增数据字段的需求。

（三）科学性数据分析展示

科学性数据分析展示是平台数据架构的关键。分析基于建模，建模基于应用。"易加数据"基于深厚的建模基础，基于业务应用需求，实现科学性的数据分析和多样态的可视化展示，保证了数据的可用性和实用性。例如，"易加学院"中"个性学、智慧教"算法的实现机理就包括了知识点建模算法、学科核心素养建模算法、"个性学"算法和"智慧教"算法四种。

知识点建模计算基于学科知识体系，通过监测、作业、练习，动态采集学生结果数据，依据数据，综合计算得出学生学科知识水平达成情况。知识水平参与建模计算的有试题难度（Td）、试题得分率（Ts）、信度（r）。三个变量由于属于不同维度，且彼此之间没有关联，可以进行相乘计算。学习是一个意义建构的过程，是学习者通过新、旧知识经验的相互作用，形成、丰富和调整自己的认知结构的过程。因此在知识建模计算过程中，"易加数据"充分考虑学生以往的答题情况，进行累加计算。

学科核心素养建模算法包括数据量化处理、信度效度处理、第1次建模计算、第n次建模计算、分项素养达成情况确定、素养达成情况确定等功能。

"个性学"算法分为输入、算法处理和输出。输入为学生和资源关联模型，包括知识水平、素养水平、学力水平等学生特征及资源难度、资源类型、交互方式等资源特征；算法采用卷积神经网络进行计算处理，其隐含层包括卷积层、池化层和全连接层三部分；输出为学生提供个性化的学习资源，学生在"我的课程"不同环节里面可以看到不同层级的学习任务，在"个性学习"里面可以看到个性化的智能学案。

智慧教算法测评班级群体水平，协同过滤推荐资源，筛选推荐最优的教学资源，以确保推送的资源符合班级群体水平、符合教师所需（图2-2-4）。

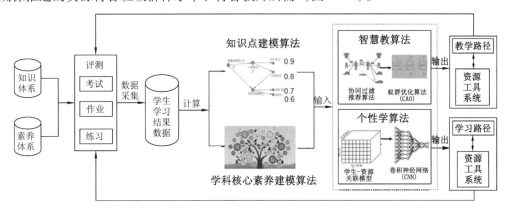

图2-2-4 "易加学院"个性学智慧教建模分析

建模分析后,再将数据分析结果以可视化的图表方式进行呈现,分析结果就会更直观、更易懂,有效彰显数据的应用价值。例如,"易加数据"基于园区教育业务,围绕区域、学校、教师和学生四类主体构建用户数据画像刻画指标(表2-2-1),支撑精准决策,全面展示区域教育的建设成果,同时支持计算机端、手机端、大屏端的多端查看。

表 2-2-1 数据画像刻画指标

画像名称	一级指标	二级指标	画像名称	一级指标	二级指标
区域画像	首页	区域画像标签	区域画像	学生概况	综合素质
		学校分布			学情概况
		师生分布		综合发展	发展水平
	教育概况	现代化监测			发展趋势
		病情监控			信息化水平
		校园安防 TOP 榜			高考升学率
		教师考勤			招生压力
	学校概况	学校分布		学校发展	招生压力 TOP10
		学校基础概况			校际比较
		学校综合应用排名			低分学校预警
		校园安全排名			教师发展评价
		教师总数		教师发展	教师发展水平 TOP10
	教师概况	教师分布			教师人才指数
		教师基础			综合素质图谱
		师资概览		学生发展	综合素质检索
		教师流动性情况			学科知识图谱
	学生概况	学生总数			学科素养图谱
		学生分布	学校画像	首页	学校画像标签
	学校发展	基础信息			资源建设
		学校发展性评价			资源应用
		高低分指标定位			优质资源情况
	教师发展	教师总数	教师画像	教育教学	在线教学汇总
		教师发展规模			课前平台应用
		学校教师发展性评价			课堂平台应用
		高分指标			在线作业布置

续表

画像名称	一级指标	二级指标	画像名称	一级指标	二级指标
学校画像	学生发展	在校学生	教师画像	教学绩效	工作总量
		在校学生人数			教学成果展示
		学生均衡指标			学术活跃度
		学生综合素质			教学质量（学生成绩）
		学生发展性评价			教学获奖情况
		学生标签		专业发展	个人荣誉
	资源建设	资源建设统计			继续教育
		历年教学资源建设			教学获奖情况
		热门资源			科研获奖情况
		教师资源贡献TOP10		首页	学生画像标签
		教师资源建设情况			基础信息
	学业发展	学科素养图谱	学生画像	综合素质	个人综合素质
		学科监测			学业整体水平
		学科平均掌握度			思想品德
		知识点/薄弱点			艺术素养
	校园安全	今日病情			社会实践
		趋势分析		成长轨迹	历年获奖情况
		病情标签			身心健康监测
		安全问题上报数据			思想品德
		校园安全问题弱点			艺术素养
教师画像	首页	教师画像标签			社会实践
	教师概况	基本信息		学业水平	学科掌握情况
		任职信息			薄弱知识点
		任教轨迹			学业水平
	教育教学	教学工作量		学科素养	学科核心素养树

（四）关联性数据驱动

关联性数据驱动是平台数据架构的核心。园区的"易加数据"利用大数据思维，通过"采集、统计、分析、表达"的数据链，基于学习驱动、教学驱动、管理驱动，形成"个性学、智慧教、科学测、智能评、精准管"的教育业务数据闭环，为教师和学生提供教学行为、个性化学习的最佳路径，为管理部门提供科学的管理决策预案。例如，关联性数据驱动在管理方面可体现为，通过对"易加数据"汇聚的"毕业人数、招生人数、班级缺口、班容比"等数据的计算，利用不同颜色直观反映学校的招生压力，形成"招生压力图"，为教学资源的合理化布局调配决策提供数据支撑。再如，在招聘教师过程中,"易加数据"可根据每个学校各个学科的预测教师招聘数和实际教师招聘数的差额,通过不同的颜色直观反映各个学校的招师压力,形成"招师压力图",为区域和学校的教师招聘决策提供数据支撑。

关联性数据驱动在教学方面体现为,"易加数据"为"易加学院"提供学情驱动数据,支撑学习路径规划。学习路径是根据特定的学习目标,将一系列的学习资源、检测资源、学科工具等根据事先计划,智能动态调配成按时间排序的组合,用于引导学生进行主题式的、连续的自主性和个性化学习。学习路径可以是由教师创建并引导学生学习的,可以是由学生自由选择的,也可以是系统根据学生的学情特征进行自适应推荐的。基于知识图谱的学习路径规划是当前教育界研究较为热门的智慧教育学习实现方法之一。从当前来看,基于知识点的学习及复习等几个场景具有较好的效果,值得重点投入。

"易加学院"在上线的初期,主要依靠教师来为各类学生规划不同的学习路径(图2-2-5)。[①] 学生在依据学习路径开展学习的同时,系统进行伴随式数据记录。在学习行为数据达到一定量后,系统就可针对每个学生的学习效果进行分析与评价,并在此基础上实现学习路径的最优适配,为学生提供自适应的学习路径建议。此外,学习路径是多种学习资源的组合。学习路径的智能化包括智能系统对其中部分学习资源的自适应调整。这样一来,学生的学习内容和学习路径都是经由"精准计算"而"个性推送"的,为"每一位学生提供适合的教育"也就真正实现了。

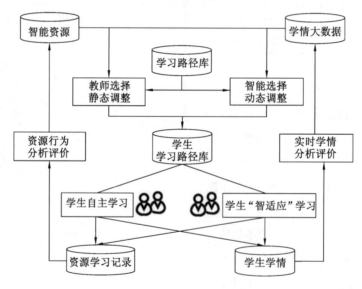

图 2-2-5 学习路径创建

第三节 平台环境布局

无论是平台还是数据,都是以环境作为底层。本章前两节所介绍的平台功能与数据架构,就是以区域教育大数据平台的环境布局为底层支撑的,换而言之,区域教育大数

---

① 肖年志,葛虹. 服务于"适合的教育"的区域智慧学习平台建设研究[J]. 中国教育信息化,2021(7):1-8.

据平台的环境布局是区域教育平台建设和数据应用的顶层设计和宏观把控。《教育信息化2.0行动计划》提出"将教育信息化作为教育系统性变革的内生变量",强调了教育信息化对教育变革的影响不是零散的、局部的和暂时的,而是全局的、整体的和长远的。[①] 作为教育信息化中坚力量的教育大数据,也是教育变革的"内生化"根源,需要合理布局,才能有效构建全新的教育生态,使教育更加开放、公平、优质。

一、基于业务设计基本遵循

集数据采集、数据整理、数据存储、数据分析、数据共享与用户服务于一体的区域教育大数据平台环境,是当今社会所独有的一种新型场景。它以一种前所未有的方式,通过对海量教育数据进行分析,获得有巨大价值的教育产品和服务。数据来源广泛、主题形式多元,要想合理、有效、可持续地布局,就应当有所遵循。

(一)平台的健壮性

所谓平台的健壮性,是指大数据平台环境在一定(结构、大小)参数摄动下,维持某些性能的特征。因为任何一个能带来利益的系统和平台都有被人攻击的可能,任何一个面向众多用户的系统和平台也都有崩溃的可能,只有保证平台稳健运行、保证受众的正常体验与使用,教育大数据平台才能真正为教育服务。

园区在大数据平台环境的布局中,通过调整平台架构、扩充服务、分流引导、带宽加速等举措,让平台的稳定性和流畅度满足使用者的需求,保障全区广大中小学生"线上教育"的实现。

(二)数据的标准化

在布局区域教育大数据平台环境时,系统构建、业务处理和技术方案都应符合国家、地方、行业的有关信息化标准规定,代码体系要统一化、标准化,符合国标或者部颁标准。[②]

园区在进行教育大数据平台环境布局时,坚持以规范标准作为依据,配合平台应用出台了一套可复用的区域教育信息化数据标准——《苏州工业园区教育信息化数据标准白皮书》。该标准适用于园区各级各类教育机构的内部管理及各级教育行政部门对教育机构的管理,适用于相关信息处理系统之间的信息交换。这一标准文本的制定得到了"教育大数据应用技术国家工程实验室"专家的高度认同,有效促进了"个性学、智慧教、科学测、智能评、精准管"。

(三)应用的共享态

数据共享是大数据时代的基本特征。政务大数据要以共享开放为发展,区域教育大数据也是如此。区域教育大数据的应用,关键是要构建一个让教育数据全方位采集、纵横融通的生态系统,让区域教育大数据在不同用户、平台和业务中无缝流转。

园区在教育大数据平台的环境布局过程中,核心工作不单单是建设数据中心,而是以"易加数据"为中转站,遵循相应的规范、标准,确保各个部分的有效协调,通过数据的汇聚、分析与持续性流转,不断促进"易加"各平台系统之间的互联互通,实

---

① 季明明. 牢牢把握国家教育信息化战略的精髓[J]. 基础教育论坛,2020(27):4-13.
② 高洁,王有学. 区域教育大数据统计与分析系统的构建研究[J]. 中小学信息技术教育,2018(10):25-32.

现数据的开放与共享。"易加数据"的核心功能就是以"教、学、管、测、评"五大类应用数据为基础，逐步沉淀结构化和非结构化数据，形成基础大数据和各类应用主题大数据，通过大数据手段进行数据清洗和治理，为各类用户提供多维度、多层面的"显性"画像，为"个性学、智慧教、科学测、智能评、精准管"提供"隐性"数据关联驱动，构建区域教育大数据应用闭环。

（四）信息的安全度

大数据的发展加速了社会的信息、资源流动，使社会运转效率更高，同时也隐藏着巨大的隐患。大量看似中性无害的数据收集以后，也可能会产生隐私泄露、信息丢失等网络安全问题。因此，进行区域教育大数据环境布局时，要将安全作为根本的考虑，以保障整个区域教育的网络信息安全。只有满足区域信息化建设的安全标准，所布局的教育大数据环境才是成熟的、安全可靠的。为此，开发者必须在系统设计上考虑整个系统的安全措施，使用有保障的系统架构，利用完善的安全策略，保证信息的安全可靠，同时要坚持保密级数据的保密性原则。在平台的运营过程中，也要时刻关注网络信息安全，保证用户信息等内容不被窃取。

"易加"平台项目的开发设计有完整的安全方案，以保证系统的网络安全、服务器安全、用户安全、应用程序和服务安全、数据安全等，从而实现整个应用系统的安全。在运营服务的过程中，园区通过"易加网检"自查自检，保障平台安全运行。此外，为保障园区校园网站的安全，园区按照"一月一循环，一月一通报"的理念，继续推进常态巡检制度，跟踪服务前置，同时，强化网络信息安全通报制、约谈制、上门督查制、定期考核制，对于出现问题的学校严肃约谈，全面提升网络信息安全的管控水平，保障校园网络的安全。

二、融通应用做好内容建设

区域教育大数据平台环境布局是利用区域教育大数据平台，将区域教育教学过程中形成的全部数据进行收集、加工、利用，从而使区域教育大数据实现实时、逐条明晰、多维度、多主体、生动化等业务价值，进一步推动教育发展、教学创新，使学生个性成长、全面发展，破解"大规模因材施教"的难题，让大数据不断促进适合的教育。

这一布局对教育的变革十分重要。一方面，区域教育大数据的环境布局能促进整个区域在教育领域的信息化，服务于教育改革和发展，进而服务于区域经济改革与发展大局；另一方面，区域教育大数据的环境布局也能与其他信息化领域协同推进区域现代化建设。由于区域的各个学校在信息化方面发展程度高低不同，利用教育大数据分析、解决教育教学问题的能力也不同，若放任自流，势必会出现教育资源"孤岛化"现象，因而必须打破常规，走出传统的教育模式，布局区域教育大数据环境，实现区域内学校的资源共享、信息互通。

因此，园区2012年做出了信息化整体规划，从网络环境、数据平台和安全运营三个层面出发，合理布局园区教育大数据平台环境（图2-3-1）。具体而言，就是园区智慧教育枢纽平台在智慧城市整体框架下，以云资源池、硬件和网络等技术为基础，打造智慧教育环境；以信息安全与运营维护两大体系为保障，保证平台正常安全的运行；以基础数据、主题数据为支撑，实现平台各应用数据之间的互联互通，以教学平台、管理平台、监测平台、评价平台为应用核心，构建面向学生、教师、管理者、家长、公众的五大服务体系，以智能终端、电子书包、未来教室、AR、VR等为应用媒介，提供随时随地的安全、可靠、方便、高效、低碳、智慧的云服务。

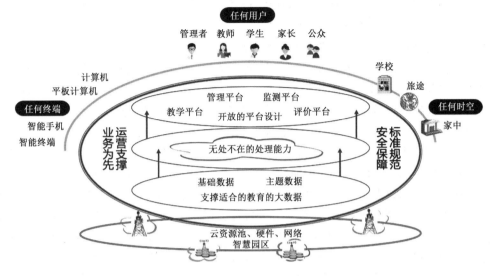

图 2-3-1　园区教育大数据平台环境布局

（一）以网络环境为基本支撑

网络环境是平台有效、高效运行的基本支撑。为此，园区全力落地建设教育城域网、云计算存储和智慧校园。

1. 建设教育城域网

构建教育城域网是教育信息化建设的重要内容，也是智慧教育的重要基础。随着云计算技术的快速发展，园区政务网建设不断成熟，经多方论证，依托园区政务网和政务云资源构建园区逻辑教育专网。城域网链路部分，直接复用园区政务网络链路。各校校园网通过复用政务网络链路与园区管委会计算机信息中心实现千兆对接，构成园区逻辑教育内网。园区在网络边界打通三个出口，满足不同的应用需求：一是用安全设备实现与市教育信息中心的千兆连接，实现区教育城域网与市教育专网的对接；二是按需租用充足的带宽公网出口，以满足各中小学对网络的访问需求，各校则不再单独接入公网；三是以千兆带宽接入E卡通移动专网，保证园区教育专网与教育E卡通数据中心数据流的通畅。

2. 实现云计算存储

园区以云计算、物联网、三网融合等技术为支撑，以云资源池的方式，实现云计算存储。具体而言，园区教育城域网所需要的园区教育云计算专用资源池，如数据服务器、资源存储均利用园区政务专有云的现有资源，并复用园区政务专有云的数据容灾服务，实现"教育管理协同高效、教育资源畅达易用、教育服务创新整合、教育应用广泛深入"的整体目标。

3. 创建智慧校园

通过有效的组织和指导，园区智慧校园创建卓有成效。截至2020年，苏州工业园区星洋学校、苏州工业园区第二实验小学荣获"江苏省智慧校园示范校",苏州工业园区星洋学校等10所学校荣获"苏州市智慧校园四星级学校"的称号,苏州工业园区星港学校等23所学校荣获"江苏省智慧校园"和"苏州市智慧校园三星级学校"的称号。至此,全区学校全部成为"江苏省智慧校园",实现全区智慧校园100%全覆盖。

(二)以数据平台为核心统领

数据平台是指运行于计算机硬件之上的驱动计算机及其外围设备实现某种目的的软件系统,它是区域教育大数据业务运行的核心统领。园区聚力打造"易加"平台,全面服务于"学生、教师、家长、社区和教育管理者"。"易加"平台涉及20多个应用系统和模块,促进学校教育、家庭教育、社区教育与行政管理的信息化。

"1115模式"是园区教育大数据平台环境布局实现的"易加"标准体系(图2-3-2),即1个统一空间入口、1套数据标准、1个数据中心、以3类应用满足5大类用户的业务需求。具体而言,易加数据管理平台作为基础,构建智慧教育数据仓,涵盖基础数据和主题数据,通过提供统一用户认证、单点登录,统一门户空间等服务,集成"学、教、测、评、管"五大类应用,为各类用户提供全维度服务;标准规范与业务保障体系和信息安全与运营维护体系作为两大支柱,引领教育规范,保障平台的健康稳健运行和用户信息安全;20多个应用系统和模块,依托教育大数据应用技术国家工程实验室专家资源,基于大数据画像、人工智能技术的发展,通过智慧教育应用集成平台和智慧教育数据交换平台,实现信息实时采集,数据灵动鲜活,刻画全面精准,有效服务于"个性学""智慧教""科学测""智能评""精准管",为园区智慧教育从2.0向3.0跨越提供了广阔的发展空间。

图2-3-2 园区教育大数据平台"1115模式"架构图

(三)以安全运营为重要保障

安全是大数据平台运行的底层支撑,运营是为了提升大数据平台运行效能所提供的服务,安全运营是为了让大数据平台发展更多的用户、获得更大的收益而从事的平台经营、运作、维护等相关的工作。

对于区域教育大数据平台的环境布局而言,安全运营服务是非常重要的,直接影响用户体验与平台价值的实现。然而在当前的区域教育大数据环境布局中,平台安全保障越发受到重视，运营服务却是最容易被忽视的。

园区致力保障平台安全运营，全力构建可持续发展的运营管理模式，基于网络组、运维组、业务运营组三大智慧教育运营体系，在工单派出、过程管控、绩效评估等方面均形成了一套行之有效的规范管理流程，认真做好网站维护、网络阅卷、招生招师、数据采集、数据库维护、资源建设及相关运营试点和推广等诸多方面工作，做到响应及时、过程落实、结果真实。在完成系统标准运营维护、教育业务数据维护及应用系统的有效推广和应用等工作的同时，尝试创新运营机制，实现主动运营管理模式，打造稳定、优质和高效的运营团队，为区域教育大数据平台生态发展提供强有力的保障。

三、着眼发展推进区域创新

园区在环境布局过程中，结合区域实际需求，创新推进，形成了"顶层设计、统领规划""区域统整、集约管理""模式创新、科学推进""生态构建、绿色发展"的园区教育大数据平台环境布局特色。

(一) 纳入智慧城市的建设体系

园区教育大数据平台的布局秉承顶层设计先行的理念，在苏州市政府及园区管委会的统一领导下"合理规划、统筹推进"。

苏州市自"十一五"以来就积极实施"数字苏州"战略，在政务信息化、企业信息化和社会信息化及信息基础设施建设等方面取得了一定的成绩，2011年年底发布了"智慧苏州"规划。教育信息化是城市信息化的重要组成部分。"智慧教育"成了"智慧苏州"的重要目标之一。园区于2012年完成了"创新之城、智慧园区"的顶层架构设计，现已全面建成政务通、企业通、生活通及涵盖政务、教育、健康、社保、科技、人才、金融等九个方面的"三通九枢纽"。教育信息枢纽是"九枢纽"之一。2018年，园区智慧教育"易加"平台获批首批国家数字教育资源公共服务体系建设与应用试点平台。园区主动对接国家教育资源公共服务平台，实现优质教育资源的充分共建共享，更好地支撑区域教师的专业成长。

园区在苏州市和园区政府的统领下，依托智慧城市建设大环境，顺应数字经济新要求，顺势而为，借力而上，实行统一规划、统一指挥、统筹经费，合理布局区域教育大数据平台环境，通过数据交换共享、数据统计分析、数据挖掘等技术手段，提供更深层次的应用融合服务，实现了园区教育与国家、省、市、区的联动与融合，助力"智慧园区""智慧城市"建设，努力为国家和区域数字经济发展提供更好的人才支撑和智力支持。

(二) 实行区域统整的集约管理

经济学中有一个"集约"的概念，它指的是用最小的成本获得最大的收益，也就是如今所说的"高性价比"。园区在进行教育大数据平台环境布局时，充分关注投入与产出的能效比，力争通过区域的合理统筹，实现最小成本的最大回报，做到集约管理。

一方面，通过区域统整提升绩效。园区在"智慧教育"建设之初就进行了详细的顶层设计，除了将之纳入园区智慧城市建设外，还合理规划大数据平台布局，出台《关于进一步提高苏州工业园区教育信息化发展水平工作实施意见》《园区教育信息化发展水平评估指标（学习）指标诗意和统计口径》等文件，推进园区教育大数据平台的建设与应用，提升融合创新水平，科学衡量区域教育大数据应用普及度，提高区域教育信息化水平。通过实行"区校联动，四建四强"，厘清了区校两级的工作任务，提升大数据平台建设与应用绩效。具体而言：区域层面负责建网、建库、建云、建平台，即区域提供教育城域网、教育资源库、教育云资源池和教育教学大数据平台。学校层面负责强队伍、强课程、强应用、强特色，即学校完善校级信息中心机构设置，配备专职人员负责学校信息化工作；加强学科资源的积累与开发，丰富个性化教学资源，促进教学便捷化；强化新技术、新媒体的应用研究与实践，提高信息技术与学科融合水平；打造学校亮点应用品牌，成为亮点技术运用的先行军，让区域教育大数据落地生根。目前，园区"易加"平台全用户应用的局面已形成。"易加"平台不仅让学校更专注地落地教育大数据的应用和积累，也使得区域内部各校的教育数据都能相互流转，让数据"活起来"。

另一方面，通过集约管理强化平台效能。园区在教育大数据平台的环境布局中，积极推进集约化管理模式，不断强化平台效能。一是在开发建设中采取项目过会制。在区域统整建设之后，自2012年起，凡园区学校网络硬件建设与改造、软件资源开发与购置等，均要申请立项，经过教育信息化领导小组部门协同过会批准才能进行，以避免重复建设、资源浪费。二是实现标准运营制。园区秉承"专业的事给专业的人去做"的宗旨实行集约运维，实现统一运维和标准服务。园区教育城域网链路与系统的维护管理一并纳入园区管委会计算机信息中心维护管理的整体框架，直接由专业公司负责，相关费用由园区财政承担。随着各平台的上线使用，有关教育方面的业务数据营运工作量大、面广，光靠管理人员是无法完成的。为此，园区优化业务营运，采购业务运营SaaS服务，由专业运营团队负责所有教育平台业务数据层面的运营工作，更好地衔接软硬件的交付，形成一条行之有效的运营生态链。

（三）形成因地制宜的推进模式

园区在教育大数据平台环境布局中，跳出固有的布局模式，科学推进、有效创新。

首先，链路复用，科学推进。所谓链路复用，就是指园区教育城域网不是自行搭建的，而是在园区政务网的基础上，创造性地利用链路复用技术建设而成的。复用技术的运用，既节省资源又安全稳定。园区教育城域网、教育信息枢纽两个建设项目是"信息园区、智慧教育"建设的重要基础和重要内容。园区教育系统形成了以园区教育网站为核心、以园区教育信息中心为中心节点的虚拟教育城域网，充分实现了教育信息和资源的共享，实现了教育教学及其管理的网络化和智能化。其中，教育城域网是教育信息枢纽的物理基础。在城域网的建设过程中，园区坚持"分类规划，分批接入"的思路，在园区管委会计算机信息中心的指导与配合下有计划地完成了全区75所学校（教育单位）的接入工作，确保了接入一所稳定一所，实现了教育城域网全覆盖，区域大数据平台在教育城域网中有效运行，保障了学校师生良好的使用体验。

其次，公司代建，模式创新。所谓公司代建，是指区域大数据平台的开发建设由教育行政部门统筹引领，由专业公司代理包括需求调研、建设管控等在内的整个开发工作，让需求更明确、开发管理更专业。园区积极探索"需求+代建"的"1+1"智慧教育枢纽平台开发模式。教育部门主要提需求，代建公司负责深化设计、组织开发、过程性管控及后期的运维。

最后，创生品牌，驱动应用。为了让园区智慧教育有一个"叫得响、做得亮"的标志，有效推进区域大数据平台的建设、应用与宣传，园区步入"品牌创生"之路，突出强化顶层设计、实行区域统整、推进模式创新、坚持应用驱动和凝练区域品牌五大路径。2016年12月，园区向中华人民共和国工商行政管理总局商标局申请"智慧教育枢纽平台E+商标"，于2018年1月4日正式获得"E+商标注册证"。所谓"易加"，即"E+"，体现了"互联网+"的时代背景，体现了园区智慧教育"学生E（易）学习、教师E（易）教学、行政E（易）管理、家庭E（易）沟通、社区E（易）服务"的"五E（易）"愿景，体现了园区教育人的追求。至此，园区教育拥有了自主开发的E+（易加）品牌，开启了园区智慧教育品牌应用的新时代，有效发挥了全用户、全覆盖、全过程、全免费的应用绩效，驱动适合的教育稳步推进。

（四）打造持续发展的绿色生态

所谓持续发展的绿色生态，就是园区在进行教育大数据平台环境布局时，一方面在平台建设中，做到因需而建、因用而新、因研而优，让使用者走向前台，实现大数据变革教育；另一方面在资源建设中，不断完善平台资源体系结构、丰富生态资源内容，为师生提供"资源库""试题库""课程库"三大金库，助力"个性学""智慧教"，促进"易加"大数据平台布局的绿色可持续发展。

首先，着力彰显"四大特征"。一是"属教育"。园区教育大数据平台的环境布局都是"属教育"而非"姓技术"，即以教育业务为出发点，让技术为教育服务，迭代发展。只有这样，才能让区域的教育大数据平台充满活力，由教育教学而来，为教育教学服务。二是"为民众"。园区教育大数据平台的环境布局是以促进师生、学校、区域发展为目标，以适合的教育推进为根本导向，通过全员参与、全员培训、全员应用、全员考核，让民众有获得感、幸福感。三是"增绩效"。园区教育大数据平台的环境布局完备"采集、统计、分析、表达"数据链，着力"个性学、智慧教、精准管、科学测、智能评"的教育闭环，提升教育教学与管理决策的效能，为师生个性化发展提供指导性服务。四是"提质量"。园区教育大数据平台的环境布局重视从"学有趣味"走向"学有绩效"，从"资源聚集"走向"资源融汇"，从"经验评价"走向"实证诊断"，从"数据循证"走向"精准施策"，从"知识掌握"走向"素养提升"，通过数据刻画，让学生乐学、学会、会学，实现数据驱动下的学科核心素养落地。

其次，致力推进迭代优化。始终秉承"没有最好，只有更好"的理念，不断优化流程、完善功能、丰富形式，实现迭代升级，这就是大数据平台环境布局的"迭代优化"思维。园区教育大数据平台的开发根据业务实际需求，自2012年起先后共完成三期项目，其中，平台的核心业务流程不断优化，减少了冗余，缩短了操作路径；平台的功能特色不断丰富，响应了用户不断增加的业务需求，减少了使用者的学习和认知成本及犯错概率；平台的呈现形式更加丰富，设计风格趋向统一，内容和功能模块更具层级感，让使用者感觉到"所见即所得"。

第三章　大数据支撑适合的教育课程建设

课程在学校教育中处于核心地位,教育的目标、价值、内容主要通过课程来体现和实施。课程改革是整个基础教育改革的核心内容和中心环节,因为课程集中体现了教育思想和教育观念。这既是实施培养目标的施工蓝图,也是组织教育教学活动的主要依据。在信息化社会,我们身处数据的环境,几乎所有的事物都与数据有关。我们的生产、生活、社会发展、教育无不实时受到大数据的影响。大数据成为与自然资源、人力资源同样重要的一类特殊的战略性信息资源。鉴于此,园区教育局非常重视区域课程建设,着眼于现代教育和未来教育的发展方向,从推进区域教育优质均衡发展的角度,聚焦大数据在现代教育中的基础性、导向性和前瞻性作用,依托"易加"平台推进区域课程建设,抓理念、抓目标、抓内容、抓路径,逐步建立起适合的教育课程体系,彰显区域课程建设的特色和教育的高水平、高质量。

第一节　课程建设理念

"培养什么人、怎样培养人、为谁培养人",是我国社会主义教育事业发展中必须解决好的根本问题。中共十八大把"立德树人"作为教育的根本任务,坚强有力地回答了事关党和国家前途命运的大问题。只有把"立德树人"贯彻到教育事业的各个领域、各个方面、各个环节,才能做到以立德为根本,以树人为核心,培养德智体美劳全面发展的社会主义建设者和接班人,建设社会主义教育强国。

一、落实"立德树人"根本任务

"立德树人"落实到教育实践上就是"教书育人"。把"立德树人"作为教育的根本任务,抓住了教育的本质,明确了教育的根本使命,符合教育规律和人才培养规律,进一步丰富了人才培养的深刻内涵。

(一)"立德树人"是教育的哲学追问

"立德树人"体现的是"先成人、后成才"的教育理念。处理好"德"与"才"的关系非常重要,因为一个人的"德"与"才"有多种组合。德才兼备者,造福一方。历史上清官就是德才兼备的人。他们既有德行又有才气,为官一任造福桑梓,被人们亲切地称为"父母官"。有德无才者,事业平庸。这种人品德高尚,不会做坏事,但由于才能有限,无所作为,做不出惊天动地的大事。无德无才者,闹得鸡犬不宁。这种人品德差,做坏事,但鉴于能力有限做不出大的坏事,只能做一些鸡鸣狗盗的事,成不了大气候。无德有才者，让人民遭殃。这种人品德差，一旦掌握权柄就坏事做绝，为害国家与社会。历史上的大奸佞臣就是这种人。可见，德是做人的根本。所谓"国无德不兴，人无德不立"，育人的根本在立德。"立德树人"不仅解决了"培养什么人"的根本问题，还解决了培养人的根本路径问题，涉及教育的本质问题，是教育哲学的思考，是教育哲学的追问。

（二）"立德树人"是中国优秀传统文化的精髓

我国古代就有"立德树人"的优秀传统。《左传》曰："太上有立德，其次有立功，其次有立言，虽久不废，此之谓不朽。"意思是：人生的最高境界是立德，立德是做人的第一要义，其次是建功立业，再次是著书立说，青史留名，万古长存，这是不朽的事业。《管子》曰："一年之计，莫如树谷；十年之计，莫如树木；终身之计，莫如树人。"意思是：如果考虑一年的事，那就种庄稼；如果考虑十年的事，那就种树；如果考虑终身的大事，那就培养人才。儒家特别强调人的道德修养。孔子创办私学，开始的培养目标是"成人"，以后又提升到"君子"的高度。君子要积极入世，救世济民，"穷则独善其身，达则兼济天下"。君子的养成要从道德修养开始。《大学》提出"格物、致知、诚意、正心、修身、齐家、治国、平天下"的修养路径。"立德树人"是中国优秀传统文化的精髓，儒家思想作为中国主流传统文化，在个人修养方面强调修身从砥砺品行开始，以"仁爱之心"为根本，对父母要孝敬，对他人要关爱，对国家和民族要忠贞；在政治修养方面强调"为政以德"，要具有"民惟邦本"的政治理念，要秉持"本固邦宁"的政治原则，要采取"抚恤"天下苍生的政治行为，建设人道的、和谐的社会。中国优秀传统文化并没有因为时代的变迁而失去意义，在现代社会更彰显其魅力。

（三）"立德树人"是区域课程建设的核心理念

从事教育职业的是人（教师），教育的对象是人（学生），教育的产品也是人（人才）。教育是围绕人展开的，培养什么人与怎样培养人就成为问题的关键。教育的载体是课程，课程又是教师与学生之间的中介。教育是依托课程展开的。教育是有目的、有计划的育人事业。开发什么样的课程，怎样开发课程，用什么样的资源开发课程，用什么样的工具和手段开发课程，课程的质量如何，这些问题直接关系到教育的质量，关系到育人事业的成败。课程的开发是由教育的培养目标决定的。"立德树人"是园区课程建设始终遵循的核心理念。"立德树人"既是对应试教育的反思与解构，也是对素质教育的探索与创新，对德智体美劳"五育"并举的高度概括，还是贯彻全面教育的载体、落实全面教育的中心环节，充分体现出教育的智慧。园区教育局历次下发的课程改革指导文件中，都特别强调落实"立德树人"根本任务，强调"德育为先、树人为重"，以"立德树人"作为课程开发的核心理念，作为课程实施的核心理念，作为课程评价的核心理念。

（四）"立德树人"是区域课程建设的生动实践

为了把"立德树人"的理念贯彻到教育实践中，园区课程建设采取以下三个途径：

第一，发挥德育课程主渠道作用。根据德育课程的培养目标，园区依托科技发展、经济社会进步的鲜活教育资源，对国家课程进行"二度开发"，形成特色德育课程，接近社会，接近生活，接近学生，产生现实感，增强说服力，强化感染力，在温馨的氛围中点燃学生的爱国情，在愉悦的体验中激发学生的报国志。

第二，学科渗透思想品德教育。园区高度重视学科渗透思想品德教育，下发专门的文件，召开专门的会议，举办专门的活动，进行专项的评比，大力推进学科教学渗透思想品德教育工作。学科渗透思想品德教育有其独特的价值，它的最大特点是自然而然，不留痕迹，润物无声，水到渠成。近代以来，为了"救亡图存"，各个阶级探索了一个个救国方案，展开了一场场救亡活动，但都失败了。中国共产党领导人民走新民主主义向社会主义过渡的道路，经过28年浴血奋战终于迎来了中华人民共和国的诞生。走社会主义道路是中国历史发展的必然，是中国人民历史性的选择。中国共产党的领导地位是在中国革命的实践中确立的。坚持社会主义道路、坚持中国共产党的领导自然而然地成为学生的信念。

第三，通过社会实践活动进行思想品德教育。苏州是吴文化的诞生地，而园区是高端人才密集汇聚的地方，是高新产业集中发展的基地，是国际交流融合的窗口，也是制度与文化创新的试验田。组织学生到企业、到社区、到园林、到古镇、到文化遗址、到高校、到科研机构进行社会实践活动，让学生通过亲身体验，感受吴文化的独特魅力，感受科技的迅猛发展，感受社会的快速进步，同时也感受到自身的压力，认识到不努力学习科学文化知识，不提升自身的综合素养就不能适应社会生活。感受源于亲身体验，感悟起于内心自觉。社会实践活动的教育作用是巨大的，而且其功能不是其他教育活动所能替代的。

二、培养全面而有个性发展的学生

全面发展的教育是指对含有各个方面素质培养功能的整体教育的概括，是使受教育者在多方面得到发展而实施的多种素养培养的教育活动总称。德智体美劳"五育"是对人全面素质的概括。"五育"的各个部分是独立的，都有独特的内容和任务，不能相互替代，同时，各部分之间又有密切的联系，共同构成中国社会主义特色的素质教育体系。

（一）课程建设服务于学生的全面发展

人的全面发展是人类的理想境界。在马克思看来，"全部人类历史的第一个前提无疑是有生命的个人的存在"。人的理想存在状态是自由而全面地发展。人自由而全面地发展，不仅成为马克思的理想，也成为人类的理想。而"每个人的自由发展是一切人的自由发展的条件"。每个人需要层次的多维度发展促进人的全面发展。需要是人的本能，是人从事一切实践活动的内在条件。现实生活中的个人，既有自然需要，又有社会需要；既有物质需要，又有精神需要。个体不同的需要层次构成了人的整体需要体系。因此，每个人的全面发展既是人的自然需要的发展，也是人的社会需要的发展；既是人的物质需要的发展，也是人的精神需要的发展和人的整个需要体系的全面发展。每个人能力与素质的发展促进人的全面发展。人的能力是一个复杂体系，从根本上说是人的本性呈现。能力系统既包括体力，又包括脑力；既包括自然力，又包括社会交往能力，还涵盖审美能力等。人类社会健康而全面地发展，就是要规避不同地域、不同种族、不同职业在生存条件、生活状态及活动范围方面的断层与异化。当"他们共同的社会生产能力成为他们的社会财富"的时候，"任何人都没有特殊的活动范围，而且都可以在任何部门内发展"。这就依赖于每个人的能力充分而完整地发展。人的全面发展反映在教育追求上,便是学生的全面发展。

区域课程建设以服务于学生全面发展为宗旨,"让每一个学生都了不起"是区域课程建设的铮铮誓言,"发展学生综合素养"是区域课程建设的目标,"教育公平"是区域课程建设的价值取向,"尊重学生个体差异"是区域课程建设的出发点,"丰富性和多样性"是区域课程建设的内容特色,适合的教育是区域课程建设的实施路径,"大数据"支撑是区域课程建设鲜明的时代特征,对国家课程进行"校本化实施"是区域课程建设的智慧,开发"特色校本课程"以满足不同潜质学生的发展需要是区域课程建设的诉求。

2007年,园区成为"江苏省首批教育现代化先进县(区)";2011年,成为首批"江苏省义务教育均衡发展先进区";2013年,成为"江苏省首批教育现代化示范区"。园区由教育的洼地迅速成为教育的高地。骄人的教育业绩、广泛的社会影响力,来自优质的课程,来自对课程的优质建设,来自服务于学生全面发展的课程建设理念。园区对课程建设服务于学生全面发展理念有自己的话语,在课程建设过程中有自己独特的表达,在课程实施的过程中有自己鲜明的个性经验,具体表现为以下五个方面:

第一,利用大数据对学生动态发展情况进行跟踪监测,及时掌握学生的发展情况,了解学生的需要,增强课程建设的针对性,满足学生全面发展的需要。

第二,利用大数据提供的丰富资源,开发内容丰富、形式多样的课程,为不同发展水平和不同潜质的学生提供选择的机会,提供个性化学习的方案,助力学生的全面发展。

第三,利用大数据的技术优势,在课程实施的过程中开展适合的教育,改变教与学的模式,满足学生个体的不同需要,达成"一把钥匙开一把锁"的目的,实现学生的全面发展。

第四,充分认识到大数据时代对人才素质要求的变化,把提升学生大数据素养作为课程建设的重要内容,赋予学生全面发展时代新内涵。

第五,本着发展教师—发展课程—发展学生—发展学校的思路,重视对教师大数据素养的培养,提高课程开发的水平,提升课程开发的质量,实现学生高质量的全面发展。

(二)课程建设服务于学生的个性发展

人的全面发展是整体发展与个体发展的辩证统一。实现每个人的全面发展是马克思人学理论的精华,也是马克思所追求的最高理想和目标。每个人都获得自由而全面的发展,这既是无产阶级和全人类实现最终解放的基本前提,也是马克思主义的全部学说特别是他的哲学思想的最高价值体现,更是马克思主义者毕生追求的终极理想目标与最高原则。中国特色社会主义本质上要求促进人的全面发展,而人的全面发展也在价值取向上全面展现了中国特色社会主义的本质属性。中国特色社会主义所谋求的发展是"以人为中心"的发展,它在实现社会的全面发展及人与自然协调发展中,处处体现了人民主体性的思想,强调一切发展都要以广大人民群众的根本利益作为出发点和落脚点,发展依靠人民,发展为了人民,发展成果惠及全体人民,一切发展都是为了实现人民的愿望、满足人民需要、维护人民利益,是个体发展与整体发展的辩证统一。坚持学生的全面发展和个性发展的统一,正是落实"立德树人"的根本任务和教育目标。

尊重个性是促进学生个性化发展的前提。在班级授课制框架下的集体教育忽视了学生的个性,不能满足每一位学生学习和发展的需要,不利于学生个性的自由发展,不是适合的教育的本意。适合的教育关注学生个体的差异,尊重学生的个性,挖掘学生的潜能,针对学生的个体差异开展有针对性的、合理的培养和训练,把学生的差异转化为教育的资源,培养学生良好的个性品质,促进学生成为全面和谐发展的人。培养学生良好的个性品质至为重要,因为大数据时代把人的创新精神和实践能力提高到无以复加的地位,创新成为国家兴旺、民族振兴的关键,创造性思维方式的革命只能在自由的个性中爆发。个性化的目的是实现自由的人格。这种自我实现的努力,唤醒人所未能意识到的一切,使学生以主体的身份对世界的各种自觉获得更高的鉴别力,能够了解表象及表象间的微妙关系,能够深入各种现象的意义中,激发创造能力。

开展个性化教育是促进学生个性化发展的途径。个性化教育是引导个体主体性、独特性发展的教育。它以尊重学生的个体差异为前提,以提供多种多样性教育资源和自主选择为手段,以促进个体生命自由而充分发展为目的。开展个性化教育:一是要研究全体学生,研究学生的一切,包括家庭背景、个人经历、知识储备、学习偏好、行为表现等,发现学生的个性差异。二是要尊重学生的主体地位,注重培养学生的主体意识、主体能力、主体价值,引起学生积极、主动的反应,促使个体得到积极、主动地发展。三是要根据学生的个体差异,运用一切有用的教育资源,采取针对性的措施,全方位地促进学生体质、智力、能力、思想品德、情感态度价值观等素质的和谐发展,开展适合的教育,促进学生优良个性品质的发展。

个性化教育的目的是促进学生形成健全的个性。个性又叫人格,是人的心理特征。在西方,这个概念强调个人的典型性行为表现和由外部条件决定的行为。我国心理学界倾向于把个性定义为"个人对现实的稳定的态度和习惯化了的行为方式"。人在社会活动过程中受到社会环境的影响,通过认识、情绪、意志活动,在个体的反应结构中保存下来,固定下来,构成一定的态度体系,并以一定的形式表现在个体的行为之中,构成个人所特有的行为方式。个性是后天的习得行为,因而具有可塑性。个性有好坏之分,因而学生要培养优良的个性品质,如认真、负责、勤奋、热忱、谦逊、坚定、严于律己等。这些良好的个性品质可以促进学生能力的提升和素养的提升。

园区课程建设着眼于学生的个性发展。适合的教育课程是培养学生良好个性的载体。大数据支撑适合的教育课程建设是培养学生良好个性的路径和智慧。"教好每一位学生"是课程建设的根本宗旨,"让每一位学生都精彩"是课程建设的价值取向,"不让一个学生落下"是课程建设的归宿,"发展好每一位学生就是发展好学生全体"是课程建设的哲学思辨,"因材施教"是课程建设的逻辑路向,"丰富性和多样性"是课程建设满足学生个性发展的策略,"提升大数据素养"是课程建设促进学生个性发展的时代内涵,"发展学生个性"是课程建设服务于学生全面发展理念的深化。

园区课程建设服务于学生个性发展体现在以下五个方面:

第一,利用"易加"平台开发区域整合的课程。这是适合的教育在区域层面的体现,是"非凡城市、智慧园区"背景下的产物,赋予学生的个性发展以区域的特质。

第二,利用"易加学院"建构区域学科素养体系。这是适合的教育在学科层面的体现，是"教智融合"教学模式背景下的产物，赋予学生的个性发展以学科的特质。

第三，利用当地课程资源开发学校特色校本课程。这是适合的教育在学校层面的体现，是"一校一图谱"课程建设背景下的产物，赋予学生的个性发展以学校的特质。

第四，利用"慧学学堂"开发学生个性化学习课程。这是适合的教育在学生层面的体现，是"个性学"背景下的产物，赋予学生的个性发展以个体性的特质。

第五，在课程实施过程中，培养学生主体意识，突出学生主体地位。鼓励学生主动学习和自主学习。个别化指导和针对性帮扶、弹性作业、社团活动、研究性学习是适合的教育在落实层面的体现，是"自主发展"背景下的产物，使学生的个性发展落到实处。

三、促进智能型教师发展

大数据改变了人们生产、生活的方式，也改变了教育的面貌，赋予了教师专业化发展新内涵，对教师素质提出了新要求。为适应大数据时代的需要，教师必备的工作技能是有效利用大数据资源及充分挖掘大数据背后的价值来服务于教育教学。大数据为开展适合的教育提供了技术支撑，使大规模的因材施教成为可能。正如杨剑武指出的那样：大数据为探索教学方法、教学环境、教学评价、教学内容、学习方法等变量与学习效果相关性提供支撑，促进教与学的针对性，实现个性化的因材施教。

（一）大数据对智能型教师发展提出新要求

以人工智能为代表的第四次科技革命迅猛发展，改变了整个人类社会。正如习近平总书记所指出的那样：人工智能是引领新一轮科技革命和产业变革的重要驱动力，正深刻改变着人们的生产、生活、学习方式，推动人类社会迎来人机协同、跨界融合、共创分享的智能时代。人工智能是以大数据为基础和前提的。大数据对教育的影响是巨大而深远的。

在大数据时代，教育发生巨大的变化，表现在以下三个方面：

第一，教育的环境发生了变化。在大数据时代，学生获得知识的渠道是多样性的，不仅仅是看教材、听教师讲，还包括从网络中获得即时的、海量的、无所不包的信息。

第二，对人才培养提出新要求。在大数据的语境下大数据素养、协同沟通能力、对复杂问题的解决能力、人机协同能力将成为新时代人才的核心能力。培养适应大数据时代要求的人才迫在眉睫。

第三，对教师素养提出新要求。人才培养目标的变化倒逼着教师能力的转变。教育环境与资源、教学目标与策略、评价工具及方式的巨大变化，使教师的角色由知识的拥有者和传播者、教学的主导者和控制者转变为学生学习的引领者、参与者、组织者。教师的大数据意识、大数据知识、大数据应用能力应成为必备的素养，这是改革教学方法、提升教学绩效的关键。教育的创新与变革是以大数据为支撑来实现的。教师具备大数据素养是胜任教育教学工作的关键，对教师提出严峻的挑战。时代呼唤智能型教师。

（二）"课改""考改"为智能型教师发展提供新机遇

第八次教育改革高扬素质教育的大旗，由课程改革到核心素养培育，由知识本位到能力本位，再到素养本位，疾风暴雨式地推进，促使教师更新教育理念，转换教育角色，改变教学方式。如何把以学生为本的教育理念落实到教育教学的实践中，如何对必修课程进行"二度开发",如何开发学校特色课程,如何增强教育教学的有效性,如何增强学生的学习能力,如何培养学生的学科核心素养,这些也成为每一位教师应该直面的问题、应该深入探讨的课题、应该认真做好的功课。

2020年,中共中央、国务院颁发《深化新时代教育评价改革整体方案》,以问题为导向,直面我国教育评价中的"五唯"顽瘴痼疾,提出"改进结果评价,强化过程评价,探索增值评价,健全综合评价"的"四个评价",把教育评价带进全新的领域。教育部颁发的《中国高考评价体系》建立了以"一核四层四翼"为鲜明特色的新的高考制度。它成为上接高等教育、下联基础教育的枢纽,将"立德树人、服务选才、引导教学"作为高考的核心功能。高考引领、反拨、推动教学改革的作用更加凸显,必将掀起一场课堂教学的革命。在这场课堂教学革命中,教师只有抓住"课改""考改"带来的新机遇,以先进的教育理念为指导,掌握大数据技术,解放思想,锐意进取,大胆创新,勇于实践,使自己成为智能型教师,才能胜任本职工作。

(三)课程开发为智能型教师发展提供广阔舞台

教师改革创新的过程就是课程开发的过程,而课程开发的过程就是教师专业化发展的过程。利用大数据技术开发课程有利于智能型教师的成长。课程开发需要理论支撑。学习先进的教育理论,提高自己的理论修养成为应有之义。课程开发需要专业知识。学习专业知识,特别是学习前沿的专业知识,提升专业素养成为应有之义。课程开发需要掌握大数据技术。学习大数据技术,并把大数据技术应用于课程开发之中,增强自己的大数据素养成为应有之义。课程开发需要研究,树立研究的意识,掌握科学的研究方法,并开展研究实践,增强自己的研究能力成为应有之义。课程开发的成果需要表达,既要有文字的表达,又要有语言的表达,增强自己的表达能力成为应有之义。课程开发要基于问题,树立问题意识,发现问题,分析问题,提出解决问题的方案,解决问题。在这一过程中,自己的思维品质得到增强,潜能得到开发,综合解决问题的能力得到增强,个性得到张扬。

(四)促进智能型教师发展的行动举措

大数据时代对教师的知识结构和素养都提出了新的要求,要求教师要有大数据意识、大数据能力、大数据素养,成为智能型教师。为此,园区教育局和教师发展中心提出"智慧教育"的理念,推进"教智融合"教育,多举措并举,打组合拳,加大对教师大数据技术培训的力度,并在课程开发的实践中提升教师的大数据水平,使区域内教师成为胜任大数据时代要求的智能型教师。

2013年,园区管委会印发《关于进一步加强教师队伍建设若干意见》,强调大力开展"智慧教育",并规定区域"智慧教育"的定位为"现代化、均衡化、特色化、国际化";规定"智慧教育"的基石是教师队伍建设,并提出教师队伍建设的四项重点内容——具有深厚的专业知识基础、熟练掌握大数据技术、运用先进教育理论指导教育教学工作、改进教与学的模式;强调发展教师的三项能力——教育教学的基础力、专业成长的发展力、组织管理的领导力;要求实现教研室向教师发展中心转型(教师学习和资源的中心、中小学教师培训的中心、教学研究和服务的中心),使之成为小实体、多功能、大服务的平台;采取四项举措。一是完善教师教育体系建设,建立上级培训、区域培训、学校培训三级体系;二是打造教育教学的实践基地,鼓励区域内的各个学校根据自身的特长申报相应的培训基地；三是优化教师教育的课程内容，制定培训课程指南，确定培训内容，设立培训项目，坚持理论与实践相结合、教师发展需求和服务相结合；四是提升教师整体素质，力争在5年内培养5名特级教师或正高级教师、50名市级名校长或名教师、500名区级骨干教师，提升区域教师整体水平。

为了落实园区管委会发展区域智能型教师的要求，园区教育局和教师发展中心对全区的教师队伍现状进行了全面的、深入的、细致的调查研究，并运用大数据进行精准地分析，对幼儿园、小学、初中、高中、职高、特殊教育各个学段，语文、数学、英语、物理、化学、生物、历史、地理、政治、信息、艺术、体育各个学科，乡镇学校与开发区学校各种类型的学校的教师队伍情况了如指掌。在此基础上，确定了明确的教师培训思路：开发与组织并重，中心与基地共建，引进与培养相长。

园区的教师培训坚持前瞻性、科学性、实践性的原则。所谓前瞻性，即顺应未来教育发展的趋势（国际化、现代化、民主化、信息化、多样化、终身化的特征）；所谓科学性，即顺应教师发展的要求（创造性、指导性、综合性、终身性的特征）；所谓实践性，即根据教育政策法规的要求，把握教师发展的核心要素，在课程开发的实践中发展智能型教师。

为了落实区域智能型教师的发展要求，园区教育局和教师发展中心在培养教师的"四力"上倾注全力：

第一，增强教师教育教学基础力。教师教育教学基础力表现在对教师职业的理解力、对课程的把握力、对专业知识的掌握力、对教育教学的实践能力。这是教师职业的特殊性赋予教师的最基本的能力。我们称之为基础力。

第二，增强教师专业发展力。教师的专业发展力包括学习能力、研究能力、合作能力、反思能力。这是教师职业的专业性赋予教师的专业成长力。我们称之为发展力。

第三，增强教师组织领导力。教师的组织领导力包括组织教育教学活动的能力、教育教学决策力、教育教学活动的控制力、教育教学的影响力。这是教师职业组织性赋予教师的组织管理能力。我们称之为领导力。

第四，增强教师大数据能力。教师的大数据能力包括大数据意识、运用大数据技术开展教育教学的能力、大数据素养、大数据思维。这是大数据时代赋予教师适应时代要求的技术能力。我们称之为信息力。

基础力、发展力、领导力、信息力构成教师职业能力的结构，是教师在大数据时代胜任本职工作的基础、前提和保障。

四、推进学校特色发展

园区教育局历次下发的课程改革文件、召开的历次课程改革推进会议，园区教师发展中心历次下发的课程改革指导意见、组织的历次教研活动，都强调学校要根据自身的优良传统、学校特色、当地资源优势，开发特色校本课程，发展特质文化，打造学校特色品牌。

（一）学校在课程建设中处理好三个关系

在区域课程建设的实践中，各个学校的课程体系建设都以培养好每一位学生、发展好每一位教师、促进学校特色发展、促进教育教学质量提高为目标。各个学校以问题为导向，学校有怎样的传统优势，学校有怎样的教育资源优势，学校所在地区有怎样的教育资源优势，学校教育存在怎样的不足与短板，带着这些问题，本着"仰望星空、脚踩大地、量力而行"的原则，破解难题，突破瓶颈，迎难而上。学校在课程体系建设中要处理好以下三个关系。

1. 国家课程与校本化实施的关系

国家课程体现国家的意志，是每个学生的必修课程，目的是培养学生的基础知识、基本技能、形成基本素养。但各个学校的情况不同，生源、师资力量、学校传统、办学条件、区位资源等方面存在差异。在实施国家课程时进行校本化的再开发，形成学校风格、学校风度、学校气派、学校品牌，以满足不同学生学习和发展的需要，这是适合的教育要义之一。

2. 学校课程与学校特色发展的关系

课程改革赋予学校开发课程的权利与职责。如何利用好政策的红利产生加强学校特色发展的成效，如何处理好学校课程开发与学校特色发展的关系，是每一所学校应该深入探讨的问题。学校应该适应学生发展的需要，根据自身的传统优势，充分利用好自身拥有的教育资源，发挥好教师的聪明才智、创造力和专业特长，开发学校特色课程。通过特色课程的开发促进学校的特色发展，改变学校办学一刀切、同质化、没有个性的弊端，以特色发展促进学校教育教学水平的提升和高质量的发展。

3. 课程建设与教育活动开展的关系

学校各种教育教学活动的开展不是盲目的，而是有目的、有计划、有具体活动内容、有活动流程和程序的。活动的依据是学校课程。学校努力使基础型课程、拓展型课程、研究型课程形成结构性、层级性的体系，既充分发挥各类课程独特的功能，又使各类课程无缝对接，和谐发展，共同为培养目标服务。从表面上看，学校的学科教学活动、社团活动、社会实践活动自成单元，实际上它们是由"金线"串接的，由思想引领，由目标统领。这个"金线"就是学校课程体系。学校课程体系是学校一切教育活动的施工蓝图，是学校一切教育活动的路线图，是学校一切教育活动的实施准则，是学校一切教育活动的具体内容，是学校一切教育活动的出发点和落脚点，也是学校一切教育活动的宗旨。

（二）学校在课程建设中提升品位

园区教育局充分认识到大数据技术在现代化教育中的重要性，重视大数据工程的建设，投入巨资建设"易加"平台，为各级各类学校都建立起校园网，并与"易加"平台联网，形成全覆盖的网络，运用大数据及大数据分析，对全区各个学校、各个班级、每一位学生进行精准地诊断，在此基础上采取针对性措施，把适合的教育落到实处，把"发展好每一位学生"落到实处，使各个学校的教学水平提高，教育质量提升。

适合的教育依据"多元智能"理论、"差异教学"理论和"最近发展区"理论，遵循"因材施教"和"教育公平"的原则，按照"跳一跳摘桃子"和"一把钥匙开一把锁"的原理，在班级授课制框架内，在进行集体教育的同时更多地关注学生个体之间的差异，针对每一位学生的不同情况，采用动之以情、晓之以理、导之以行、约之以规的科学教育方式，以理激智、以情染情、以心换心，进行心灵的碰撞、人格的影响，起到春风化雨的奇效，让消沉的学生扬起进取的风帆，让懒惰的学生勤快起来，让迷茫的学生走上正道，让不会学习的学生学会学习，让以自我为中心的学生学会关心。

（三）学校在课程建设中特色发展

在中华民族伟大复兴的征程中有一句响亮的口号叫"弯道超车"。它的依据是运用最先进的科学技术进行改革创新，实现超越发展。园区各个学校的特色发展中也有一句响亮的口号，叫"一校一品"，它的依据是利用大数据技术改革创新、特色发展，实现教育教学质量的全面提升。各个学校按照特色项目—学校特色—特色品牌的发展思路，利用大数据提供的技术优势（诊断学情、诊断教情、提供资源、交流互鉴），开发特色课程，为学校特色发展提供载体，通过课程的开发赋予全校学生以特质，赋予学校以个性。特色发展、错位发展带来了高质量的发展，使每个学校都有拳头产品，每个学校都能产生品牌效应。

（四）学校在课程建设中发展特质文化

教育的发展经过校长治校、制度建校、文化兴校的发展历程。文化是土壤，它为学生茁壮成长提供养分和水分；文化是约束力，它约束着学校每一位成员按规矩行事；文化是氛围，它为学校的每一位成员提供成长的良好环境；文化是力量，它推动着学校的每一位成员奋力前行；文化是共识，它保证学校每一位成员情感契合；文化是共同愿景，它推动着学校每一位成员和衷共济，达成奋斗目标；文化是学校的根与魂，它使每一位曾经在这里工作或学习的人常想来看看。

学校文化建设就抓住了办学的根本。园区的各个学校在依据大数据进行适合的教育课程建设过程中，发展起特色课程文化，并将之凝聚成学校精神，物化为校园环境，转化为学校全体成员的行为。

第二节 课程建设目标

一、导向核心价值观的引领

大数据支撑适合的教育课程建设目标之一，就是导向核心价值观的引领，紧紧围绕落实"立德树人"根本任务，解决学生意识形态问题，培养学生正确的价值观。

核心价值观是正确的思想观念与健康的情感态度的综合，涉及政治立场、思想观念、世界观、人生观、价值观、方法论、道德品质等方面，要求学生具有坚定的马克思主义信仰、共产主义远大理想和中国特色社会主义共同理想，厚植爱国主义情怀，继承和发展中国优秀传统文化、革命文化、社会主义先进文化，形成中国特色社会主义的道路自信、理论自信、制度自信、文化自信，提升品德修养，培养奋斗精神，健全人格，锤炼意志，增强审美能力，培养劳动精神，践行社会主义核心价值观，其内涵覆盖德智体美劳五个领域。各学科课程都要结合本学科的特点对学生进行正确价值观的培养。

（一）坚定理想信念

苏格拉底曾说过：世界上最快乐的事，莫过于为理想而奋斗。理想是什么？就是我们为之奋斗的东西。一个人有了理想，人生就有了生活的目标、发展的方向、前进的动力。理想犹如大海里的灯塔，指引航船驶向向往的彼岸；理想犹如黑夜里的明灯，照亮夜行人前进的道路；理想犹如火种，点燃人生活的希望；理想犹如发动机，使人们平添奋进的动力。

实现共产主义是中国人民最崇高的理想。当我们树立了共产主义远大理想并为之奋斗的时候，我们的人生境界就发生了巨大的变化，我们就获得了取之不尽、用之不竭的力量源泉，在对共产主义的孜孜追求中创造幸福生活。

树立共产主义理想最重要的是做好以下几点：一是学习历史，学习马克思主义理论，深刻认识人类社会由低级向高级发展是不以人的意志为转移的客观规律，共产主义一定会实现，坚定理想信念。二是正确处理"公"与"私"的关系。社会上一些人信仰动摇、理想缺失、生活腐化、走向人民的对立面，就是因为"私"字当头，为了一己之私，不惜丧失人格。我们要做到公私分明、先公后私、大公无私、公而忘私，争做社会主义道德的示范者、诚信风尚的引领者、公平正义的维护者，始终保持高尚的品格和情操。三是学习党史、新中国史、改革开放史、社会主义发展史，以革命先烈和英雄人物为榜样，从榜样的事迹中汲取力量。四是践行奋斗人生。有了理想，还需要信念，更需要践行。我们要坚定理想信念，为共产主义事业奋斗终身。

（二）践行社会主义核心价值观

中共十八大正式提出"富强、民主、文明、和谐、自由、平等、公正、法治、爱国、敬业、诚信、友善"的社会主义核心价值观。它是社会主义意识形态本质的体现，是立国之魂。

"富强、民主、文明、和谐"是社会主义现代化国家的建设目标，是从价值目标层面对社会主义核心价值观基本理念的凝练，在社会主义核心价值观体系中居于最高层。"富强"，即国富民强，是近百年来中国人民的孜孜追求，是国家繁荣昌盛、人民幸福安康的物质基础，也是社会主义国家在经济建设方面的应然状态；"民主"，即人民当家做主，是人类社会美好的追求，其实质是以人民为中心，是创造美好幸福生活的政治保障；"文明"，是社会进步的重要标志，也是社会主义现代化国家的重要特征，还是社会主义现代化国家文化建设的应有状态；"和谐"，是中国传统文化的基本理念，集中体现了学有所教、劳有所得、病有所医、老有所养、住有所居的理想状态，既是对中国优秀传统文化的继承和发展，也是社会主义现代化国家建设价值的诉求。

"自由、平等、公正、法治"是对美好社会的表述，是从社会层面对社会主义核心价值观基本理念的凝练，是中国人民矢志不渝追求的目标，反映了中国特色社会主义的基本属性。"自由"，是人的意志自由、生存和发展的自由，是人类美好的愿望，也是马克思主义追求的社会价值目标；"平等"，是公民在法律面前人人平等，其价值取向是实现人的实质平等；"公正"，是社会的公平正义，是一种良好的社会风尚，使人的权利得到充分的保障；"法治"，是依法治国，是社会主义民主政治的基本要求，也是治国理政的基本形式。

"爱国、敬业、诚信、友善"，是公民的基本道德规范，是从个人层面对社会主义核心价值观基本理念的凝练，是每个公民必须恪守的基本行为准则。"爱国"，是基于个人对自己祖国依赖关系的深厚情感，也是调节个人与祖国关系的行为准则。"敬业"，是爱岗敬业，也是对公民职业行为准则的价值评价，要求公民忠于职守、克己奉公；"诚信"，是诚实守信，既是我国的传统美德，也是社会主义道德建设的重要内容，强调诚实劳动、信守承诺、诚恳待人；"友善"，是友好善良，强调公民之间应相互尊重、相互关心、相互帮助、和睦友好，形成新型的人际关系。

（三）厚植爱国主义情怀

爱国主义是团结统一、爱好和平、勤劳勇敢、自强不息中华民族精神的核心。爱国主义是指人们对自己祖国的深厚感情，体现在对民族文化的认同感、归属感、尊严感和荣誉感上，表现在对自己所生长的那块土地的热爱。对那块土地上生活的人们的热爱、对那块土地上建立的政权的热爱、对那块土地上积淀的文化的热爱。这种热爱是自觉的、发自内心的、表现在行动上的。它揭示了个人与祖国之间的关系。

在新时代，实现中华民族伟大复兴是爱国主义的鲜明主题。伟大的时代需要伟大的精神，伟大的精神铸就伟大的梦想。我们要把国家繁荣富强、民族振兴、人民幸福作为不懈的追求，厚植家国情怀，培育精神家园，坚持中国特色社会主义道路，弘扬自强不息的民族精神，凝聚坚不可摧的中国力量，为中华民族伟大复兴提供精神动力。

在新时代，爱国与爱党、爱人民是"三位一体"的实践。中华人民共和国的建立是中国共产党领导人民经过 28 年的浴血奋战实现的。中国共产党的领导地位是在中国革命、建设和改革开放的实践中确立的。党的领导是中国特色社会主义建设事业兴旺发达的有力保障。国家的命运与党的命运、人民的命运息息相关、密不可分。在当代中国，爱国主义的本质就是爱党、爱国、爱人民的统一。党的领导是中国特色社会主义最本质的特征和制度优势。坚持党的领导、走中国特色社会主义道路、为人民服务是爱国主义的精髓。

爱国主义是知、情、意的统一，是自我实现的根本保障。我们生活在祖国这片神圣的土地上，获得衣食之源。安定的环境、良好的秩序，为我们撸起袖子加油干提供了得天独厚的条件，使我们在学习中发展，在奋斗中进步，使人生更有意义、更有乐趣。我们生活在祖国这片神奇的土地上。这里的人民心地善良、酷爱和平、勤劳勇敢、勇于创新、自强不息，经过几千年的文明创造，积淀了博大精深的文化。这种文化涵养着我们的精神，激励着我们的斗志，为我们提供了情感的依托、心理的慰藉、力量的源泉，使我们感到愉快、幸福。我们生活在祖国这片美丽的土地上。这里有名山大川、良田沃土、广袤的植被、丰富的矿藏，更有仁人志士。他们有为天地立命、为万民立心、为万世开太平的豪迈，有"敢叫日月换新天"的壮烈情怀，也有"舍得一身剐，敢把皇帝拉下马"的无畏精神。他们是榜样，激励我们披荆斩棘、奋勇前行。爱国主义是我们立身之本、成才之基，也是我们心所系之、情所系之、须臾不离的基因。

（四）继承和发展中国优秀传统文化、革命文化、社会主义先进文化

中华历史源远流长，是世界上唯一没有中断的文明。经过几千年积淀的优秀传统文化，博大精深，范围广泛，涵盖语言、文字、音乐、舞蹈、绘画、曲艺、节日、习俗、饮食、服饰、制度、宗教等各个领域，包括家国情怀、敬业乐群、无信不立、讲信修睦、仁者爱人、与人为善等价值观念，民为邦本、本固邦宁、政者正也、德主刑辅、礼法合治、居安思危等治国理政的理念，孝悌忠信、礼义廉耻、自强不息、厚德载物、闻道传道、格物致知等道德修养的智慧，体现了中华民族讲仁爱、重民本、守诚信、崇正义、尚和合、求大同的精神风貌。它不仅构成了社会主义核心价值观的基本内涵，也成为中华民族特有的文化标识。它是中华民族的命脉、精神家园、民族凝聚力和创造力的不竭源泉，滋养着中华民族生生不息、发展壮大、继往开来。这是一份弥足珍贵的文化

遗产。我们要深刻理解其内涵和本质,在传承的基础上创新转化,作为发展社会主义先进文化的重要来源,增强国家文化软实力,坚定文化自信,应对不良文化的冲击,守住我们的根与魂。

革命文化是我们的精神食粮和前进的动力。所谓革命文化,是在中国共产党领导人民革命的过程中创造的,以马克思主义为指导,以革命精神为内核和价值取向,继承中国优秀传统文化,借鉴世界优秀文化成果,用革命先烈的鲜血铸就的先进文化。在中国优秀传统文化、革命文化、社会主义先进文化的文脉中,革命文化具有承前启后的地位,既继承和升华了中国优秀传统文化,又积淀了社会主义先进文化的底蕴。把传统文化的"为万世开太平"升华为"革命理想高于天",把"威武不能屈"升华为"大无畏的英雄主义",把"民惟邦本"升华为"全心全意为人民服务",把"格物致知"升华为"实事求是",把"自强不息"升华为"自力更生、艰苦奋斗"。中国革命发展的不同阶段先后形成了红船精神、井冈山精神、长征精神、延安精神、西柏坡精神等表现形态,概括地说就是坚定的马克思主义信仰、共产主义远大理想和中国特色社会主义的共同理想,一切为了人民、一切依靠人民的人本精神,打破一个旧世界、建设一个新中国的爱国精神,一不怕苦、二不怕死的乐观主义精神,敢于斗争、敢于胜利的大无畏革命精神,坚忍不拔、一往无前的奋斗精神。

革命文化是在中国革命斗争的实践中孕育的,是无数革命先烈的鲜血铸就的,又称红色文化。中华人民共和国的国旗是红色的,中国共产党的党旗是红色的,中国人民解放军的军旗是红色的。红色是中国的底色,它象征着权威、勇气、吉祥、喜庆、壮丽、革命、一颗红心,红色的文化积淀了红色的基因。革命文化,为中国革命的胜利提供了强大的精神动力。

中国特色社会主义先进文化是在中国优秀传统文化、革命文化的基础上发展起来的,是在马克思主义指导下,在中国共产党领导人民进行的社会主义建设实践中创造的,是面向现代化,面向世界,面向未来,民族的、科学的、大众的文化,代表着时代进步的潮流和发展要求,是社会主义建设的实践活动、精神活动、理性思维、文化创造,是民族禀赋、民族意志的历史表达和时代体现。中国特色社会主义先进文化是中国优秀传统文化与马克思主义相结合在中国革命和社会主义建设的实践中创造的先进文化。

二、导向学科素养的培育

大数据支撑适合的教育课程建设目标之二,就是导向学科素养的培育,培养学生在学习过程中,面对复杂现实问题情境或复杂学术问题情境时,在正确思想观念指引下,运用学科知识与技能、思维方式与方法,高质量地认识问题、解析问题、解决问题的综合素质。这种素质表现为正确的态度、科学的思维方式、良好的学习习惯、灵活的知识迁移能力。

(一)中国学生发展核心素养体系

2014年,教育部《关于全面深化课程改革落实立德树人根本任务的意见》提出:"教育部将组织研究提出各学段学生发展核心素养体系,明确学生应具备的适应终身发展和社会发展需要必备的品格和关键能力。"2016年,《中国学生发展核心素养》提出:

发展核心素养要以培养"全面发展的人"为核心；核心素养分为文化基础、自主发展、社会参与三个方面，综合表现为人文底蕴、科学精神、学会学习、健康生活、责任担当、实践创新六大素养，可具体细化为人文积淀等 18 个基本要点。2017 年，教育部颁布的各学科课程标准规定了各学科的核心素养培育目标。我国的基础教育改革进入培育核心素养为鲜明特色的新阶段，把基础教育的改革推进深水区。

中国学生发展核心素养是一个完整的体系，包括以下三个方面：

第一，文化基础。文化是人存在的根与魂。文化基础强调人文、科学等各个领域的知识和技能，要求掌握和运用人类优秀智慧成果，涵养内在精神，追求真善美的统一，发展成具有宽厚的文化基础、有更高精神追求的人，包括人文底蕴、科学精神两大素养。

第二，自主发展。自主性是人作为主体的根本属性，强调能有效管理自己的学习和生活，认识和发现自身的价值，发掘自己的潜力，有效应对复杂多变的环境，成就出彩的人生，发展成有明确人生方向、有生活品质的人，包括学会学习、健康生活两大素养。

第三，社会参与。社会性是人的本质属性。社会参与强调能处理好自我与社会的关系，养成现代公民所必须遵守和履行的道德准则和行为规范，增强社会责任感，培养创新精神实践能力，促进个人价值的实现，推动社会发展与进步，发展成有理想、有担当的人，包括责任担当、实践创新两大素养。

（二）高考制度改革对学科素养的要求

2020 年，教育部颁布了《中国高考评价体系》，在以下三个方面有所创新：

第一，在教育功能上，实现了高考由单纯的考试评价向"立德树人"重要载体和素质教育关键环节的转变。

第二，在评价理念上，实现了高考由传统的"知识立意""能力立意"评价向"价值引领、素养导向、能力为重、知识为基"综合评价转变。

第三，在评价模式上，实现了高考从主要基于"考察内容"的一维评价向考察内容、考查要求、考查载体"三位一体"的评价模式转变。创造性地将"立德树人"根本任务融入高考评价全过程，以实现高考评价目标与素质教育目标的内在统一，切实将高考打造成"立德树人"的重要载体和素质教育的关键环节，使之成为德智体美劳全面发展的教育体系的有机组成部分，形成"招—考—教—学"全流程的整合，把"引导教学"作为核心功能之一，明确"核心价值、学科素养、关键能力、必备知识"的内容和"基础性、综合性、应用性、创新性"的要求，通过解决"为什么考"（一核）、"考什么"（四层）、"怎样考"（四翼），对"培养什么人""怎样培养人""为谁培养人"这一教育的根本问题给出答案。

新一轮的高考改革，以价值为"金线"，以思维为"银线"，实现从"考知识"到"考能力"，从"解答问题"到"解决问题"的转变。学科素养得到充分强调。所谓学科素养，是指学生在社会生活实践或科学研究的复杂情境中，在正确的思维观念指导下，综合运用所学知识与能力，正确处理并解决复杂问题的综合品质。它是知识、能力、情感态度的综合，包括科学思维、创新思维、信息获取、理解掌握、研究探索、语言表达等方面。通过开放性、探究性情境的创设，加强对学生创新意识和创新思维能力的考查，有利于推进基于情境和问题导向的互动式、启发式、探究式、体验式课堂教学，促进教学方式的改革，助力发展素质教育。

(三) 学科素养培育的区域行动

为了适应"课改"与"考改"，"改课"成为必然逻辑。园区教育局组织全区教师认真学习教改文件，领会教改精神，更新教育理念，确定培养目标，转变培养方式，建设适合的教育课程，并把适合的教育课程建立在大数据的基点之上，为学科素养的培育提供技术的支撑，从而实现课堂教学实质性的突破。

园区在学科素养培育方面实现了四个突破：

第一，提高教师的大数据素养。在提高学生大数据素养成为教育目标的当下，提高教师大数据素养就成为时代所需，而且是前提和基础。园区通过大数据支撑适合的教育课程建设，对教师进行专门的大数据技术培训，引导和推动教师参与课程建设的实践中，在课程开发的实践中提高大数据素养。

第二，提升学生大数据素养。在大数据时代，培养学生大数据素养是时代的要求，是社会主义现代化建设对人才的要求，是学生终身学习和发展的要求。园区通过信息课程的开设，提升学生的大数据意识和大数据素养，通过"易加"平台的建设，为学生搜索信息、整理信息、运用信息提供实践的平台，促使学生在实践中提升大数据素养。

第三，为学科素养培育提供丰富的教育资源。所谓学科素养，就是学生从学科特点出发，运用学科思维，利用学科知识与技能，在新的环境下灵活地、创造性地解决问题，表现为求真求实的科学态度、科学的思维方式、良好的学习习惯、正向的知识迁移能力。园区把大数据技术与学科教学高度融合，通过"易加慧学学堂""易加慧学学院"提供的丰富性、多样性、趣味性、启发性、挑战性、探索性的教育资源，为学生自主学习、主动学习、参与学习、体验学习、探究学习、智慧学习提供个性化的选择和有针对性的指导，为学生的学前导学、课中探学、课后延学提供海量的、即时的、丰富的、多样的资源，以先进的技术手段破解了学科素养培育的难题，突破了学科素养培育的瓶颈，开辟了学科素养培育的新路径，探索了学科素养培育的新方法，形成了学科素养培育的园区经验。

第四，为学科素养培育提供实践条件。园区大数据支撑适合的教育课程面向教与学的互动与统一，致力改变教师的教学方式与学生的学习方式，把教师与学生都纳入课程资源的框架之内。特别是在线上的互动中，学生的问题由教师来解决，而学生的问题为教师开发课程提出了新的要求。这种师生之间的互相适应既是适合的教育要义之一，也是课程开发不断发展、不断完善的推动力。在这种良性的互动中，教师与学生的素养都得到提升。这是园区大数据支撑适合的教育课程建设的生命力之所在。

三、导向关键能力的形成

关键能力是指学生在掌握基础知识和基本技能的过程中，把所学的知识、技能融入日常生活场景中解决实际问题，适应终身发展、时代要求的能力，主要包括独立思考、逻辑推理、信息加工、语言表达、创造性解决问题的能力。学生的学习能力是在掌握知识和技能的过程中形成的，但学习能力不会在掌握知识与技能的过程中自然形成。知识、技能、能力是不同的概念。知识是指人大脑中的知识储备，要靠平时的积累；技能是人对信息的接纳、加工、运用的操作，要靠平时的训练；能力是人掌握知识与技能的心理特征，要靠有意识地培养。

（一）新高考对关键能力的要求

新高考评价体系突出了对学生关键能力的考核，表现在以下三个方面：

第一，信息获取的能力。在信息化时代，信息的获取和应用成为人的关键能力之一，信息获取能力表现在对语言、文字、图表、图像等内容的识别能力，阅读理解能力，信息搜集能力，信息整理能力，信息运用能力。

第二，实践操作的能力。培养具有创新精神和实践能力的时代新人，需要增强学生的实践操作能力，而实践操作能力必须在实践的过程中培养。实践操作能力包括实验设计能力、数据处理能力、信息转化能力、动手操作能力、应用写作能力、语言表达能力。

第三，思维认知能力（思维品质）。思维认知能力是指学习者面对生活实践和学习探索情境时进行科学认知加工的、稳定的个性心理特征，是学习者秉持科学态度，运用严谨的理性思维和感性思维，在发现新问题、运用新方法、解决新问题、获取新结论的过程中表现出来的思维能力，是激发个体好奇心、想象力、塑造创新型人格必备的能力基础。创新和批判性思维是新高考的主旋律之一。这就需要培养学生形象思维能力、抽象思维能力、归纳概况能力、演绎推理能力、辩证思维能力、质疑批判能力、发散思维的能力，与培养具有创造性的高水平人才的国家人才战略密切相关。

（二）培养关键能力的行动举措

园区大数据支撑适合的教育课程建设目标之三，就是培养学生的关键能力，表现在以下五个方面：

第一，培养学生的信息意识。园区通过教育，让学生深刻认识到：在信息化的社会，对信息的获取和运用特别重要，是人的关键能力之一，对人的终身发展至关重要。信息与知识密切相关。知识是人类积累的经验，而传播的知识就是信息，对信息的捕捉就是对知识的掌握。学生在获取信息的过程中丰富自己的知识，提升自己的知识素养。

第二，培养学生的信息能力。园区在各学段都开设信息技术课程，让学生掌握计算机的原理与操作、网络的原理与上网操作，学会如何通过网络查询信息、如何整理信息、如何应用信息，增强学生的信息能力。

第三，为学生运用信息提供平台。信息能力的获得需要实践。各学校组建校园网，并与园区"易加"平台联通，学生成为经常造访"易加学堂""易加学院"的常客。平台成为学生学习的好帮手，也成为学生增强信息能力的实践基地。

第四，培养学生运用综合信息解决问题的能力。在课程实施的过程中，园区致力打造真实的学习情境，开展情境教学和问题教学，把学生置于现实生活和科学探究的场景中，让学生独立思考，分析问题的实质，寻找问题产生的原因，设计解决问题的方案，搜集相关的信息，综合运用所学知识、技能、能力解决问题，以此培养学生综合运用信息解决问题的能力。

第五，培养学生创新和批判思维的能力。在课程实施的过程中，园区引入前沿的科研成果和不同的学术观点，引导学生开展讨论，不仅突出了学生的主体意识、参与意识、合作交流、探索学习，更重要的是还培养了学生的思维品质。学生在分析、比较、归纳、概括、得出结论、理性表达的同时，思维的敏捷性、深刻性、批判性、创新性得到发展，特别是创新和批判思维能力得到发展。

四、导向健全人格的塑造

"人格"是人们耳熟能详的词。但什么是人格？什么是健全人格？如何培养学生的健全人格？这些确实是教育人应该首先明晰的问题。对"人格"含义理解的偏差必然造成"人格"培养的偏差，这也有碍教育目标的达成。只有对"人格"的内涵有真切把握，对健全人格有透彻理解，才能卓有成效地进行健全人格的塑造。

（一）人格含义

人们研究的领域不同，对"人格"认识的角度不同，导致"人格"有不同的含义。在日常生活中，人们会说某人"人格高尚"、某人"人格卑劣"。这里的"人格"渗透了伦理道德的评价，是社会学意义上的人格。

"人格"是哲学研究的范畴之一。哲学家往往从"人性"的角度提出"人格"主张，把"人格"等同于"人性"。从哲学的层面看，人格是人之所以为人应当具备或不可丧失的某些类特征，是一个人做人的资格与要求。如孟子主张"人性善"，认为每个人先天就具有恻隐之心、羞恶之心、辞让之心、是非之心"四端"，在后天生活中加以存养、扩充形成仁义礼智的德行，造就"富贵不能淫、贫贱不能移、威武不能屈"大丈夫人格。

"人格"也是心理学研究的范畴之一。心理学流派众多，经典精神分析理论、新精神分析理论、人本主义理论、认知主义理论、行为主义理论对"人格"的定义不同，但也有一些共识。许燕在综合各派理论的基础上，将"人格"定义为在遗传和环境的相互作用下，个体所具有的典型而独特的心理品质组合系统。在这个定义中，"遗传和环境的相互作用"是人格形成的原因，其中，先天禀赋（遗传）是人格形成的物质载体，环境包括教育对人格的形成具有积极的作用。这个定义揭示了人格教育的可能性，强调人格在个性心理系统中的典型性、独特性、系统性，在人的一生中引领和动力作用，揭示了人格教育的重要性。

心理学偏重人的个体特性，着眼于对人格系统事实的描述；哲学偏重人格的类特征，着眼于对人格的价值判断；社会学关注人格中的伦理道德层面。我们通常对"人格"的理解是哲学的、心理学的和社会学的理解的综合，尊重人的独特人格，崇尚高尚的人格。

（二）追求理想人格

理想人格是个人或组织对自己或组织成员应当具有的素质、价值观念、人生境界的主张，是指好的人格，是高尚的人格，包括人格特质和人格形象两个层面。我们可以把中国共产党人的人格特质和人格形象作为理想人格的楷模和追求。中国共产党人的人格特质包括理想远大、信念坚定、服从组织、纪律严明、忠诚老实、顾全大局、不搞宗派、实事求是、言行一致、公道正派、反对特权、勇于担当、敢于斗争、谦虚谨慎、清正廉洁、坚忍不拔、艰苦奋斗、自我革命、乐观进取等。中国共产党人的人格形象是对党、国家、人民无限忠诚的。中国共产党人坚持全心全意为人民服务的价值观，终身做共产主义远大理想和中国特色社会主义共同理想的坚定信仰者和忠诚实践者，为国家和人民的利益上刀山下火海，为民族的独立、政治的民主、国家的富强抛头颅、洒热血，为了人民的幸福甘守清贫。①

理想人格是人的人生追求，是人生的尊严所在，是人生的价值所在。理想人格有完善的结构，具体表现为：

第一，坚定的马克思主义信仰。信仰马克思主义，精神充实，心理愉悦。

第二，远大的共产主义理想。树立共产主义远大理想，人生有目标，生活有追求，行动有方向，前进有动力。

第三，中国特色社会主义信念。具有中国特色社会主义的道路自信、理论自信、制度自信、文化自信，不信歪理邪说，不惧艰难险阻，意气风发，只争朝夕，发挥聪明才智，追求卓越。

第四，正确处理个人与国家的关系。把国家、民族的利益放在第一位，让个人的奋斗与国家、民族的利益保持一致，为了国家、民族的利益宁愿牺牲个人的利益，大公无私，公而忘私，具有公德。

第五，正确处理个人与他人的关系。以利他主义处理人际关系，"己欲立而立人，己欲达而达人；己所不欲，勿施于人"，大事讲原则，小事讲风格。

第六，继承和发扬中华民族的优秀传统文化，弘扬和培育民族精神，对祖国历史和文化具有自豪感，对国家和民族具有责任感和使命感。

第七，具有国际理解意识。能认识人类社会的统一性与多样性，理解和尊重世界各国、各民族、各地区的文化传统，汲取人类创造的优秀文化成果，具有开放的世界意识。

第八，具有人文主义精神。以人为本，珍爱生命，关注人类命运，养成健康的审美情趣，努力追求真审美的人身境界。

第九，具有科学精神。崇尚科学，求真求实，理性思考，勇于创新，刻苦钻研，践行奋斗人生。

第十，具有坚强的意志品质。胜不骄，败不馁，能经受住挫折与打击，在失败中增长勇气，在逆境中充满希望，在困难中坚持，适应社会生活。

第十一，模范公民。遵守国家法律，遵守社会公德，遵守劳动纪律，爱岗敬业，无私奉献，以"三人行必有吾师"的气度，以"每日三省吾身"的慎独功夫，以"朝闻道，夕死可矣"的境界，修炼品行，做模范公民。

（三）塑造健全人格

所谓塑造健全人格，就是培养理想人格。园区在塑造学生健全人格方面有自己的话语和经验。

1. 进行理想信念教育

人的理想信念不是从天上掉下来的，而是通过教育培养的。园区课程建设把培养学生的理想信念作为重要内容，通过道德与法治课程、班会课、国旗下讲话、社团活动、社会实践活动、学科课程渗透、学校文化建设等进行。在内容丰富、形式多样的教育活动中，结合社会的发展、人类的进步和学生的生活经验，让学生充分认识到人类社会由

---

① 石中英. 中国共产党百年来的人格理想与人格教育［J］. 中国教育学刊，2021（5）：4-10.

低级到高级的发展规律和趋势，树立和谐社会和人类命运共同体的观念，坚定马克思主义的信仰和共产主义的远大理想。

2. 进行人格感化

人格不是知识。单纯的知识传授无法塑造学生健全的人格。因此，园区在培养教师健全人格方面下功夫，以教师人格感化学生，用教师健全的人格塑造学生健全的人格。倡导师生平等，建立伙伴式师生关系，营造师生间的民主文化，形成师生间的命运共同体，在朝夕相处中、在嘘寒问暖中、在课堂教学中、在课外辅导中、在集体活动中、在谈心交流中，发挥教师率先垂范、为人师表的作用，产生"其身正，不令而从"的效果。

3. 进行崇尚英雄的教育

一个没有英雄的民族是可悲的民族，一个有英雄而不知珍惜的民族是更可悲的民族。中华民族有五千多年的文明史。勤劳智慧的中华民族创造了辉煌灿烂的文明，涌现出众多的民族英雄。他们之中既有开创一代伟业的政治家，又有发明创造的科学家；既有点亮人们智慧的思想家，又有丰富人们精神生活的文学家、艺术家；既有抵御外来入侵的军事家，又有建设美好家园的实业家；既有捍卫国家主权的外交家，又有致力社会进步的改革家。他们为了民族的独立、国家的繁荣昌盛、人民的幸福安康，殚精竭虑，豪气冲天，抛头颅，洒热血。园区开展崇尚英雄的教育，教育学生以民族英雄为榜样，从英雄那里汲取力量，像英雄那样追求真理、磨炼意志，使自己成为一个高尚的人，一个脱离低级趣味的人，一个有益于人民的人。

第三节　课程建设实践

2001年，教育部印发《基础教育课程改革纲要（试行）》，以素质教育为旗帜的我国第八次基础教育改革正式启动。这次教育改革的重点是课程改革，从课程目标、课程结构、课程标准、教学过程、教材开发与管理、课程评价、课程管理七个方面进行。"新课程"成为时代的热词。

一、在探索中取得成果

《基础教育课程改革纲要（试行）》在课程管理部分规定"实行国家、地方和学校三级课程管理"，倡导"用教材教，而不是教教材"的课程资源观。开发区域课程、开发校本课程成为教育的新事物，教师也由课程的执行者转变为课程的执行者、开发者和研究者。

（一）课程改革的时代之问

什么是课程？什么是课程改革？如何进行课程改革？如何开发区域课程？如何开发校本课程？如何对国家课程进行校本化实施？在什么样的教育理念指导下开发课程？课程开发应遵循什么原则？课程开发要达成什么样的教育目标？如何发挥区域课程的功能？带着这些问题，园区教育人一边思考问题，一边学习课程理论，一边进行课程开发的实践，用行动回答课程改革的时代之问。

（二）课程建设在探索中起步

园区课程建设在探索中起步。2010年，园区教师发展中心制定了《苏州工业园区中小学校本课程管理条例》，提出"按照社会需要和课程标准原则、满足学生个性发展需要原则、根据教师特长和学校特色原则"的校本课程开发三原则；提出了"校本课程要保持持续性、稳定性，促进学校特色发展"的校本课程开发要求。

在《苏州工业园区中小学校本课程管理条例》的指导下，园区各级各类学校研制学校课程建设方案，组建学校课程建设领导小组，制定学校课程建设相关制度，建立课程建设的激励机制，组织教师学习课程建设相关文件和理论，聘请专家指导课程建设技术，鼓励教师根据学生的兴趣爱好，利用学校和社区的教育资源，发挥自己的专业特长，进行国家课程的"二度开发"和校本课程的开发。

（三）课程建设取得阶段性成果

园区课程建设在探索的起步阶段取得了阶段性成果，主要表现在以下六个方面。

1. 深刻理解了"课程"的含义

经过区域课程建设起步阶段的实践与反思，园区教育人逐步加深了对课程含义的理解。"课程"一词在我国最早出现于唐朝。孔颖达在《五经正义》中为《诗经·小雅》"奕奕寝庙，君子作之"句作疏："以教护课程，必君子监之，乃得依法制也。"意思是：让人指导理应完成的工作，必须由德高望重的君子监督，才能按规范进行。这里"课程"的含义不是今天教育学意义上的课程，而是指有规定数量和内容的工作或学习进程。宋朝朱熹在《朱子全书·论学》中有"宽着期限，紧着课程""小立课程，大作工夫"的论述。这里的"课程"指功课及其进程。在中国传统文化中，课程的基本含义是："人们预定分量、内容和步骤并据以刻苦努力地阅读、讲授、学习和作业，同时伴随着严格的考试试用，并关乎人的安身立命问题，属于严肃神圣的事项。"①

在西方，课程（curriculum）一词源于拉丁文，有名词"跑道"和动词"奔跑"的含义。作名词"跑道"理解，就是"学习的进程"，又叫学程，既可以指一门课程，又可以指学校提供的所有课程，重点在"道"上。这样一来，为不同的学生设计不同的"跑道"就成为最重要的事情之一，就产生了传统课程体系。作动词"奔跑"理解，就是"个体对自己经验的认识"，重点在"跑"上。这样就产生了有别于传统强调学生经验的另一种课程理论与实践。

中华人民共和国成立以来，我国教育学界长期把课程看作学科或学科总和，其课程观是"课程是知识（学科）"。把这种课程观付诸实践就形成了传统课程体系，其特点是："课程是既定的、先验的、静态的，是外在于学习者的知识，是社会选择和社会意志的体现。"② 这种课程强调学科体系的严密性，强调对学生认知品质的培养，强调学习者的被动接受，忽视学习者的经验，忽视对学生情感、心智、个性的培养，形成"目中无人"的教育活动，日益受到人们的质疑。

新课程改革强调"课程是经验"，关注学生实际学到了什么，认为只有那些真正为学生所经历、理解、接受的东西才是课程，课程就是学生体验到的意义，课程不再是外在于学习者、凌驾于学习者之上的，而是学习者本身获得的经验。把"课程是经验"课程观付诸实践就形成了新的课程体系。要求从学习者的角度设计，要求课程内容要与

---

① 黄甫全. 现代课程与教学论学程：上 [M]. 北京：人民教育出版社，2007：5-6.
② 陈志刚. 历史课程论 [M]. 长春：长春出版社，2012：4.

学习者的经验相联系，把重点从教材转向了个人，从教师转向了学生，从学习结果转向了学习过程，强调了实践性，强调"会学"比"学会"更重要，要求学生主动参与教学过程，开展"目中有人"的教育活动。同时，新课程改革也接受了课程即教学的科目、课程即计划活动、课程即预期的学习结果、课程即社会改造、课程即社会文化的再生产等课程观的合理、有益部分，建构了中国特色社会主义素质教育体系。所谓课程，就是学生学习的科目和进程。

2. 明确了区域课程开发"育人"目标

从教育哲学的角度看，教育是"目的"还是"工具"的争论已延续200多年。教育工具论者认为：教育是工具，在一所好的小学就读的目的是考取一所好的初中，在好的初中就读的目的是考取好的高中，在好的高中就读的目的是考取好的大学，在好的大学就读的目的是找到一份好的工作，拥有一份好的工作就是为了过上幸福的生活。"择校热"和"应试教育"就是教育工具论的生动体现。教育目的论者认为：教育是为了人的全面、健康发展，实现人生价值。"素质教育"就是教育目的论的现实展开。园区教育人是教育目的论者，在区域课程建设实践中以育人为宗旨，紧紧围绕育人目标展开。

在区域课程建设的实践中，园区教育人根据区域经济社会发展对人才的需要，依托区域丰富的教育资源，打造特色和优势课程，以适合的教育课程培养具有创新精神和实践能力的时代新人，满足区域经济社会发展对高素质人才的需要，促进学生健康成长。园区课程开发紧紧围绕培养"全面而有个性发展的人"展开，按照国家课程改革的节奏进行，致力培养学生具有爱国主义、集体主义精神，热爱社会主义，继承和发扬中华民族优秀传统和革命传统；具有社会主义民主法治意识，遵守国家法律和社会公德；逐步形成正确的世界观、人生观、价值观；具有社会责任感，努力为人民服务；具有初步的创新精神、实践能力、科学和人文素养及环境意识；具有适应终身学习的基础知识、基本技能和方法；具有健壮的体魄和良好的心理素质，养成健康的审美情趣和生活方式，成为有理想、有道德、有文化、有纪律的一代新人。

3. 确立了区域课程开发标准

认识水平的提高，教育理念的更新，培养目标的确定，为区域课程建设标准的制定提供了指南。区域课程开发的标准包括以下几个方面。

（1）变"应试教育"功能为"素质教育"功能

改变课程过于重视知识传授的倾向，培养学生的主体意识，指导学生科学的学习方法，鼓励学生积极参与教学过程之中，在学习基础知识、基本技能的过程中学会学习，并形成正确的价值观，实现课程功能的变革。

（2）变"学科本位"结构为"综合本位"结构

首先，园区制定学前教育、小学教育、初中教育、高中教育课程建设标准，并使之有机衔接、形成体系；其次，打破学科本位的观念，开拓视野，拓展内容，进行跨学科的融合，建构开放性的课程，培养学生的综合能力；最后，统筹兼顾普通教育、职业教育、特殊教育，在突出职业教育与特殊教育特性的同时，重视其与普通教育的整合，实现区域课程结构的变革。

（3）进行区域生活化课程建设

园区在区域课程建设的实践中，以国家课程标准为准绳，以教材为主要课程资源，密切联系学生的生活经验,把最新的科研成果、社会发展的成就纳入课程内容,变成学生的生活经验,使之具有时代和生活的气息,实现学校教育与社会教育的沟通,进行生活化课程建设。

(4) 进行区域现代化课程建设

教育现代化有其本质特征和丰富内涵,要求教育理念现代化、教育技术现代化、教育方式现代化。信息技术与教育的融合是教育现代化的充分体现。在区域课程建设的实践中,园区充分发挥信息技术的作用,用信息技术作为支架,利用信息技术提供的工具建设现代化的区域课程。

4. 开发出众多校本课程

园区各个学校开发出众多校本课程,内容涵盖吴文化的传承、现代科技的应用、艺术素养的培养、身体素质的培养、学科教学与生活的融合等领域,呈现出百花齐放的局面。如苏州大学附属中学的"化学诠释生活之美""生活中的物理""地理之美",西交利物浦大学附属学校的"白杨树的湖中倒影——走进文学世界里的那些名家""传统发酵技术的原理与应用",星海实验中学的"苏州成功企业家发展之路探索""古韵今风华夏情""蜡染",南京航空航天大学苏州附属中学的"模型制作""唯亭风韵""青春的感悟",星港学校的"新民乐""跆拳道",星湾学校的"羽毛球""书法",园区第一中学的"美陶",星湖学校的"百科创意教育",星浦学校的"礼仪读本""象棋教程",朝前路学校的"科技公民",西交大附属初中的"机器人",金鸡湖学校的"手球""武术",东沙湖学校的"词趣教学""创意作文""指心算",景城学校的"击剑""心理",独墅湖学校的"纳米技术",娄葑学校的"围棋文化",星洲学校的"国学经典课程""陶笛",唯亭学校的"趣味数学""快乐英语",斜塘学校的"指尖智慧""漫画",仁爱学校的"物理治疗""语言矫治",文萃小学的"昆舞",凤凰小学的"吴文化",唯亭实验小学的"墨韵唯华硬笔系列教程",车坊实验小学的"草艺""儿童嬉戏",胜浦实验小学的"纸泥艺术",等等。

5. 产生一批特色校本课程

各个学校在对已经开发出来的课程进行筛选、补充、提炼、完善的基础上,形成学校的特色课程。如新城花园小学的"太阳花"课程,把每一个学生都看成太阳花,希望他们都像太阳花一样茁壮成长。太阳花的成长需要土壤、阳光、水分。学校开发了由"肥沃的土壤""明媚的阳光""滋润的雨露"三个板块构成的"太阳花"课程体系,奠定学生生命的底色,打造学生成长的亮色,凸显学生灵动的本色。在苏州市教育学会组织的小学优秀校本教材评选活动中园区有 10 种校本教材获奖,分别是:星海小学的《璀璨星之海》、新城花园小学的《轮滑》、翰林小学的《软笔书法》《七彩水精灵在行动》、第二实验小学的《快乐乒乓》、青剑湖学校的《"方寸溢彩"诗文精选(硬笔)》《书香拾趣》、娄葑实验小学的《悦跃花绳》、方洲小学的《儿童画》《快乐足球》。

二、在整合中提升质量

中共十八大把"立德树人"作为教育的根本任务。《国家中长期教育改革与发展规划纲要(2010—2020)》提出"关心每个学生,促进每个学生主动地、生动活泼地发展,尊重教育规律和身心发展规律,为每个学生提供适合的教育"的要求。《中国学生发展核心素养》规定，通过教育使学生形成适应终身发展和社会发展需要的价值观念、必备品格和关键能力。中国教育改革进入以落实"立德树人"根本任务、培育学生核心素养为目标的深水区。

（一）课程改革深化提出的挑战

如何落实"立德树人"根本任务？如何开展适合的教育？什么是核心价值？怎样培养学生的核心价值？什么是学科素养？如何培养学生的学科素养？什么是关键能力？如何培养学生的关键能力？什么是健全人格？如何培养学生健全人格？教育如何适应大数据时代的需要？在教育改革进入深水区的背景下如何进行区域课程建设？面对这些问题，园区教育人勇敢应对，群策群力搞改革，聚精会神谋发展，把区域课程建设作为提高教育质量的重中之重，加强区域课程的整合，指导、规范学校课程的开发，使区域课程形成"一校一图谱"的格局，使适合的教育理念在学校层面落地、生根、开花、结果，同时，克服了学校发展千校一面、同质化的弊端，形成了学校特色发展、错位发展、高品质发展的新局面。

（二）课程建设现状调查研究

为了适应国家教育改革深化发展的需要，推进新一轮区域课程改革健康发展，充分了解区域课程建设情况，不仅是及时的，而且是必要的。为此，2014年，园区教师发展中心对全区34所公办学校课程建设情况进行全面调查。调查主要涉及学校课程方案制订情况、国家课程校本实施情况、拓展型课程开发情况、校本课程开发情况四个方面。调查结果如下：一是学校课程方案制订情况，20所学校制订了学校课程方案，占58.9%。二是国家课程校本化实施情况，14所学校进行了国家课程的校本化实施，占41.2%。三是拓展型课程开发情况，24所学校开发了拓展型课程，占70.6%。四是校本课程的开发情况，34所学校全部开发了校本课程，占100%。调查表明，园区的课程建设取得了可喜的成绩，但同时也存在不足，主要表现为：学校课程建设整体方案设计不够规范，课程建设目标不够明晰，各校的课程开发不够均衡，校本课程开发特色不够鲜明，不能适应教育改革深入发展的需要。

园区以适合的教育作为推进区域教育优质均衡发展的理念，以大数据支撑开展"智慧教育"，建设适合的教育课程，通过适合的教育课程达成发展好每一位学生的目的，实现区域教育优质均衡发展的愿景。适合谁？适合学生。怎样做到适合学生？全面而深刻地了解学情，采取有针对性的教育行为。适合的教育从哲学的角度看就是实事求是，从教育哲学的角度看就是开展人性的教育，从教育学的角度看就是因材施教，从社会学的角度看就是追求教育的公平，从教育实践的角度看就是落实以生为本的理念，开展有针对性的教育，增强教育的实效性，培养好每一位学生。适合的教育的逻辑起点就是了解学生，了解学生的实际情况，了解学生的需求和愿望，从学生角度思考教育问题，展开适合的教育行为。通过全方位的区域课程建设情况调查，了解前期区域课程建设的成绩与不足，总结区域课程建设的经验与教训，规范、整合新一轮的课程建设，对于区域课程建设具有重大意义。

（三）整合、规范新一轮课程建设工作

为了整合、规范全区各个学校课程建设行为，提高课程建设质量，提高学校办学水平，提高学校办学质量，2015年，园区教育局印发《苏州工业园区进一步推进中小学课程建设的指导意见》，对各个学校课程建设提出明确、具体的要求，在区域课程建设过程中具有里程碑的意义。

《苏州工业园区进一步推进中小学课程建设的指导意见》指出，课程开发要以落实"立德树人"根本任务为行动指南，要把课程建设作为学校改革的核心内容和中心环节。课程建设要把"以人为本、多元发展"作为出发点和落脚点，实现人才培养模式的转变，促进教育的公平，让"每一位学生都了不起"；课程开发要体现"德育为先、能力为重、素养为本、全面而有个性发展"的原则；课程开发要体现丰富性和多样性，为不同潜质的学生成长搭建平台，提供自由选择的学习资源，为学生的自主学习提供有力的支撑和周到的服务，实现信息技术与教育教学的有机融合，以技术赋能为教育发展提供新的增长点；各个学校要制定"一校一品"的学校发展战略，落实"一校一图谱"的课程开发愿景，开发出具有"民族特色、区域特点、学校特质、国际化特征"的"特色品牌课程"，探寻教育特色发展、优质发展新路径；课程建设要与学校特色培育、师资队伍建设、文化建设有机融合，丰富学校发展的内涵，提升学校的办学品位；学校要在认真总结上一轮课程建设经验与教训的基础上，重新研制新一轮的课程建设方案，形成基础型课程、拓展型课程、研究型课程构成的具有结构性和层级性的课程体系，充分挖掘各种类型课程的功能，并使各种类型课程功能有效衔接，为教育改革与发展绘制美妙的蓝图，探寻清晰的路线图，采取便于操作的、有效的措施，把区域教育事业办好。

（四）大力推进新一轮课程建设工作

《苏州工业园区进一步推进中小学课程建设的指导意见》发布之后，园区教育局采取多项措施推进区域课程建设工作，表现在以下六个方面：

第一，加强课程建设的领导力。对全区各级各类校长进行培训，提高校长对课程建设的认识水平，提升校长的课程理论水平，开阔校长的视野，更新校长的理念，增强校长对课程建设的领导力。

第二，加强课程建设的推动力。发挥专业人员的作用，发挥名师的作用，利用团队的力量，以问题为导向，加强项目和课题研究，以教科研引领区域课程的建设，发挥推动作用。

第三，加强对课程建设的保障力。为各个学校聘任由教育局领导、教育专家组成的学校课程建设督导团队，进行日常的指导、检查、督促、自评，发现问题及时解决；组织以园区督导室牵头、教育教学专家参与的"课程建设督导小组"，定期对各个学校的课程建设进行督导，总结全区课程建设的经验与教训，及时推广各个学校课程建设的先进经验和建设成果，为课程建设良性发展提供有力保障。

第四，夯实课程建设的基础力。以服务学生发展、教师发展、学校发展、区域教育发展为价值取向，统筹利用教育资源，对学校、学生、教师、家长、社区、教育研究机构、专业场馆、工厂企业的资源进行合理开发、有效利用，夯实课程建设的基础。

第五，强化信息平台的支撑力。进行园区"易加平台"的二期工程建设，形成"双线五块"（"双线"即学习体系、评价体系，"五块"即"易加数据""易加互动""易加终身""易加评价""易加分析"）的信息平台，实现了"学习空间人人通、学习资源班班通、学习网络校校通"，促进了"学习创新、评价优化"，为区域课程建设提供了强有力的技术支撑。

第六，开展丰富多彩的"教智融合"教学研讨活动。适合的教育是适合大数据时代需要的教育，是适合国家社会主义现代化建设对创新性人才需要的教育，是适合区域经济社会发展需要的教育，是适合学校特殊校情的教育，也是适合学生个体差异的教育，在园区教育的语境下就是信息技术与教育教学融合的教育。我们称之为"教智融合"。园区通过"教智融合"教研活动，深入推进大数据支撑适合的教育课程建设。

（五）实现区域课程建设整合

为进一步深化区域课程改革，推进素质教育的发展，2016年，园区教育局出台了《苏州工业园区中小学综合实践活动课程实施的指导意见》（苏园教〔2016〕3号），目的是进一步加强园区中小学综合实践活动课程建设，规范指导综合实践活动课程实施，涵育全区青少年综合素养。该意见提出，正确认识综合实践活动课程的价值与意义、促进学生综合素养提升、促进教师专业成长、促进学校课程创生与发展的课程建设要求，部署了依托学校传统课程优势，根据学生的个性化发展需要，充分利用学校与当地的资源，发挥教师的特长，开发综合实践活动课程的路径，引入"项目思维"，进行"项目化学习"，在社会观察的基础上，发现问题，分析并确定主题，设计解决问题的方案，搜集信息，解决问题，形成物化的成果（调查报告、实验报告、研究报告、解决问题的方案或计划、生成产品），把园区的课程建设推进到培养学生综合素养的新阶段。

为保证区域课程建设的高水平和高质量，园区教育局加强评价的导向性、推动性作用，出台了《苏州工业园区中小学五星评价办法实施方案》，从学校发展水平、教师发展水平、学生发展水平、社会满意度四个维度对学校进行综合评价，其中，课程建设评价是重点，包括课程规划、课程实施、课程评价、课程资源等指标，重视课程建设的信息化。园区的课程建设指导思想鲜明、建设目标明确、建设思路清晰、建设措施有力、评价制度配套，为形成学有优教的园区教育奠定基础。

（六）课程建设形成"一校一图谱"格局

区域课程建设形成"一校一图谱"格局。如西交附中初中部"润透"教育理念下的"3+"课程、新城花园小学的"太阳花"课程、方洲小学的"方圆统整"课程、翡翠幼儿园的"三新"课程、南京航空航天大学的"航空飞行"课程等，特色鲜明，内容丰富，成果丰硕，成为优质教育的重要载体，推动着学校优质特色发展。下面以南京航空航天大学苏州附属中学的"航空飞行"课程图谱（图3-3-1）为例进行介绍。

学校依托"科技创新教育"传统优势，与中国航空器拥有者及驾驶员协会（AOPA-China）、南京航空航天大学、新西兰梅西大学飞行学院合作，在苏州市教育局和苏州工业园区教育局的共同领导下，积极进行航空飞行课程建设，以课程建设为支撑，发展学校航空飞行特色。学校开发培养专业飞行员的专业课程，包括航空理论、航空英语、航空器模拟飞行训练、心理素质拓展训练、体能训练、饮食健康等课程；面向航空飞行爱好者的拓展课程，包括航模制作与比赛、无人机设计与比赛、航空飞行拓展活动等课程；面向全体学生的普及课程，包括航空飞行读本、航空史、航空故事等课程；航空飞行与语文、数学、英语、物理、化学、生物、历史、地理、政治学科融合课程。

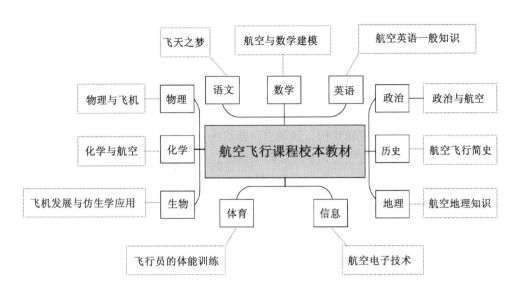

图 3-3-1　南京航空航天大学苏州附属中学的"航空飞行"课程图谱

学校加强航空飞行课程建设的研究，成功申报了江苏省教育科学"十三五"规划重点课题"依托航空飞行课程创新核心素养培育的行动研究"。以研究促进学校航空飞行教育的发展，实现航空飞行与学科课程融合，按照飞行员有家国情怀、有社会责任心、严谨、精准、协调、灵活的素质要求，运用培养飞行员"差错管理"工具箱，培养学生的学科素养，开创核心素养培育的新途径，促进核心素养培养的创新，整体提升学校的教育教学水平和质量，促进学校特色发展。

学校进行航空飞行课程基地建设，成功申报江苏省"航空飞行课程基地"。此外，学校还投入巨额资金，设立航空飞行教育专用教室、航空器模拟飞行训练中心、航空飞行展室、航天演示室、无人机操控室、航空模型制作室等室场，为教师与学生提供实践的平台，使之成为航空飞行教育的中心、航空飞行教育的研究中心、航空飞行教育辐射的中心、教师发展的中心。

学校通过航空飞行课程开发和航空飞行课程基地建设，培育"飞翔"特质学校文化。学校的"飞翔"文化以"梦想、奋进、腾飞"为价值引领。学校努力进行校园文化、制度文化、精神文化、行为文化建设。校园文化处于底层，是物质基础。制度文化处于中层，起保障、制约、激励的作用。学校通过健全学校管理体制、机制，规范全体成员的行为，激发全体成员的创造性。精神文化处于顶层，是精神引领，其核心是梦想、奋进、腾飞价值观。行为文化处于表层，反映着学校的风貌，体现着全体成员的生活样式。

（七）课程建设理论水平的提升

园区在课程建设的实践中重视理论学习，把集体学习与自主学习相结合，把专家引领与校本研修相结合，把教育理论学习与教学实践创新相结合，把教学实践与课程开发相结合，逐步提高课程理论水平，主要表现在两个方面。

1. 深刻领会六种课程观的实质

经过课程开发第二阶段的实践，园区教育人逐步形成了正确的课程观。由于课程本身的复杂性，再加上出发点和研究视角的不同，研究者对课程的理解众说纷纭，莫衷一是，施良方先生在《课程理论》一书中归纳了六种课程观：课程即教学的科目（知识），课程即学习的经验，课程即计划活动，课程即预期的学习结果，课程即社会改造，课程即社会文化的再生产。[①]

(1) 课程即教学的科目（知识）

这是比较传统的观点。以此观点为指导建立的课程体系以学科知识为主要内容。这种课程体系以学科严密的逻辑建构，强调学科知识的完整性、系统性、权威性，在实施中以教材为中心、以教师为中心，学习者被动接受，学习者的主体地位则被忽视。

(2) 课程即学习的经验

鉴于课程即学教学的科目（知识）忽视学习者主体的弊端，在对这一课程观反思和批判的基础上，施良方先生提出了课程即学习的经验的课程观。这一课程观认为，只有那些真正为学生所经历、理解、接受和体验的东西才是课程，不再强调教师教什么，而是强调学生学到了什么，强调学生的主动参与过程，充分发挥学习者主观能动性。这一课程观对学习者主体性的张扬很有吸引力，但内容过于宽泛，难以把握。

(3) 课程即计划活动

这一观点认为，课程就是各级各类学校学生所应学习的学科总和及计划进程与安排，把有计划的教学安排作为课程的主要特征，对教学的内容、程序、进度都有明确的规定，使课程实施有明确的计划性。但这种课程观的重点放在可观察到的教学活动上，而不是学生实际的体验上，把活动本身作为目的，忽视活动服务学生的目的性，具有一定的局限性。

(4) 课程即预期的学习结果

这种观点认为，课程不应指向活动，而应关注预期的学习结果，首先应制定一套有结构、有程序的学习目标，而所有的教学活动都要为预期的教学目标服务。这种课程有明确的学习目标，但为达到预期的学习目标，选择哪些学习内容、怎样组织学习内容、学生如何学习不易把握。

(5) 课程即社会改造

欧美一些学者认为：课程知识的选择与分配，在本质上是由社会权力所控制的，而社会本身存在着大量的偏见和不公平现象；课程的设置不是让学生一味地顺应社会文化，而是帮助学生摆脱不必要的束缚；课程设置的重点应放在社会问题上，让学生以批判的意识参与社会实践，摆脱对社会的盲从，形成改造社会的能力。这种观点有利于把教育与社会实践相结合，但夸大了课程的作用。

(6) 课程即社会文化的再生产

这种观点认为，课程应反映社会发展的需要，反映社会文化的时代特征，以便学生能适应社会现实。这种课程的重点是社会文化，本质上是学生对社会现实的顺应，它虽然有利于学校教育与社会生活的联系，但忽视了对社会的改造，容易造成学生对社会的盲从。

园区深刻领会六种课程观的实质，不断提升课程建设理论水平。

---

① 施良方. 课程理论：课程的基础、原理与问题 [M]. 北京：教育科学出版社，1996：3-6.

2. 正确区分了"课程"与"教学"的概念

园区对"课程"与"教学"的关系有四种看法：一是大教学观，认为教学是上位概念，而课程是教学的内容，是教学的一个组成部分。二是大课程观，认为课程是上位概念，而教学是课程的实施，是课程的一部分。三是相对独立观，认为课程论与教学论是教育学下的两个分支，教学与课程相互独立，分别有各自的研究对象和任务，两者之间又有密切的联系。四是整合观，认为课程与教学在本质上是一件事。

教学强调教师的行为，关注"怎样教"的问题，课程则强调学生的行为及其学习范围，关注"学什么"和"为什么学"的问题，是为服务学生学习制订的方案。

三、在研究中打造品牌

2017 年，新的课程标准颁布，随之而来的新教材出台，使人们耳目一新。区域课程建设进入打造适合的教育区域特色品牌的新阶段。

（一）课程改革再深化的新挑战

如何发挥高考"引导教学"的作用，如何培养学生的逻辑推理能力，如何培养学生批判思维的品质，如何培养学生在复杂社会问题和学术问题情境下解决问题的综合素养，是园区教育人必须面对的时代课题。园区的做法是：加强课程建设研究的力度，向教育科研要质量，通过教育科研提高课程建设的水平；加强项目建设，引入"工程思维"，以项目建设为抓手推进课程建设，聚焦适合的教育区域特色品牌课程打造。

（二）课程建设再出发的推动力

推动园区适合的教育区域特色品牌建设的动力主要有以下四个方面：

第一，园区"易加"平台建设三期工程完成，形成"一站三块六系统"格局。"一站"即"易加数据"，"三块"即"管理""教学""评价"，"六系统"即"易加人才""易加 OA""易加补贴""易加学院""易加综素""易加分析"，其中"易加数据"和"易加学院"是该期工程建设的重点，彰显学科教学特色，支撑个性化学习。园区用大数据平台整合、推进、赋能适合的教育区域特色品牌课程建设。

第二，园区教育局申报的江苏省前瞻性重点项目"大数据促进适合的教育实践研究"课题正式立项。园区教育局精心组织，积极实施，创新推进，探索了以"智慧教、个性学"为特征的适合的教育的新方式、新途径。该课题研究把适合的区域特色品牌课程建设推向深入。

第三，"基于教学改革，融合信息技术的新型教与学模式"国家级实验区启动。经过规范、严格的评审程序，在激烈的竞争中，园区凭实力胜出，成功入选"基于教学改革，融合信息技术的新型教与学模式"国家级实验区，为园区适合的教育区域特色品牌课程建设再添动力。

第四，"教智融合深化年"活动的开展。2021 年是园区"教智融合深化年"，为此，园区教育局颁发了《"教智融合深化年"实施方案》（苏园教〔2021〕8 号），对活动进行精心部署，把推进以"教智融合"为特征的适合的教育区域特色品牌课程建设作为重点，倾全区教育智力，用全区教育资源，倾情打造区域特色品牌课程。

（三）聚焦适合的教育特色品牌课程打造

园区适合的教育区域特色品牌建设取得重大进展，表现在以下六个方面。

1. 加强对适合的教育课程建设的领导力

园区教育局组建了由教育局领导，教师发展中心主任、各个学校校长组成的适合的教育课程建设领导小组，进行顶层设计，统筹部署，采取行之有效的措施推进，通过组织建设加强课程建设的领导力。

2. 加强对适合的教育课程建设的督导力

园区教育局组建了由教育局办公室牵头，教育专家组成的适合的教育课程建设监督小组，起草督导方案，拟定督导标准，研制督导细则，定期督查，督办推进，为区域特色课程建设扎实推进、特色发展、优质发展提供机制保障。

3. 采取切实可行的措施打造适合的教育区域特色品牌课程

园区教育局采取九项措施推进适合的教育课程建设，包括深化国家级信息化教学实验区建设、启动科创教育品牌示范区建设、开展项目实践研究、聚焦打造新型教师队伍、打造特殊教育教智融合样板、优化家校社区协同育人体系、深化教育评价制度改革、提升干部现代化治理水平、加强技术平台开发应用等内容，把区域特色品牌课程建设落到实处。

4. 进一步提炼适合的教育课程理念

园区适合的教育是崭新的教育理念。适合的教育课程建设是先进的课程建设，是绿色可持续发展的教育新生态，为每一位学生提供适合的教育，为每一位教师提供适合的发展环境，为每一个学科的特色发展搭建适合的平台，为每一所学校创造适合的发展条件。"适合的才是最好的。"适合的教育适合大数据时代的要求，适合国家社会主义现代化建设对创新人才的需要，适合培养学科核心素养教育改革的要求，适合国家级经济技术开发区建设对高端人才的需要，适合学校特色发展的需要，适合智能型教师发展的需要，适合全体学生学习和发展的需要。高举人文主义大旗，秉持人道主义精神，践行因材施教教育原则，依据学生身体发育和心理发展特点，遵循教育规律，服务每一位学生全面而有个性地发展。

5. 建立"教智融合创新月度汇报"工作机制

园区教育局建立了"教智融合创新月度汇报"工作机制，由区骨干教师共同体、名师工作坊的成员作为项目研究推进的主体，定期开展"教智融合"教学模式研讨、交流、展示，并启动"教智融合"示范校、先进校的评选活动，以研究促发展，以评比促发展，营造灵动、活泼的生长态势。

6. 加强教师队伍建设

园区教育局加强对教师进行大数据技术培训，包括数据采集、数据分析、数据应用等内容，增强教师的大数据意识、大数据能力，提高教师的大数据素养，帮助教师在大数据时代拥有胜任本职工作的能力，在教智融合教学模式变革的实践中发挥聪明才智，在适合的教育区域特色品牌课程建设中建功立业，为区域特色品牌课程建设卓有成效地进行提供坚实的师资保障。

（四）适合的教育鲜明特色和丰富内涵

适合的教育课程建设具有鲜明的特色和丰富的内涵，具体表现在以下七个方面。

1. 回归教育的本真——育人

适合的教育是"以人为本"的哲学追求，是"以生为本"生动的教育实践，以

"为每一位学生提供适合的教育"为根本诉求，以"发展好每一位学生"为价值目标。

2. 遵循学生身心发展的规律

适合的教育依据发展心理学研究的成果，根据学生不同发展阶段的身心特点，既不揠苗助长，又不贻误学生的发展契机，开展恰如其分的教育，挖掘学生发展的潜质，培育学生健全的人格。

3. 遵循教育规律

适合的教育把人本主义理论作为课程建设的遵循，对多元智能理论进行生动的实践，对最近发展区理论进行创造性运用，把认知理论改造为园区经验，对"因材施教"教育原则进行现代阐释，遵循教育规律，按教育规律办事，发展好每一位学生。

4. 技术赋能教育

古代教育中，适合的教育寥若晨星，并以松散的方式进行。工业革命开启机器生产的工业化社会，随之而来的教育则是标准化、批量化地进行，学生的个体差异被忽视。信息化、智能化、大数据时代的到来为"因材施教"的大规模实践提供了可能性。园区适合的教育课程建设与大数据如影随形、水乳交融。"教智融合"是现实写照，展现了特有的魅力与活力。2012年以来，园区"易加"平台完成三期工程建设，研发了覆盖"学生、教师、行政、家长、居民"全对象，"学、教、管、测、评"全业务，"课前、课中、课后"全过程的区域智慧教育大数据应用体系，成为适合的教育课程建设的重要支撑。

5. "易加学院"支撑的区域学科课程体系建设

"易加学院"突出学科建设，设有语文特色学院、数学特色学院、英语特色学院等学科栏目，建构区域起学科课程体系。每个学科的课程都体现鲜明的学科特色，是由课程理念、课程目标、课程内容、课程实施策略、课程评价构成的完整体系，形成区域课程的特色，服务于教师的备课，服务于学生的自学。

6. "易加数据"支撑的学校特色课程体系建设

"易加数据"海量的、多样的、动态的数据，便于学校找准自己的优点、缺点、定位，根据自身资源优势，扬长避短，张扬个性，开发具有鲜明时代特色的品牌课程，特色发展，错位发展，弯道超车，脱颖而出。

7. "易加慧学学堂"支撑的学生个性化学习课程建设

"易加慧学学堂"以服务于学生自主学习为特色，文字、图表、图像、音频、视频、微课一应俱全，既具有趣味性，又具有学术性，支撑着学生"时时、处处、方方、面面"的泛在学习，以其丰富性和多样性，为学生自主的、有选择的个性化学习提供即时的课程资源。

（五）适合的教育课程建设取得丰硕成果

经过多年的实践探索，园区适合的教育课程建设取得了丰硕的成果：

第一，随着"易加"平台三期工程的完工，"一站三块六系统"的区域智慧教育枢纽平台功能得以完善。"易加"平台既是园区课程建设的内容之一，也是园区课程建设的支撑，还是园区课程建设的特色。随着"易加"平台硬件设施的完善和功能的加强，园区适合的教育课程建设特色越发显著。

第二，创建了智慧教育两大实验场域。园区的课程建设以项目为抓手，重点进行大数据支撑适合的教育前瞻性项目和教智融合新型教与学模式国家级实验区建设。园区通过这两项智慧教育实验场域的建设工作，把区域适合的教育课程建设建立在坚实的基础之上，成果卓著。

第三，开发了结构性的数字学习资源。园区借助"易加"平台开发了结构性的数字学习资源，包括教师的学习资源和学生的学习资源，涵盖学生信息、教师信息、学校信息、区域教育信息、国家和省市教育信息、学科教学资源、教育理论、教学经验、学生学习方案等内容，使适合的教育课程建设建立在大数据基础之上，充分彰显现代性。

第四，探索了着眼于智慧教、个性学的适合的教育的新方法、新路径。园区适合的教育本质上是一种智慧教育，是技术赋能的教育，也是建立在大数据的基础之上的，使教育的内容与教育的手段有机融合，课堂教育与课外辅导无缝对接，线下学习与线上学习融会贯通，在教育的方法、教育的路径等方面都实现了创新，展现了全新的面貌。

第五，建构了基于大数据的区域评价体系，研制了一套可以复制的区域教育信息化标准。"易加"平台为园区及时、准确、科学、有效地开展教育评价创造了条件。教育评价是教育的重要环节。教育评价的功能是发挥导向作用。"智能的评"带来了"智慧的教和个性的学"，把"以评促发展"的教育理念建立在科学的基础之上，不仅促进了园区教育的发展，而且对其他区域的课程建设具有借鉴意义。

第六，出台了可资借鉴的区域教育系列政策。在园区适合的教育课程建设的实践中，园区教育局出台了一系列的指导性文件，涵盖课程建设的理念、课程建设的目标、课程建设的内容、课程建设的方法、课程建设路径、课程建设的保障等方面的政策和规定，不仅保证了园区课程建设卓有成效地进行，而且为其他区域乃至全国的课程建设政策制定提供了借鉴。

第七，发表了一批具有较高质量的学术论文。伴随着大数据支撑适合的教育前瞻性项目的研究和"教智融合新型教与学模式"国家级实验区的建设，园区教育局的领导、园区教师发展中心的专家、各个学校的校长与教师在学术期刊上发表了大量学术论文，其中有一批论文登载在核心期刊上。这充分反映了园区适合的教育课程建设的高水平与高质量，高水平和高质量的课程建设使高水平与高质量的教育水到渠成。

第八，扩大了社会影响力，先后接待江苏省内教育信息化考察团15批次，接待外省教育信息化考察团26批次，让以"教智融合"为鲜明特色的适合的教育闪亮登场，实现了区域教育的华丽转身。

园区适合的教育课程建设是由"教智融合"研究推动的，是在"教智融合新型教与学模式"国家实验区建设的实践中进行的。在园区教育局的统一部署下，各名师工作坊所在学校申报子课题具体落实，如跨塘实验小学申报了"教智融合背景下尝试反馈教学促进深度学习的实践研究"子课题，借助"易加特色学院"资源，致力打造"教智融合"魅力课程；翰林小学申报了"教智融合背景下小学语文项目化学习行动研究"子课题，依托"易加特色学院"教学资源，致力利用技术推进常态教学；星洲小学申报了"教智融合背景下学生学习新样态的实践研究"子课题，借助"易加特色学院"提供的技术支持，致力教学过程与教学评价的研究；方洲小学申报了"教智融合背景下适合的教与学实践研究"子课题，借助"易加特色学院"提供的技术支持，致力教学交流反馈、师生共同成长的研究；星汇学校申报了"教智融合背景下一助六学课堂教学范式研究"子课题,借助"易加特色学院"提供的技术支持,进行跨学科融合的教学研究;文萃小学申报了"教智融合背景下体验·发现·建构自主学习历程的研究"子课题,借助"易加特色学院"提供的技术支持,致力体验教学的研究;园区第二实验小学申报了"教智融合背景下慧学课堂的实践研究"子课题,借助"易加特色学院"提供的技术支持,致力"二导、三单"的教学研究(微课导学、梳理导学,预学单、探学单、延学单);景城学校申报了"教智融合背景下卓越美育课程建构的实践研究"子课题,借助"易加特色学院"提供的技术支持,致力项目化学习的研究;星湾学校申报了"教智融合背景下数据推动的能动学习实践研究"子课题,借助"易加特色学院"提供的技术支持,致力教学支架建构的研究。用课堂研究推进适合的教育课程建设是园区教育的智慧,也是提升适合的教育课程建设水平的重大举措,保证了园区适合的教育课程建设高品质地运行。

第四节 课程建设内容

《中国教育现代化2035》中提出加快信息化时代教育变革。大数据导向下的适合的教育是在教育领域全面深入地运用现代信息技术来促进教育改革与发展的形式。为了深入推进教育部"基于教学改革、融合信息技术的新型教与学模式"的研究与建设,对应国家教育改革的整体要求,园区努力构建一种"适合的教与学"的泛在学习环境,积极推进"易加学院"课程建设,形成"线上线下整合、校内校外融合"的新优势,开创"无限学习、无限未来"的园区教育发展新时代。

一、"一科一体系"的学科素养体系建设

依据《中国学生发展核心素养》框架和义务教育课程标准,园区开展学科素养体系研制工作。园区的学科素养体系具有三个显著特性:一是全面性。学科素养体系架构涉及义务教育、高中教育阶段的全学科、全学段,具有较为广泛的覆盖面。二是系统性。聚焦高中课程标准凝练的学科核心素养,整体架构义务教育与普通高中教育统整的学科素养体系,有利于整体推进核心素养在各学科、各学段落地。三是延续性。以园区学业质量监测和"易加"枢纽平台形成的知识、能力体系为基础,进行素养体系的建构,是区域课程建设的升级与迭代。

(一)小学语文学科素养体系建设

园区小学语文学科素养体系,以教育部颁布的《义务教育语文课程标准(2011版)》、2016年北京师范大学核心素养研究课题组发布的《中国学生发展核心素养》、教育部《普通高中语文课程标准》中凝练的语文学科核心素养为依据,同时参考《江苏省义务教育学科核心素养和关键能力框架(试行)》,以园区小学语文学业质量监测十轮探索和"易加"枢纽平台一、二期探索形成的基于核心素养的学业监测体系为实践基础,形成小学语文学科素养体系的"园区表达"。

1. 建设目标

小学语文学科素养体系以《普通高中语文课程标准(2017年版2020年修订)》中凝练的语文学科核心素养为目标:"学生通过阅读与鉴赏、表达与交流、梳理与探究等

语文学习活动,在语言建构与运用、思维发展与提升、审美鉴赏与创造、文化传承与理解几个方面都获得进一步的发展;坚定文化自信,自觉弘扬社会主义核心价值观,树立积极向上的人生理想,为全面发展和终身发展奠定基础。"① 具体表现为:

第一,语言建构与运用。小学阶段对学生的相应要求包括热爱祖国的语言文字,积累语言,培养语感,初步掌握学习语文的基本方法,养成良好的学习习惯,具有正确运用祖国语言文字的能力。

第二,思维发展与提升。小学阶段对学生的相应要求包括拥有较强的好奇心、求知欲,发展想象力、创造力、批判性思维及解决问题的能力,学习科学的思想方法,逐步养成实事求是、崇尚真知的科学态度。

第三,审美鉴赏与创造。小学阶段对学生的相应要求包括能够感受、体验、欣赏文章的语言美、结构美、意境美等,在主动积极的思维和情感活动中,能够受到情感的熏陶,享受审美的乐趣,增强审美感知力、审美想象力、审美理解力和审美创造力。

第四,文化传承与理解。小学阶段对学生的相应要求包括认识中华文化的丰厚博大,汲取民族文化智慧;关心当代文化生活,尊重多样文化,吸收人类优秀文化的营养,提高文化品位;继承并弘扬中华民族优秀文化传统和革命传统,增强民族文化的认同感,增强民族凝聚力和创造力。

2. 体系内涵

(1) 目标指向素养化

中国学生发展核心素养以培养"全面发展的人"为核心,分为文化基础、自主发展、社会参与三个方面、六大素养、十八个基本要点。小学语文学科核心素养体系目标紧紧围绕语文学科核心素养制定。各素养之间相互联系、互相补充、相互促进,承载了中国学生发展核心素养中的六个具体要点。其中,文化基础部分承载了人文积淀、审美情趣和批判质疑三个要点;自主发展部分承载了乐学善学和信息意识两个要点;社会参与部分承载了问题解决一个要点。

(2) 目标架构逻辑化

小学语文学科核心素养体系确定的四个方面目标存在着紧密的内在逻辑关系。语言的建构与运用是小学语文核心素养整体结构的基石,贯穿语文学习的始终。在语文课程的学习中,思维品质与审美品质的提升、文化的传承与理解,都是以语言建构与运用为基础。语言的发展与思维的发展相互依存、相辅相成。语言文字既是文化的载体,也是文化的重要组成部分;语言文学作品是人重要的审美对象。学习语文的过程是人发展审美能力和审美品质的重要途径。

(3) 目标达成实践化

语文课程是学习语言文字运用的综合性、实践性课程。小学语文学科核心素养体系目标具有综合性、实践性的特点,表现为语言知识与能力、思维方法与品质、情感态度价值观等显性与隐性要素的相互渗透,还表现为阅读与鉴赏、梳理与探究、表达与交流

---

① 中华人民共和国教育部. 普通高中语文课程标准:2017年版2020年修订[M]. 北京:人民教育出版社,2020:4.

等不同类型语言实践活动的内在关联。同时,语言实践活动与真实情境是语文学科核心素养发展的重要载体。小学语文学科核心素养体系注重引导学生在真实而富有意义的社会生活情境中展开语言实践活动,通过体验不同类型的语言实践活动,逐渐积累与发展言语实践经验。

(二)中学数学学科素养体系建设

园区中学数学学科体系,以教育部颁布的《普通高中数学课程标准(2017年版2020年修订)》《义务教育数学课程标准(2011年版)》为依据。把数学核心素养定义为"学生应具备的、能够适应终身发展和社会发展需要的、与数学有关的思维品质和关键能力"[①],并明确了数学抽象、逻辑推理、数学建模、数学运算、直观想象和数据分析等数学学科核心素养要素。

1. 建设目标

数学是研究数量关系和空间形式的一门科学。数学源于对现实世界的抽象,基于抽象思维,通过符号运算、形式推理、模型构建等,理解和表达现实世界中事物的本质、关系和规律。数学承载着思想和文化,是人类文明的重要组成部分。数学是自然科学的重要基础,并且在社会科学中发挥着越来越大的作用。数学的应用已渗透到现代社会及人们日常生活的各个方面。数学直接为社会创造价值,推动社会生产力的发展。

数学在形成人的理性思维、科学精神和促进个人智力发展的过程中发挥着不可替代的作用。数学素养是现代社会每一个人应该具备的基本素养。数学承载着落实"立德树人"根本任务、发展素质教育的功能。具体表现为:帮助学生掌握现代生活和进一步学习所必需的数学知识、技能、思想和方法;提升学生的数学素养,引导学生用数学眼光观察世界,用数学思维思考世界,用数学语言表达世界;促进学生发展思维能力、实践能力和创新意识,探寻事物变化规律,增强社会责任感;在学生形成正确人生观、价值观、世界观等方面发挥独特作用。

2. 体系内涵

数学学科是基础教育阶段最为重要的学科之一。不管接受教育的人将来从事的工作是否与数学有关,基础教育阶段的数学教育终极培养目标都可以描述为:会用数学的眼光观察世界;会用数学的思维思考世界;会用数学的语言表达世界。因此,从本质上来讲,这"三会"就是中学阶段的数学核心素养,是超越具体数学内容的教学目标。数学学科核心素养包括数学抽象、逻辑推理、数学建模、直观想象、数学运算和数据分析。这些数学学科核心素养既相对独立,又相互交融,是一个有机的整体,具体表现为以下六个方面:

第一,数学抽象是数学的基本思想,是形成理性思维的重要基础,反映了数学的本质特征,贯穿于数学产生、发展、应用的过程中。数学抽象使得数学成为高度概括、表达准确、有序多级的系统。

第二,逻辑推理是得到数学结论、构建数学体系的重要方式,是数学严谨性的基本保证,是人们在数学活动中进行交流的基本思维品质。

---

① 中华人民共和国教育部. 普通高中数学课程标准:2017年版2020年修订[M]. 北京:人民教育出版社,2020:5.

第三，数学模型搭建了数学与外部世界联系的桥梁，是数学应用的重要形式。数学建模是应用数学解决实际问题的基本手段，也是推动数学发展的动力。

第四，直观想象是发现和提出问题、分析和解决问题的重要手段，是探索和形成论证思路、进行数学推理、构建抽象结构的思维基础。

第五，数学运算是解决数学问题的基本手段。数学运算是演绎推理，也是计算机解决问题的基础。

第六，数据分析是研究随机现象的重要数学技术，是大数据时代数学应用的主要方法，也是"互联网+"相关领域的主要数学方法。数据分析已经深入到科学、技术、工程和现代社会生活的各个方面。

（三）中学英语学科素养体系建设

园区中学英语学科素养体系建设以《义务教育英语课程标准（2011年版）》《普通高中英语课程标准（2017年版2020年修订）》为依据，致力培养中学生的关键能力和必备品格，整体提升中学生的语言能力、学习能力、文化意识和思维品质四个维度的英语学科核心素养。

1. 建设目标

园区中学英语学科体系建设目标——积累丰富的课程资源是核心，聚焦英语学科听、说、读、写语言单项与综合运用能力，关注语言能力与认知水平的匹配，为不同年级、不同层次的学生提供丰富的学习资源，使得语言能力从量变到质变成为可能。同时，为学习者提供同步方法指导，使得学生在拓展学习中有机会自主运用相关学习策略，形成学习能力。最后，为学生提供生生、师生多种形式的在线互动评价平台，使得学生能及时获得反馈，有助于他们及时调整学习内容、学习策略和学习进度。总之，适合的教育英语学科体系建设以学习者为中心，以提供适合的课程为出发点，在大数据的支撑下，着力改变教与学的方式，促进学生个性化的学习与发展，从而全面、有效提升学生的英语学科核心素养。

2. 体系内涵

《普通高中英语课程标准（2017年版2020年修订）》指出，英语课程要落实"立德树人"根本任务，促进学生在英语学习中形成正确的价值观念、必备品格和关键能力，实现学科育人。英语课程体系，突出主题语境引领，立足不同语篇类型，有计划地指导、帮助学生运用学习策略，开展语言知识、语言技能、文化知识等课程内容的拓展学习和训练，有效培养学生的学科核心素养，包括以下四个方面：

第一，语言能力。在英语学习中，学生在主题意义的引领下，依托语篇，通过语言知识的学习理解、语言技能的应用实践，在运用语言分析问题、解决问题的过程中迁移创新，形成综合运用语言的能力。

第二，文化意识。使学生通过对语篇蕴含的文化知识、背景的学习，感知外国文化。通过中外文化差异比较、分析，培养跨文化意识，感悟中外优秀文化内涵，形成正确的价值观，自觉坚定文化自信，积极传播中国文化。

第三，思维品质。思维品质包括逻辑性、批判性、创新性等特点，贯穿于语言活动的全过程，表现为不同层次的思维能力。学生通过对语言和文化的观察、比较，形成初步感知，识别信息差异；分析信息关联度，形成逻辑推断；通过归纳信息的共同要素，建构新的概念,处理新的问题;针对获取的信息,提出批判性观点,形成自己的看法。

第四,学习能力。学习能力是英语核心素养提升的重要保证,包括兴趣、动机、心态等情感态度,有效的学习策略、方法及良好的习惯,计划、反思、调控、优化语言学习的意识与能力。

英语学科核心素养体系的四个维度相辅相成,以语言活动为载体,培养学生的思维品质、文化意识、学习能力,整体提升学生的语言水平,帮助他们逐步形成正确的价值观念。

(四)中小学美术学科素养体系建设

园区中小学美术学科素养体系,以《中国学生发展核心素养》为依据。美术学科依据自己的学科特性,具有"图像识读、美术表现、审美判断、创意实践、文化理解"五个美术核心素养。当前中国美术教育已经进入核心素养时代。

1. 建设目标

园区中小学美术学科素养体系是基础教育体系中的重要部分,构建中小学美术学科素养体系,从教育的整体来说就是对基础教育体系的完善。在中小学美术学科素养培育的实践中,最根本的目的是培养学生具有用美术的方式、用跨学科的思维和方式来解决实际问题的能力。基于这样的目标,中小学美术学科素养体系建设需要实现一系列的转变和转化,具体包括以下几个方面:

第一,从单纯的学科知识向具有学科特征的育人功能的转变。"视觉形象"是美术学科颇具代表性的典型特征。这一属性决定了美术学科在社会生活、教育体系中的价值和意义。在美术学科中透过"视觉形象"形成对图像的分析判断、认识理解,认知和领会图像背后的文化内涵,进而实现对图像的表达、表现和创造,这一过程最终在美术课程中表现为培养人的观察能力、想象能力、思考能力和创造能力,以及促进交流、传播文化和提升审美品位。

第二,从学科知识、技能向学科综合能力的转变。育人目标的确立意味着美术教学观念、教学模式、教学重点的转变。学科知识、技能在新的观念和模式下需要跳出局部区域,演化成对美术学科知识的应用和美术表达表现的实践行为。未来的时代是一个信息多元、文化多元的时代。在这样的时代背景下,综合素质人才成为培养目标。

第三,从对学科知识、技能的学习向解决实际问题的转变。解决现实问题的内涵是什么?美术是感知和回应世界的一种方式。为什么要在基础教育体系中教美术?因为孩子们需要认识世界,还是社会需要更多的艺术家?对这两个问题的认识确定了美术教育的决策方向,直接影响到美术教育中"教什么"的问题,或者说直接决定了在美术教育中需要学生达成的目标,于是美术教学的重点由"是什么"向"为什么"演变。这是由单一的美术知识认知、技能技法学习到美术审美体悟、艺术思维建构的变化。这一变化最直接的结果是学生将所学的知识、技能直接应用于现实生活中,直接作用于生活中实际问题的解决,而实际问题的构成是复杂的,是随着时代的改变而变化的。面对这样的状况,运用单一的知识和技能并不能最优化地解决问题。运用已有知识、技能解决新环境下的问题,实现知识的迁移,是素养的本质内涵。

第四,建立学科知识、技能与人的素养的全面联系。美术学科素养不是一个空洞的概念,而是人的素养的一个重要组成部分。要达成美术学科素养培育目标就必须建立知识、技能和素养之间的一系列联系：一是以现实生活为情境导向。在学习中，学科知识技能的生成需要建立在一个具体的生活问题情境之上，以模拟呈现不同生活状况下的艺术知识、技能的需求和延展。二是以科学的方法建立美术学科属性的观念、思维架构和探索样式。所有解决问题的办法首先来自观念和思维架构的建立，并形成独特的探索模式。三是以知识和技能为素养的基础。素养的建立并不是对学科知识和技能的轻视，而是将学科的知识技能有效转化为解决问题的能力要素。以解决实际问题为核心，使教学导向的美术学科教学观念、思维、方法、知识、技能相结合。只有将美术学科素养与人的全面素养相结合，才能实现美术教育最本质的目的和意义——对人的培养。

2. 体系内涵

园区中小学美术学科素养体系以培养学生的智慧和能力为核心，培养学生的美术思维和审美素养。只有超越传统美术教学中单一的技能和美术常识教学，深刻理解美术学科的文化性、创意性、实践应用性，促进学生形成审美经验和审美判断的能力，实现美术图像的识读能力和美术作品的表达能力，才能真正实现美术学科核心素养的教学要求。中小学美术学科素养的教学落地，是师生在新观念下对美术教育教学的全面探索和实践，是中小学美术教学变革内涵的最好呈现。

二、"一校一图谱"的特色课程体系建设

课程凸显了学校发展的生命力，它直接指向学校培养什么样的人的问题。园区各中小学和幼儿园立足区域和自身优势，以适合的教育为理念，从顶层设计开始，整合各类课程建设资源，开发构建了符合学校发展实情的特色课程体系和学习环境，探索出了一条有效的课程实施路径，呈现出学校教育"新样态"，构建了学校教育发展新蓝图。

（一）西安交通大学苏州附属初级中学"3+课程"体系建设

西安交通大学苏州附属初级中学秉持"润·透"教育理念，以"精勤、博雅、卓越"为生长点，乐群以卓，乐学以趣，注重学生的个体发展，着眼于学生的终身发展，致力培养学识广博、善于创造、亲近社会的时代公民。学校建构了包括"数学+理科实验探究""语文+文科智趣读写""体育+艺术多态育人"的"3+课程"体系。

1. "3+课程"目标

"3+课程"体系的总目标：充分变革课堂教与学的方式，构建以生为本、和谐生长的育人文化，提供跨学科、多学科整合的多元学习方式；基于学生个性化发展，进行全学科、跨学科的项目化研究，促进核心素养落地，为学生"社会化"发展奠基。具体目标分解如下：

（1）"语文+文科智趣读写"

该课程的目标：通过开发适合初中学生读写的经典课程资源，构建学校"润·透"教育理念下的特色课程，探索智趣读写微课程的新方法、新路径，使初中阶段学生的主体精神更充盈、更丰厚。

（2）"数学+理科实验探究"

该课程的目标：立足核心素养和课程标准，将理科实验探究融入拓展型课程实施链条的每一个环节之中，引导学生发现自己的兴趣，培养学生的观察力、思考力和动手能力，帮助学生完成由兴趣、思维再到志趣的转化。

(3)"体育+艺术多态育人"

该课程的目标：通过共享教育资源、整合已有课程、开发校本课程等方式，促进体育、音乐、美术等课程深度融合，形成一个完整的、具有学校特色的课程体系，培养学生刚健有为、拼搏进取的精神和欣赏美、创造美的能力。

2."语文+文科智趣读写"课程

"语文+文科智趣读写"课程项目化学习，以语文智趣读写为核心，以英语、历史、道法为拓展延伸，以信息技术与学科融合为特色建设路径。目前学校已形成学科教学类的基础型课程，"诗渡津梁""文渡津梁""悦渡津梁"三个系列的拓展型课程，"沐润秦风""浸润儒学""润心黔行"三个系列的探究型课程，旨在通过开发适合学生阅读的经典课程资源，努力建设开放有活力的"语文+文科"课程，让学生在"大阅读、微写作"中实现学习能力的提升。

(1)"诗渡津梁"主题课程（表3-4-1）

"诗渡津梁"主题课程通过研读经典古诗词，让学生感受其中精神和艺术的魅力，体会中华思想文化的博大精深，增加文化积累，提升人生品位，从而实现经典阅读的育人功能，践行经典立人济世的教育理想。让学生诵读经典、理解经典，以经典诗歌陶冶学生情操，开阔学生胸襟，帮助学生养成良好的学习和行为习惯，增强学生审美能力，培养学生开朗豁达的性情、自信自强的人格、和善诚信的品质。

表3-4-1 "诗渡津梁"主题课程

第一辑"诗三百，思无邪"诗经专题
第二辑"汉乐府，且吟唱"乐府专题
第三辑"绣口一吐，梦回盛唐"唐诗专题
第四辑"豆蔻词工，以赋深情"宋词专题
第五辑"宋诗传意，别寻理趣"宋诗专题

(2)"文渡津梁"主题课程（表3-4-2）

"文渡津梁"主题课程以经典文言文作为课程主要内容，通过对各类经典文言文的学习和仿写、与古人的书信对话等读写类语文项目，让学生参与其中，沉浸其中，提高文学素养和文化修养；让学生研读经典，增强对经典的解读能力；帮助学生传承优秀文化，提高道德修养，形成健康的人生观和价值观，培养仁义敦厚的性情、自信自强的人格、感恩图报的品质、勇于担当的胸襟。

表3-4-2 "文渡津梁"主题课程

第一辑"山川之美，古来共谈"风景类
第二辑"嬉笑怒骂，百味人间"故事类
第三辑"文言素描，众生百态"人物类
第四辑"书短意长，见字如晤"书信类
第五辑"思想锋芒，岁月深情"抒情类

（3）"悦渡津梁"主题课程（表3-4-3）

"悦渡津梁"主题课程以经典现代文为课程内容，分专题进行学习，意在丰富学生的文科学习生活，拓宽学生阅读的广度和深度，让学生在进行经典研习的过程中培养阅读能力、概括能力、思考能力、写作能力，充分发挥文科课程的育人功能，培养学生健康的审美情趣，使其获得更全面、更和谐、更立体的发展，创造师生快乐幸福的教育生态，使学生在道德、文化、智能等方面的素质得到全面提高，构建儒雅校园、精神家园、和谐乐园。

表3-4-3 "悦渡津梁"主题课程

第一辑 "一杯杏花酒，满盏思故人" 节气类专题
第二辑 "人间烟火气，最抚凡人心" 文化类专题
第三辑 "草木含本心，百兽亦有灵" 自然类专题
第四辑 "为吾掌灯伴，情于安处生" 情感类专题
第五辑 "群贤毕至，大家咸集" 作家类专题

3. "数学+理科实验探究"课程

"数学+理科实验探究"是学生通过动手动脑，以实验探究为支架的理科学习活动方式；是学生在教师的引导下，运用有关工具，通过实际操作，在认知与非认知因素参与下进行的一种理解知识、验证结论、发现结论的活动。"数学+理科实验探究"以数学实验为龙头、理化生实验探究为核心、信息技术与学科融合为特色，形成创新人才培养课程体系；培养学生的探究意识和探究能力，激发学生的创新潜能，拓宽学生的个性化发展之路；坚持立足核心素养和课程标准，将数学理科实验探究融入拓展型课程实施链条的每一个环节之中，引导学生发现自己的兴趣，帮助学生完成由兴趣到志趣的转化，探索跨学科、PBL学习（基于问题的学习），培养学生的思维能力。

（1）"乐创津梁"主题课程（表3-4-4）。

"乐创津梁"主题课程注重理科实验探究的因材施教，在统一教学要求的同时，关注学生的个性差异，发展每一个学生的优势潜能，改进培养方式，挖掘知识的深度，拓展知识的广度，对具有特殊禀赋和潜能的学生实施个性化的培养。"乐创津梁"重视学习过程，强调学生主动、积极参与到学习过程中，使学生通过观察与实际操作来获得真实的学习体验，在学习体验中探究、反思与提高，实现理论知识与实践技能的有效衔接，促进知识的深层次建构。"乐创津梁"通过为学生提供多种真实情景和先进工具，丰富学生的学习体验。学生应用数学、物理、化学等多门学科知识，协作和探究式地解决现实问题。

表3-4-4 "乐创津梁"主题课程

课程名称	主要内容
乐创节	数学实验拓扑折纸、学生自制创新型教具评比、遇见化学、变废为宝、"建筑模型"现场搭建比赛
数学实验社团	3D打印社、数学实验社、指尖上的七巧板、繁花曲线、拓扑折纸
……	……

（2）"融创津梁"主题课程（表3-4-5）

"融创津梁"主题课程注重知行统一，在教育教学过程中注重对学生实践能力的培养，坚持教育与生产劳动、社会实践相结合，让学生不仅学会知识，还学会动手动脑。加强教学的开放性和实践性，强化科研实践等培养环节。学校从实践中吸取鲜活的教育素材，开发实践课程、活动课程，增强学习体验。学习的实质在于对过程的体验、思考和感悟，而不在于试卷上的学习结果。传统教育将知识按具体学科划分，割裂了学科与学科之间、学科与真实世界之间的联系，不能有效培养学生解决现实问题的能力，使学生的学习缺乏真实性和创造性。"融创津梁"主题课程从真实问题出发，以多学科交叉融合的理念为指导，使学生在解决问题的过程中灵活运用跨学科知识。这种把多学科相融合的教育方式使学习与实际生活密切相关，满足了学生的认知需要，而且通过提供多门学科的方法和视角，增强了学生运用多门学科知识解决实际问题的能力，有利于解决学校课程滞后与学科发展日新月异之间的矛盾，增强学生对社会和未来的适应性。

表3-4-5 "融创津梁"主题课程

课程名称	主要内容
创客工作室	三维建模技术、中小学电脑制作活动、青少年科技创新比赛、未来科学家创新比赛
数学实验室	"幻方"中的游戏、翻牌游戏、钟面上的数学、展开与折叠
西附数学梦工厂	微课堂、实验室、微享吧
西附物理研究所	学生自制实验教具、创新实验制作、自制电动机
西附化学体验馆	家庭化学小实验、生活中的化学、趣味化学实验
……	……

（3）"智创津梁"主题课程（表3-4-6）

"智创津梁"主题课程注重学思结合，改变过去以知识灌输为中心的教育教学模式，注重学生思考能力、想象能力和创造能力的发展，使学生在学习中思考，在思考中学习，形成良好的学习习惯和思维习惯。在新时代背景下，知识和信息化静为动，蕴含于动态的社会情境中，其表现形式不断变化，内涵不断丰富，获取与传递方式越来越广泛，总体呈现出动态性、复杂性、多样性和共享性的特点。"智创津梁"主题课程注重学生学习与实际生活之间的联系，立足生活，从真实生活中的问题出发，强调在做中学，在学中做的教学理念，开展基于真实问题情景下的探索式学习。

表3-4-6 "智创津梁"主题课程

课程名称	主要内容
数学+理科实验创新班	STEM科技制作、纳米科技活动、科技创意挑战赛
拔尖人才培养实验项目	科学专家进校园、初高中理科衔接、科技产品发明
……	……

4. "体育+艺术多态育人"课程

"体育+艺术多态育人"课程基于学生对体育与艺术的认知，寻找相互之间的融合点，用特有的方式，对话体育与艺术，引领学生认识世界、感知世界，依托内涵丰富的主题课程、优质精要的课程资源、丰富多元的体育与艺术活动，促进体育课程与艺术课程深度融合，协同育人。

（1）"律动津梁"主题课程（表3-4-7）

"律动津梁"主题课程设置丰富多元，规划合理，有章有法，充分兼顾学生的共性和个性。教育教学循序渐进，遵循学生身心发展特点，使学生变得"灵动""能动"。

表3-4-7 "律动津梁"主题课程

课程名称	主要内容
留住瞬间	抓拍师生运动瞬间状态，留住美、欣赏美，来一场视觉盛宴
T台走秀	身着自己设计的服装，开展T台走秀，show出不一样的自我
我是代言人	体育、音乐、美术形象大使选拔赛，我的青春我做主
青春节拍	律动广播体操、武术比赛，倾情展现团队的力量
舞动青春	舞蹈嗨翻全场，尽展婀娜身姿，舞出精彩、舞出自信
我们是一家人	团体操展演，恢宏大气，气势如虹，婉约灵动
……	……

（2）"灵动津梁"主题课程（表3-4-8）

"灵动"，一是指通过丰富多元的体育、艺术课程，为学生搭建展示自我特长的平台，培养学生创造美、欣赏美的艺术素养和热爱生活的态度。二是指体育、艺术课程不呆板、不教条、灵活多变。三是指通过体育、艺术课程，促进学生灵动向上、器宇轩昂，培养学生独特的形象气质。

表3-4-8 "灵动津梁"主题课程

课程名称	主要内容
越野达人	校园内定向越野，公园内定向越野，跑出精彩，释放自我
"球"之不得	各种球类课程，展现自身运动技能与灵巧身姿，勇于展示自我
活灵活现	结合舞台灯光，模仿经典体育、艺术造型，如模仿掷铁饼者
天籁之音	用体育器械打节拍伴奏，如以拍篮球的节拍伴奏
……	……

（3）"能动津梁"主题课程（表3-4-9）

能动一是指课程建设体现能动性，以学生的客观需求制定课程，以学定教，一切为了学生的全面发展。二是指通过课程学习，学生学有所得，真正获得运动技能、艺术才能。三是指通过学校丰富多元的体育、艺术课程，培养学生的主观能动性，使其养成运动的习惯和自觉性，积累体育、艺术实践经验。四是指课程教学讲究效率，兼顾全体学生，关注学生的差异，注重趣教、智教和育人实效。

表 3-4-9 "能动津梁"主题课程

课程范围	主要内容
驰骋绿茵	田径、篮球、排球、足球、羽毛球、乒乓球、立定跳远、实心球、拔河、趣味运动会、迎面接力、定向越野、武术、散打、体操、游泳等
余音绕梁	合唱、舞蹈（中国舞、现代舞、交谊舞等）、民乐、竹笛、西洋弦乐、打击乐等
对话经典	木刻版画、书法、国画、综合材料、漫画、手工艺、写生等
海纳百川	"你运动，我来画"，现场速写小伙伴，感受动感人物的魅力 与经典对话，触摸体育雕塑的质感，感知体育造型永恒的力与美 搭建造型各异的体育、艺术模型 漫画奥运冠军、世界冠军、体育明星……栩栩如生，跃然纸上 运动会 LOGO 设计，团体操方阵表演
……	……

(二) 新城花园小学"太阳花"课程体系建设

新城花园小学太阳花课程建设理念紧扣适合的教育的大教育观——"一切基于儿童的发展"，认同学生在课程发展中的主体地位，以促进学生的全面发展为切入点设计课程框架，突出对国家课程的二次开发、特色课程的深度延展及实践课程的开发整合，力争使学生在学校中学会丰富的、具有挑战性的知识与技能；同时加强课程发展过程中师生学习共同体的建设，充分体现以生为本的太阳花教育理念。

1. "太阳花"课程体系架构（图 3-4-1）

每一个孩子都是一朵"太阳花"，希望他们都能像太阳花一样茁壮成长。"肥沃的土壤""明媚的阳光""滋润的雨露"都是太阳花成长必不可少的养分。所以，这就自然催生了"太阳花"课程体系的三大板块："土壤课程""阳光课程""雨露课程"。在课程实施中，学校努力使"土壤课程"校本化，奠定儿童生命的底色；使"雨露课程"特色化，打造儿童成长的亮色；使"阳光课程"多元化，凸显儿童灵动的本色。

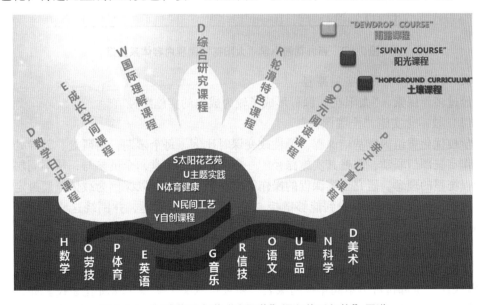

图 3-4-1 新城花园小学"太阳花"课程体系架构"图谱

2. "太阳花"课程内容体系（图3-4-2）

"土壤课程"由国家课程语文、数学、英语等学科课程组成，强调基础知识的提升；"雨露课程"是由各学科的特色项目统整而成的，是基础课程的补充和拓展，对应语文、数学、英语等学科，构建了"多元阅读课程""数学日记课程""轮滑特色课程"等七大"雨露课程群"。"阳光课程"则以活动为载体，实现各种知识与能力的综合。依托学生社团建设，整合各种资源，学校开发了"民间工艺课程""太阳花艺苑课程""体育健康课程"等五大类共42项"阳光课程群"。学校将这三级课程整合成一个新的复合型整体："土壤（学科）课程"从内容整合入手，强调基础知识与学力的提升；"雨露（拓展）课程"从能力拓展入手，实现基础性与能力的加强；"阳光（实践）课程"以活动为载体，推动各种知识与能力的综合。"太阳花"课程从深度、广度和综合性三个维度上全面深化了学校的课程改革，形成了"太阳花"课程体系和"太阳花"课程文化。

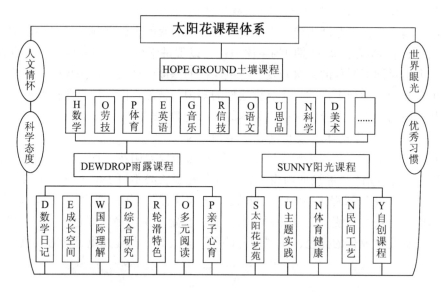

图3-4-2　新城花园小学"太阳花"课程内容体系图谱

3. "太阳花"课程实施路径

经过多年探索，"太阳花"课程形成了较为成熟的实施路径。

（1）校本化实施"土壤课程"

学校优化重组国家基础课程，弹性改变课时比例。每个学期，科研处、教导处、名师工作室三部门联动，部署其实施路径。一方面，立足课堂，全员参与，从不同层面实践课程统整的理念，研究土壤课程的操作策略；另一方面，以课例为载体，通过定性或定量观察，从课堂教学中找到能够链接"统整"的典型问题，并围绕这些问题进行反思和行动。

（2）特色化实施"雨露课程"

学校的每一个"雨露课程"都编撰了相应的校本教材。学校依托校本教材，将"雨露课程"全部排进了不同年级的课表，在真正意义上实现了课程化建设。如，二至四年级从体育课时中拿出50%学时开设轮滑课。学校为"雨露课程群"里的每一个课程都申报了一个省或市级的课题。这些课题的研究为课程建设打下了扎实的理论基础。每个学期，相应的分管项目负责人都会拟定"项目学期计划"，从整体上通盘规划所有课程（项目）的研究。各学科教研组也会从"课例研究、专题活动、各类展示"等方面开展相应的研究。

（3）多元化实施"阳光课程"

为了普及"阳光课程"，学校专门设立阳光课程指导中心，全面、全程负责课程设置、教师任用、招生、落实"七认真"、期末考核评价等，进行常态化、规范化的管理。让每一门阳光课程走精品化专业之路是学校不懈的追求。学校努力从师资水平、训练形式、课程设置等多方面不断探索，让每一个"阳光课程"散发暖暖春意。学校力争在满足所有学生个性发展需要的同时，办出特色，创出品牌。

第一轮课程建设历时五年多。学校把成果汇编成层次清晰的《太阳花课程统整的图谱》，做到课程建设校本化；把成果汇编成《统整学科质量目标指南》，做到课堂目标操作化；把成果汇编成《学科统整课堂教学指南》，做到教学质量标准化；把成果汇编成《太阳花课程的评价标准》，做到教学评价科学化。

（三）方洲小学"方圆统整"课程体系建设

"让每一个孩子演绎不一样的精彩！"方洲小学自建校以来，坚持以人为本，致力发展好每一位方洲学子。"方圆统整"课程就是在大数据时代，基于培养学生核心素养的需要而提出的，其目的是优化学校课程结构，设计适合学生发展的校本课程体系，探索培养学生核心素养的有效路径。学校在近十年的"方圆统整"课程建设历程中，不断丰富课程内容，完善实施方式。

1."方圆统整"课程体系建设目标

适合的教育是符合教育规律的教育、以生为本的教育、发现差异的教育、公平公正的教育。方洲小学"方圆统整"课程建设基于适合的教育的本质内涵，以培育学生必备品格和关键能力为指导思想，倡导智圆行方、幸福人生，过幸福完整的美好生活；倡导营造健康的教育生态，大力普及适合的教育，回归儿童经验和生活，关注学生学习的主体体验，追求课程的综合化。让学校的课程成为学生成长的最佳载体，立足学情、尊重差异，引导学生找到适合自己成长的路径。因此在设计整体框架时学校将核心素养目标"人文底蕴、科学精神、学会学习、健康生活、责任担当、实践创新"进行分解，形成具有学校特色的知识、能力培养目标：方圆有致的品德与修养，能学会玩的能力与习惯，能读会画的特长与爱好，能说会写的表达与书写。

2."方圆统整"课程体系结构（图3-4-3）

方洲小学在现有特色的基础上，根据学校办学思想和育人目标，打破原有的学科壁垒，精简、整合国家课程，补充完善校本课程，形成基于国家课程基础，植有地方特色、区域特色、学校特色，滋养每一位孩子成长的"方圆统整"课程体系。在课程框架中，将课程分为基础性课程、拓展性课程和探究性课程。

3."方圆统整"课程体系建设内容

在国家规定学科课程的基础上，学校立足适合教育的初衷，根据学科发展的内在规律及学生学习与发展的需要，建立学科之间的联系，重新整合构建形成了四大学习领域，即品德与健康、语言与阅读、数学与科技、艺术与审美。

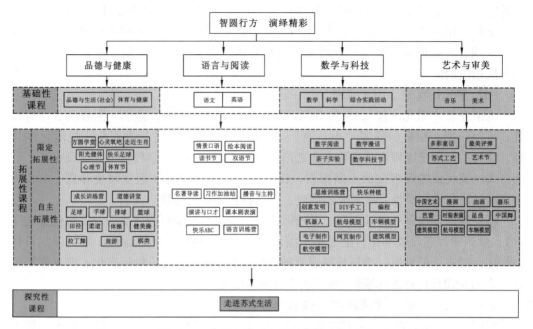

图 3-4-3 方洲小学"方圆统整"课程体系

品德与健康：整合品德与生活、品德与社会、体育、健康教育，提升学生的心理与身体健康水平。语言与阅读：整合语文与英语，加大学生的阅读量，努力创造书香校园，强化语言类学科要以阅读带动学习，突出汉语与英语的双语阅读特色。数学与科技：整合数学、科学、综合实践，重点体现这一类学科在实践、创新方面的优势。艺术与审美：整合美术、音乐，提高学生的审美品位。

四大课程方阵的划分，并不是学科课程的简单组合，而是依据学科属性，体现课程理念及课程目标的转变，在领域命名中充分体现学科共有的价值取向。学习领域的整合不仅能够解决学科间知识交叉重复、学习低效问题，更重要的是打通融合学科里过于分化、窄化的现实问题，将相类相同的学科课程放在一起研究，促进学科间的整合与融合。

4."方圆统整"课程体系的实施流程

"方圆统整"课程体系的实施流程如下：

第一，以主课题的研究统领课程实施。学校坚持科研引领，以教研融合的思路推进课程实施。以省教育科学"十三五"规划课题"课程统整理念下小学拓展性课程建设的行动研究"为学校的主课题，将之细分为24个子课题，形成研究网络，以课题研究统领学校"方圆统整"课程建设。明确教研组长就是各课题组长，课题组研究计划就是学科组计划，教研活动就是课题组活动。保证了各条线的理论引领、科学实践、教研融合，从而使研究有依据，课程建设有方向。

第二，学习内容的整合。

其一是跨学科的短线整合。四大学习领域对学科的整合是基于学科特点，更是基于学生协调、完整发展的需要。不同学科遵循所在领域的宗旨，用适合的内容、适合的方法、适合的策略，培养学生该学习领域的素养，培养适合时代发展需要的人才。例如，在数学与科技领域，数学与科学学科同属自然学科，在严谨的逻辑思维、科学精神、探究方法等方面有较多相通之处，例如数学中的"长方体和正方体"和科学中的"做框架"这两节课都是六年级上册内容，学校就安排两课时整合教学。其中一课时进行知识准备、操作理论指导的学习，一课时进行实践操作，让学生有更充分的时间进行动手实践，达到培养学生科学、数学素养的目的。在艺术与审美领域，学校整合了美术、音乐、书法，强调这一类学科学习的目的是提高审美品位。例如在教学音乐和美术时，将音乐与绘画巧妙结合，以恰当的音乐激发学生绘画的想象力和创造性，同时也通过绘画的表现，丰富学生对音乐的理解和表达。

其二是学科内的长线整合。学校把美术的"造型·表现""设计·应用""欣赏·评述""综合·探索"四个领域整合成四个主题；在活动的过程和空间上，呈现出与课堂教学不同的特性，从而使学校的课程文化真正丰富起来，做到学校课程校本化、特色化、个性化，实现校本课程的华丽转身。学校的校本课程"多彩童画""快乐足球""最美声音——评弹"与国家课程的单元教学相结合，对学生进行相应评价，引入学分制管理，每完成一个单元（主题）的教学内容就能得到相应的学分。

学校在语文学科进行了单元整体教学和按文体重组教材的探索，如采用单元整合教学。将每个单元分为三个课时，每一课时又分为三个环节。第一课时为感知课，分为"我了解""我识字""我通读"三个环节；第二课时为探究课，分为"我发现""我品读""我收获"三个环节；第三课时为提升课，分为"我知道""我拓展""我提升"三个环节。

英语学科积极探索"英文绘本教学"，从教材中整理出不同的话题。根据这些话题，老师通过网络、书店等途径，搜集、整理相关的英文绘本故事，将这些绘本故事引入课堂，丰富了教学内容，拓展了学生的知识面，有效地激发和保持了学生的英语学习兴趣。

第三，学习资源的整合。综合实践活动是国家课程体系中的必修课程。学校基于大数据时代背景，运用现代技术，对实践活动课程进行校本化改造，明确了综合实践课程的目标定位，立足学生的兴趣和需要，结合学校的传统和大数据优势，充分利用学校和社区的课程资源，以灵活多样的方式予以实施，为每一位方洲学子设计有意思、有意义的综合实践课程。例如学校目前开展的"苏式生活"主题研究，让学生从美食、风俗、名人、园林、艺术、数字等方面对苏州进行全面的实践体验。

第四，学习时间的整合。学校整合课程后，改变原有40分钟固定课时。设置了"30+10"的基础课时，主要安排数学、英语、语文、体育等学科教学，即前30分钟教师和学生共同学习，后10分钟为课堂精练。学校构建了"80分钟或半天"的大课时。由于儿童画是方洲小学特色，学校将两节美术课连排，形成80分钟的大课，这样更有利于学生完成作品。学校将周四下午全校的课程设置为综研课、品德课、班会课等，有效地开展综合实践活动、德育课程，使学生更好地运用自主、合作、探究的学习方式开展学习；设置短时灵动的"小课时"，如每天10分钟的方圆小学堂，还设置鼓励学生自助式学习的"自主课堂"，如每天清晨10分钟的自主晨诵和每天中午20分钟的自主阅读，用适合的时间、适合的课程、适合的形式，促进学生核心素养形成与发展。

第五，学习地点的整合。学生在教室进行基础性课程的学习。拓展型课程打破班级建制，周一、周二和周五进行分层"走班"学习，学生根据自己的学习情况和学习兴趣自主选择不同的社团。教师利用周四下午的时间，带领学生走出学校，走进博物馆、植物园、实践教育基地，走进名胜古迹，参加各种社会实践活动。

第六，评价方式的整合。学校建构了"方圆统整"课程的学业评价体系，设立"方洲之星""学习小博士""礼仪小天使""体育小健将""足球小宝贝""足球小健将""足球小明星"等特色评价体系。平时以《好习惯成长手册》为平台，实施"风车转转转"奖章兑换模式，精心挑选学生喜爱的物品作为奖品；通过"每周星级班级"、每月"学规范示范班"、学期"文明班级""魅力中队"评比等激励手段，扎实细致地开展"做最美方洲娃"养成教育。

（四）翡翠幼儿园"三新"课程体系建设

苏州工业园区翡翠幼儿园始终致力"生态启蒙教育"研究。从"十二五"期间"生态教育环境创设"的研究到"十三五"期间"生态启蒙教育活动"的实践，围绕"我与自然，和谐共生"生态启蒙教育理念，基于儿童立场，立足关爱自然，保护生态，注重和谐、共同发展，丰实了有真挚情感的生态启蒙课程资源库体系，并取得了丰硕的课程实践成果，为幼儿的后继学习和终身发展提供支撑。"十四五"期间，进一步优化、提升，提出"新生活、新生态、新生代"教育主张，并努力在幼儿园课程游戏化、生活化、适宜性建设上做更扎实的研究，架构更具特色的幼儿园生态启蒙教育课程体系。

1. "三新"课程建设理念

所谓"三新"，指"新生活、新生态、新生代"。

"三新"课程中的"新生活"是指通过生态启蒙课程的实施，利用"中新生态科技城"中的生态科技，重构生态意识、环保行为与幼儿生活的关系，让幼儿养成新的生态环保的生活方式与生活习惯。

"生态"在《现代汉语词典》中的释义是生物在一定的自然环境下生存和发展的状态，也指生物的生理特性和生活习性。"新生态"沿用了"生态"一词的原有概念，并将其范围缩小为幼儿周边可接触的生态环境，通过生态启蒙课程的开展关注不断发展的幼儿机体与不断变化的周边环境所形成的互动关系。

"新生代"本义指新一代年轻人。本课程中的"新生代"主要是指生活在生态科技城内的、养成新的生态环保的生活方式和习惯的、初步形成新型生态环保观念的幼儿、家长与新时代下的幼儿教师。

2. "三新"课程建设理论依据

"三新"课程建设主要遵循如下理论：

一是卢梭的"自然教育理论"。卢梭强调教育要"顺应自然"，目的是培养自然天性充分得到发展的"自然人"，过程要遵循儿童身心发展的特点，同时还要尊重儿童的个性特点。

二是布朗芬布伦纳的"人类发展生态学理论"。布朗芬布伦纳认为：儿童的发展受到与其直接或间接联系的生态环境的制约。这种生态环境是由若干个相互镶嵌在一起的系统所组成的。这些系统表现为一系列的同心圆。儿童的发展过程是其不断地扩展对生态环境的认识的过程。从家庭到幼儿园再到社会，儿童的生态过渡（生态环境的变化）对其发展具有举足轻重的作用。

三是陈鹤琴的"活教育理论"。陈鹤琴先生认为课程教材应以大自然、大社会为中心,孩子的知识来自直接经验,而书本认知是间接经验,不易为孩子所理解。首先要教孩子真的、活的东西,让孩子对事物有正确的印象。

四是杜威的"儿童本位理论"。杜威在其经验主义教育理论中提出:教育必须"以儿童为中心",要求教师考虑每一个幼儿的个性特征和兴趣特长,尊重他们在教育活动中的主体地位,珍视他们天生具有的本能冲动。

3. "三新"课程体系结构

经过探索实践,翡翠幼儿园科学建构了"三新"课程体系(图3-4-4)。

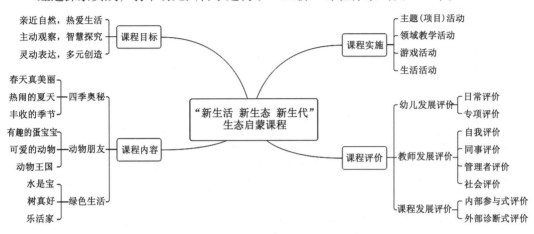

图3-4-4 翡翠幼儿园"三新"课程体系图谱

4. "三新"课程建设目标

翡翠幼儿园研制了"三新"课程建设的总目标和具体目标。

(1)总目标

"三新"课程建设的总目标:萌生亲近自然、热爱生活、关爱社会的美好情感;养成保护生命、保护环境、爱护生态的良好习惯;培养主动观察、自主探究、热爱探索的实践能力;培养积极表达、自主表现、乐意交流的活泼品质,培育健康成长、持续发展及终身受益的学习品质。

(2)具体目标(表3-4-10)

表3-4-10 翡翠幼儿园"三新"课程建设具体目标

目标	小班	中班	大班
亲近自然,热爱生活	1. 乐意亲近动植物,并能观察、了解、照顾它们 2. 喜欢玩水,养成节约用水的习惯 3. 喜欢集体生活,能与老师和同伴快乐共处 4. 乐意亲近自然,体验四季变化,感受大自然的美丽	1. 感知动植物的生长变化过程 2. 主动发现水的沉浮现象,并能运用于科探实验中 3. 愿意与人交流,待人文明大方,有礼貌 4. 有同情心,乐于关心和帮助老人、残疾人和有困难的人,能提供一些简单的(力所能及的)服务 5. 乐意探索大自然中的新事物,会主动思考,尝试自主解决	1. 主动经历动植物的种植和养护,发现动植物生长的过程及养护要点,丰富对动植物的认知经验 2. 在玩水、玩冰的过程中,了解水的变化 3. 尊重不同地域、不同种族的人及他们的风俗和文化,能通过各种图片、影像等形式对他们进行了解 4. 感知并了解季节变化的周期性,知道变化的顺序,增强保护自然的意识

续表

目标	小班	中班	大班
主动观察，智慧探究	1. 会主动参与户外自然探索活动或游戏 2. 尝试运用自然探索工具，发现其功能 3. 能用多种感官探索身边常见的自然事物，仔细观察并发现其明显特征 4. 懂得珍惜生活中的基本物品，在摆弄中学会合理利用	1. 能自主取用自然探索工具，并初步学习分类整理摆放 2. 能自主选择自然探索活动，并敢于尝试有一定难度的活动和任务 3. 喜欢动手操作与实验，会运用观察、猜测、测量等方法对特定的自然事物或现象进行记录 4. 通过关注、收集周围环境中的信息，并相互交流，逐步扩大探索的视野	1. 会自主探究工具的特征及不同功能，并能按类整理 2. 能主动发起探索活动并想办法主动解决，会与同伴合作交流 3. 会用连续观察、比较、分析、实验操作等方法，发现不同种类自然物的特征 4. 对自然物和自然现象感兴趣，接触自然物质（水、土、沙、石、木等），观察感受自然现象（风、雨、雷、雪、电等），了解它们的显著特征及与人们生活的关系
灵动表达，多元创造	1. 能口齿清楚地表达自己对蔬果、花、树、虫、水等自然事物的认知与感受 2. 能用声音、动作、简单的线条和色彩等，基本表现出观察到的自然事物或情景 3. 接触常见的符号、标志、文字等，初步理解它们所表达的意思，并在生活中尝试运用	1. 能基本完整地讲述自己对特定自然事物的所见所想，观点较全面，讲述较连贯 2. 能运用绘画、手工制作、表演等艺术方式，较生动地表现自己观察到的或想象的自然事物及情景 3. 能自主地选择各种材料、器具，用多种形式进行表达和创造	1. 能有序、连贯、清楚地表达自己对事物的认知与理解，观点有一定的独创性，语言较丰富生动 2. 能用具有一定创造性和美感的艺术表现方式，表达自己在自然探索过程中的认知发现、情绪情感 3. 愿意接触和运用多种媒体，使用它们扩展认知和表现能力

5. "三新"课程建设内容

"三新"课程内容主要来源于优化的主题课程和生成性项目两大块。优化的课程内容基于已有的课程资源内容，根据园本实际进行选择、优化、调整，是"三新"课程内容的主要来源。生成性项目是根据幼儿的需求、兴趣并经团队审议确认后生成的课程内容，是"三新"课程内容的补充来源。

人与自然和谐共生，要尊重自然、顺应自然、保护自然。"三新"课程以维护人与自然之间形成的生命共同体为切入点，架构"四季的奥秘""动物朋友""绿色生活"三大主题板块，每年度小、中、大年段分别从三大板块中选取主题活动内容，同时在课程行进过程中尝试生成课程，从而构建丰实而又有特色的"三新"课程内容（表3-4-11）。

表3-4-11　翡翠幼儿园"三新"课程内容总表

大主题	小主题	设计思考	目标指向	年段	内容设置	课程来源
四季奥秘	春天真美丽	发现并探究四季里各种不同的事物和现象，倾听季节的语言，体验季节的美丽，激发热爱和探索大自然的兴趣，建立美好的情感	发现春天 合作探究 个性表达	小班	"花花世界"	审定
	热闹的夏天		感受夏天 酣畅游戏 拓展探究	中班	"夏日游戏"	生成
	丰收的季节		认知发现 感受体验 多元表达	大班	"五谷杂粮都是宝"	审定

续表

大主题	小主题	设计思考	目标指向	年段	内容设置	课程来源
动物朋友	有趣的蛋宝宝	了解动物的种类和习性，在感知和体验过程中萌发对动物的喜爱和关爱之情，感受人与动物的亲密关系，为爱护动物和维护动物生存的环境做一些力所能及的事	认知发现 合作探究 个性表达	小班	"蛋里的秘密"	审定
动物朋友	可爱的动物		认知发现 感受体验 创造想象	中班	"螃蟹"	生成
动物朋友	动物王国		探究发现 推理分析 情感悦纳	大班	"恐龙之谜"	生成
绿色生活	水是宝	萌发探索大自然的兴趣，获得不同年龄段所能理解的环境知识，从身边的"小事"如节约用水、垃圾分类、保护树木中，以小见大，树立环保意识	体验探究 习惯养成 培养品质	小班	"节约用水"	审定
绿色生活	树真好		探究发现 沟通合作 多元表达	中班	"小树林"	生成
绿色生活	乐活家		自我发现 感受成长 培养品质	大班	"垃圾宝贝"	审定

6. 课程实施

"三新"课程内容实施融合在幼儿的一日活动之中，不拘泥于固定的学习形态，不受制于既定的活动场地，根据儿童的学习需求渗透在各个课程通道中。

（1）主题（项目）活动

主题是课程内容的组织形式。主题活动是儿童围绕某个主题进行主动探究的活动或过程。基于不同年龄段幼儿的学习特点，翡翠幼儿园尊重幼儿的生活经验，充分利用园所及周边的生态资源，开展生态启蒙教育活动，形成各年龄段的生态主题。

确定主题的形式主要有两种：一是依托蓝本课程和自选教材"生态"内容的互补，确定主题并开展活动。二是教师在观察幼儿的活动中发现有价值的资源和线索，通过讨论、分享、调查，梳理幼儿的问题，嫁接幼儿的经验，确立具体的活动目标，设计、生成不同类型的生态主题活动。在主题实施过程中教师根据《3—6岁儿童学习与发展指南》及"三新"课程目标，确定主题目标，制定主题实施网络图，围绕目标开展集体活动、游戏活动、生活活动、家长活动，创设班级主题环境。

（2）领域教学活动

幼儿各方面的发展并不是彼此孤立地进行的。健康、语言、社会、科学、艺术五大领域构成了幼儿学习与发展的内容，在"三新"课程实施过程中各领域的学习与发展应自然地融合在各项活动中，并通过材料、媒介等帮助幼儿进行多元表达，综合多个领域的内容，促进幼儿整体性发展。

（3）游戏活动

翡翠幼儿园充分利用园所生态环境资源，根据不同年龄段幼儿的身心特点和认知基础，开展形式多样、丰富多彩、以幼儿为主体的游戏活动，凸显幼儿对自然物的开发，凸显游戏创意。目前已有户外涂鸦、小树林、生态农庄、野趣游戏、沙水游戏、户外创想、户外建构、骑行、生活厨房、木工坊、七彩调色屋、足球天地、灌木迷宫、勇士拓展等游戏项目。

（4）生活活动

关注生活是重要的教育理念，翡翠幼儿园确立"一日生活皆课程"的理念，在生活中发现幼儿学习和发展的契机，实现生活的教育价值，让一日活动充满自由、自主、创造愉悦的游戏精神。除了常态一日活动，还有环保设备的零距离接触、生态堆肥的日常体验、安全立体的活动区等内容。

7."三新"课程管理

经探索实践，翡翠幼儿园形成了独具特色的课程管理网络（图3-4-5）。

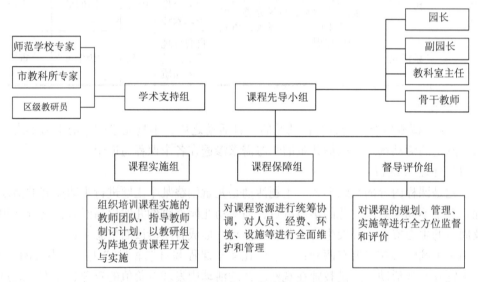

图3-4-5 翡翠幼儿园"三新"课程体系管理图谱

（1）构建课程管理网络

园长、副园长、教科室主任及骨干教师组成课程管理核心"课程先导小组"，课程实施组、课程保障组、督导评价组各小组各司其职又相互协作。同时，学校邀请各级专家组成"学术支持小组"，对课程的规划与实施进行诊断和把脉。

（2）落实过程管理

课程先导小组需制定各项课程管理制度，巡查全园课程环境及各类活动，了解活动实施、材料准备、组织指导等方面的问题与情况，通过个别谈话、巡视记录等途径及时反馈；每月末安排教科室主任对相关课程文本资料进行抽检，监管课程相关活动准备、过程性记录及活动后反思等情况；建立教师专业成长档案，制订三年发展计划，将教师的教育教学行为列为常态评估项目，定期进行评价和考核，并体现在专业档案中；多方听取课程实施意见。幼儿园工作指导委员会、家长委员会成员等可采用预约制、特定开放日等多种途径，对幼儿园课程规划、实施及评价等工作进行咨询与监督。

8. "三新"课程评价

《3—6岁儿童学习与发展纲要》指出："教育评价是幼儿园教育工作的重要组成部分，是了解教育的适宜性、有效性，调整和改进工作，促进每一个幼儿发展，提高教育质量的必要手段。"根据课程评价的诊断、导向、激励、发展等功能，为持续促进幼儿发展，支持教师专业成长，帮助园所完善课程方案，翡翠幼儿园分别从以下几方面来对幼儿、教师、课程发展进行评价。

第一，评价原则：以人为本、关注过程、多方参与、促进发展。

第二，评价内容：对幼儿发展的评价以过程性评价为主，通过对教师在幼儿园日常课程实施真实情况下的观察记录、作品分析等信息进行汇总，整合来自幼儿家庭的评价信息，客观呈现和描述幼儿的发展水平。制定了翡翠幼儿园幼儿发展评价机制一览表（表3-4-12）。

表3-4-12 翡翠幼儿园幼儿发展评价机制一览表

项目		类型	形式
幼儿发展评价	日常评价	观察记录	自主性游戏记录
			学习性区域活动记录
			幼儿作品分析
			"时光迹"观察记录平台
		个案追踪	个案观察记录
			幼儿主题发展评估
			幼儿健康状况调查
			幼儿身高体重评价
			学期素质发展报告单
		随班随机评估	半日活动督导
		家长调查问卷	开放日家长活动反馈
			期末家长满意度调查
		幼儿个性化档案	幼儿成长档案
			各年龄段幼儿发展报告
	专项评价	各年龄段领域专项评价	各年龄段幼儿整体发展柱状图
		分领域期末阶段性评价	各年龄段幼儿领域发展报告
			各年龄段幼儿领域发展柱状图

对教师发展的评价主要通过自我评价、同事评价、管理者评价等方式，评价教师的课程实施情况、课程设计能力，制定了翡翠幼儿园教师发展评价机制一览表（表3-4-13）。

表 3-4-13 翡翠幼儿园教师发展评价机制一览表

	类型	形式
教师发展评价	自我评价	个人年度发展计划
		教师个人发展档案
		班级工作反思
		日常保教文档
		读书心得
		教育笔记
		课程日志
	同事评价	教师"六认真"资料
		教师月考核
		教师评优评先奖励制度
		教师教科研成果评价
		主题环境创设评价
		区域材料投放有效性评价
	管理者评价	教师"六认真"资料
		半日活动督导
		教师月考核
		教师评优评先奖励制度
	社会评价	开放日家长活动反馈
		期末家长满意度调查
		区五星评价
		区年度教育行风建设满意度测评

对课程发展的评价主要采用内部参与式评价和外部诊断式评价两种形式。翡翠幼儿园通过内部参与式评价定期根据幼儿发展、教师课程执行情况及家长对相关方面的信息反馈等，对本园课程实施方案进行全面回顾与梳理，发现矛盾并积极研讨，整体调整本课程实施方案；通过外部诊断式评价，进一步完善课程，促进课程发展。制定了翡翠幼儿园课程发展评价机制一览表（表3-4-14）。

表 3-4-14 翡翠幼儿园课程发展评价机制一览表

	类型	评价维度	形式
课程发展评价	内部参与式评价	幼儿	课程环境幼儿参与度
			主题评量表
			幼儿成长档案

续表

类型		评价维度	形　　式
课程发展评价	内部参与式评价	教师	教育活动有效性评价
			教师内部满意度调查
			课程故事分享
		家长	开放日家长活动反馈
			期末家长满意度调查
	外部诊断式评价	区内同行	区域交流
		各界专家	学术引领
		区督导室	行政督导

第三，评价方法：文本评价、现场评价、问卷评价、幼儿发展档案评价等。

第四，评价依据：《幼儿园教育指导纲要》《3—6岁儿童学习与发展指南》《幼儿园课程评价》《幼儿学习档案——真实记录幼儿学习历程》。

三、"一人一方案"的"易加"平台课程体系建设

信息时代需要人们用全新的思维方式理解世界。园区"易加"平台的设计与建设始终以课程改革为指引，探索新型教与学的路径，利用大数据构建"人人、时时、处处"的泛在学习环境，基于"一人一方案"的设计理念，搭建适合不同教师、不同学生的个性化教学平台。教师根据学科知识图谱、学科核心素养目标及自己的教学风格与水平搭建教学资源平台，学生则根据自己的兴趣、学习水平与能力自主选择资源和学习方式，从而与大数据同行，走向未来教育新时代。

（一）"易加慧学学堂"课程建设

"易加慧学学堂"基于学科知识图谱、学科核心素养体系和有效教与学路径，支持教、学、评、测一体化应用，有效支撑教师和学生开展前学、共学、延学，并能够分析学生共性和个性学习规律，优化教与学路径，精准调控教与学，从而实现教师智慧教、学生个性学。

1. "易加慧学学堂"课程建设理念

"易加慧学学堂"凸显生本理念，充分尊重学生的独特性和差异性，指导每个学生确定适合自己的学习路径和方法图谱，拓展适合学生成长的丰富学习资源与活动，满足学生的个性化和多样化发展需求。

2. "易加慧学学堂"课程建设目标

"易加慧学学堂"课程建设目标，基于学科知识图谱与学科核心素养体系，注重中国学生发展六大核心素养。"鲜活、厚实、精准、融通"的"易加慧学学堂"课程将成就教师、发展学生，师生共成长。"易加慧学学堂"课程的建构以落实立德树人为根本任务，以培养学生具有"中国心，世界眼"的胸怀与眼界，成为健康、自信、好学、明达、知识面宽、视野宽、思路宽的未来一代新人为育人目标。

3. "易加慧学学堂"课程建设实践

适应"大数据促进适合的教育"课题研究的需要,"易加慧学学堂"课程的建构基于国家课程和地方课程的标准,面向全体学生,以提升学生核心素养为目标,聚焦难点问题构建新型教与学模式,运用智能技术优势破解教与学难点问题,将新课改理念全面融入新型教与学模式中,依托大数据分析建立课程学习目标量化评测依据及资源,从而建立起课程教与学体系,提供适合的教育,最终达成智慧教、个性学的成效。

4. "易加慧学学堂"课程体系结构

"易加慧学学堂"课程建设以学习者为中心,以学习任务本身为焦点,整合多元资源,从文化引领、学科融合、活动实践、隐性熏陶等层面围绕大数据支撑适合的教育目标,设立"鲜活、厚实、精准、融通"的课程,采用线上、线下互动体验,长线、短线统筹兼顾,普及、选修全员覆盖,构建起一个多元立体而又精彩丰富的泛在学习生态,促进智能型教师发展,科学引导学生自学习、自理解、自运用。

(1) 厚实的语文研学课程

语文研学课程依托"易加慧学学堂"资源,以"深度学习"为旨归,以课堂教学为阵地,利用"尝试反馈导学单",促进语文的延展性学习。课程建设通过内容(结构化、整体性)、活动(指向性、体验性)、任务(趣味性、挑战性)、监控(教学驱动、自我决策)四个彼此关联的重要环节,以尝试为先、问题导学、结构融合、高效反馈为总体策略,放大"学"的魅力,拓展"学"的界限,让教育者跳出"教"的经验主义,让学习者享受"学"的过程,从而建设厚实的语文研学课程。

课程包含三大模块(课前引学、课中探学、课后延学)、五大流程(除课前引学、课后延学外,课中探学模块又细分为"我来试一试、我来学一学、我来用一用"),采用任务驱动,倡导以单导学、伙伴共学,借助"易加慧学学堂"中的前学微课完成尝试任务,共学微课完成提升任务,延学微课完成迁移运用任务。首先是课前引学,明晰学习起点。语文教师借助"易加慧学学堂"向学生推送微课及任务单,引导学生开展目的性强的前学活动,利用"我来试一试"等测评题,对学生的前学效果进行检测及时生成反馈数据,发现学生的共性与个性问题,有利于教师制定有针对性的指导策略。其次是课中探学,突破学习重难点。"我来试一试"的题目分为基础题和提升题。基础题学生自主阅读后即能完成、最后一题为提升题,梯度、难度较高,属于对课文内容理解的统领性问题,以有意制造矛盾的策略激发学生学习动机。"我来学一学"主要针对学生在前学过程中出现的问题及本课的重难点,设计3~4个螺旋递增的主题阅读活动,通过任务驱动,引领学生走进文本、理解内容。学生完成基本任务后,通过伙伴共学,解决难题,并录制微视频上传至平台,分享学习成果,实现伙伴间的互助共享。"我来用一用"主要针对学习的知识或技能进行迁移运用,达到举一反三的目的。教师可适时、点对点给学生推送适合的微课资源,帮助学生提升学习效率。再次是课后延学,提升素养生长点。学习的目的是运用,运用也是检验学习效果的最好手段。课堂教学结束后,教师可以设计一个综合性的读写活动,引导学生跳出文本,联系生活,深度阅读,实现知识和能力的再建构。

这样的语文研学课程开阔了学生的视野,通过智能化的教育手段,引领他们跳出课堂,跳出书本,走向更广阔的学习时空,让前学更有目的、共学更有价值、延学更有意义,让深度学习成为可能。实现从"教学生一课"到"教学生一生"的转变,努力培养学生一生受用的最核心的自主学习的能力、良好的思维习惯、责任感、创新意识和实践能力。

(2)鲜活的数学生活课程

数学生活课程就是在学生学习数学课程之后,以数学教材为基础,挖掘生活数学的资源,创设数与代数、图形与几何、统计与概率、综合与实践等板块的"鲜活"资源,让学生通过经历体验,以小课题的形式将所习得的概念知识、逻辑思维及数学相关技能在生活中进行对照实践,并根据实践反馈,采用微报告、小视频、图文展示等形式来巩固和完善对所学习内容的理解与深化,最终使学生学习质量得到提升。

课程实施包含学习、发现、感受、体验、挑战等过程。以三年级数学课"千克与克"为例。学习(学一学):基于学生已有的"质量"方面的知识水平和学习能力,数学老师推送相应的微课资源给学生自主学习,让学生建构对"千克与克"的概念理解,带着问题在课堂中进行小组交流、全班汇报,对知识进行内化和拓展。发现(找一找):教师引导学生走进大街小巷、超市商店,或利用网络平台搜集资料,发现生活中可以测量物体重量的工具"秤"的不同形态与功能。感受(掂一掂):循着生活的足迹,学生可以发现生活中有许多"质量"的身影,每种商品的质量都有所不同。学生通过掂一掂的方式来感受不同物品的质量,并且拍照或者录制视频,上传至平台分享自己的体验。体验(称一称):初步感受不同物品的质量后,学生使用"秤"这个工具给物品称重,使得数据精准化,并进行物品重量的对比,从而发现"千克"与"克"的运用规律,通过平台论坛与同伴进行讨论,提炼、总结规律。挑战(做一做):通过学一学、找一找、掂一掂、称一称、比一比等活动,学生边观察、边操作、边思考,对"质量"有了更深刻的认识。学生或绘制思维导图,或绘制小报,或制作微视频等,在平台上大胆发表自己的见解,通过观看同伴的成果不断丰富自己对"质量"的理解。

这样的数学生活课程在教智融合背景下,实现了网络与现实的结合、线上与线下的融合,创设问题情境,激活思维;积累活动经验,发展思维;适时点播引领,优化思维;为数学思维向高阶延伸提供了有效支撑,为学生创设了能表达、会合作、善探究的高质量学习体验。

(3)精准的英语爬梯课程

英语爬梯课程聚焦学科核心素养,致力"智能"教学路径研究。利用大数据精准定位学情,坚持问题导向,设置阶段性的爬梯目标,充分挖掘平行资源,利用序列性教学资源,实现线上线下双线并行。

英语"爬梯"课程需要构建一个面向全体、注重语言实践、关注学习策略、激发跨文化意识、创新视听资源的学习生态圈,可通过数据分析、目标建构、多元体验等路径进行有效实施。充分利用数据平台,有针对性地设计前测问卷,了解学生英语学习现状及需求,有利于学校英语课程总体目标的设计;精准分析每次阶段性练习的情况,坚持问题导向,自上而下,由点及面,跟进式解决问题;实现目标序列的阶梯式达成。根据实时数据分析结果,科学制定年级总目标及具体目标,整体设计单元及课时序列目标,设计指向目标的教学活动,阶段性进行大数据监测与跟进;优化策略,提供多元体验。依托"易加慧学学堂",通过英语词汇闯关、整本阅读、听说训练、主题练笔、影音视听等特色功能，夯实基础。例如，利用"易加慧学学堂"打造班级学科特色共同体，开展趣味配音、英语演讲、英语阅读、课本剧表演等，由英语教师担任导师，学生自主观察、分析总结、实践分享、自主评价。学生上传视频至数据平台，分享阶段性成果，通过教师评析、学生互评点赞等方式进行评价。设计"星级学习单"，其中，预习单基于"易加"资源，指导学生先学、质疑；共习单基于学习内容，答疑解惑、分层实操巩固；延习单拓展分级学习，科学引导学生自学习、自理解、自运用。

这样的英语"爬梯"课程充分利用大数据平台，从最具有操作性的"视听"资源出发，在"爬梯"中打造生态课堂，构建线上、线下的英语学习共同体，不断提升学生的学科核心素养。

（4）融通的 STEM 创新课程

沉浸式（AR/VR，即增强现实、虚拟现实）STEM 创新课程从学科出发，拓展到数据支撑的"融通"课程建设新样态，打通 STEM 课程与基础性课程无边界学习的通道，结合目前国际先进的 PBL 项目式学习的教学方法，自然融入语言、科学、数学、技术等多学科、多领域内容，激发学生的各项潜能，实现学科的融合、统整，让教育教学共生共长，培养全面发展的学生。

课程实施从空间建设、课程设计、项目学习、论坛分享等方面着手。一是建立一个 STEM 众创空间。依托学校的角落空间、园区的易加学院、社会的广泛资源，为学生营造一个开放的体验式学习空间，为 STEM 课程的实施提供丰富资源与无限空间。二是建立一套"1+X"课程体系。基于园区 STEM 教育的研究方向及学校校本课程体系，通过"线下+线上"互动体验、"长线+短线"统筹兼顾、"双向+选择"全员覆盖的方式，形成基础型课程、拓展型课程、探究型课程与隐性课程为一体的 STEM 课程体系。三是打造一些平行工作坊。在大数据支撑下，挖掘企业志愿者资源，联合开设志愿者课程平行工作坊，开展生涯教育；挖掘社会资源，开设浸润式基地平行工作坊，开展体验式活动；挖掘时尚热门话题，开设项目式学习平行工作坊。如未来公民、苏州地方文化、时事热点、传统文化、基础土木、科学小院士、无人机编程、创意集市等项目，学生自主申报项目，以 PBL 方式思维碰撞，合作完成任务，以调研报告、思维导图等形式，录制并上传视频至平台，分享研究成果。四是开展一些微论坛。教师围绕"教智融合""慧学学堂""STEM 创新学院"等主题，开展线上、线下微论坛活动，围绕主题提出问题，让学生进行思维碰撞，互相分享学习心得、实践得失，最终给出合理解决问题的建议。学生微论坛则是在 STEM 项目式学习的过程中，在"易加慧学学堂"进行师生互助、家校联动、生生互动、朋辈互助，分享成果，交流方法，互相给予评价。

基于大数据背景下的 STEM 创新课程突破了空间与时间的屏障，打破了学科壁垒，对于育德、科创、艺美等育人价值体系目标的达成具有重要的意义。

"易加慧学学堂"用大数据支撑"鲜活、厚实、精准、融通"的课程，描绘师生成长的全息新画像，一键生成、可视化呈现学生综合素质"长短板"与教师专业成长状态，动态监测、归因分析、强化提升，助力园区"大数据导向适合的教育"研究更上新台阶。

（二）"易加特色学院"课程建设

在"易加慧学学堂"支持国家课程校本化实施的基础上，"易加"平台还通过"易加特色学院"来满足学生个性化课程的需求。通过任务驱动、项目导向的实施理念，设计真实情境的活动，将学生的学习差异变成资源，促进综合性学习、主题式学习、项目式学习等新学习模式探究，调动不同特质的学生，体现他们的特长。

1. 语文特色学堂

针对当下语文学习阅读无策略、表达无质量，语文教学方式单一、负担较重，线上、线下融合动力不足，碎片呈现，以及家长对语文学习评价观念功利化，不了解"高考评价体系"下语文考试内容改革方向等实际问题，"易加"平台以"小学语文学科核心素养体系"为根本依据，以园区小学语文学业质量监测十轮探索和"易加"平台一、二期探索形成的基于核心素养的学业监测体系为架构基础，整体建设语文特色学堂。

语文特色学堂坚持立德树人育人方向，培养学生创新思维，为学生终身发展奠基；坚持提升园区教育质量，"稳高原、筑高峰"，满足园区百姓对教育发展的需求，促进园区教育可持续发展；坚持园区智慧教育发展的道路自信与文化自信，立足信息技术支撑下的教与学模式转变，重构教与学的生态路径。具体有以下几个特点。

一是聚焦"语言建构与运用"。学堂建设着力提升学生阅读与表达素养，解决学生语文学习阅读与表达方面的难点、需求点。

二是突出"项目化实施"。学堂建设导向语文项目驱动学习、课程引领学习，形成线上和线下项目一体化学习生态，突破单篇课文课前、课中、课后的单一学习模式，解决技术支撑环境下主动学、什么时间学、怎么学的痛点问题。

三是指向"立德树人"。学堂建设导向正确的语文价值观，聚焦当下高考语文学科考查内容——核心价值、学科素养、关键能力和必备知识，与国家课程互补，解决"立德树人、服务选才、引导教学"的问题，为学生终身发展营造绿色的生态环境。

语文特色学堂架构了整本"悦"读、古诗文赏读、最美朗读、终身"悦"读、听写达人和悦写高手六个模块。具有双重特点：第一，学堂数据与"易加分析"形成逻辑闭环。学堂中学生的朗读评价、沟通交流等数据，可以链接至"易加分析"的素养图谱中，弥补了素养维度只能靠纸笔监测数据采集的不足。第二，学堂数据与"易加综素"形成逻辑闭环。学堂中学生多数学习项目涉及社会实践。社会实践的评价数据可链接至"易加综素"中的"社会实践"，实现过程性数据的采集。

整本"悦"读项目：建设逻辑是以教材必读、选读书目为主要体系，解决学生的整本阅读指导需求问题，结合中小学阅读素养工程实施意见，引导各校开展项目化阅读工程，形成百花齐放的阅读格局。

古诗文赏读项目：建设逻辑是以教材为主要体系，培养学生的古诗文鉴赏能力，为中高考奠基。

最美朗读项目：建设逻辑是以教材为主要体系，培养学生的语感，沉淀学生朗读学习数据。

终身"悦"读项目：建设逻辑是以名家名篇导读资源链接为主，开放一个端口，供学校发布和开展亲子"悦"读、"点灯人公益悦读"项目，上传亲子"悦"读、"点灯人公益悦读"过程性资料，作为学生社会实践体验数据。

听写达人项目：建设逻辑是以教材体系为主，体现"课文—单元—全册"结构，夯实字词基础，减轻教师批阅、家长辅导、学生复习负担，激发学生字词积累兴趣。可在线上移动终端写，可线下扫描自动批阅，精准分析错题数据，供教师精准教研教学。还可自动扫描进入平台，形成数据，积累错题集。线上平台根据数据，实时滚动播报班级"听写达人"榜。

悦写高手项目：建设逻辑是以项目读写内容体系为主，结合教材体系，建设"我与自然、我与他人、我与社会、我与世界"四大模块，培养学生的家国情怀、国际视野和世界格局，指导读写，让育人、阅读与写作共生发展。

2. 数学特色学堂

数学作为对客观现象抽象概括而逐渐形成的科学语言与工具，不仅是自然科学和技术科学的基础，而且在人文科学与社会科学中发挥着越来越大的作用。随着现代信息技术的飞速发展，数学更加广泛应用于社会生产和日常生活的各个方面。正因为数学有着如此广泛的应用性，数学素养已成为现代社会每一个公民所应当具备的基本素养。

数学核心素养是以数学课程教学为载体，基于数学学科的知识技能而形成的重要的思维品质和关键能力，是在数学知识技能的学习过程中形成的。数学特色学堂通过做数学题、想数学、用数学、玩数学、赏数学五大数学学习活动，在引导学生经历数学知识的发现、形成、发展与应用的完整过程中，帮助学生理解数学概念、锻炼数学技能、感悟数学思想方法、积累数学思维与实践经验、形成数学能力、发展学科素养。

数学特色学堂基于常态练习、专项练习、监测练习等数据形成优势素养、薄弱素养分析，从而改善课堂设计，优化学习路径，实现分层教学、个性学习和精准辅导，形成教、学、评闭环。

数学特色学堂的发现数学、数学实验、数学实践、数学文化、进阶挑战五大功能模块，都以数学知识体系和数学核心素养为基础架构，旨在促进数学素养的有效落实。

发现数学：本模块立意为"会用数学的眼光观察现实世界"。引导学生学会发现问题、提出问题，"获得数学对象"，强化学生对数学本质的理解。教师或学生可根据需要自行发布活动主题，参与相关活动，也可展示活动过程和活动结果，并对活动结果进行投票等评选，还可对活动积分、排行奖励和成就等进行分享。

数学实验：本模块立意为"会用数学的思维思考现实世界"。引导学生学会分析问题、解决问题，"研究数学对象"，在动手操作、用眼观察、动脑思考中，改变、丰富学生的学习方式。教师根据教材上的实验内容自主开发设定一系列实验专题，并提供实验指导内容，可对实验专题列表、实验发布、实验指导等进行设置。学生可根据需要自行选择实验专题参与，并可展示实验过程和实验成果，同时需要对实验结果进行投票等评选。系统可自动给予排名、积分和勋章等奖励。学生成就可进行跨平台的分享。

数学实践：本模块立意为"会用数学的语言表达现实世界"。引导学生从数学回到生活，应用数学知识解决生活中的数学问题。教师可发布学习任务，强化实际应用，拓宽学科视野，加强学科综合，引发数学创造，体验数学价值。学生通过观看教师发布的活动内容、活动说明和活动要求，学习教师发布的指导资料，自主完成实践活动任务。教师通过成果评选对学生进行积分奖励、勋章奖励和个性化奖励。学生可通过活动成果查看自己活动的投票、点赞情况和教师针对本次实践活动的点评。学生可以将活动和成就跨平台分享。

数学文化：本模块立足于数学与文化的层面，提供帮助学生了解数学历史、数学应用和发展的数学文化功能,让学生在学习数学发展历程和中国古代数学简史的同时,也了解了数学家的故事。教师、学生都可以搜索、浏览和查看系统中的数学文化资源,并可进行点赞与点评等操作。教师可以向学生推荐优质资源,学生也可以自主查看并学习。资源可以跨平台分享。

进阶挑战:本模块旨在数学技能训练。根据教材和课标要求确定每个年级的知识范围,自定义多个挑战星级,以便学生逐级挑战。不仅适用于学生自主挑战训练,还适用于常态教学应用场景下教师布置挑战任务的挑战训练。教师可以查看挑战详细情况,并可抽取其中的练习在课堂教学中使用。本模块支持重新挑战、挑战竞赛等功能,支持挑战排行。完成挑战可获得积分及勋章等奖励。挑战成就可跨平台进行分享。

3. 英语特色学堂

英语特色学堂在"易加慧学学堂"的基础上添加了词汇闯关、听说训练、阅读沙龙、主题练笔和影音视听五大功能模块,将教师引导的教与学生的自主学相结合,在夯实学生词汇基础的同时,充分支撑听、说、读、写、看的教与学活动,培养学生语言能力、文化意识、思维品质和学习能力等英语学科核心素养,在"原汁原味,我爱我学"的英语氛围中打造园区英语学习的国际范儿。

词汇闯关支持教师自主设置试题或选择系统初始试题,组织闯关竞赛活动,支持学生自主闯关、互动打擂。阅读沙龙将教师组织阅读活动与学生自主阅读相结合。教师自主设计或者选择区域资源库的资料布置阅读任务,引导学生阅读。学生也可以在区域阅读资源库中自主选择内容进行阅读。主题练笔支持教师自主创建练笔活动,学生上传书面作品。教师可以集中管理学生的作品集。

影音视听区域分类共建共享影音资源库,配以教师推荐和师生的点赞、评价功能。

在英语特色学堂里,学生的英语学习构成"测—学—练—评—辅"的个性化学习闭环,旨在使学生根据自身学习情况,有选择地进行个性化的学习。

测——以先行测验为基础,定位学习内容。先行测验为精准推荐适宜的学习内容和确定学习路径提供参考。

学——以专项微课程为载体,聚焦学习内容。英语特色学堂的阅读沙龙、主题练笔、专题语法的专项微课程作为学习内容的载体和学习形式,使学生理解和掌握基本的学习内容。

练——以典型训练为靶向,监测学习内容。英语特色学堂能够根据学生的反馈数据,及时调整学习内容与路径,更加智能地引领学生进行个性化的学习。

评——以综合测验为标准,评价学习内容。学生可以根据综合测验的数据对学习进程和学习方式进行适当的调整。这些数据也可以作为学生下一阶段学习的基础性参考。

辅——以个性化辅导为辅助,攻克学习难点。学生的线上学习可以满足学生的个性化需求。教师的线下个性化辅导可以实现英语学堂、教师和学生"三位一体"智慧学习空间的构建,使得师生、生生之间构成知识共生体。

第四章　大数据促进适合的教育实施路径

园区"易加"大数据平台的建设，为区域适合的教育发展提供了有力的技术支撑。在现有平台的保障下，如何达成以大数据促进因材施教这一目标，即解决"怎么做"的问题，需要予以重点关注。园区在"易加"大数据平台支撑下，从"个性学""智慧教""智能评""精准管""科学测"五个方面探索出了一条全方位、全过程、全场景的实施路径。

第一节　学——植根核心素养的"个性学"

当下，社会、家长、教师和学生都需要更加理性审视教育的本质和意义，合力营造教育可持续发展的良好生态。学生有兴趣地学、有方法地学、有成就感地学，才能真正站在学习的中央，拥有不断学习的动力。在大数据支撑下，重构学习路径，让学习成为学生自己的事情，让学习发生在学生身上，让学习按照学生的方式进行，才能实现适合的教育，培养拔尖创新人才，实现高品质的"无界慧学"，幸福成长。

一、新时代"学"的本质与样态

（一）大数据时代的学习本质

新时代教育正呈现出数字化、智能化、国际化的特点。这就要求重新定义学习的本质及其时代意涵。在大数据时代，互联网架构起了学习数据资源的高速通道。对于教育而言，大数据不仅包含丰厚的知识资源，还加上了教学活动过程产生和教育管理过程采集的数据资源，成为海量信息源。需要注意的是，数据本身并不能直接成为知识，相反，还可能成为噪声。数据只有经过有序的处理，形成信息，再经过信息处理，方完成知识"生成—创新"的生态循环过程[①]。对学习行为主体学生而言，学习的本质不仅仅是"我怎么采集、分析、应用自己的学习行为数据"，而是"面对海量的数据信息，我能学什么，我怎么学，我学得怎么样"。因而，在大数据时代讨论教育教学，更需要站在学习行为主体的视角，去反思大数据时代学生学习的价值意义。

当代学者在对知识的研究中，已形成了一些关于数据、信息与知识之间关系的认识。三者之间的相互转化关系见图4-1-1。

大数据时代的学习强调数据向知识的转化，这跟传统以学习书本知识为主的学习有

[①] 于永昌，刘宇，王冠乔. 大数据时代的教育[M]. 北京：北京师范大学出版社，2015：196-197.

着本质的区别。传统书本学习重在对书本中有限信息的记忆和理解；而大数据时代的学习，重要的不是对海量资源的记忆，而是在资源里淘金。通过检索、筛选、甄别、批判，删除产生认知负荷的"数据垃圾"，将有效数据加工处理成信息和知识，才会留下终身相随的学习力。一个人记忆的无用信息越多，其精神世界也将越贫乏。所以，在大数据时代，学生应该学会在膨胀的数据信息中避免"学习迷航"和"认知过载"，从而建构智慧加工信息的心理图式。

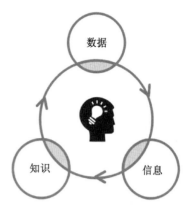

图 4-1-1 数据、信息与知识的相互转化关系

在大数据时代，学生始终是学习的主体，学习应该具有自主性、选择性、实践性、体验性、探究性和挑战性，从发现问题、激发动机开始，经历探索知识、分析思考、理解体验、反思质疑、综合应用、创新创造等系列过程。大数据时代学习的本质正是学生借助工具、材料，与客观世界、虚拟世界对话，将加工处理后的数据信息在不同情境中迁移和转化，纳入原有知识结构中，从而形成新知识、新经验的过程。判断这一过程是否发生，就是看学生是否形成了杜威所说的"成长性经验"。

英国诗人艾略特在《岩石》中曾写道："在信息中，我们的知识哪里去了？在知识中，我们的智慧哪里去了？在生活中，我们的生命哪里去了？"大数据时代的学习应重视学习者是完整的人，应从数据本身回归到重视对信息、知识的转化，应从技术本身回归到"以人为本""以学习者为中心"，也应从记忆学习、被动学习回归到在不同情境中自由、智慧与快乐地学习。

（二）大数据时代的学习样态

大数据时代需要创新性学习。中国学生发展核心素养总框架明确提出数字学习要具有信息意识；有数字化生存能力；主动适应"互联网+"等社会信息化趋势。这反映出"学会学习"是大数据时代"学会生存"的必要前提。远瞻未来教育的路向，大数据时代的学习样态是怎样的？学校、家长、教师和学生是否在大数据时代的学习中形成了培养未来人才的教育共识和教育合力？为学生创造的学习平台和资源等是否适合学生群体和个体在不同情境下的学习需求？

1. 大数据时代学习拥抱新技术

大数据的高增长、类型的多样性并不能直接转化为学习生产力。因为数据的价值密度低、更新速度快、时效性差，人们只有采用更为科学的方法和更为有效的数据分析技术，才能从纷繁复杂的海量数据中获取价值。2020 年 2 月 14 日，教育部发布《关于统筹安排国家中小学网络云平台和中国教育电视台提供中小学生学习资源的公告》，开放国家中小学网络云平台和中国教育电视台空中课堂，免费供各地自主选择使用。大规模在线教育是前所未有的信息化教学社会实验，有效抵御了疫情给教育系统带来的冲击，充分体现了中国特色社会主义教育制度的巨大优越性。这说明，大数据时代学习需要充分的信息技术保障，需要拥抱新技术。

放眼世界，以大数据、人工智能为代表的信息技术的日益成熟，为不同层次、不同类型的受教育者提供个性化、多样化、高质量的教育服务，为促进学习者主动学习、释放潜能、全面发展提供了更多现实可能。对于还没有形成数字学习能力的学生来说，各类数据资源多元化，学习平台多样化，难以保证学生课程学习的质量。给学生提供适合其自身学习需求的课程资源，并建立匹配资源应用的学程指导、学能检测与评价，整合线下学习情境，赋予学生在"数据—信息—知识"之间转化与迁移的能力，这需要区域、学校来为学生提供适切的技术支撑，帮助学生形成稳定的数字化学习习惯与策略，进而提升创新性学习素养。大数据时代的学习，不仅胜在量，还胜在质。优化技术为提升教育质量赋能。

2. 大数据时代学习拒绝"躺平"

审视当下学习，不难发现学生学习的目的、内容、方式不能令人满意。无论线上还是线下学习，都常会出现学生"躺平"现象：学习缺乏动力，主观能动性缺失，学习过程中习得性无助。其原因是在长期"教为中心"的班级授课制中，学什么、何时学、何处学、怎么学，甚至为什么学，都是由学校和教师规定的。学生缺乏自主权与选择权，学习发生在教师的指令中，学习按照教师预定的方式进行。随之产生的问题就是这样的教学无法尊重个体的差异，无法倾听学生学习的"真实声音"，"学为中心"仅是纸上谈兵。大数据时代学习，并非追求线上学习这种外在形式的改变，而是学习方式内在的改变。

希腊历史学家普鲁塔克曾说，思想不是一个需要填充的容器，而是需要点燃的火炬。大数据时代是一个"柔性学习"的时代，改变传统硬性的单向度灌输教育模式，替代以学生为中心来设计教学活动，以平台技术的革新来满足个体学习差异与节奏的需求，将传统的面对面学习与在线学习充分融合，让学生在任务驱动下探索新知、完善思维、迁移应用，从而点燃学生学习的激情，让学生进行个性化主动学习。

3. 大数据时代学习呼唤优质均衡教育

联合国教科文组织于2015年11月4日通过了《教育2030行动框架》，为实现2030教育目标做出具体规划，即"迈向全纳、公平、优质的教育和全民终身学习"。办好家门口的每一所学校，发展更公平、更均衡的高质量教育，是大数据时代学习时教育的要求。要满足家长、学生对优质教育的需求，满足学校立德树人、办好优质学校的需求，还要满足时代对未来创新型人才的需求，就需要大数据时代的教育在技术加持下，能强化系统思维，突破教、学、评孤立壁垒，增强国家课程执行力；能推进课程统整，突破学科壁垒，提升学生学科素养创新力；能推进优质资源共建共享，突破班级壁垒，增强教师课程实施创造力；能推进校际合作、校企跨领域合作，突破学校壁垒，增强区域教育创新品牌力。

园区以国家政策文件《关于深化教育体制机制改革的意见》为指引，聚焦学生核心素养发展，加快推进高水平教育现代化建设，以"易加"平台为支点，通过技术引擎全线开放、多元资源个性自学、全员覆盖动态互学，来推进数据时代的泛在学习。园区还出台了《关于深化教育改革，加快推进高水平教育现代化建设的若干意见》，自2018年起，每年设立1 500万元教育内涵建设经费，重点加强区域各校教育科研、人才建设、文化建设、装备升级、艺体特色、科普教育、智慧教育、教育国际化等方面的内涵式发展，来保障教育的公平、均衡、优质。

4. 大数据时代学习走进生活、走向未来

当下，教育时空的变化、教育环境的设计、教育实验场景的布置、学习场景的变革、教育管理数据的采集和决策，让教育由理念、经验变成了大数据支撑的行为科学。人们常说：在真实的世界中学习是最有效的学习方式。无法近距离接触的东西，比如天空、海底、人体内部等宏观或者微观世界，通过 VR 都能让人近距离"看见"。远程连线可以把教育的范围扩展到任何一个被网络覆盖的地方，并且 5G 技术可为远程连线提速，优化学习路径。比如一个班级正在进行关于"故宫"的项目式学习，学生可以远程连线一个故宫建筑的研究员，或者故宫文物的修复者，甚至故宫博物院院长，让他们从专业角度对建筑的构造、文物的历史、故宫的价值等进行介绍。大数据时代的教育不仅是借助现代信息手段的知识体系的建构，还是与生活关联的有效学习。科学技术助推教育生产力。

"人人皆学、处处能学、时时可学"的未来教育已经迎面而来。园区以真实问题为驱动而建构的"学习链"，形成具身参与、情境体验、人人互动、人网融合的良好学习生态；以信息场景为支撑而创设的"研学营"，形成促进学生开展项目式研学、自适应研学、技术性研学、合作性研学的良好学习场域；以激发潜质而构建的"创新港"，与知名高校、教育科研机构、高新技术企业等单位合作，成为一批批拔尖创新人才的培养孵化器。大数据时代的教育以走向未来的样态，在人工智能、物联网、大数据、云计算等现代技术的支撑下，促进学生自主参与、主动思考、经历实践、自我评价，强化主体探索意识，适应学生个性化发展需求，让学生成为更好的自己，让适合的教育成为趋势。

二、学习变革的关键与路径

学习变革的关键是让终身学习成为可能。古来有训："学而不已，阖棺而止。"孔子、荀子等大家数千年前就有劝学之金句。时代进展至今，历经千载洗礼，终身学习已然成为社会共识。放眼当下，如何让终身学习真正成为人的毕生追求？大数据时代，又如何让终身学习成为可能？"知之者不如好之者，好之者不如乐之者。"学习的三层境界为知、好、乐。开展自主学、深度学、快乐学是达到三种境界的有效途径。

（一）自主学，让学生成为学习的主人

自主性是指在一定条件下，个人对于自己的活动具有支配和控制的权力和能力。[1]具备自主学习能力的人，能够充分利用现有资源配给条件，做到目标明确，合理选择，自我调节，自我教育。学生能自主学习，一是因为有合适的学习资源，二是因为有主观能动性。

1. 学习平台提供自助餐

大数据时代的学习特征为学生提供了多维性、多元化的资源，使终身学习成为可能。海量的不同来源、不同形式、包含不同信息的数据可以轻而易举地被整合、分析。原本孤立的数据变得互相联通。通过数据来研究规律、发现规律才是学习的本质。

如何让全线开放的资源平台成为自主学习的引擎？园区"易加"平台三大法

---

[1] 刘惠军，张雅明. 新课程与学生发展 [M]. 北京：北京师范大学出版社，2001：194.

宝——微课程、作业、课程包成为"自助餐"的主菜。依据年段知识及能力框架而实现全覆盖的微课程资源让自主学变轻松，短时、浓缩，直切重难点，促进学生学科素养形成。有效作业让自主学变高效，从兴趣出发、立足素养的作业内容和形式让学生容易做、乐于做，更利于让学生学科素养形成的动态过程有章可依。立足学生实际学情，优选现有资源、开发适切资源，制作适合学生"个性学"的课程包，为学生个性化学习的实践和学程探索提供支持。

如何让全员共学的资源平台成为自主学习的区域特色？园区立足时代发展方向，致力"易加学院"的多期开发、迭代升级，不断丰富课程资源、人力资源，实现课堂教学中的人网融合、教智深融的泛在学习。园区在数字化学习的实践中，组织教师录制精品课程资源，分为A、B两类。A类课程侧重于基础知识、基本技能的学习，涉及的问题以基础题、中等难度题为主；B类课程主要面向学有余力的学生，重点加强学科思维、学科能力的培养，涉及的问题以高考中等难度及较难题为主。系统根据学生的个人画像有针对性地推送相应课程给学生。学生可进行自主学习，也可以根据个人情况自主选择A类或B类课程，方式灵活。在2020年年初苏州严防严控新冠肺炎疫情和延迟开学的情况下，园区制定了《苏州工业园区线上学习整体解决方案》，推送多个精品课程，有效满足中小学生多样化学习需求。从2020年2月1日到2月16日，学生登录"易加"平台线上学习累计超200万人次，仅2月1日、2日就分别达23.5万、22.4万人次；利用"易加"平台资源进行学习的达51 019人，参与线上直播、录播学习的达46.4万人次；园区中小学生参与"易加"平台线上学习占比达98%；2月3日高三直播课程开启，平均上线学习人数稳定在1 000~1 200人，B类尖子课程也有1 000多人同时在线学习，充分体现了学生对优质课程的需求。线上学习整体效果良好，在此之后的中高考成绩的稳步提升也印证了自主学习的整体提效。此外，园区通过"筑峰行动"大力培育拔尖创新人才，借助不同精品课程的推送（图4-1-2），培养学生核心素养，不断提升学生自主学、探究学、合作学的能力，增强学生的创造力、想象力、竞争力，为拔尖创新人才的又好又快成长安装了"加速器"。

如何让借助资源平台自主学习的学生人人有进步？园区的"易加学院"资源贴合学生需求而建，资源内在框架分类基于区域学生学科核心素养指标体系，基于实证数据，深度开发并优化契合学校课程、促进学生学习的路径资源，为学生个性学习资源的供给提供有效保障。园区各学校依据本校学情和资源优势，积极主动开发学校特色课程，如翰林小学充分挖掘家长资源，100多名博士家长构建"博士爸爸课程"；苏大附属高级中学对接高校知名教授、研究所专家等亲授"生涯规划课程""科技素养课程""姑苏文化课程""领导力课程""人文素养课程"等。一校如此，校校如是。丰富的人力资源拓宽了平台资源的搭建和组配渠道。学校教师也借助平台资源，教会学生如何自主选择合适的资源，或者进行班本化的学习资源推送。全区学生在疫情延学期间，经由学校教师线上的指导和管理，借助平台资源，开展了居家学习。学校复学后学习效果调研结果显示：合理充分利用线上教学资源后，学生的学习内驱力增强、学习意志力增强、学习能力得到较大增强，学习效果较好，甚至一些班级线上学习效果要好于线下学习。各个层面的学生均实现学习增值，部分中等乃至后进学生学业水平及学习力与原有的相比，进步明显。

您现在的位置：网站首页>> 教育信息化>> 2020线上教育>> 正文内容

高二2020在线辅导课程（2月17日-2月21日）

作者：　来源：　发布时间：2020年02月02日 点击数：1386

2020年2月17日（周一）

时间	学科	课题名称	易加互动观看	优酷观看	教案下载	授课老师
8:30-9:15	语文	阅读之写什么类题满分工程	1 2	1 2	下载	胥小康（星海实验）
9:30-10:15	数学A	圆锥曲线中的定点问题	1 2	1 2	下载	纪洽宽（南航附中）
9:30-10:15	数学B	圆锥曲线中的定点问题	1 2	1 2	下载	黄志诚（星海实验）
10:30-11:15	历史	无产阶级革命家之二：毛泽东、邓小平	1 2	1 2	下载	王亮（苏大附中）
10:30-11:15	物理A	磁场对运动电荷的作用	1 2	1 2	下载	丁正富（苏大附中）

图 4-1-2　在线辅导课程表示例

2. 学习资源成为营养餐

任何人对数据、信息、资源的获取在理论上是对等的。学习资源要成为"营养餐"，能够实现依据个人学习习惯和能力进行自主选择，才能真正适合学习。著名的美国教育家约翰·杜威在他的《明日的学校》一书中论述了更加灵活的因材施教的教育取向，认为以学生为中心的学习才能促使学生自主快乐地学习。因此，教学的实施完全可以打破传统教学环境下的教师主导、学生从属的关系，而建立以数据为纽带，以学生为中心、个性化学习的教学新模式。以园区的老年大学为例，学校根据办学条件和学习者的需求，贯彻普及与提高相结合的原则，开设了数十个专业课程。这些课程资源服务于有着不同生活和学习背景的中老年人，成为宝贵的"营养餐"，因为满足受众自主选择的学习需求，不但成为学习者实现终身学习的部分资源，而且成为丰富生活、陶冶情操、促进健康的绿色路径。

如何依据个人学习习惯和能力自主选择学习资源？在现代教育理念引导下，基于信息技术的先进教学平台，基于教师辅导、家长参与、社会关注的新型开放的主体关系，其产生的数据、信息、资源成为教学的重要依托。更多的非教室环境，如社会、研究院、企业、高校等都成为重要的学习场所，也提供重要的学习资源。面对开放性的、内容丰富的学习大资源，学生根据个体的学习目标、学习基础、学习风格，自由选择喜欢的学习方式，自主选择需要的学习资源，自主完成学习任务，实现自主学习

（图 4-1-3）。

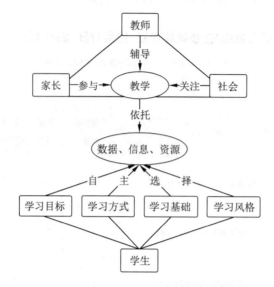

图 4-1-3　学生自主学习示意图

教学要尊重学生理性思维能力，尊重学生自由意志，把学生看作独立思考和行动的主体。① 菲尔德-希尔弗曼提出学习者的学习风格有多个维度②（图 4-1-4）。

图 4-1-4　菲尔德-希尔弗曼学习者的学习风格

"只有把握住自己的学习风格，了解了自己所擅长和不擅长的学习方法，才能游刃有余，即使离开教师的指导后，也能有效地进行自我学习。"③ 学习者依据已有知识经验，优选平台资源，按自己的喜好进行学习。如视觉学习者可以选取相应的图片、图表；听觉学习者可以更多选择音频资源；感知型学习者可以更多选择动手实践类的学习类型和方式。④ 学生自我决定学习的过程即为一种以掌握学习为特征的适应性学习。这往往是非线性的学习，也意味着学生在此过程中会形成影响其终身的学习素养。

3. 学习数据打造高定大餐

学习环境中良好的信息反馈可以帮助学生进行自主学习的决策。线上测评可以快速、准确地量化数据，可以让学习者从多个角度去认识所学的知识，丰富自己的认知结

---

① 全国十二所重点师范大学联合. 教育学基础 [M]. 3 版. 北京：教育科学出版社，2014：175.
② 张治，黄勇，韩亚成. 教育信息化：走进自适应学习时代 [M]. 上海：上海教育出版社，2018：205.
③ 张治，黄勇，韩亚成. 教育信息化：走进自适应学习时代 [M]. 上海：上海教育出版社，2018：207.
④ 沃斯，德莱顿. 学习的革命：通向 21 世纪的个人护照 [M]. 修订版. 顾瑞荣，陈标，许静，译. 上海：上海三联书店，1998.

构,对学习情感、态度也有良好的促进作用。在反馈过程中,高级的数字化技术、智能技术、知识语义转化,增强了平台的大数据分析功能,以此支持对学习的评价,有利于学习者向云平台索取更多匹配性的学习资源。

如何让数据助力素养诊断促进自主学?大数据集约化体现增效优势。如园区"易加学院"分析平台采集各学科素养数据与学校共享共诊,以学科素养图谱为评价准绳,甄别学习质量的成效,借助技术构建多元学习环境,按需供给学习者相应的学习资源,完善学习路径,促进学业质量的提升。再如,"易加学院"、云痕数据系统通过建立测评体系,记录学习者的行为,搜集活动大数据,识别个体倾向性;通过课程大数据记录学习效果,识别个体心理特征;通过成长大数据记录学习者在社会交往中的各种表现,识别个体性格特征等。通过这些数据,让学习者更了解自己,向平台索取更适合自己的学习资源,实现"个性化定制""按需配餐"。同时,也帮助教师全方位了解和掌握学生的学习特点及风格,进而为学习者提供适切的学习指导,实现因材施教。

如何让数据助力精准学促进自主学?数据可视化,让决策更科学。靶向路径助力精准学习。"易加"平台学习可以通过记录和收集个体学习行为教育大数据,利用数据之间隐藏的关系、模式和趋势,将数据可视化,形成可视化数据报告,利用大数据分析结果来挖掘出学生感兴趣的教育资源,进而构建智慧资源中心,根据个体认知风格、学习偏好、认知基础实现个性化资源推送。无论是基于"易加互动"的随堂练习的即时反馈,还是课后作业的评价与分析,或是基于"易加分析"的学生学习质量监测,所有的数据结果都指向了更精准的学科关键能力与素养诊断,切实"减负增效",建构起基于数据诊断的精准学习路径(图4-1-5)。

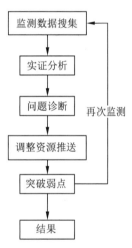

图 4-1-5　基于数据诊断的精准学习路径

一是基于区域诊断,精准学习。园区依托"易加分析"平台进行学业质量监测,实现了"全对象、全学科、全维度"学习评价,利用雷达图、柱形图呈现学生学习的"长短板",帮助学生精准改善学习状态(图4-1-6)。

二是基于常态诊断,精准学习。平台系统和教师评阅学生的常态测试和随堂作业,平台统计的难点、易错知识点,对错题进行定性、定量的分析后,有针对性地为学生推送适合个人的辅导资源。例如,园区星港学校运用常态检测指导学生进行针对性学习,改善学习状态,让学生有效扎实地掌握学科知识,不断提升学生学业水平与学习能力(图4-1-7)。此外,通过"易加"平台,园区还实现了学生学业负担监测的常态化,并通过学习资源精准性推送、个性特长针对性发展等方式,减轻学生学业负担,让学生轻松快乐地学习。

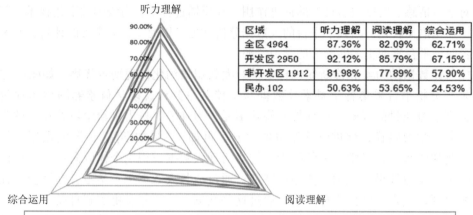

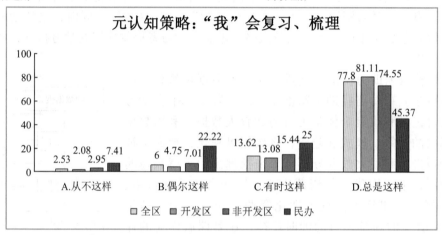

图 4-1-6 英语学科素养诊断示意图

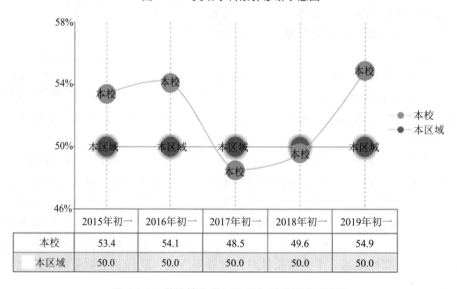

图 4-1-7 学校精准学习改进与质量提升示意图

(二)深度学,让学习真实发生

1. 让认知策略和元认知策略共同发展

认知策略是学习者加工信息的一些方法和技术,基本内容包括两点,一是对信息进行有效的加工与整理;二是对信息进行分门别类的系统储存。元认知是个体关于自己的认知过程的认识和调节这些过程的能力。元认知策略是一种典型的学习策略,指学生对自己的认知过程及结果进行有效监视及控制的策略。

自主慧学的学习体系重在培育学习动机、激发学习兴趣、重构学习过程,让学习者具备学习的能动品质,从而形成自主学习能力,实现深度学习,让学习真正发生。自主慧学的"前学、共学、延学"助学体系使学习过程更加科学化。前学进行"信息传导",重在学习动机的引导;课上共学进行"吸收内化",重在合作探究;课后延学进行"反思拓展",从而进一步将知识转化为能力(图4-1-8)。

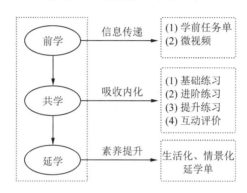

图4-1-8 自主慧学的助学支架体系

前学,即通过学习者喜闻乐见的形式进行信息传递,激发良好的学习动机,明确学习目标。"易加学院"为前学提供丰富的学习资源。教师也可以通过"易加学院"上传或者下发更多贴合学生需要的学习资料,如导学单和微视频(图4-1-9)。

微视频用学生喜闻乐见的形式和语言,以知识性和趣味性吸引学生的注意力。微视频条理清晰、讲解规范、重点突出,不仅能对学习难点技巧地引领,同时还对学生完成导学单(图4-1-10)有所帮助。

共学,即借助"共学导学单"进行学习,重在吸收内化,重视培养合作探究的关键能力。分解为四步法流程,易于操作,切实可行。第一步,用学习单完成第一板块基础题,检测自主学习成效;第二步,用学习单完成第二板块进阶作业,检测运用基本技能的能力;第三步,用学习单的第三板块协作探究,针对疑难问题进行探究性学习;第四步,提供展示平台,通过互动评价、质疑或阐释,提升思维,推进深度学习。每一步都会有"议一议、对一对、改一改"的环节。教师根据学生现场学习状态进行引导,让学生学会质疑、学会评价、学会思考,从而实现自主学习,获得发展。

延学,即借助"延学导学单",指向生活化或者主题式的延伸学习。延学鼓励更多形式的探究,更深层次或者更高水平的问题解决方式,并且注重学以致用,走向生活,实现素养提升。

如小学数学教学中,"易加学院"推出"二导""三单""三学"课堂教学流程。"二导"——微课"导"学、梳理"导"学;"三单"——预学单、探学单、延学单;

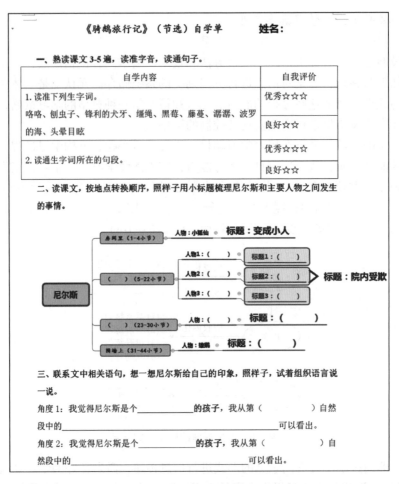

图 4-1-9 小学语文前学导学单示例图

图 4-1-10 小学语文六年级前学微视频示意图

"三学"——预学帮助学生发现和提出问题;探学帮助学生分析和解决问题;研学帮助学生应用和创新。这一课堂流程,形成高效互动的课堂生态,激发高阶思维的生成,共享高峰体验的教学效能。教师在教学中可以借助"易加"平台,展示前学、共学、延学"三位一体"的学习路径,重组单元知识结构,从数与代数、图形与几何等领域,给学生带来一场完整的思维盛宴。

自主慧学体系让学生通过规律性的学习流程,养成预习、复习的习惯,合理分配学习任务,善于规划学习时间。学生的合作意识增强了,探究能力增强了,他们也逐步形成了适合自己的学习方法,自主慧学让教育适合学生自我个体的发展。

2. 由表层学习走向深层学习

表层学习是依靠记忆并且以记忆为最终目的的学习层级;深层学习是一种基于理解、深入探究、寻求意义、学以致用和注重反思的高等级学习。表层学习属于一种机械化的信息复制型学习;相比而言,深层学习的批判性、整体性及探究性更强,更多的是对知识内容的本质及内在意义进行自主探究。

如何由表层学习走向深层学习?项目化学习是一条良好的解决通道。通过多种项目形态,让学生拥有真实的解决问题的经历,成为积极的行动者,产生主动探究的欲望,并调动已有的知识经验、能力基础,创造性地解决真实情境中的问题。学生在一个真实的、有意义的动手环境中,应用核心知识、批判性思维、创造力和沟通技巧来呈现和释放具有感染力和创造性的能量,学习由表层走向深入,实现深度学习。

项目化学习在学校中的实践呈现多种形态,分类方式也很多。在学校适合开展的项目有活动项目、学科项目和跨学科项目等实施样态。园区在这三种类型的项目化学习上做了积极有效的探索(图4-1-11)。

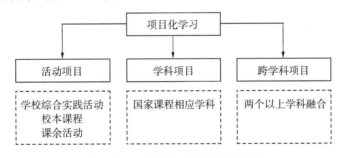

图4-1-11 项目化学习的建模框架

活动项目是学生探索解决身边日常情境中真实问题的项目。主要在学校的综合实践活动、校本课程、学生的课余时间中开展。学校的兴趣小组活动、体育活动、专题教育、班团队活动、社区服务、社会实践、节庆活动、德育活动等诸多活动都可以升级改造为活动项目。

学科项目是学生自主或合作探索学科中与真实情境有关的问题的项目。学科项目主要是在国家课程相应的学科课程中开展。学科项目诞生于学科与真实世界的交织之地。学科项目贴合课程标准及学生的学习难点,采用单元整体设计的方式来组织教学(图4-1-12)。

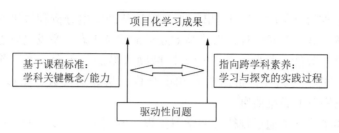

图 4-1-12 双向并进的学科项目化学习设计①

跨学科项目是学生合作探索真实世界中的复杂问题的项目,涉及两个以上学科的核心知识,学生在解决问题中实现对大概念的持久深度的理解,产生富有创造性的成果。如园区青少年活动中心的"智造之家"系列课程,秉承"园区人·中国心·世界眼"的育人理念,熔铸"智未来、造世界、家生活"文化新内涵。重在指导青少年学习智能制造,培养具有科学创新素养的人才,打造智造大家庭的生活研习圈。再如园区冷泉港亚洲 DNA 学习中心为 10~18 岁的学生提供遗传学及分子生物学项目化课程,在实验中教授现实世界分子生物学研究中的概念和技术,包括重现具有里程碑意义的实验和获诺贝尔奖的实验。学生可以像科学家一样,用同样的数据和工具来进行科学研究。其中 DNA 条形码项目为学习中心开发的研究性学习项目。学生通过两周的学习与培训自主研究课题并完成实验报告与海报,且学生的研究成果均发布在美国冷泉港实验室官网(图 4-1-13)。

图 4-1-13 冷泉港学生学习成果展示

---

① 夏雪梅. 学科项目化学习设计:融通学科素养和跨学科素养 [J]. 人民教育 2018(1):61-66.

在大数据时代，项目化学习让学习的空间延展了：小学可以对接中学，中学可以对接大学；学校可以对接社区，学院可以对接企业；教室学习可以链接研究院，链接工厂，链接一线场所。更多的平台让当今的学校成为学习意义上的"大学校"。活动项目、学科项目、跨学科项目学习让学生由应试式学习走向了创造性学习。创造性并不是少数人独有的，而是可以培养的，可以通过累积领域知识、开拓思维方法等方式产生的。在此过程中，学生发生心智结构变化，自由成长。

（三）快乐学，让学习成为学生擅长的事

学生是有着智慧与生命活力的自由主体。教师乐其所"教"，学生乐其所"学"，才能实现美好而和谐的学习生态。

1. 走近真实问题发现乐趣

走近生活中的真实问题，才能享受课堂学习的乐趣。课堂是师生交流、思维开启的空间，是培养学生自信、创新的根源地。合适的学习主题和学习方式是课堂活力的源泉。

园区的跨学科阅读学习以学科浸润的融合方式，为学生的学习提供了崭新的视角，也极大地调动了学生的学习内驱力。如语文和科学的融合性阅读学习，提升了学生的阅读素养，帮助学生解决生活中的科学问题。同时，把学生的知识引向纵深，使学生既学到科学知识，又促进语文思维品质的发展。以跨学科阅读《蛾或蝶》为例，在一小时的大课时教学中，学生始终兴趣盎然。其阅读流程为：流程一，通过阅读社会上一则蛾与蝶的新闻，思考与现实世界的关联，学习在生活中发现问题，进而学习有用的知识。流程二，在真实情境的任务驱动下，阅读文本，明确阅读的主要任务就是获取信息，解决问题。学生自主学习，通过小组代表上台交流、组与组互相补充、边交流边板书的方式，合作找出蛾与蝶的区别和相同之处。流程三，回顾新闻，判断检验学生运用文本信息解决实际问题的能力。流程四，运用思维导图提炼信息，为《博物》杂志公众号推文设计图文并茂的知识窗。不过，学生不可能仅凭一篇科普文的学习就学会辨别各种生活场景中的蝶与蛾，还需要科学阅读活动的助力。科学阅读活动形式多样，活动一：通过实物观察发现昆虫的微观特征（触角、口器、足、翅）。活动二：聚焦问题，精准阅读，通过观察对比蝶、蛾的微观特征，发现蝶与蛾在触角形态上的区别。活动三：体验用显微镜观察翅膀，知道蝶与蛾在动物分类中的位置。

跨学科学习，走课程融合之道，选取来自生活中的问题，同时解决生活中的问题。语文阅读可以成为涉及各个领域的阅读；数学计算，还可能是建模、科学、艺术、劳技等领域内的综合性学习……以学科融合形式来进行主题式学习，让课堂教学充满活力。

2. 走进 STEM 学习体验乐趣

学习乐趣如何制造？园区教育局与江苏省中小学教学研究室联合主持了新一轮前瞻性教学改革重大项目"STEM 教育支持强基创新人才的融浸式实践"。该项目倡导一种"融浸"式学习方式，即融入与沉浸，让学生在学习过程中感知并体验学习的乐趣（图 4-1-14）。

第一是科学、数学、综合实践、音乐、美术、语言和社会等多个学科的融浸。融浸来源于学生遇到的真实的问题情境。如"一年级新生报到。为方便小朋友找到自己的班级，请绘制一张校园地图"活动。学生会发现单纯运用一门学科知识，很难解决问题，综合运用数学、科学、美术等多门学科知识才能将这个问题解决。当学生经历测量、换算、绘草图、完善地图功能等环节，设计并制作出手绘地图时，他们的内心是无比喜悦的。

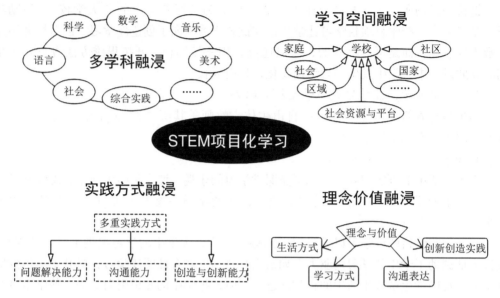

图 4-1-14　STEM 学习的建模框架

第二是学习空间的融浸。制造学习乐趣要以学校为中心，将 STEM 融入家庭、社区、社会，综合培养学生的创造力和科学创新素养。如学校组织二年级学生参加了苏州市"创意变变变"比赛，表演《蛟龙入海》节目。教室已经不能满足学生开展活动的需求。学校走廊、画室、剧场、家、小区都成了学生制作道具、排练节目的空间。排练整个节目就是一个大型 STEM 项目。

第三是实践方式的融浸。在将不同学科内容融浸的过程中，学生通过各种实践形式，关注知识，理解、思考、反思、行动，并使用技术学习，在实践中增强问题解决能力、沟通能力及创造与创新能力，培养创造性思维。如每年枇杷季，苏州东山和西山枇杷大量上市，在采摘过程中要轻拿轻放，防止碰撞。枇杷采摘都是人工操作，而且经常发生摔伤事故。能否想办法提高采摘效率、解决安全性问题呢？学生经历实地考察、调查问卷、亲身体验等多项实践后，会用自己的"知道"引导生成"做到"，进行发明和创造。

第四是理念与价值在学生生活方式、学习方式、沟通表达、创新创造实践中的融浸。学生沉浸在基于真实情境的问题中，融合相关学科知识，用严谨的科学思维、工程思维结合人文素养分析，并通过创新设计和物化实践，解决创新实践活动中遇到的问题。

3. 走入场景学习享受乐趣

如何让学生把学习当作享受？学生学习所获得的快乐，来源于内部动机、自我选择、自我激励、自主反馈、持续完善。场景化学习直接针对问题与挑战开展，搭建与实际生活场景相统一的模拟环境，通过一系列游戏化、体验式的类似情境化的学习活动让学生把学习知识、增强技能、改变行为和产出绩效有效连接起来，帮助学生明确知识的个体意义，促进学生在真实情景中生成积极情感、提升素养。

游戏是幼儿重要的学习方式之一。游戏的过程就是幼儿不断遇到问题和解决问题的过程，是持续、深入学习的过程，是综合获得多方面学习经验的过程。教师需要珍视游戏的独特价值，从环境创设到材料提供，从游戏激发到鼓励支持，从细心观察到耐心倾听，让幼儿充分与环境互动、与材料互动、与同伴互动，并在游戏中发现幼儿的学习与发展，同时让游戏融入其他活动，让游戏精神融入幼儿园课程体系，支持和满足幼儿通过直接感知、实际操作和合作探究获取经验的需要，从而真正践行"以游戏为基本活动"的学前教育理念，让幼儿园的课程更加生动、更加有趣、更加有效，更好地促进幼儿的全面和谐发展。深度聚焦幼儿身边生动鲜活的话题，以多元的形式、有力的互动，让幼儿在自主观察、操作实践、合作研究中呈现出善观察、趣探索、乐发现的良好学习品质，调动内在的学习动机，自主建构知识。（图4-1-15）让孩子做感兴趣的事，玩有挑战的事，享最快乐的事，才是最有收获的事。

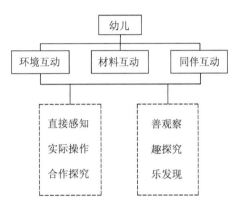

图4-1-15　幼儿游戏化课程的建模框架

体验式学习侧重于学习者学习过程中的体验和感受，重视人的生命意义。这种学习方式易于获得积极情绪体验，让学习者从具体感受开始，观察、思考并形成抽象的经验，最后将这一经验应用于实践。

以园区星湾学校的美术教学为例。教师在学生的学习过程中，鼓励个体自主体验，构建"全景式"体验场域，开发利用生活当中的资源，使学校与家庭、大自然、社会紧密相连，让学生生活的整个场域成为他生命成长的体验场。体验式学习让学生得以在沙溪古镇欣赏600年前的建筑与木雕，在小布达拉宫研习辉煌的藏式壁画，在唐卡学院学画珍贵的唐卡，沿着狭窄栈道观摩巴拉格宗大峡谷的壮阔与柔情……从俄罗斯的列宾美术学院、莫斯科郊外的乡村，到江西婺源、青岛崂山、广西桂林、陕北绥德，星湾学校的油画社团一次次刷新着里程记录，创作油画数千幅。水墨清华国画社团远涉江西婺源、浙江雁荡山、楠溪江，安徽黄山，江西景德镇等地，探访山中秘境，学习陶瓷技法，近则研究苏州园林曲折幽深的布局和欲说还休的人文思想。社员们在苏州美术馆举办展览，以继承和发扬民族传统文化精髓为己任，传承最传统的手法，大胆创作新的艺术表现形式向祖国山水致敬，向传统艺术致敬，向天人合一的中国思想致敬。

4. 走进延学空间创造乐趣

皮亚杰说过，"儿童是有主动性的人。所教的东西要能引起儿童的兴趣，符合他们的需要，才能有效地促进他们的发展"。作业作为巩固学习成效的手段，只有保持鲜活和新颖才能在很大程度上引起学生的兴趣。全面应用数据，建设精品资源，探索弹性作业、分层作业、探究性作业、阅读作业，重构学习路径，才能更好地引导学生主动地学，准确树立学生在学习活动中的主体地位。

如星海小学学生学党史作业，以寻访身边的红色文物为主题，让学生搜集红色文物背后的故事，探索地方的历史变迁，讲述、演绎当年的革命先辈、时代先锋的英雄事迹，结合故事内容，进行党史、队史知识抢答互动游戏，体现了实践性和综合性。再如新城花园小学"畅游一夏清凉"作业。学生组建组委会来制订方案和计划，与同伴、与家人、与社会进行深度接触与互动，最后以绘画制作、数据统计、作文表达等丰富的形式呈现别具一格的"清凉攻略"，锻炼了多方面的能力……在课程作业评价时，过程为主，重在体验，自评、互评、家长评、实践对象评等立体式评价让学生收获实践的快乐和肯定。作业设计从内容和形式上尝试颠覆传统，打破学科边界，综合性强，更能激发学生学习兴趣，培养学生实践能力，让学生真正爱上作业。

创客学习也为延学创造乐趣。园区西安交通大学苏州附属初级中学的数学老师，用他们的智慧，基于初中生心理特点，以"数学实验梦工厂"为切入口，提高学生学习数学的兴趣及热情。在创客学习中，用数学概念和命题设定产生的直观背景，通过实物模型、数学教具演示或计算机探究，激发学生学习的热情，带领学生玩转"拼图与因式分解""A4纸中的数学""二次函数性质探索"。利用工具"水"立方，探究正方体界面形状等，激发学生创新潜能。学生在绘制"繁华曲线图"中探究大小齿轮的尺数之比；在最小覆盖圆、莱洛三角形的动手绘制和视频制作中感受数学的神奇……学校在以"乐学善思·融合创新"为主题的乐创节上，策划了数学实验活动——拓扑折纸。这一项创客学习活动在 FM 96.5 苏州生活广播《阳光地带》栏目通过"看苏州"媒体平台直播，在线观看人数达 11 万人。创客学习给学生足够的探究时间和空间去动手动脑，在观察、调查、假设、实验等多种形式的探究活动中明理，促进了学生对学科的理解，让学生的思维更具开放性和敏捷性。通过学科素养数据跟踪评价可以看出，2017 级学生三年来数学非常规问题解决能力在各关键能力水平中增幅最为明显。（图 4-1-16）

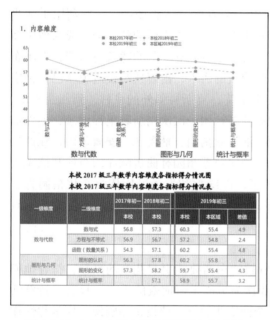
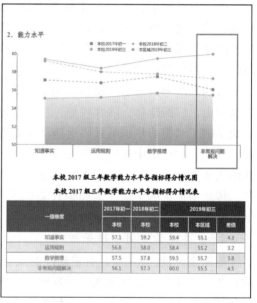

图 4-1-16　西安交通大学苏州附属初级中学 2017 级学生三年数学非常规问题解决能力跟踪评价

在迈向未来教育的进程中，从学生理解性学习 1.0 版，到走向数据驱动的结构学习、泛在学习 2.0 版，再到尝试思维导向的项目学习 3.0 版，乃至未来创客学习的 4.0 版，教育者在探索中前行，学习者则由传统学习走向生态学习，由优质学习走向品质学习，从有界学习走向无界学习。

第二节　教——指向立德树人的"智慧教"

园区教育大数据"易加"平台建成以来，通过全员参与、全员培训、全员应用、全员考核实现"四全 JOIN，全员 ENJOY"，让园区的每一个教育人都会用、善用平台，利用平台为教学服务，用更加"智慧"的教育服务学生的多样化、个性化发展。2020 年 7 月，园区被教育部认定为"基于教学改革、融合信息技术的新型教与学模式"实验区。

一、"智慧教"的应有价值

园区通过信息技术枢纽平台建设，推进区域智慧教育升级，促进教育资源极大丰富，实现教学行为全支撑，变革教学方式，让全流程互动教学成为课堂常规。教学方式的转变也引发了对教育价值的思考。

（一）教的结果不只是分数

教学追求质量是必然。但是对传统教学而言，教学质量在很大程度上已经异化成了只有分数，教师课堂教学的使命似乎只剩下训练学生在考试中拿高分。教师教的动机指向偏离，随之而来的教学行为势必就会走偏，教学只抓考试知识点，方法只有题海式训练。如此片面化的教学行为背后是对教的本质目标的背离，是对学生必要的学习需求的漠视。这也直接导致当教师需要了解一位学生时，看到的数据只有学生的考试分数，缺乏对学生全面而深入的客观评价。大数据不仅仅是网络中的海量信息数据，也不仅仅是学生学习成绩的一个数字，还包括学生在长期学习过程中存在的薄弱知识、策略运用、情感态度等方面生成的分析数据。学生是学情大数据的制造者，也是信息大数据的学习者。在社会环境的负面影响下，教师在教学中如果渐渐模糊了自己的责任与使命，将充满生命活力的教学活动变成了简单枯燥的解题指导，就会与"立德树人"的教育根本宗旨背道而驰，渐行渐远。

（二）教需要改变固化模式

班级授课制从诞生以来，一直走到今天，它的存在遵循了当时教育需求的发展规律，也适应了社会发展，推动了人类文明不断进步。班级授课制重在满足学生的共同学习需求和社会的发展需要，在一定程度上使教育资源的效用最大化，实现了教育的需求效果。但是，班级授课制一路走来，也暴露出了很多问题。这种授课方式弱化了学生的个性特点，统一化的教学要求也无法调动学生的学习主动性和积极性。当下的学生充满好奇心，他们是网络时代的"原住民"，对于新生事物有着极强的敏感性和接纳性。他们追求自身的独立性，敢于标新立异，不再拘囿于统一的评价标准。他们对自己感兴趣的特别好学，反之，对于自己不喜欢的则极度排斥。交互式的接触方式是这些学生天生的基因。传统教学方式缺乏交互技术的加持，没有重视学生的主体作用，纯粹用"我说你听"的方式来进行，已经愈来愈显露出不合时代发展的特性。

（三）教学应当落实"双减"政策

教育部出台的"进一步减轻义务教育阶段学生作业负担和校外培训负担"政策，旨在帮助学生减轻过重学业负担，帮助学生健康快乐成长。但是在落实和执行这些政策的过程中，学生学业负担过重的现象仍然存在，甚至还有部分学校、教师、家长不能理解国家政策，在功利化的教育追求下，在缺乏长远考虑的短视下，漠视甚至抵制"双减"政策的执行实施。过重的学业负担已经严重影响了学生的身心健康发展。新时代的学生喜欢的是创意、新奇、充满乐趣的新鲜事物，他们重视他人的看法，乐于分享自己的创意，但是过重的学业负担正在挤压他们与他人交往的活动空间和学习时间。

这些问题的存在很大程度上影响着学生健康活泼地发展，也影响着党中央提出的"立德树人，培养新时代建设者"教育根本宗旨的贯彻实施。要改变这样的现状，就需要充分审视当下学生所处的数据时代，寻找适合学生发展的"教"的变革。

二、"智慧教"的实践样态

适合的教育是注重学生全面发展、立德树人的教育，是努力培养担当民族复兴大任的时代新人，培养德、智、体、美、劳全面发展的社会主义建设者和接班人的教育。开展适合的教育，必然呼唤"教"的行为要破局。

新时代是大数据的时代，更是网络化全面覆盖的信息时代。在这样的环境中，教师必须要拥抱新技术，全面接纳信息化、网络化的时代变局，用信息化的视角，借助大数据的支撑，主动转变"教"的动机、方式，用智慧的"教"培养学生积极而主动"学"的意识与能力，让学习变成学生自己的事情，让学习发生在学生身上。李海林教授通过对中美两国中小学课堂观察比较后发现，美国课堂中的"以学生为中心"体现在以学生开展某一活动时遇到的问题来决定他们学什么，是先有学生活动，后有学习内容，表现出的是问题导向式学习，学生的学习价值体现在发现与创造；而中国课堂中的"以学生为中心"体现在先有学习内容，再进行学生活动，让学生在课堂上占据活动的中心，表现出的是指向运用式学习，学生的学习价值体现在传承与运用上。这两种"以学生为中心"都有其存在的必要价值，并且互有补充。园区努力将这两种学习价值予以整合，让学习体现出新时代发展需要的传承与创新，重塑适合学生发展的新时代学习价值。主要做法是：围绕课程打造课前可学、课中可拓、课后可展的全程支持学习链；设计好学生在线发起问题、平台实时响应、人机协同共助的全程技术支持环境；围绕学生感兴趣的话题，提供个性化学习内容菜单定制、智慧推送的智能学习供应链；以学生为主体，以"学习链"为支撑，形成学生沉浸于情境体验、人人互动的良好学习场域，促进学习真正发生在学生身上。[①] 对传统课堂的教学方式进行变革，就是要以学生为中心，让教学在"学习链"中科学进行，在减轻学生负担的同时轻松高效地达成目标。

（一）数据赋能课堂"智慧教"

叶圣陶先生认为："教是为了不教。"教学的出发点和落脚点在于让学生重视学习、学会学习、乐于学习。"以学生为中心"是学习的最高标准。教学方式只在教师和学生之间发生，知识传递的路径单一，授课教学的方式单向，使得传统教学的实效性和针对性比较低下。在网络信息化覆盖之下的新型课堂势必迎来自身的蜕变。园区将新媒体、新技术充分应用在教学中。大数据在课堂教学中适时介入，给传统课堂的交互方式和知识路径带来了深层变革。适时融合现代技术的新型课堂成为当前学校课堂教学的新样态，改变了传统的样态，实现了数据支撑、精确指向的"智慧教"。

---

① 沈坚，杨原明. 一场聚焦学习路径重构的探索：苏州工业园区促进学习真正发生在学生身上［N］. 中国教育报，2021-06-12（3）.

1. 教学环节介入"监测技术",实现"精准驱动"

利用"易加学习"等线上平台开展课程教学时,教师需要改变一成不变的教学行为惯性,真正从学生的学习实情和学习规律出发,通过大数据分析监测学生课堂学习成效,驱动"记忆式教学"转变为"理解式教学",整体化设计课堂教学策略。借助大数据分析学生学习环境和资源,变"被动式教学"为"主动式教学",任务化改进课堂教学行为,达成"慧学课堂"的深度学习教学观。利用数据平台对学生学习情况进行大数据采集,真实了解学情,及时获得反馈,监测学生的学习全过程,从而制定更有针对性的衔接教学策略。

以园区第二实验小学六年级英语教学为例,学校在年级、班级、个体三个层面实施学情数据监测,整体把控教学目标的落实情况,精准驱动教学高效实施。

年级:在教师开始课堂教学之前,学校年级组会对全年级学生的上一阶段学习大数据进行分析,以"相对统一,允许个性"为原则进行集中备课,制作学习微视频和前学任务单,再通过"易加"平台进行全体推送。学生在线完成相应的预学任务,一键提交反馈。年级组则会借助"易加"平台自动生成的反馈报告,及时了解年级组内全体学生的作业完成整体情况,在教学中针对学生学习中的重点、难点、薄弱点统一设计相关的巩固作业(图4-2-1)。年级组还可以在课堂教学后借助"易加"平台的监测数据,了解组内教师每周布置作业的数量和学生完成情况(图4-2-2),并进行量化分析和研判,通过数据监测来保证教学的高效实施,减轻学生学业负担。

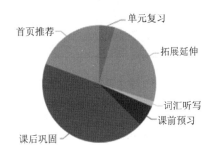

图 4-2-1　教师布置作业的整体类型

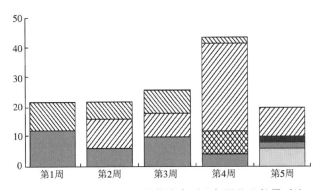

图 4-2-2　教师布置作业的整体类型和每周作业数量对比

班级:"易加"平台反馈的学生完成作业情况会以报告形式详细列出作业中各类指标的个人和班级达成度(图4-2-3、图4-2-4)。如学生的"语音、单词短语、句式语法"等掌握情况,平台会根据指标的完成情况再进行整体分析,班级老师则能够根据报告中精准的数据监测来明确课堂教学的重心,锁定自己班级的教学重难点,便于在各自的课堂教学中有的放矢。每一位教师不再是依靠单纯的既有经验来实施教学,而是真正做到了精确指向教学,避免了学生"吃不饱或吃不了",保证了教学的针对性和精准性,使课堂教学质量高效提升。

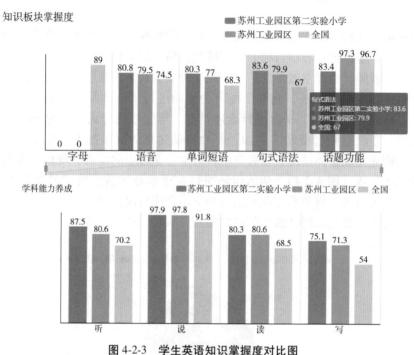

图 4-2-3　学生英语知识掌握度对比图

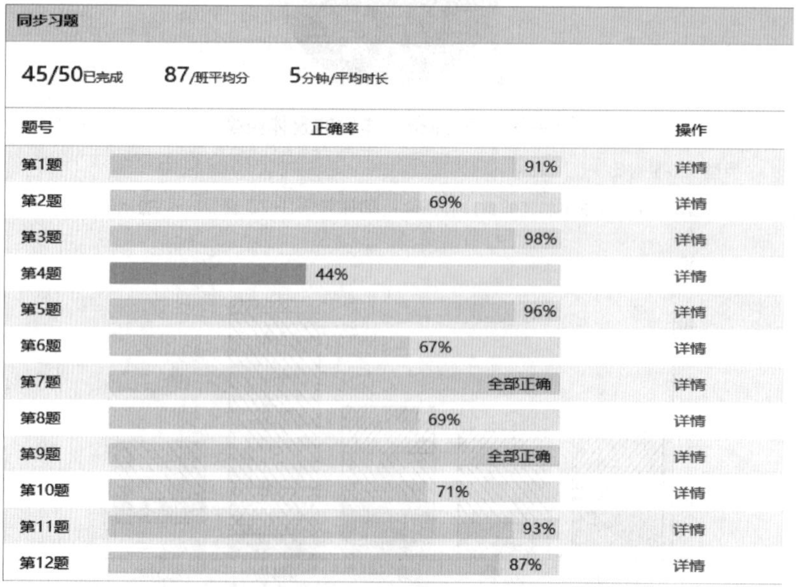

图 4-2-4　班级学生作业完成数据分析

个体:在"易加"平台中,学生在完成英语学习作业后,能够及时得到平台给出的答题反馈(图 4-2-5、图 4-2-6)。学生的答题正确与否能够一点即知,教师也能够清楚地分析出学生对哪一知识点没有准确掌握。这样的大数据分析便于教师针对个别学生提供针对性指导帮助,再利用"易加"平台推送更加精准的分层作业和巩固练习,帮助学生更好地完成知识点的学习。

图 4-2-5　学生作业反馈错误点(1)

图 4-2-6　学生作业反馈错误点(2)

2. 教学内容引入"资源推送",达成"个性主动"

教学内容是课堂学习的重点。传统课堂中的学习资源只有书本和一些配套辅导资料。教师在进行教学和拓展时往往受到外部条件和个人能力的限制而缺乏合适的资源。"易加"平台集中区域内教师的智慧与专长,在全体教师的共同努力下,给每个学习知识点设计了匹配的优质微课,使得每一个学科都拥有丰富的教学资源共享库,为教师提供了多样化教学的新平台,为学生提供了个性化学习的新路径。学校可根据课程的学习进度,将相关的优质微课进行结构化组合,有序推送给学生,让学生在家中可以完成提前预学,助力自由学、个性学。每一位学生在学习的同时还可以在"易加"平台中选择适合自己的拓展资源。教师则可以突破空间限制,在约定时间内在线陪伴和辅导学生,围绕推送的学习内容和资源进行互动式在线教学(图 4-2-7、图 4-2-8)。

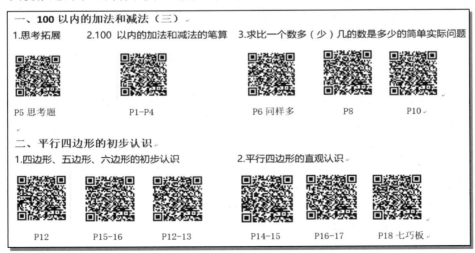

图 4-2-7　学科知识点配套学习微课资源

图 4-2-8　教师推送资源帮助学生个性主动学习路径

在区域内，各个学校信息化基础条件成熟，每间教室都保持网络通畅，支持移动平板互动教学。学校、学生、家庭上网率都达100%，拥有智能学习终端比例达100%，这些都为学生在任何时间、任何地点进行便捷的网络化学习提供了硬件基础。同时各个学校都充分利用"易加"平台的海量优质资源和互动功能开展多样化的教学探索，有效增强了课堂教学的实效性。

以园区星洲小学习作教学为例（图 4-2-9）。该校在"易加"平台的资源保障下，融合翻转课堂教学方式，结合学校"自主慧学"线上课程，开展优质线上习作教学，丰富线下课堂教学，点对点为学生解答习作过程中的疑难困惑，实现了习作教学能效的快速提升。

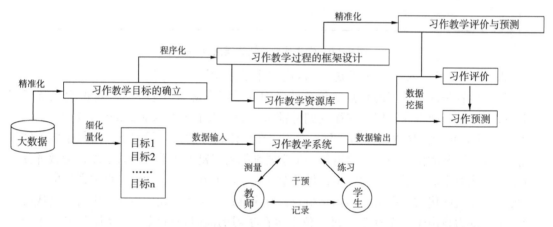

图 4-2-9　星洲小学习作教学流程图

学校全体语文教师应用大数据和"易加"平台，结合线上和线下开展集约化习作教学。第一步，教师在课前通过在线问卷，搜集学生在习作学习中的困惑点，确立习作教学的重点目标，再针对每一个习作内容中的重难点进行细化分解，利用大数据中的相关习作资源为学生匹配相应的讲解微视频和习作素材资源包，供学生前置学习使用。第二步，教师根据学生预习成效二次聚焦重点，并精选"易加"平台资源库中的优质习作素材，在课堂教学中面对面地对学生进行指导，帮助学生突破难点，实现学习效能的提升。第三步，课后学生完成习作内容，教师则推送习作评价量表，引导学生从基础性目标、训练性目标、发展性目标三个维度来对照并进行自评、互评，让学生在评价过程中学习他人长处，发现自身不足。第四步，教师进行最终评价，并将优秀的学生习作通过"易加"平台和学校公众号进行分享（图 4-2-10），让学生收获习作的快乐与骄傲。在习作教学的过程中，学生还可以利用学校自主开发的"星洲读吧"平台进行阅读积累与心得交流，增强自身的语言表达能力。

图 4-2-10　优秀学生习作在线资源分享

3. 教学方式接入"云端课堂",落实"高效互动"

"易加"平台的创立,为智慧教育大数据的采集提供了重要的工具和路径。智慧教育大数据来自区域内全体教师和学生,同时也是教师和学生共同开展学习活动的重要资源和载体。"云端课堂"是区域内学校借助教育大数据进行课堂教学创新的一种新探索和新样式。它将传统课堂进行了扩大与补充,通过云端数据的分类与整合,帮助学生更加轻松便捷地完成"课前导学、问卷诊学、课堂精学、课后延学"全流程,有效满足了教师教学的适切度、学生学习的参与度、教学价值融合度、教学效能达成度的"四度"要求,提供了一种可供借鉴与研究的新型教学样态。

以园区星洋学校为例,该校充分挖掘"云端课堂"的内涵,架构起"云课程""云问卷""云直播""云教学""云评价""云阅卷""云合作""云教研"为一体的星洋"云课堂"(图 4-2-11)。将智慧教育大数据分布在"八朵云"中,方便教师和学生操作。在教学中,学校主张每一节课都力求实现教学情景化、内容结构化、形式交互化、效果精准化。"云端课堂"让教学互动的效率提升,教学合作的广度延展,教学数据的运用便捷,教学活动的方式活泼。这样的课堂教学方式受到了学生的一致欢迎,教学成效也显著提升。在2019年苏州市教育教学质量监测中,该校学生对学校教师"教学方式"评价的认可指数居园区第一。

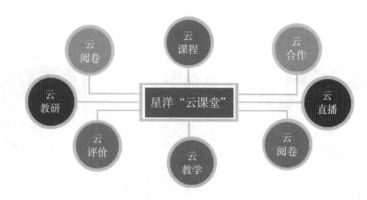

图 4-2-11　星洋学校"云课堂"架构图

4. 教学效能纳入"云上协同"彰显"远程联动"

在区域内要实现教学方式的转变，不能落下任何一所学校。指向"立德树人"的"智慧教"要惠及区域内每一位学生。园区作为国家级经济开发区，人口密集，学生来自全国各地。区域内既有公办学校，也有为外来务工人员的子女设立的民办学校。新融学校是一所外来工子弟学校，不仅生源基础薄弱，师资水平也较为普通。在环境不相同、生源不均衡、师资不相等的客观条件下，为了促进区域教育的公平和均衡，体现对薄弱学校的扶持与帮助，园区借助"易加"平台和智慧教育大数据的优势，开展了"云上协同"的大教学（图 4-2-12）。"云上协同"主要通过三种形式展开：一是同步在线直播。将优质学校名师的在线课堂向受帮扶学校实时开放，同步进行课堂讲授、问答互动、作业布置、同考同批等，让受帮扶的学生获得同等优质教学资源，转变薄弱学校的教学方式。受帮扶学校老师则做好学情诊断与反馈，及时在线上与送教名师进行交流研讨。二是在线帮扶教研。由区域内教学名师与薄弱学校教师、名校教研组与薄弱学校教研组等组

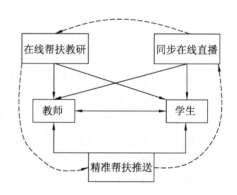

图 4-2-12　大数据下的"云上协同"实施方式

成在线教研共同体。他们利用"易加"平台的"在线备课""在线教研"模块开展直播教研、线上评课和协同备课，转变薄弱学校的教研方式，助力薄弱学校教师专业发展。三是精准帮扶推送。由各学校名师根据在结对帮扶中了解的情况，从"易加"平台等各级资源平台中遴选精品微课、课程、习题等资源，定期推送给受帮扶学校教师、学生，帮助薄弱学校师生共同提升，实现园区教学质量优质均衡发展。

（二）网络融合生活"智慧教"

在开展课程教学时，园区内各个学校不仅将大数据运用到一节节可视化的课堂中，而且还打破了课堂的固定空间属性，将课堂融入"互联网＋"的现实生活中，创造出"融创课型"的新方式，着力培养学生创新思维和创新能力。

这种新型的"融创课型"课程教学在大数据环境下，借助信息技术和人工智能的便利条件，利用"易加"学习平台整合学习资源和路径，转变课程知识的单向传输，将课程与互联网融入，与生活对接，打通教师与学生、学校与社会、现实与网络之间的

通道，构筑起"互联网融合生活的全时空教学场域"。"融创课型"的教学尤为注重以"学生为中心"，引导学生认识怎么开展学习，通过怎样的渠道进行学习，运用怎样的方式进行学习。"融创课型"的开发，让学生实现学习价值的最大化。

1. 促进项目探学的"智慧教"

在网络信息化深度发展的时代，数字信息每时每刻都在海量增长。面对如此浩瀚的大数据，教学需要基于适合教育的大数据重构学生的学习路径，给予学生个性化、精准化的学习干预、指导，推送具有选择性、丰富性的学习内容，避免学生在膨胀的数字信息中出现"学习迷航""认知过载"。

中小学阶段的学生认知能力尚处于初级阶段。他们天生充满好奇心，对身边的事物非常感兴趣。游戏化、活动化的学习体验是这一阶段学生重要的认知世界、发展能力的方式。而项目化学习基于建构主义的理论，通过对一个现实主题的深入研究，对接学生未来真实的生活。对于学生而言，对现实世界的深入研究正是他们所感兴趣的。在倡导情境设问，情境建模，逐步增强应用多学科知识解决实际问题的能力的今天，使用项目化学习开展教学是必然的选择。项目化学习可以在国家课程和校本课程间灵活切换，以达到培养学生认知能力和知识运用能力的目的。园区各学校针对学生的年龄发展特点，围绕自身内涵建设，设计了具有学校特色、符合学情发展的项目课程。教师则充分发挥学习伙伴的作用，引导学生在项目研究的过程中进行主动探学，实现综合素养的全面发展（图4-2-13）。

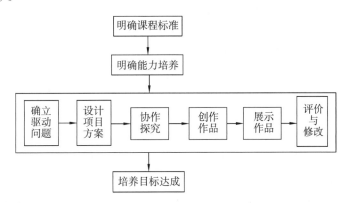

图4-2-13　教师指导学生进行项目探学流程

以园区景城学校开展的"二十四节气"项目化教学为例。该校立足"中国传统文化"，以"二十四节气"为项目研究主题。教师带领学生开展项目探学的整个流程：第一步，教师引导学生通过"易加"平台资源，进行阅读和讨论，建立背景知识；学生广泛阅读、积极搜索，从生活、书本、"易加"平台等途径获取关于节气的相关知识，在项目式学习小组内开展头脑风暴活动。第二步，教师带领学生讨论、策划，提出挑战性问题。学生在思考后，以项目式学习小组为单位提出一个关于节气的"挑战性问题"，并初步思考解决方案，提交导师团。第三步，教师帮助学生利用"易加"平台开展实践、修正、验证，融合学科知识解决问题，形成报告。

在整个项目探学的一年多时间里，尤其是假期中，教师始终作为学生的重要学习导师和伙伴，帮助他们综合运用学科知识，科学、智慧地利用"易加"平台开展实践，解决学生学习共同体提出的挑战性问题,并形成一个个公共作品,再通过"易加"平台展示给项目中的全体师生、家庭、社区。

在开展项目学习教学过程中,教师参与学生设计项目化教学资源并上传至"易加学习"资源库,方便学生假期中在"易加"平台收集信息、理解信息(图 4-2-14)。同时,假期里教师利用"易加"平台组织了 2 个阶段共 7 次的视频辅导课,帮助学生洞察发现、概括应用。和生活高度关联的"二十四节气"项目研究活动深受学生的喜爱。走进大自然,观察动植物,学习天文地理知识,研究民俗,研究美食美景,设计新年游戏等都符合学生的天性。他们释放出前所未有的学习热情。开展项目化学习的学生在课堂上更愿意主动参与、主动表达,学习能力显著增强。

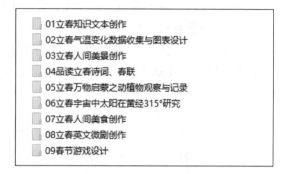

图 4-2-14　教师开展项目化教学设计的资源包

2. 实现跨界融学的"智慧教"

某一门学科的学习,往往会伴随其他学科的知识介入或是对相关学科产生一定影响。在这样的现实思考下,园区内各学校借助"易加"枢纽平台服务体系,通过教智融合的新型教与学的模式开展跨界融合学习,突破学校课堂的界限,将学习足迹延伸至社区、企业、场馆,拓展了学校教学活动的传统空间。"跨界融学式"课型是以某一门学科为切入口,在学科教学中让学生充分感受不同行业、不同场域需要各种学科知识综合运用的乐趣,进而突破单一学科的边界,让一门学科与其他学科知识进行融合学习,让学生在跨场界、跨学界的融学活动中实现知识的理解、融合、迁移、实践,激发学生的创新潜能。

园区星湾学校通过对学生学习数据的采集、加工与建模,勾勒"精彩跨界+个性融合"的教学路径,探索跨界融学的核心要素与实施策略,构建了跨界融学的新样态,整体推动学校课堂教学的深度变革。学校以"苏州,久久不见久久见"为跨界融学主题,探索了数据驱动下"跨场域、融学科"的跨界融学教学新样态。首先是确定学习主题。教师组织学生基于真实的问题,充分利用大数据平台的分析功能,着眼核心素养发展来精心制定不同的学习主题。其次是确定学习方案。教师组织班级学生开展学习的顶层设计,包括组建团队、筛选合作参与的场所单位,在"易加"平台中建立学习的板块,定位学习的目标,研究制订学习的方案。再次是整合实施。多学科教师在"易加"平台中共同参与推进,学生及时将学习需求和收获在"易加"平台中进行反馈上传,教师再帮助学生分类整合,通过学科联动来系统建构。最后是分析评价。教师针对指向核心素养、主体多元、角度多维、兼顾过程与结果等指标对学生的学习效能进行综合评价,将评价数据及时提交"易加"平台,形成学生个人学习发展的过程性数据。

在开展跨界融学教学探索过程中,教师认识到每一个学科都有不同的价值,不同学科的教学可以根据该学科在生活中的作用,选择合适的项目,让学生在跨界融学中明白各个学科的意义,从而增强学生各学科学习的内驱力。"易加"平台提供了重要的技术和数据的支持,方便每一个学生在学习中主动表达自己的观点,及时分享学习成果,也提升了师生教学互动的效率。

3. 走向无界慧学的"智慧教"

课堂中学习知识是有界的,但是知识的运用是无界的,学校培养的学生最终是要走向社会,综合运用所学知识和能力建设社会的。园区尤为重视学生创新实践能力的培养与发展,把学生学习思维创新与应用能力创新结合起来,立足区域资源优势,与知名高校、教育科研机构、高新技术企业等单位合作,建设一批拔尖创新人才培养孵化器,通过"无界慧学"的方式来实现学习的高阶发展。例如,星海实验中学依托苏州一号产业"生物医药",着力打造"生命科学后备人才培养创新研究中心";西安交通大学苏州附属中学与中科院苏州纳米所、西安交通大学、苏州纳米科技城合作,开设"纳米科学创新人才早期培养实验项目",让学生体悟高科技材料在社会发展中的重要作用。教师则通过"智慧教"的适时切入,帮助学生在学习过程中展示出研究特长和个性发展需求,助力学生成为更好的自己。在此过程中,教师是学生的学习伙伴,是学生学习的陪伴者与建议者,也是学生学习成果的重要见证者和分享者。

以苏州大学附属中学开展的冷泉港亚洲DNA学习中心建设为例(图4-2-15)。该校与冷泉港亚洲DNA学习中心教学团队协力开发生物实验创新课程,拟用三年时间对园区内初高中学生及生物教师进行全员培训,并研究实验课程对学生学习成效、科学素养和创新精神的影响。生物实验创新课程弥补了学校基因板块实验操作短板,帮助学生建构基因板块的知识系统,使学生对所学知识有更直观、更深入的理解,同时也培养学生的实际操作能力、分析问题与解决问题的能

图4-2-15 教师在冷泉港亚洲DNA中心陪伴学生开展学习

力。这样的教学模式是一种变革,更是一种突破,深层次改进了学校教学。

(三)融洽师生关系"智慧教"

在传统的学习模式下,学生作为知识的接收者的状态出现,他们如同容器一般,接受教师传授的大量知识,呈现被动学习的样态,没有学习内容的选择权和自由权。这样的状态是片面的"以学生为中心"。只有让学生主动参与学习,成为学习活动的积极探索者和实践者,"以学生为中心"才能真实发生。学生主动学习的内在驱动与态度保持都与教师的职业状态和业务素质息息相关,这就需要教师的"教"不仅要关注教什么、怎么教,还要强调是什么样的人在教。简言之,教师是保障"智慧教"的重要基础。

1. 尊重学生"智慧教"

在大数据时代下,每一个人都被海量的信息包裹。触手可及的各种资讯,一点即开的万花筒般的知识库,都是学生学习的重要来源。知识是无限的,它的变化也是秒速增长的。新时代的教师要尊重学生,给予他们学习权利,在培养学生筛选、采集、吸收这些无穷无尽的知识数据的能力时要不遗余力,帮助学生形成良好的主动学习能力。教师要尊重学生,着眼学生未来的发展,不仅要帮助学生利用数据开展学习,还要切实做好

学生数据使用的品德教育和心理建设。以道德为先，要让学生充分感受网络时代知识获取的快速与便捷，也要让学生牢固树立知识使用的版权意识、信息获取的合法意识、网络言行的规范意识、人网融合的健康意识。教师要做尊重学生的"人师"，就不仅要培养数据时代的学习者，还要培养数据时代的未来公民，培养实现中华民族伟大复兴的社会主义建设者和接班人，做践行"立德树人"教育使命的执行者和耕耘者。

园区教育部门积极推动教师努力成长为尊重学生的"人师"，让每一所学校的老师都能成为学生喜欢、家长信任、学校骄傲的"四有好教师"。为了做好"人师"的导向培养，园区通过设立以"过程化监测、大数据分析"为主要手段的教育评价机制，侧重从"共同体中心环境"的管理角度，引领学校课程实施的丰富性、师资培养的适切性、办学特色的多样性，满足社会需求的多元化，建立一个多维度的评价模式。侧重在"学习资源、学习路径、学习态度"三种教学数据指标中对学生素养水平进行诊断，从而帮助教师更好地转变教学方式，引领学生健康全面发展，切实面向"每一个学生"发展，体现"立德树人""人人成才"的教育导向。通过这种点面结合的评价引领学校自我诊断，指导教师自我改进，以大数据导向精准教、智慧教，推动学校发展、教师成长、学生成才，整体提升区域中小学校的办学质量，丰富办学内涵。

2. 拥抱数据"智慧教"

教学方式多种多样，到底哪一种是最好的教学方式呢？答案显然是不固定的。只有合适的教学方式，没有最好的教学方式。大数据时代的教师教学，已经打破了传统授课的空间和时间的限制，教学对象的数量也突破了传统班级授课制的规模。教师上课，面向的不仅是眼前的数十位学生，更是显示屏前庞大的学生群体。教师教学方式也不再是单一的"我说你听"，而是线上线下多元融合，实时交互。大数据为教师的教学提供了科学的依据和海量的资源。教师作为适合的教学方式的选择者和执行者，必须善于采集各种学生学习的数据，善于筛选适用的数据，善于利用丰富的数据制作学生喜闻乐见的学习资源，还要善于了解当下学生的学习兴趣和热情，理解他们的心理追求。尤其是进行在线教学时，教师无法通过学生的神情动作来观察判断他们的学习状态，也无法用威严来管控教学的纪律，只有善于分析学生学习过程中呈现出的各种数据，在科学的研析与实证下，才能够使用网络环境下学生喜闻乐见的"新语言""新方式"，灵活处理与学生的交互关系，把握学生学习的内在需求，才能让自己成为学生喜欢的伴学者和指导者。园区内青年教师居多，他们与学生有着天然的亲近感。为激励教师们形成科学的数据观，善于运用数据开展教学，园区教育局针对教师的专业发展相继评选了"教智融合工作先进个人""易加学院应用先进个人"等，各个学校也在联合家长和学生开展"最具魅力网络名师""我最喜爱的网红教师"等评选活动，有力地形成了科学运用数据开展教学的区域氛围，助推了一大批优秀青年名师迅速成长。

3. 善用技术"智慧教"

学习环境是学生能够进行主动学习的重要场域可以分为两种。一种是学生开展主动学习的时空场域环境，一种是知识运用的类情境环境。这两种环境，一种是学生学习的起点，一种是学习的终点。而在不同的学习环境视角下，教师教什么、怎么教就显得各不相同。因此教师首先要成为环境的创造者、利用者和改进者。在智慧教育大数据环境下，教师首先要能够熟练掌握各种网络新技术，能够熟练运用新媒体。利用新技术创造适宜的学习环境是教师教学方式的重要组成部分。要让每一位教师能够充分认知到其中的重要性，成为学生学习的重要伙伴，就要让每一位教师熟练掌握教学新技术。园区先后评选出一批"智慧教育数字化学习示范区基地校"和"智慧教育大数据应用示范区实验校"，推动实验学校教师先行先试，参与新技术的实践与运用，并针对新入职教师、青年教师、成熟教师配套开展了"新上岗教师易加运用专题培训""教师教育网络在线学习坊""教智融合沉浸式研训"等专题培训课程。各个学校围绕"大数据应用"实施校本化特色培训，让每一位教师都通过多样化、多维度的培训，来增强自己运用大数据的教学技能；让每一位教师都充分了解"易加"平台和大数据的教学使用价值，熟练掌握大数据的采集与分析技术，成为充分利用"易加"平台开展教学的"经师"；通过考核评估，让每一位教师达标上岗，为"智慧教"提供人力资源保障。

为了打造并形成一支充满活力的教师队伍，培育"智慧教"的"工作母机"，园区教育局还改变了传统的评价教师的方式，通过区域开创的"五星评价"和"质量评价"来导向适合的教学方式，引领教师的"教"更加精准地直击靶心，引领学生更加主动积极地开展学习。

从走向"理解式教学"到探索"主动式教学"，再到"促进项目探学、实现跨界融学、走向无界慧学"的智慧教学，探索教学方式转变的空间还很广阔。唯有坚定"以学习者为中心"，秉持"绿色可持续发展"理念，始终坚持"教的转变"服务于"学的转变"，才能在"教学方式的转变"中探寻到更加科学、更加适合的最佳路径。

第三节　测——实现全程覆盖的"科学测"

教育测评是教育系统中不可缺少的组成部分。只要有教育过程存在，就必然有教育测评伴随，否则，教育过程就不完整。教育测评作为控制教育过程的主要手段，为改进教育过程提供必要的反馈信息，以撬动教育高质量发展。基于园区当下有大量转学生、大量积分入学学生、大量新生、大量新教师等办学新常态，面对生源、师资结构不均衡，学校内涵发展不充分等新问题，如何满足学生个性化学习需求和促进园区教育优质均衡发展，已成为园区教育高位发展的大挑战。因而，在大数据时代背景下，运用大数据技术来助力教育评价的现代化与专业化，形成相对科学化的评价体系，促进学生全面、个性、自主地发展，让适合的教育落地，成了园区智慧教育梦的一个迫切的内在诉求。

一、学业质量与学业负担监测

学业质量监测是学生学业质量评价的重要方式，在国内外教育质量评价领域中发挥着极为重要的作用。当前，进行规范、系统、科学的学业质量监测研究已经成为教育转向内涵发展的必然要求。中小学生课业负担重是我国基础教育的一大顽疾。《国家中长期教育改革与发展规划纲要（2010—2020年）》提出了一个重大举措："建立学生课业负担监测和公告制度"。学业负担监测对于切实减轻学生过重的课业负担具有重要的意义。

（一）发挥学业质量监测的区域作为

国家及江苏省的义务教育学生学业质量监测是在小学、初中段各选择一个年级作为监测对象。苏州市的义务教育学生学业质量监测将初中各年级全部作为监测对象，实现了初中阶段监测年级全覆盖。从三级监测的周期、对象和学科上可以看出，国家监测和省级监测的对象仅覆盖个别年级，且监测周期整体偏长。苏州市监测一年一次，但是监测对象仅覆盖初中三个年级，三级监测体系中，小学阶段的监测略显不足。

依据《教育部关于推进中小学教育质量综合评价改革的意见》《国家义务教育质量监测方案》等文件精神，基于国家、省、市三级义务教育学生学业质量监测现状，结合区域教育质量的实际情况，园区决定将义务教育学生学业质量监测的重点放在小学阶段。

园区出台实施了《苏州工业园区小学生学业质量监测方案》，坚持"常态"诊断的科学理念和行动方式。监测学科从语文、数学、英语逐步拓展到艺术、体育、科学、道德与法治等学科。监测学科覆盖所有学科，这在苏州地区是首创，较好地营造了实施素质教育的氛围。园区在监测维度上做到全方位，围绕"家庭、学校、学生、教师"四因素监测，重视对影响学业质量的学生身心健康、学校教育管理、家庭教育文化、教师教育教学等相关因素的分析，体现评价改革的时代性、导向性、诊断性，营造实施素质教育的良好氛围，在监测实施中，采取"分段监测、缓步推进、聚焦问题、长线跟进"的思路，选取两门学科进行学业质量和相关影响因素的监测，至今已经实施了多轮（表4-3-1）。全学科监测，有力保障素质教育实施；全方位诊断，有力保障科学发展质量观。

表4-3-1 苏州工业园区学生教育质量综合评价监测概览

时间	监测学科	问卷诊断重点
2015年6月	四年级语文 六年级数学	学业负担、教师发展、课程管理
2015年12月	四年级英语 六年级体育	学习环境、男女生学习策略、教师发展
2016年6月	三年级语文 五年级美术	学习氛围、学习策略、教师发展、课程建设
2016年12月	五年级科学 六年级数学	教学管理、教育增量、男女差异、校园活动
2017年6月	四年级德育 六年级英语	育人环境、师生信息素养、学生身心发展和学习策略
2017年12月	四年级音乐 六年级语文	学习环境、课程建设、学业负担、阅读策略、教师发展
2018年6月	四年级数学 五年级体育	学习者中心环境、评价中心环境、共同体中心环境、教师发展

续表

时间	监测学科	问卷诊断重点
2018年12月	四年级美术 五年级英语	家庭环境、学生学习基础素养、教师创新素养
2019年12月	四年级科学 六年级语文	学校增值评价、抗逆学生、学生学习基础素养
2020年12月	五年级数学 六年级德育	学习方式、学习动力、学业负担、学业支持、教师职业状态
2021年6月	四年级音乐 六年级英语	学习方式、学习动力、作业评价、教师学习科学理论

园区把国家和江苏省的学业质量监测作为区域教育质量的"分析背景"和"坐标定位"。初中学生的学业质量监测依托苏州市学生学业质量监测体系，充分发挥市监测纵横比对的优势。小学学业质量监测以园区自测为主。园区通过四级监测体系为园区素质教育实施现状进行整体画像，通过质量评价引领学生未来的发展，面向"人人"的个体发展，凸显园区适合的教育的价值观导向。

（二）构建区域教育质量监测的指标体系

经验表明，课程中被有效评价的部分往往更加受到教师和学生的重视，且更有可能被教和学。在实施基于素养的教育系统工程中，评价尤其是学业质量评价切中肯綮，它可以在教育实施的进程与节点上，提供形成性和结果性信息，以检测和评估学生相关素养的发展，为课程与教学提供反馈及建议，敦促课程与教学不断改革以指向核心素养。因此，在一定程度上，学业质量评价便成为核心素养"落地"的重要制约与保障，并发挥着重中之重的作用。[①] 在核心素养时代，区域学业质量监测如何才能做到精准，做到促进核心素养的落地，是园区学业质量监测首先思考的问题。

1. 研制综合评价指标

参照教育部中小学教育质量综合评价五大指标，结合国家文件、核心素养指标体系和课程标准，园区自主研制区域学生综合素质评价指标（表4-3-2）。著名儿童心理学家让·皮亚杰的认知发展理论认为，儿童的心理认知发展是主体与客体相互作用的结果，主客体之间具有相互联系、相互制约、相互作用的特征，两者缺一不可，才能促使个体自我选择、自我调节的主动建构。园区研究的教育质量评价指标包含了凸显主体的德、智、体、美、劳等显性发展指标，同时也包含了凸显学生客体的家庭环境、学校环境、学业负担等隐性发展指标。质量评价的具体领域包括学生品德发展、学业质量、身心健康、成长环境、学业负担五个一级指标，并且各一级指标分别下设有二级、三级指标。学生各发展水平中各项二级指标坚持普适性原则，分别从不同方面探讨学生发展水平的影响因素，而三级指标更加强调区域特色，联系区域内相关的政策导向，突出区域教育质量监测的特点，旨在能够更好地为区域教育决策服务。

---

① 李如密，姜艳. 核心素养视域中的教学评价教育：原因、价值与路径 [J]. 当代教育与文化，2017，9 (6)：60-66.

表 4-3-2　苏州工业园区教育质量综合评价指标

认知发展	一级指标	二级指标	三级指标
主体因素	品德发展	品德认知	行为习惯、公民素养、人格品质、理想信念
		品德行为	日常行为、德育实践
	学业质量	学习习惯	学习行为、信息素养
		学习策略	各学科学习方法和策略
		知识技能	各学科关键知识和关键能力
		思想方法	学科表达、探究创新
	身心健康	身心健康	身体机能、近视防控
		生活方式	锻炼习惯、学习作息
		审美修养	艺术表现、艺术活动
		兴趣实践	兴趣爱好、实践体验
客体因素	成长环境	家庭因素	家长学历、家庭环境
		学校因素	课程建设、学校管理
	学业负担	教师因素	师生关系、专业素养
		学习动机	学习兴趣、信心和在校归属感
		负担压力	学习时间、睡眠时间

园区通过教育质量综合评价指标，推动教育质量评价从单一性评价转向全面性评价、终结性评价转向增值性评价、静态性评价转向动态性评价、水平性评价转向诊断性评价。

2. 优化学科核心素养图谱

核心素养为学业质量评价提供了方向与指引，即从关注课程到重视人，从反映结果到关注过程，从注重学生各学科知识体系完备到重视学生跨学科、全面发展的素养提升转变。[1] 园区以"立德树人、全面发展"为评价主要标准，以国家颁布的学科核心素养体系为纵向评价指标，以综合素质发展为横向评价坐标，依据2017版高中新课标中学科核心素养及教育部颁布的《关于推进中小学教育质量综合评价改革的意见》，研制了适合园区生情的中小学语文、英语、美术等学科的核心素养图谱（图4-3-1—图4-3-3）。通过学科核心素养图谱的优化，一方面用核心素养指导、引领学科课程教学，彰显学科课程的育人价值，使之为学生的终身可持续发展服务；另一方面，通过对学科独特育人功能的发挥、学科本质魅力的发掘，推动核心素养在学科课程中的落实。

---

[1] 辛涛. 学业质量标准：连接核心素养与课程标准、考试、评价的桥梁 [J]. 人民教育，2016（19）：17-18.

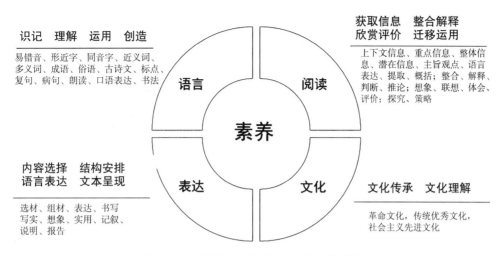

图 4-3-1　苏州工业园区语文学科素养图谱

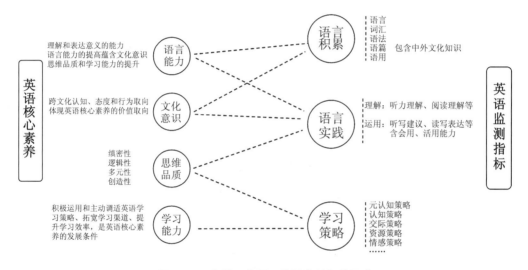

图 4-3-2　苏州工业园区英语学科素养图谱

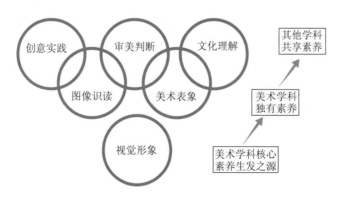

图 4-3-3　苏州工业园区美术学科素养图谱

基于学科核心素养图谱，园区教师发展中心自主研制小学语文、数学、英语、体育、美术、科学等各学科的三级监测指标及相关因素采集指标（表 4-3-3），对学生的学业水平分 A、B、C 三个等级进行具体描述（表 4-3-4），其中美术学科监测指标的开发属国内首创。指标的设计和引领，实现了学业质量监测从甄别走向诊断、从知识走向能力、从以成绩为本走向以人为本的转变。

表 4-3-3 苏州工业园区学科三级监测指标（示例）

学科	一级维度	二级维度	三级维度
五年级英语	语言积累	语音	正确朗读、语音语调正确；了解拼读规律；听得懂所学词汇、固定用法、语段等内容
		词汇语法	在语境中准确理解和确切表达单词、短语、习惯用语和固定搭配等
			包括词法知识（词的形态变化）和句法知识（时态、结构等）
		语篇语用	理解和运用有关下列话题的语言表达形式：个人情况、家庭与朋友、身体与健康、学校与日常生活、文体活动、节假日、饮食、服装、季节与天气、颜色、动物、异国文化等
	语言实践	听力理解	听录音，谈到的人物分别是谁？ 听问题选择合适的应答； 听对话，根据问题，选择最合适的图片； 听一篇短文，根据问题，选择最合适的答案
		阅读理解	单项填空；根据句子含义，选择词汇； 完形填空；读图判断；短文判断、选择
		综合运用	听录音，完成下列对话； 用括号中所给单词的适当形式填空； 根据上下文，将下列对话补充完整；填入表示先后顺序的词； 根据图意，填写词汇，完成对话； 书面表达
	学习策略	元认知策略	制订学习计划、主动复习和归纳； 尝试阅读英语故事及其他英语课外读物； 注意观察生活或媒体中使用的简单英语； 通过图书馆、网络等资源获得更广泛的英语信息等
		认知策略	在词语与相应事物之间建立联想，在学习中集中注意力，能初步使用简单的英语词典等
		交际策略	遇到问题主动向老师或同学请教，积极与他人合作，遇到困难主动求助、勇于克服等
		情感策略	体会英语学习乐趣，敢于开口，主动参与学习实践
四年级美术	美术辨识	造型元素	线、形状、明暗、笔墨
			空间、肌理、形式、媒材
			色彩、色调、色性
		形式原理	对称、均衡、比例
			重复、强化、节奏、对比
			透视、构图（布局）、主次

续表

学科	一级维度	二级维度	三级维度
四年级美术	美术辨识	美术文化	美术家、美术作品、流派；美术门类
			形式与风格、作品内容；地区与时代文化
			题材与主题；情感与思想
	美术表现	感知与表现	形状、体积、色彩的表现
			内容、风格、情感的表达
			构图、透视的应用
			装饰、雕塑、制作的能力
		媒材与方法	工具、材料的认识和应用
		理解与创造	主题与主体的塑造
			描述、分析、判断的能力
			美术语言、形式法则的应用与变化
	美术活动	参观	博物馆美术馆
			社会走访（民族、民间）
		参与	社团活动
			展览活动

表4-3-4 语文学科阅读考查能力上的表现分水平描述（示例）

阅读	A	★能够综合利用文本的信息并联系个人经验从多个角度对问题做出合理的解释或评价
	B	★能够根据要求从文本中提取相关信息并进行简单比较或概括 ★能够通过对相关信息的简要加工对问题做出解释 ★能够完整感知文本的主要内容
	C	★不能对所提取的信息做出加工；或只能从一个文段中提取直接陈述的信息，利用直接提取的信息进行解释 ★不能完整感知文本的主要内容

围绕学业质量监测指标，以指向核心素养和关键能力为测评方向，园区研制出学科核心素养测评工具，包括各学科测试卷、现场测试方案和教师问卷、学生问卷等，全面监测小学生全面发展状况，重点考查学生综合运用知识、解决问题等能力和艺术审美、身心健康、实践探究等素养，促进学生综合素质的全面提升。

（三）开展学业负担监测，绿色评价落地生根

基于学生核心素养的培养，促进学生全面发展和快乐成长一直是园区教育人的追求。为了突破"学业质量好，学业负担必然重"的"魔咒"，根据教育部《关于推进中小学教育质量综合评价改革的意见》等文件精神，园区研制了《关于开展义务教育阶

段学生学业负担状况监测实施意见》，并从2015年起在全区开展学生学业负担状况监测工作。通过常态化的区域监测，进一步转变学校办学理念，营造学生快乐学习、健康成长的绿色教育生态。

学业负担是学生（个体或群体）在与环境（家庭、学校和社会）相互作用过程中由承担的学习任务所需要的学习时间引起的生理和心理上的压力反应。学业负担不仅体现为学生的生理反应，还体现为学生的心理反应。[1] 因此，义务教育阶段学生学业负担状况监测，主要围绕学习时间、课业质量、课业难度、学习压力四个关键指标，确定作息时间、课程开设情况、作业和考试的难易程度等方面的18个监测点（表4-3-5）。既关注学生承担学习任务花费的时间，同样关注学生在学习过程中的感受、看法及情绪等心理反应。正如专家所言：这个指标体系能够让基于大数据的教育质量监测成为教育健康的体检仪、教育评价的刻度尺、教育生态的气象站、教育行为的红绿灯及教育质量的助推器。[2]

表4-3-5 学业负担状况监测指标体系

关键指标	指标指向	考查要点
学习时间	学生上课时间、作业时间、补课时间、睡眠时间等	1. 学校作息时间 2. 家庭作业时间 3. 睡眠休息时间 4. 校外补课时间
课业质量	课程教学、作业和考试（测验）的有效程度及学生的感受和看法	5. 学科类课程开设情况 6. 活动类、实践类等课程开设情况 7. 作业和考试的有效程度 8. 对自己学习习惯的评价
课业难度	课程教学、作业和考试（测验）的难易程度及学生的感受和看法	9. 对自己升学的期望 10. 作业和考试的难易程度 11. 校外补课次数等 12. 教辅资料使用情况 13. 对自己学习成绩的评价
学习压力	学生在学习过程中表现出的快乐、疲倦、焦虑、厌学等状态	14. 考试的次数及是否排名 15. 教师、家长的升学要求 16. 对学习负担与成绩关系的评价 17. 对学习兴趣、学习情绪的评价 18. 视力等身心素质发展情况

监测的具体路径是大量的问卷调查和数据采集。园区构建专门的"问卷监测"信息网络平台系统，支持学生、教师、家长三种不同类型的问卷调查。其中，教师问卷、家长问卷由平台直接推送至教师、家长的手机，学生问卷调查则统一在学校的网络教室进行，方便快捷。为保证问卷的科学有效，园区一方面根据监测指标体系，构筑了总量超过1 000题的题库，并保持每年20%的更新比例；另一方面通过实施系统自动组卷、完全匿名回答等举措，减少人为因素的干扰。

---

[1] 陈丽华. 教育质量监测中的学业负担概念厘清与指标建构[J]. 当代教育科学，2017（8）：62-65.
[2] 罗强. 高品质：教育质量监测的目标追求[J]. 江苏教育，2020（42）：10-13，28.

在最初实施负担监测的2015年、2016年，全区共抽取8 150名样本学生、4 455名样本家长和581名样本教师参与监测。到2020年，园区学业负担监测，全区共抽取169 922名样本学生、229 533名样本家长和15 179名样本教师参与监测，实现了监测对象的多元化和广泛性。通过学业负担监测数据的走向，园区明晰了区域中小学生学业负担状况的变化趋势。在接下来的工作中，一方面要把学业负担放在整个学业进程中，回溯过往、研判当下、预判未来；另一方面要突破当下的治理思维误区，掌握学业负担治理的主动权①，为教育行政部门、业务指导部门、学校管理人员直至一线教师掌握学生学业负担的区情、校情、生情，发现进步、寻找问题、精准施策，提供了有效依据。

学业负担监测充分发挥了监测、评价所具有的诊断、反馈、导向和促进发展的功能，促进了学生全面、生动、活泼、主动发展，也引导学校、社会、家长形成了正确的教育质量观，使每个学生都能得到充分发展，全面改善区域教育生态，提高区域的教育质量。

（四）实证治理引领区校教育教学改进

园区以质量监测为抓手，改变区域教育教学的方式。为了让园区每一位学生享有更加公平、更高质量、更加多样化的教育，实现区域教育高位均衡发展的愿景，园区以学生学业质量监测为项目实施重点，强化全面发展的育人理念，倡导基于实证的教学评价改革，以问题为导向推进改革，逐步完善基于数据支撑的"监测分析—问题诊断—改进优化"学业质量评价机制。

在互联网时代，每个人都是数据的传播者和分享者，质量信息只为少数人占有的状况将被改变。② 通过"易加分析"平台，监测数据不再为区域教育管理部门所独有。教育管理部门、教研员、学校管理者、一线教师都可以直达监测数据。每一所学校，甚至每一个班级、每一位学生都能形成自己的数据报告。通过数据的采集、分享和沉淀，园区在全区推广了"让事实说话，用数据诊断问题"的实证分析思路，引领全区教研教学的跟进式管理，推进教学研究的深化和教师行动的转变。

1. 靶向诊断，精准定位区域研训主题

学科教研主题的引领是全区教育质量提高的关键因素。监测结果运用是把科学的数据分析作为教育的"体检"过程，要从过去单一的"经验判断"，转向基于证据的、更加精细准确的"科学判断"。③"用数据分析、让数据说话、以数据驱动"，通过梳理和解读监测数据，园区更加精准地把脉核心问题，围绕学科建设的核心问题开发出相应的跟进式研训课程（表4-3-6），引领全区学校上下联动、形成合力、协作研究。如2015年6月，园区进行了四年级语文学业监测。监测数据显示，涉及学生语文学习高阶思维的题目，均是学生普遍存在的难点。针对监测数据反映出的主要问题，全区教研员将"基于数据分析的学生阅读思维素养发展问题"作为跟进式改革研究项目，并由此确定研训主题为"聚焦能力、优化策略、延展实践"，引领学校语文团队积极探索指向学生阅读力培养的研究，开展了相应的"命题研修、课外阅读课例研修、精品阅读课例研

---

① 张铭凯. 学业负担监测系统的构建、运行及保障［J］. 福建教育，2016，（19）：20-21.
② 朱卫国. 质量评价是教育转型的关键［N］. 中国教师报，2015-08-05（14）.
③ 罗强. 监测驱动：大数据时代评价改革的新走向：苏州市义务教育学业质量监测结果运用的思考与启示［J］. 中小学信息技术教育，2019（C1）：45-47.

修、课外阅读活动"等系列活动。在体育学科中，监测结果显示，全区学生上肢类力量相对薄弱，于是园区确定"上肢类力量"提升的主题研究，通过推行必教内容、跟踪落实，加上课堂教学手段的丰富，使学生的双手上步前抛实心球项目的良好率、优秀率逐渐增加，不及格率逐渐减少，身体素质得到全面发展。

表 4-3-6　苏州工业园区基于监测数据的核心问题与研训主题（示例）

学科	核心问题	研训主题
语文	阅读高阶思维能力的发展	聚焦能力、优化策略、延展实践
数学	图形与几何领域专题研究	基于课程标准的教材二次开发
英语	教学差异和教师培养	基于序列目标、绘本和写话教学的专题研究
德育	德育课堂与活动实效	加深学生道德体验，提升德育活动实效
体育	上肢类力量和速度耐力素养	提升课堂有效性研究
美术	图像识读美术素养发展	基于美术语言的课程设计
科学	科学教师素养发展问题	区域教研共同体研究
音乐	学生识谱视唱能力的培养	识谱能力增强的专题研究

2. 精准改薄，校际联动聚焦问题改进

为了促使区域教育优质均衡发展，园区针对历次跟踪监测中存在共性问题的典型学校，安排学科教研员领衔，开展校际联动，组成校际教研合作组，组织学校中层和骨干进行实证数据分析与解读，实施精准改薄计划，激活学校内驱力，开展个性化帮扶。通过实施前测和后测的实证跟进诊断，来精准研究学校学科教研组存在的问题和改进的方向，实现抱团发展。如基于阅读素养较为薄弱的问题，全区语文教研组确立了"聚力阅读素养"的研训系列课程，以5年内教师、骨干共同体教师、学科联盟团队为三大团队，逐步探究小说、散文、诗歌、群文、识字写字课、故事类等各种类型的阅读教学内容，引领全区各校教研组聚焦语文学习关键能力和必备品格的养成，并选择园区娄葑学校和金鸡湖学校作为试点学校，由点到面，逐步辐射全区。

3. 学科数据，精准助力因材施教

园区通过"易加分析"系统，沉淀各校学生多次监测的数据，以形成学生个体学科方面的成长图谱。通过这样的数据分析，清晰地呈现学生个体在某学科核心素养和关键能力上的优势与短板。这些数据图还可以清晰地呈现分数段相同的学生在学习能力上的差异。形成这样的数据分析和应用思维，可以帮助学校依据学情因材施教，指导教研组精准教研和教师精准教学。

例如，园区星澄学校拓展运用菁睿精准化教学与诊断系统建立数据追踪，动态分析，建立每个学生的数据档案（图4-3-4、图4-3-5）。学生档案基于知识点模块、成绩趋势及历次调研情况，方便教师准确分析每一位学生的动态，制定更加有效的教学策略，研究更适合的教育，关注每一位学生的成长。教师利用大数据可了解每一个知识点在课上是否讲透，教研组内的哪个教师哪道题目讲得比自己透，以便不断学习和反思改进，了解自己教学模块的优劣，精准调整。精确的得分点统计，可以让学生了解自身的个体发展差异、知识点掌握优势和劣势，方便教师为学生个体量身定制更有效的教学策略。

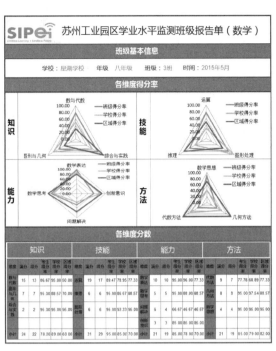

图 4-3-4　学业水平监测班级报告

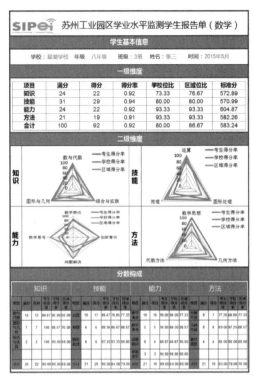

图 4-3-5　学业水平监测学生报告

4. 实证治理，质量监测走向质量自觉

区域层面自上而下引领各校处理问题，难以辐射到每个学科的每位教师。为了促使区域内各校自下而上地打造团队研究文化，园区组织了基于监测结果运用优秀案例的申报和评选活动，以区级监测报告和研究方式为行动指引，启发各校开展基于实证评价的校本研究，推动校本教研由"经验"向"实证"转型（表4-3-7）。经过多年努力，数据诊断方式也引领学校管理者和教师养成基于数据采集的教学研究思维方式。各校基本形成"解决一个问题、支起一个撬点、建起一支队伍"的实证改进思路。园区从实践走向理论，提高数据分析和应用的专业素养，再从理论高度来反思与改进实践，建设了一支专业强的教研员队伍，带动了一批有情怀的教学管理者，使"实证治理"的观念深入人心，培养了教育管理者和教师的"数据思维"，由质量监控走向质量自觉，使园区的学生综合素质评价体系与机制变得更完善、更科学，使学校的教育教学走得更自信、更从容，促进园区教育内涵持续高位发展。

表 4-3-7　苏州工业园区监测结果案例运用（示例）

案例编号	案例标题	单位	负责人
JC2019328	立足监测数据，聚焦核心素养，发展空间观念	苏州工业园区第二实验小学	吴清华
JC2019335	基于监测结果提升小学生英语阅读素养的策略研究	苏州工业园区娄葑实验小学	张益平

续表

案例编号	案例标题	单位	负责人
JC2019338	新生活作文教学体系提升小学高年段学生习作能力的研究	苏州工业园区娄葑学校	张雄锋
JC2019347	依托现代信息技术,促进小学生直观想象的提升	苏州工业园区斜塘学校	郭建芬、任世佳
JC2019354	基于监测数据,提高学生英语阅读能力的策略研究	苏州工业园区星港学校	徐建
JC2019325	基于"数学建模"提升学生非常规问题解决能力的研究	苏州工业园区独墅湖学校	赵长远
JC2019326	基于语文要素,指向学生深度学习的课堂实践研究	苏州工业园区第二实验小学	陈汉珍
JC2019336	基于小学生性别差异,提升语文积累能力的分层指导研究	苏州工业园区娄葑学校	陆琴艳
JC2019346	基于监测结果,提升核心素养下小学生语文阅读品质的实践研究	苏州工业园区斜塘学校	杜红芳
JC2019355	指向高阶思维的小学语文"导向问题"的策略研究	苏州工业园区星海小学	卢雪珍
JC2019361	基于数据分析的初中英语"听力对话与阅读理解"精准教学促提升方案	苏州工业园区星洋学校	冯桂玲
JC2019363	基于监测数据分析下的小学科学生命科学维度精准提升策略研究	苏州工业园区星洋学校	卫巍
JC2019364	基于学情监测的精准化初中数学规则教学案例研究	苏州工业园区星洋学校	周海东

(五)构建区域学业质量评价模型

教育测评模型是挖掘教育大数据价值和规避大数据风险的战略工具,对于提升教育研究的科学化水平,推动形成基于证据和大数据的教育决策机制,提高教育质量,促进教育公平,意义重大而深远①。经过几轮实践探索,园区以"数据分析—监测诊断—实证引领—跟进管理"为主要路径,形成"5+1"区域教育质量评价模型(图4-3-6)。"5"是指基于问题,确立项目(问题导向、经验型为主);工具研发,实施监测(目标、体系、指标、监测);数据分析,科学诊断(诊断问题、分析原因);明确方向,跟进改革(确立目标、重在行动);指导督导,解决问题(举一反三、高效率广效益)。

---

① 范涌峰,宋乃庆.大数据时代的教育测评模型及其范式构建[J].中国社会科学,2019(12):139-155,202-203.

"1"是指监测本身的自我反思、自我完善（技术、方法、工具等不断的校对与修正）。

图 4-3-6　苏州工业园区"5+1"区域教育质量评价模型

这一模型在程序与环节上是闭合的，形成一个相对独立的回路，具有自我完善和自我修复的特质；在信息源与方法上是开放的，形成一个互联互通的平台，具有齐抓共管和不断优化的特征。

二、教育人才指数测评

没有教师的生命质量的提升，就很难有高的教育质量；没有教师的精神解放，就很难有学生精神的解放；没有教师的主动发展，就很难有学生的主动发展；没有教师的教育创造，就很难有学生的创造精神。[①] 教育要发展，教师是关键。但在日常教育管理中，学校而重管理而轻人才成长，对教育人才往往重使用而轻发展，重引进而轻培养，重自我拥有而不愿输出。为推动教育发展，营造尊重人才、培养人才的氛围，推动区域教育均衡发展，园区在全国率先开展"教育人才指数"专项研究，构建了"苏州工业园区教育人才指数测评体系"。

（一）"教育人才指数"测评的指标体系

为保证评价指标的全面性和科学性，园区主要运用专家意见法，选择了包括教育局、学校、教师发展中心和高校专家团队在内的人员组成工作小组，对初拟的"教育人才指数"准则层和指标层进行论证。"教育人才指数"采用多项指标层，各指标层之间相互作用或具有一定的依存关系，共同组成完整的评估指标体系。指标层的构建经过两个阶段：一是在理论层面上对"教育人才指数"的指标构成进行提炼，从教师专项能力、专业化水平等方面归纳出刚性指标与柔性指标两个准则层；二是结合苏州工业园区教师队伍的特点和现状将刚性指标细化为 9 个指标层，将柔性指标细化为 5 个指标层，让 14 个指标共同构成"教育人才指数"。

在该体系中，"教育人才指数"指标由刚性和柔性两方面的指标构成。刚性指标包括骨干教师（含名师）指数、教学能力与教学成果指数、德育管理人才指数、教育技术（保障）人才指数、教育国际化指数、高学历教师指数、高职称教师指数、青年骨干教师指数、青年管理人才指数九个指标，柔性指标含区域人才交流指数、人才成长环境指数、行政团队综合指数、教育人才绩效指数和教育人才稳定指数。刚性指标反映教育人才现有特点或水平，体现一所学校师资的整体素质与人才发展的硬实力；柔性指标

[①]　叶澜，白益民，王枬，等. 教师角色与教师发展新探［M］. 北京：教育科学出版社，2001：3.

是对教育人才成长具有影响作用的指标,反映师资整体素质在下一个时段内的变动趋势及同时段内在区域范围内的发展水平(表 4-3-8)。

表 4-3-8 苏州工业园区"教育人才指数"指标与权重

目标层	准则层	指标层	指标权重
教育人才指数	刚性指标	1. 骨干教师(含名师)指数	0.3
		2. 教学能力与教学成果指数	0.15
		3. 德育管理人才指数	0.05
		4. 教育技术(保障)人才指数	0.025
		5. 教育国际化指数	0.025
		6. 高学历教师指数	0.05
		7. 高职称教师指数	0.05
		8. 青年骨干教师指数	0.025
		9. 青年管理人才指数	0.025
	柔性指标	10. 区域人才交流指数	0.025
		11. 人才成长环境指数	0.1
		12. 行政团队综合指数	0.1
		13. 教育人才绩效指数	0.05
		14. 教育人才稳定指数	0.025

各学校基于人才指数测评结果,围绕"成因分析、状态合理性分析、动态变化趋势分析、发展潜力分析、管理成效分析"五个方面做细致透彻的剖析,以此推动学校盘摸人才情况,厘清人才培养思路,夯实人才发展路径,形成学校的"教育人才指数"具象化指标,为学校教师队伍的可持续发展提供有力参考。

(二)"教育人才指数"测评的原则

"教育人才指数"测评遵循三大原则,分别是质量优先原则、主题优先原则、动态变量原则。

质量优先原则。"教育人才指数"力求科学、准确地反映出一所学校人才发展状况与学校教育、教学质量发展的内在关联性,体现"注重质量"的原则。骨干教师(名师)指数的权重(权重 0.3,单项指标占比 30%)要远高于其他指数的权重,体现出园区对教育教学及教科研质量的注重。园区通过指标权重的倾斜,增强区域教师为师从教的质量意识,促进教师不断向骨干、名师的层次努力迈进,有利于形成专业不断发展的成长氛围。

主题优先原则。"教育人才指数"力求适应、满足区域教育事业的发展目标定位,服务于园区教育发展的"四化"(均衡化、现代化、国际化、特色化)主题,实现人才资源的有效供给、高效运用。基于此,"教育人才指数"的指标体系中涵盖了"教育国际化指数""教育技术(保障)人才指数""区域人才交流指数"等富有区域特征的指标体系,反映出学校在特色化建设上师资队伍的总体情况。园区通过指标设定,推动学校在注重师资队伍的教育教学、教科研质量的同时,紧扣园区的教育发展主题,实现人才资源的有效供给和高效运用。

动态变量原则。"教育人才指数"是动态的,权重也是可变的,体现出区域教育人才发展的动态趋势,反映出不同时期教育发展对教育人才需求的特殊性。如在2014年启动人才指数测评研究时,园区设定"1. 骨干教师指数"权重为0.2,"2. 名师指数"权重为0.2,在2019版测评研究中骨干教师指数和名师指数合并为"1. 骨干教师(含名师)指数"(权重为0.3),并增设"2. 教学能力与教学成果指数"(权重为0.15)。学校一方面要根据已研制出来的指标体系进行深入的调查研究、测评分析,找出学校自身在已有指标体系下的优势与不足,梳理学校师资队伍情况,为学校未来师资队伍建设和发展做好调研;另一方面要拥有前瞻性的眼光,通过创设不同的师资队伍成长平台,为不同层次的教师搭建平台,既要有校内优质资源辐射和引领的骨干教师梯队,又要有学习锻炼和实践成长的青年教师梯队。

总而言之,要让不同层次的教师都能拥有发展的平台和成长的舞台,用终身学习这样一种"以不变应万变"的态度来对待师资队伍建设,才能在激烈的竞争中始终处于不落后的境地。①

(三)"教育人才指数"测评助力人才队伍建设

"教育人才指数"测评提升了园区教育人才队伍建设的科学化水平,突出了队伍建设的针对性;准确衡量了学校师资整体素质状况,凸显了教育人才管理的实效性;优化了园区内中小学师资结构,为学校充实师资提供了定量依据,体现了教育人才管理的前瞻性;促进了各校队伍建设及教师自我发展,发挥了教育人才队伍建设的能动性。

为更好地推动不同层次教师的专业发展,落实教师优先发展的教育战略,在园区教育局指导下,园区教师发展中心开展了"教师教育体系建设"专项研究,构建了教师专业发展的3个核心要素(基础力、发展力、领导力)、12个维度、4个模块(专业课程、通识课程、理论课程、实践课程)构成的"三主线、四模块"教师教育课程结构(表4-3-9)。在此基础上,教师发展中心联合区内教师教育基地学校,共同编制完成了48个培训课程的《培训指南》,为系统开展教师培训打好基础。

表4-3-9 苏州工业园区教师教育课程结构

课程核心	课程维度	课程模块			
		专业课程	通识课程	理论课程	实践课程
领导力	影响力	学科课堂教学特色建构	打造优秀教师团队	学校特色品牌建设	学科课堂教学特色展示
	控制力	学科课堂教学预设与生成	问题学生诊断干预	教师成长机制研究	名校办学思想学习
	决策力	学习与教学策略	学生多元智能开发	教育改革前沿信息	学科教学改革专题研讨
	组织力	学科课堂组织与管理	班级活动组织设计	教育管理学	办学思想专题研讨

---

① 顾建东. 师资队伍建设评价指标"教育人才指数"的校本研究:以苏州工业园区斜塘学校为个案[D]. 沈阳:辽宁师范大学,2015.

续表

课程核心	课程维度	课程模块			
		专业课程	通识课程	理论课程	实践课程
发展力	反思力	学科课堂教学观察与反思	反思促进教师成长	学生心理品质研究	学校管理经验交流
	合作力	校本教研学科联盟	研究性学习与社团	学习共同体建设	共同体活动展示
	研究力	学科课例教学研究	教科研与课题研究	学科课堂教学模式建构	学科测量与评价分析研讨
	学习力	教育行动研究	翻转课堂与微课程	教育哲学与美学	自主学习主题交流
基础力	教学实践力	学科课堂教学设计与实施	信息技术与学科课程整合	学科教学资源开发利用	学科教学评比与总结
	知识掌握力	学科教材分析与研究	信息技术应用	国际比较教育	把握学科能力竞赛
	课程把握力	学科课程标准	教育政策与法规	课程与教学论	学科典型课例教学观摩
	职业理解力	教师专业标准	教师职业道德	教师职业理想	学科名师教学风范展示

园区教师教育体系研究工程以"前瞻性、科学性、实效性"为原则，以提高职业道德修养为先导，以激发教师发展意识为关键，以提升教师专业发展水平为核心，引领教师专业成长。通过两年多的实践研究，在完成园区教师教育课程一期研发的同时，园区统筹推进了区域内各级各类教育人才队伍建设，为努力造就品德高尚、业务精湛、结构合理、充满活力的教育人才队伍提供了有力保障。

实践证明，新时代教育高质量发展有着丰富的内涵。大数据支撑下的覆盖全程的"科学测"是在新时代撬动教育高质量发展的重要方式。园区的测评样态将在区域测评生态建设中得到不断丰富和发展，为适合的教育发挥更大的作用。

第四节 评——促进优质均衡的"智能评"

2020年10月13日，中共中央、国务院印发《深化新时代教育评价改革总体方案》（简称《总体方案》），强调要全面贯彻党的教育方针，坚持社会主义办学方向，落实立德树人根本任务，遵循教育规律，系统推进教育评价改革，发展素质教育。要针对不同主体和不同学段、不同类型教育特点，改进结果评价，强化过程评价，探索增值评价，健全综合评价，建立科学的、符合时代要求的教育评价制度和机制。

教育评价具有重要的导向功能，事关教育发展方向。教育评价改革是教育领域综合改革的关键环节,是一项世界性、历史性、实践性难题。近年来,园区大力发展教育信息化,在大数据支撑下,持续促进区域智能化、实证化教育评价改革;持续引导学校贯彻落实立德树人根本任务,坚决克服重智育而轻德育、重分数而轻素质等片面办学行为,促进学生身心健康、全面发展;持续办好每一所学校,努力推进区域教育优质均衡发展。

一、"大五星评价"引领学校自主发展

2016年3月,苏州工业园区一套《2015年"五星评价"报告》的正式公布,标志着园区大力发展教育信息化,在大数据支撑下,开启教育评价改革的新探索与新实践。园区以"聚力实证引领、聚焦百姓满意"为特质,努力改进结果评价,强化过程评价,引领学校内涵式发展、自主发展、持续发展,更好地落实立德树人根本任务,促进学生健康快乐成长。

(一)面临新挑战:学校评价的时代要求与现实问题之间的矛盾

1. 学校评价的时代要求

《总体方案》强调:学校评价的根本标准是立德树人的成效,要加快完善各级各类学校评价标准,将落实党的全面领导、坚持正确办学方向、加强和改进学校党的建设及党建带团建队建、做好思想政治工作和意识形态工作、依法治校办学、维护安全稳定作为评价学校及其领导人员、管理人员的重要内容,健全学校内部质量保障制度,坚决克服重智育而轻德育、重分数而轻素质等片面办学行为,促进学生身心健康、全面发展。

就改进中小学校评价的重点内容,《总体方案》明确:义务教育学校重点评价促进学生全面发展、保障学生平等权益、引领教师专业发展、提升教育教学水平、营造和谐育人环境、建设现代学校制度以及学业负担、社会满意度等情况;普通高中主要评价学生全面发展的培养情况,突出实施学生综合素质评价、开展学生发展指导、优化教学资源配置、有序推进选课走班、规范招生办学行为等内容。

《总体方案》是一个关于教育评价系统性改革的文件。方案的出台实施,对于全面贯彻党的教育方针,完善立德树人体制机制,破除"五唯"顽瘴痼疾,具有重大意义;对于引导全社会树立科学的教育发展观、人才成长观、选人用人观有明确的指向性。

2. 学校评价的现实问题

由于教育内外部诸方面的原因,学校评价暴露出不少现实问题,主要表现在以下三个方面:

第一,评价主体参与度不高。评价主体虽然逐步多元,由原来单一的教育行政部门,发展到校长代表、教师代表、学生代表、社会各界等,但是参与度较低,导致学校接受社会监督的广度与频度偏低。

第二,评价效能不高由于评价体系逐步细化,评价指标不断增加,学校在迎检时要消耗大量的人力与物力,压力与负担均偏重,因此评价效能不高。

第三,评价方式仍需改进。评价方式虽然逐步优化,但还存在信息化手段运用不充分、实证化结果反馈不明显等短板,学校数据治理、自主发展意识薄弱等问题。

（二）构建新体系：让"好学校"丰富多样

改革势在必行，创新激发活力。早在2015年，园区根据《教育部推进中小学教育质量综合评价改革的意见》《义务教育学校管理标准（试行）》等文件精神，印发了《苏州工业园区中小学五星评价办法实施意见》（简称"大五星评价"），开启区域教育评价改革的新探索与新实践，正式进入区域教育评价3.0——"大五星评价"阶段。不再以"一把尺子"评判所有学校，而是认可差异，让"好学校"丰富多样，使评价成为引领学校科学发展、内涵提升的"指挥棒"。

"大五星评价"以"聚力实证引领、聚焦百姓满意"为特质，在"精准、厚实、鲜活、融通"的数据支撑下，通过"数据分析、问题诊断、改进优化"等环节，强化过程评价和综合评价，更好引领学校自主发展、内涵式发展、科学发展，更好地落实立德树人根本任务，促进学生健康快乐成长，更好地推进区域教育的高质量发展，为办好人民满意的教育打下坚实基础。

"大五星评价"的指标体系共分两大部分、五个维度，合计1 000分（图4-4-1）。

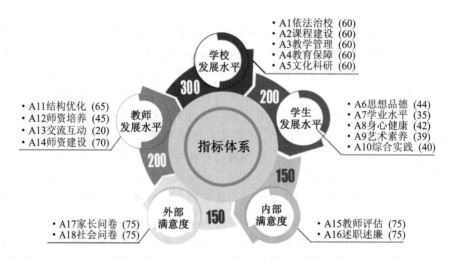

图4-4-1　"大五星评价"指标体系图

第一部分："教育内涵发展指数"（700分）。其包括"学校发展水平"（300分）、"学生发展水平"（200分）、"教师发展水平"（200分）三个维度，一共有14个A级指标、51个B级指标，全方位引领学校自主发展、教师专业发展和学生全面发展。重点聚焦人的发展，积极落实立德树人根本任务，积极培养德智体美劳全面发展的社会主义建设者和接班人。

第二部分："教育服务满意指数"（300分）。其包括"内部满意度"（150分）、"外部满意度"（150分）两个维度，一共有4个A级指标，让教育服务对象和社会各界来评价教育的发展和接受教育服务的满意情况，积极推进区域教育先进文化和绿色生态建设，努力办好人民满意教育。

（三）研发新平台：让大数据支撑评价改革成为现实

近年来，随着园区智慧教育的发展，网络技术被引入教育评价改革的领域。园区率先形成了科学可行的区域智慧教育背景下的数据分析平台架构，推进了数据分析平台的有效开发，为区域"大五星评价"提供技术与数据支撑。

通过两年时间，园区构建了区域教育绿色综合评价系统——"易加评价"。目标是通过对学校发展水平、学生发展水平、教师发展水平及教育系统内部满意度、外部满意度五个方面立体评估，对学校、教师、学生进行科学、有效地评价与分析。

"易加评价"主要包括"问卷调查工具""评价指标管理""五星评价""综合分析""校园安全管理"五个模块。其中"问卷调查工具"包含"五星问卷""通用问卷""问卷分析"功能；"评价指标管理"包含"版本维护""指标项维护""监测点维护""得分点维护"功能；"五星评价"包含"日常填报""佐证上传""督学写实""证书上传""专家赋分"功能；"综合分析"包含"学校分析""区域分析""年度评价报告"功能；"校园安全管理"包含"安全上报""信息审批""模板配置"功能（图4-4-2）。

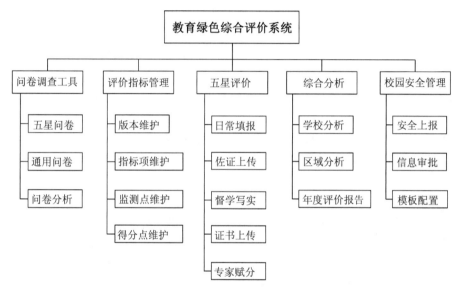

图 4-4-2　教育绿色综合评价系统架构

（四）产生新变革：为办好人民满意的教育打下坚实基础

2016年3月，园区《2015年"大五星评价"报告》的正式公布，在引起了较大反响的同时，也预示着园区在大数据支撑下的学校评价改革的首次实践顺利落地。

1. 改革评价内容，全力破除"五唯"的顽瘴痼疾

"大五星评价"以"办好每一所学校、教好每一位学生、发展好每一位教师"为根本宗旨。"教育内涵发展指数"中的"学校发展水平"没有分数或升学率的评价指标，旨在坚决纠正片面追求升学率倾向；"学生发展水平"中涉及"学生分数或成绩"的仅仅是"A7学业水平"中"B23知识技能"（占15分），占比仅为1.5%，坚决摒弃狭隘"唯分数"的教育质量观；而"教师发展水平"中涉及"学历职称"的占10分，占比仅为1%，重点强化"师资培养""交流互动""师资建设"等提升教师专业水平和促进区域师资水平均衡化的举措，坚决转变教师发展"唯文凭""唯学历""唯论文"的错误观念，积极推进教师践行教书育人的光荣使命。

"大五星评价"的核心价值在于：改革评价内容，全力破解"五唯"顽瘴痼疾，聚

焦人的发展，积极落实立德树人根本任务。深入实施素质教育，坚决纠正"智育独大、分数至上"的错误办学行为，全方位引领学校自主发展、教师专业发展和学生全面发展。

教育评价的最终意义是促进学生核心素养的全面发展和综合发展，而不仅仅是分数的提高，更不单是分数的比较。园区努力为基层学校减压，为一线教师松绑，避免让基层学校受制于升学的压力，让基层学校能够立足"依法办学""课程建设""教学管理""教育保障""文化科研"等内涵式建设和特色发展；避免让一线教师受困于分数的禁锢，让一线教师立足培养德智体美劳全面发展的社会主义建设者和接班人。让教育者的眼里有分数更有人，让学生的眼里有分数更有光。

2. 改革评价主体，让老百姓积极参与学校评价改革

"大五星评价"第一部分"教育内涵发展指数"的评估主要采用"网络问卷""常态监测""专家评估"（包括现场抽测）等办法，其中"网络问卷"占比不低于60%，"常态监测""专家评估"均不超过20%；第二部分"教育服务满意指数"采用"网络问卷"方式。因此，"网络问卷"成为"大五星评价"信息采集的主要路径，权重超过70%。评价主体是全体教育服务对象，即学生、教师、家长及社会各界人士等。评价主体多元化能进一步提升老百姓对教育改革与发展的关注度、参与度，形成学校、家庭、社会共建共育的良好生态。"一年两次、综合分析"的"网络问卷"，完全改变了原来小部分的抽样调查方式。2019、2020两年的问卷参与均超过35万人次，参与率超过90%，信息采集更加注重大样本、常态化，大大提高了"大五星评价"的评估信度和评估效度。

3. 改革评价手段，充分发挥大数据的支撑与促进作用

"大五星评价"突出过程性监测，突出数据采集和分析，突出通过评价引领自我诊断、自我剖析，突出问题导向和精准改薄，推动在日常监测和数据分析基础上学校科学有效成长机制的形成，引领和推进学校自主、创新、持续发展，整体提升区域中小学校的办学内涵，促进学校多样化发展，全面提升办学质量。

区域教育信息化平台中有专属的"大五星评价"系统——"易加评价"，因此，学校日常数据填报与佐证材料上传、"网络问卷"的答卷、"常态监测"的赋分、"专家评估"的材料审核与评估打分等均在线操作，"网络问卷"的试题组卷及结果报表的生成、《评价报告》第一模块"诊断模块"等均由系统自动完成。智能化的评价，大大方便了评价双方的参与，增强了"大五星评价"的科学性、专业性、客观性，提高了"大五星评价"的评估信度和评估效度；让"教育评价信息从有效信息相对匮乏走向有效信息不断叠加"成为可能，既强化了过程评价，改进了结果评价，也为开展增值评价创造了条件。"大五星评价"系统为教育评价深度改革及教育治理创新提供更为精准的数据决策依据，为持续提升区域教育现代化水平奠定了基础。

（五）催生新生态：积极推进区域教育的优质均衡发展

1. 强化过程评价，进一步增强学校自主发展能力

"大五星评价"强化过程评价，改进结果评价，其结果反馈不限于等第，而是以一套报告的形式呈现，分区域版和学校版。区域版报告包含《苏州工业园区学前教育质量分析报告》《苏州工业园区中小学"五星评价"报告》《苏州工业园区中小学"学业负

担"报告》等。区域版报告与学校版报告均分为两大模块：第一模块是数据实证型的"诊断模块"，权重在80%以上；第二模块是分析经验型的"指导模块"，坚持"一年一评估，一校一报告"的原则，充分体现专属性、发展性的特点。

学校版报告力求用数据全时空、全链条、全维度地反馈学校当年发展情况，让学校进行区域横向比较，寻找差距；自身纵向比对，明确短板，通过数据说话、实证引领，让学校进一步明晰发展优势、明鉴发展问题、明确发展方向。通过自主诊断、自主分析、自主改进等实践举措，进一步增强学校发展的诊断力，激发学校发展的内驱力，增强学校发展的竞争力，从而进一步增强学校的自主发展意识和能力（图4-4-3）。

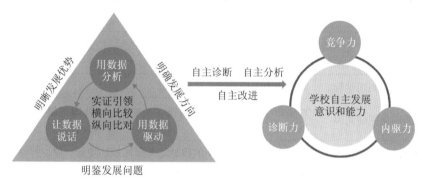

图 4-4-3 "大五星评价"引领学校自主发展

例如，2018年，工业园区文萃小学针对"大五星评价"中关于"本年度承担省、市、区教改项目现场会次数"和"承担项目数量及内容"得分为零的问题，迅速部署，从四个维度提出预期目标，采取"从'课改'到'改课'"的策略，聚焦"新体验作文改革"，成立项目组，探索融入生活、融合学科、融合节日的"现场作文"体验式教学策略，打造以"真实情境—现场作文—点睛评价—体验联结"为特色的体验课堂，研制评价点睛表，搭建多元展示平台，打造了新体验作文特色品牌课程。项目实践以来，学生发表、获奖作文有1 916篇（次），项目组教师发表论文20篇（次），面向贵州等地公开展示成果有60多场（次），校本教材"小学新体验作文"丛书由苏州大学出版社出版发行。2019年，文萃小学将"新体验作文改革项目"成功申报为苏州市"小学特色文化建设""新时代有效课堂研究""语文课程基地"三大项目，并承办区级活动，实现了零的突破，探索出一条"数据驱动、实证引领、评价促改革、改革促发展"的"文萃路径"。

2. 健全综合评价，进一步推进现代学校制度建设

现代学校制度的四大基本特质是依法办学、自主管理、民主监督、社会参与。"大五星评价"健全综合评价，多元参与，倒逼学校补齐短板、精准发力，用完善、开放的办学机制营造绿色生态，形成家校社共育的良好氛围。一是健全信息公开新机制。学校必须按照信息公开的有关规定，及时、准确地公开办学信息，保证教职工、学生、社会公众对学校重大事项、重要制度的知情权、参与权，接受各方的监督。二是建构开放协同新模式。学校建立校务委员会、家长委员会、社区协同联盟等学校建设与监督机制，充分听取他们的意见与建议，形成开放包容、智慧协同的办学新模式。（表4-4-1）

表 4-4-1　苏州工业园区"五星评价"跟进式管理案例（示例）

序号	单　位	题　目
1	工业园区跨塘实验小学	润泽学校：开启教师成长新征程——五星评价结果运用跟进式改进案例
2	工业园区新城花园小学	科研引领下的"123"青年教师团队建设实践
3	工业园区景城学校	景研社：建构师生成长的快车道——2018年五星评价案例创新探索与思考
4	工业园区星洲小学	发挥评价功效，激活科研动力——星洲小学五星评价助力教科研发展的实践案例
5	工业园区文萃小学	聚焦核心素养，从课改到"改课"——以新体验作文教学改革项目为例
6	工业园区金鸡湖学校	家校合力，提升学生体质健康
7	工业园区新洲幼儿园	攻坚资源求突破，评价引领促发展——幼儿园五星评价之资源优化案例
8	工业园区翰林幼儿园	基于五星评价诊断下的翰林幼儿园区域环境研、思、行整改案例
9	工业园区金鸡湖学校	依托项目建设，革新评价体系——切实推进学校"减负"工作的落地生根
10	西安交通大学苏州附属初级中学	东风随春归，发我枝上花——促进教师专业发展的学校管理创新四问、四答
11	工业园区独墅湖学校	多管齐下，努力提升学生品德发展水平
12	工业园区莲花学校	纲举目张、靶向引领

3. 全力破除"五唯"，进一步构建区域绿色评价机制

"大五星评价"的实践路径是"目标引领—常态监测—精准诊断—行动改进—持续发展"。在重要节点和关键环节上，不仅有年终的评估考核，还有年初的目标引领、年中的过程管理和下年度新目标的确立等。"大五星评价"更好地引领学校常态化运行、螺旋式上升的发展态势。至此，园区逐步构建了"评价依靠机制、结论源自实证、诊断催生举措、行动促进发展"的评价理念，进一步完善立德树人体制机制，扭转不科学的教育评价导向，坚决克服"唯分数""唯升学"的顽瘴痼疾，形成了以"聚力实证引领、聚焦百姓满意"为特质的绿色评价机制。

4. 强化实证思维，进一步促进区域教育治理转型

"大五星评价"的实施，一方面促使基层教育行政部门、管理部门，以"用数而思、因数而定、随数而行"的理念，推动教育决策、教育执行、教育监管及教育评估的良性运行。另一方面，由于教育主管部门只负责顶层设计和最终结果的审核与运用，不具体参与评估考核，这种运行模式使基层教育行政部门由微观管理走向宏观管理，由直接管理走向间接管理，由办教育向管教育转变，由教育管理向教育服务转变，更好地推动了"政府依法管理、学校依法自主办学、社会各界依法参与和监督"的区域教育公共治理的转型升级，极大增强了基层政府的凝聚力和公信力。

"大五星评价"是园区教育评价改革与创新的具体实践,是以"建设绿色发展的教育生态"为美好愿景,以"促进人的全面发展"为根本宗旨,以"过程化监测、大数据分析"为主要手段的教育评价机制。"大五星评价"不断完善的过程,是园区优质教育品牌逐步形成的过程。

二、"小五星评价"促进学生全面发展

(一) 问题导向:学生评价的时代要求与现实顽疾之间的矛盾

1. 学生评价的时代要求

教育评价事关教育改革发展方向,是教育教学的"指挥棒",也是现代教育工作治理的重要环节。学生是接受教育的主体。学生评价是教育评价的基础环节。发挥好评价"指挥棒"的作用,对促进学生身心健康、全面发展具有十分重要的意义。

《总体方案》着眼于促进德智体美劳全面发展,系统提出了教育评价的新理念、新思路、新方案,明确提出了以下七个方面的改革要求。

一是树立科学成才观念。提出做到"两个坚持",即坚持以德为先、能力为重、全面发展;坚持面向人人、因材施教、知行合一。

二是完善德育评价。在目标引领上,提出根据学生不同阶段身心特点,科学设计各级各类教育德育目标要求。在评价方式上,提出通过信息化等手段,探索学生、家长、教师及社区等参与评价的有效方式。

三是强化体育评价。在总体要求上,提出建立日常参与、体质监测和专项运动技能测试相结合的考查机制,将达到国家学生体质健康标准要求作为教育教学考核的重要内容。

四是改进美育评价。提出把中小学生学习音乐、美术、书法等艺术类课程及参与学校组织的艺术实践活动情况纳入学业要求。

五是加强劳动教育评价。提出实施大、中、小学劳动教育指导纲要,明确不同学段、不同年级劳动教育的目标要求,引导学生崇尚劳动、尊重劳动。

六是严格学业标准。在学业考评方面,提出完善过程性考核与结果性考核有机结合的学业考评制度,加强课堂参与和课堂纪律考查。

七是深化考试招生制度改革。提出构建引导学生德智体美劳全面发展的考试内容体系,改变相对固化的试题形式,增强试题开放性,减少死记硬背和"机械刷题"现象。

《总体方案》以评价为指引,对新时代国家需要什么样的人才、教育要培养什么样的人才做出了方向定位。时代需求的教育,更注重学生的全面发展,着力扭转当前学生评价中存在的以分数给学生贴标签等错误倾向。

2. 学生评价的现实顽疾

当下,很多学校在综合素质评价改革实践中,存在以下几个方面的突出问题。

一是对学生的评价功利性强。评价重甄别而轻激励,重智育而轻德育,重语文、数学、英语而轻体育、艺术和劳动技术教育等。这种以追求分数、升学率为主要标志的结果性评价、片面性评价不利于教育良性生态系统的形成,不利于教育高质量均衡发展。

二是评价过程的连续性和精准度不够。教师对学生评价没有形成日常评价的过程性资源有效记录,评价方法相对单一,对评价的实践操作存在形式化和简单化问题。学生

作为被教育者无法积极主动参与到综合评价中，无法从评价中准确发现自己的不足、获得改进的方向。

三是过程评价的手段、机制较为滞后。评价的目的是促进成长。有效的评价机制需要对评价数据的科学性分析，形成有说服力的数据，来为学生改进不足指引方向。目前各学校虽然都开始关注过程性评价，但过程性评价的诊断手段或者机制严重滞后，尤其是对综合素质评价的数据分析缺乏必要的科学性和有效性。

（二）对症下药：以"小五星评价"提升学生综合素质

1. 着眼综合素质建构"小五星评价"指标体系

经过前期学业质量监测数据采集与诊断，教育评价改革的实践与反思，优化前期的教育质量综合评价指标，园区从学生的"思想品德、学业水平、身心健康、艺术素养、社会实践"五个方面架构学生综合素养发展评价，用数据形成学生综合素养成长图谱，以"小五星评价"对学生个人从小学到中学的综合素质发展进行画像（图4-4-4）。

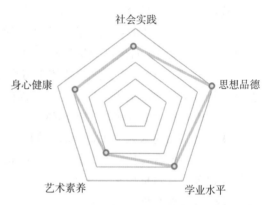

图 4-4-4　学生综合素养评价雷达图

园区致力培养"有家国情怀、有全面素养、有鲜明特长、有竞争优势"的"四有好少年"。基于这样的育人目标，"小五星评价"设置思想品德（100分）、学业水平（100分）、身心健康（100分）、艺术素养（100分）、社会实践（100分）五个一级指标，在一级指标下设置16个二级指标（表4-4-2）。

不同的指标，需要不同的数据支撑。指标体系的构建，也意味着学生成长信息收集的多元化，充分借助日常赋分、写实记录、学业水平管理、体质健康管理等评价工具，定性评价和定量评价相结合，保障学生评价的真实性。

表 4-4-2　苏州工业园区"小五星评价"指标体系

一级指标	二级指标	指标说明	评价分值及工具
思想品德 （100分） 实施人：班主任	行为习惯 （20分）	学生在珍爱生命、遵纪守法、诚实守信、团结友善、乐于助人等方面的认知和表现	思想品德评星评价 （满分100分） 采用工具：日常赋分、写实记录
	公民素养 （20分）	学生在自尊自信、自律自强、尊重他人、乐观向上等方面的认知和表现	
	人格品质 （20分）	学生在爱国情感、民族认同、社会责任、集体意识、人生理想等方面的认知和表现	
	理想信念 （20分）	学生在文明礼貌、勤俭节约、热爱劳动、爱护环境等方面的认知和表现	
	国际理解 （20分）	学生在对多元文化、多元价值的理解、尊重等方面的态度和表现	

续表

一级指标	二级指标	指标说明	评价分值及工具
学业水平（100分）实施人：班主任	学业成绩（90分）	主要监测学生对学科（语、数、英、政、史、地、物、化、生）基础知识、基本技能的掌握情况及运用知识解决问题的能力等	百分制汇总：语、数、外三科各占25%采用工具：学业成绩管理
	选修表现（5分）	学生参加校本选修课程学习和表现及效果	班主任根据学生表现直接赋分采用工具：日常赋分
	学科特长（5分）	学生的学科特长及在教育行政机构或教育科研机构举办的活动中的获奖情况	
艺术素养（100分）实施人：音乐、美术教师	学科表现（80分）	学生对艺术学科课程标准要求的掌握情况	百分制汇总：音乐50%+美术50%采用工具：学业成绩管理
	艺术体验（10分）	参观博物馆、美术馆、各类艺术展览，观看艺术演出，社会走访（民族、民间）	艺术体验、艺术实践写实记录日常赋分（满分各10分）如教师按次数折算分值，1次1分，10分封顶采用工具：写实记录、日常赋分
	艺术实践（10分）	参与社团活动、艺术比赛或展览展演等活动	
身心健康（100分）实施人：体育教师	健康指标（不评分）	教师定期对学生相关健康指标进行测试与评价，让学生了解自身健康状况	健康数据导入，不评分采用工具：体质健康管理
	学科表现（60分）	教师定期测试相关体育项目，让学生了解自己在校体育学习情况	成绩导入折算采用工具：体质健康管理
	运动态度与体育参与（40分）	根据学生运动态度与校内外体育项目参与情况进行基本评价，培养学生正确的运动观念和运动习惯。比赛、表演可相应赋分	教师直接赋分采用工具：日常赋分
社会实践（100分）实施人：班主任	参观考察（60分）	学生参加社会调查、团队教育活动、参观访问、研学活动等的表现	参考学生写实记录赋分（100分）采用工具：写实记录、日常赋分
	社会服务（40分）	学生参加社区服务、志愿服务、公益活动、校内外劳动等的表现	

2. 基于"易加综素"平台开展评价数据采集

现代信息技术的广泛运用使得数据分析成为教学和育人的常态，由此衍生的基于大数据的智能化学习评价既是教育评价对时代发展做出的回应,也是评定学生综合素质的需要①。园区开发"易加综素"平台用于"小五星评价"的数据采集。"易加综素"平台包含综素项目与指标管理、系统管理、综素数据中心、综素综合统计功能模块(图4-4-5)。通过采集、赋分、学业成绩、监测、体质导入等形式,全方位地展示学生个人成长档案,能够让学生、家长、教师、教研员更全面地、科学地、直观地了解学生的综合素养情况。

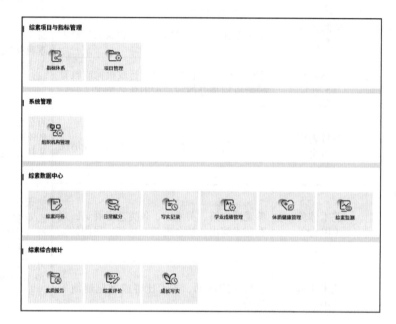

图 4-4-5 "易加综素"平台管理员界面

基于"易加综素"平台,园区形成"区域—学校—班级/教师—学生/家长"的"小五星评价"数据采集与反馈的链路:第一步,区域管理员/区域管理者制定综素指标体系,设置并下发问卷、日常赋分、成长写实、成绩、体质、监测模板;第二步,校级管理员/校长接收区域下发模板任务,设置本校特色问卷、日常赋分、成长写实、成绩、体质、监测模板;第三步,班主任/教师完成问卷作答、日常赋分、数据维护、内容审核;第四步,学生/家长完成学校下发的问卷作答、成长写实记录,待学校发布报告后即可查看综素报告、成长足迹、成长树;第五步:生成区域综素报告。(图4-4-6)

《深化新时代教育评价改革总体方案》强调,要"创新评价工具,利用人工智能、大数据等现代信息技术,探索开展学生各年级学习情况全过程纵向评价、德智体美劳全要素横向评价"。借助"易加综素"平台,园区"小五星评价"建构起将学生纵向学习的全过程和横向发展的全要素整合的立体评价体系,能够在广阔维度更便捷地收集数据,又能充分记录学生在不同年段的学习特点和成长状况,全面地、日常性地、过程性地真实记录展现学生成长发展的状态。

---

① 田爱丽. 综合素质评价:智能化时代学习评价的变革与实施[J]. 中国电化教育,2020(1):109-113,121.

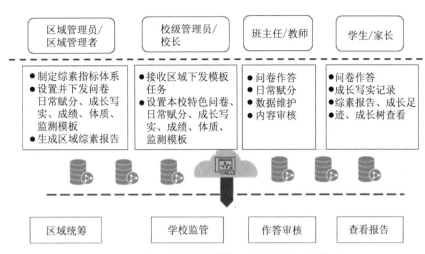

图 4-4-6　基于"易加综素"平台的数据采集模型

3. 立足"一校一品"实施综素评价的校本行动

各学校根据各自独特的办学理念和人才培养定位形成对学生综合素质的校本化解读,在区域框定的一级、二级指标之下,通过对指标的理解、阐释,形成了有利于检测、统计和分析的若干三级指标或评分细则,便于兼顾学生个体与整体,能够进行多维度、多层次的比较和分析。例如,工业园区翰林小学遵循"日常化和具体可操作性强"的原则,对各二级指标制定了评分细则,如把"思想品德"的"行为习惯、公民素养、人格品质、理想信念、国际理解"五项指标再细化为 22 个赋分项,并最终进行星级评定(图 4-4-7);在"身心健康"下的"体育成绩"指标下,将学校体育特色"健美操"

图 4-4-7　工业园区翰林小学"小五星评价"思想品德维度评分细则

成绩纳入评分细则;将学校"利他"德育特色与"社会服务"指标相融合,实施"利他课程",制定"参加一次'利他'实践计10分,包含独墅湖图书整理分类、陪伴仁爱特殊儿童、社区垃圾分类、爱心捐赠、校园绿植养护等,封顶40分"的赋分细则。通过区域统筹、学校解读、细化、落实,既体现了区域综合素养发展评价的一致性,又赋予了学校评价的个性化,让学生综合素质培养和全面发展实现通过具体的事件和行为进行承载成为可观察、可测量的"真实性存在"。

基于各维度指标特点,各校灵活采用适切的评价方式,借助日常赋分、写实记录、学业水平管理、体质健康管理等评价工具,将定性评价和定量评价相结合,真实记录学生发展状况。如园区跨塘实验小学依托"晓黑板、晓评价"APP、云痕数据平台等辅助评价工具,开展综合素养发展评价。班主任通过每周一评,适时记录每个学生的言行表现,给表现优秀的4朵花,给表现良好的3朵花,给表现合格的2朵花,给表现待及格的1朵花,以鼓励为主,形成个性化的德育评价报告,促进行为养成;借助积分手册,开展"小积分大行动"活动,引导学生自评、互评。结合积分排行榜、进步榜、积分兑换等积分微行动,将硬性标准转化为学生成长弹性量度;借助云痕质量监测平台,通过大数据分析,生成科学、客观的个人学业质量评价报告,直观呈现优势项目和关键问题,促进学生改进学习策略,让评价形成由内而外的张力;开辟《晓成长》专栏,方便教师、家长、学生同步上传家校活动的精彩瞬间,记录成长历程,并鼓励家长撰写父母日记,线上线下同绘学生成长印迹等。

"易加综素"平台通过丰富且适切的评价工具和评价方式,实现了过程性评价和阶段性评价完美统一,评价形式方便快捷,不受时空限制。在校园中,教师只需要一部手机就可以随时随地对学生的品德行为、学习表现、兴趣爱好、参与活动等多方面情况进行及时、综合评价,记录学生各方面的表现。同时,还可以及时同步进行多科目、多维度的评价。所有的评价数据都是在学生学习、活动、生活的过程中产生。每天的评价结束后,系统会进行相关统计,形成当天的综合数据。每周、每月、每学期结束后系统会根据原始模块,进行大数据统计、汇总、分析,并自动生成科学、客观、详细的可视图表和个人评价报告,并通过相应网络发送给家长、教师、学生。教师在拿到评价报告后,可直观地看出学生的优势项目和薄弱环节,继而根据实际情况制定科学合理的补救措施,让学生的个性得到张扬,真正促进学生全面发展。

(三)聚沙成塔:以综合素质评价实现"五育并举"培养目标

园区教育人坚持"以人为本"的评价方式,始终把学生的个性成长放在教育的最中央;积极倡导和推动评价过程的可视化,不断凸显园区人的教育智慧。评价改革研究取得了明显成效,赢得了社会各界的广泛赞誉。

1. 高质量发展:"评价改革"的自觉诉求

教育的最高价值是帮助人激扬生命活力、体验生命乐趣、发现生命意义、实现生命价值。基于这样一种哲学考量,多年来,园区教育始终坚持全面发展的教育教学质量观,立志为每个学生提供适合的教育,努力解读和破解教育与生命的一些本原性课题。在这一理念引领下,园区教育人关注教育质量的综合评价改革,赋予每个学生快乐成长的机会和空间,激励每个学生充满自信和希望,引领他们不断在追寻成功的道路中找到生命的乐趣,自由地成长。

如何让每个学生在适合的教育中实现"高质量发展"？评价改革的开启，正好迎合了这一巨大的教育需求。园区教育人认为实施"小五星"综合素质评价体系改革有利于进一步落实基础教育"立德树人"的根本任务，促进学校改进教育质量管理、转变育人模式，全面促进适合的教育的深入实施；有利于建立科学的教育质量评价机制，从而准确反映学校的教育质量状况，科学诊断存在的问题，为进一步改进教学和调整策略提供科学依据，增强学校教育决策的科学性；有利于发挥教育评价的积极导向作用，引导全体教职员工树立正确的教育质量观，更全面地促进学生的自主发展。而今，回顾几年来的改革历程发现，从适合的教育的践行到"评价改革"的探索，正是国家提出的"深化新时代教育评价改革总体方案"所表达的改革诉求。

2. 全社会认可："适合教育"的生动体现

评价改革项目实施以来，改革研究取得了令人振奋的效果。"小五星"综合素质评价体系的推广实施，促进了师生发展，促进了学生的个性学习、快乐成长。学校逐步形成了更加宽容、更具发现眼光的激励文化，教师尊重、鼓励的教学姿态更加彰显，学生的主动性、个性得到激发和张扬。

通过园区"易加"家长、学生问卷统计数据发现，"小五星"综合素质评价体系得到了学生、家长、教师和管理者的广泛认同，园区各学校学生和家长满意度均达到90%以上。很多家长在问卷调查中予以了高度评价："易加综素"评价让学生看到自己的闪光点，自信满满地发展；也让学生看到自己的不足，对标问题成长。在各个学科的课堂上，教师用无痕的评价，点亮着每一个教育细节。关注过程、融入关爱、善用引导、妙在点拨的评价方式，让每个学生闪耀其特有的光芒，展现了教育特有的魅力。

3. 引领性变革："办学文化"的充分彰显

园区各学校依托"小五星综合评价体系"实施的校本探索，促进了每个学生的个性发展、快乐成长。

从"大五星"到"小五星"，从"为了评价而评价"到"为了发展而评价"，从"线下"到"线下"与"线上"相结合，从"用材料说话"到"用数据说话"，从"政府主导"到"百姓满意"……自2002年以来，园区教育逐步建立了一套科学完善的教育评价制度，实现了教育评价从模糊向数据转变、从定性向定量转变、从经验向实证转变的三大历程。

用"适合"推动发展，用"评价"撬动改革。园区致力扭转单纯以学生学业考试成绩和学校升学率评价教育质量的倾向，切实减轻学生过重课业负担，促进学生德智体美劳全面发展。从德智体美劳五个维度，提取核心要素，科学构建评价指标体系，赋予每个维度相应权重，切实以"五育并举"破除唯分数、唯升学率的评价导向，以评价多元化驱动学生自我生长，以评价科学化驱动学校共同发展，以评价智能化、实证化驱动区域教育的优质均衡发展。

园区用"五星评价"强化诊断意识、改进结果评价，不断健全立德树人落实机制，扭转不科学的教育评价导向，通过教育评价改革重塑区域教育发展生态，为区域教育高质量发展、办人民满意打下了坚实基础。大数据支撑下的适合教育，正向着评价改革的最美最深处进发。

第五节　管——立足五育并举的"精准管"

教育决策的精准落地、教学活动的有序开展都离不开教育治理的优化。因此，园区"易加"大数据平台致力开发管理功能，打造"易加办公"平台，实现区域教育的个性化管理和特色化治理，实现全领域应用、多条线贯穿，通过"掌上办、移动办、马上办"让招生、招师、学校布局与发展等方面的管理更快捷、更有效、更有前瞻性，全面支撑教育科学决策，促进教育公共服务水平的提升和教育治理体系的现代化。用大数据赋能学校精准管理，实现区域教育优质、均衡、高效发展，不断提升人民的满意度和获得感。

一、目标指向

新时代呼唤高质量教育。高质量教育既要有顺应发展趋势的时代使命，又要有直面现实问题的区域担当。新时代的园区教育以问题为导向，聚焦管理过程中真实问题，直面师资队伍的新挑战、内涵式发展的关键点、文化创新的瓶颈处、评价改革的深水区等，精准确立管理的目标效能，推进教育绿色可持续发展，指向个性学、智慧教、科学测、智能评，借此深入实践探索，进一步指向"学生的全面成长有个性，教师的慧教善育有特色，学校的五星发展有品牌，治理的科学精准有抓手"，让学校发展更加绿色和谐，让教师发展更加绿色高效，让学生发展更加绿色健康，让教育治理更加绿色生态。

（一）指向于培养全面发展的个性化学生

园区教育的精准管理，其作用是服务人的教育，促进生命的自由生长，激发学生蓬勃的生机和活力。依托"易加学院"打造学生线上个性学习平台，实现"让学习发生在学生身上，让学生以自己的方式学习，让学习变成学生自己的事"的精准管理指向。"易加学院"作为大数据支撑下的适合教育新学习时空，可以让学生的线性学习变立体学习，被动学习变主动学习，三维学习变多维学习，单一学习变丰富学习……

同时，园区努力创新人才培养方式，推行启发式、探究式、参与式、合作式、泛在式等教学方式及走班制、选课制等教学组织模式，大力实施跨界学习、项目学习，用技术助力快乐轻松学习。一方面，充分用好网络平台、"易加学院"等，通过与家长、学生、教师的多方信息的对接和梳理，以符合校情、生情的课程建构搭建学生成长的"跑道"；另一方面，推行"一校一品""一校多品""体教结合"工程，为每个学生全面而富有个性地发展搭建丰富多元的平台。精准管理首先指向学生的成长与发展，指向培养有全面素养、有家国情怀、有鲜明特长和有竞争优势的未来学子。

（二）指向于培养特色鲜明的专业化教师

教育大计，教师为本。园区自建区以来，教育现代化水平飞速提升，不仅已通过全国义务教育发展基本均衡评估，还取得了诸多荣誉。园区的学校，更是被百姓认可为"办一所成一所"。"一所学校的成败，往往取决于学校有没有优秀的教师、优秀的管理者，甚至一位教师就是一个品牌。"[①] 园区教育落实精准化管理。园区各学校在教育局

---

① 怀宇，耿宇辰. 用"智慧"叩开通往幸福教育的大门：访苏州工业园区教育局局长沈坚［J］. 教育家，2018（5）：27-30.

领导下，以人才战略引领教育转型升级，积极弘扬立德立人、乐学乐教、融合融治、创新创业的新时代园区教师精神。在教育现代化实施的过程中，为了满足持续扩容的区域教育发展需要，园区教师每年保持千余人规模增长。新教师的涌入叠加高校师范毕业生性别结构失衡等因素，造成园区中小学校教师队伍的年龄结构、性别结构不够合理，同时，学生、家长、社会对教育的高要求、高期望，对于教师队伍的快速发展和专业成熟提出了迫切的诉求。园区运用大数据技术来助力教师队伍的现代化与专业化，努力打造一支师德高尚、业务精湛、结构合理、充满活力的高素质专业化教师队伍。形成的科学化高水平师资管理体系，成了园区精准化管理的重点之一。

（三）指向于建设智慧优质的现代化学校

高质量教育需要高质量的标准。园区教育需要不断完善教育质量标准体系，制定覆盖基础教育学段、体现世界先进水平、符合不同层次类型教育特点的教育质量标准。无论是区域层面，还是学校层面，都应该在遵循基本教育规律和学生认知能力的基础上，结合各自不同的地域特色和实际状态，走品牌发展之路、内涵提升之路、特色彰显之路。要建设智慧优质的现代化学校，就要打破"千校一面"的格局，破除"唯分数论"等倾向，让先进的教育理念与目标落地生根。园区着力构建以云计算、物联网、大数据、人工智能等技术为支撑，面向学生、教师、行政、家长、公众等全用户的大数据平台，为教育行政管理和学校管理提供安全、可靠、方便、高效、低碳、智慧的云服务。在充分用好大数据手段的基础上，深化区域学校教学改革的功能，打造"教、学、测、评、管"一体化的智慧教育，在动态的精准管理过程之中，全面盘活学校办学活力，为每一所学校走向智慧优质地发展、全面而富有创造性地发展搭建了丰富多元的平台，形成了"人人有特长，班班有特点，校校有特色"的发展态势。

（四）指向于推进协同互联的生态化治理

近年来，园区教育面临着教育资源供给和整体配置中的公平与效率问题，面临着生源大量涌入及其带来的科学治理、安全管理等诸多挑战。教育治理体系的构建和完善需要及时、准确的量化数据作为经验基础，现代化治理能力的落实也需要大数据的反馈和测评。为此，园区教育正不断提高教育治理水平，以开放、创新的视野，实现校内外的协同互联，健全教育法律实施和监管机制，努力提升教育管理服务水平，增强综合运用法律、标准、信息服务等现代治理手段的能力，从而提供更加优质的教育服务，让人的全面成长得到更完备、更有力的支持。园区依托大数据平台的数据循证诊断，实现管理手段更科学，让全方位精准化管理成为鲜明特征。着眼于精准管理，让管理路径从单一转向多元，从推动发展转向自主发展，围绕培育人的核心素养，让教育更加趋向人的本质，不断建立健全社会参与学校管理和教育监管机制。

二、路径选择

区域推进教育整体发展的路径丰富多样，但真正有效的直道正途也许就是那几条。有了鲜明而正确的教育精准管理的目标指向，园区教育该如何选择、又该怎样优化完善发展路径呢？基于新时代教育发展为国育人、为党育才的要求，基于人民对高质量教育的需求，立足园区28年优质均衡教育跨越式发展的基本经验，园区把推进教育发展、实现学校精准管理的重点放在了课程领导、教管改革、队伍建设、教育治理四大方面。

旨在为教育管理进行定位、赋能、促进生长、延展服务的"易加"大数据"教、学、测、评"功能，结合线下的现场需求、集体调研、科学测评等，使一系列经大数据分析研判的园区教育新的生长点与发力点得以精准把握。另外，园区充分利用"易加"数据平台，从"易加评价"数据分析发现学校发展优势和不足，从"易加人才"模块信息采集研判师资队伍发展指数水平，从"易加学院"运用推进促成教智深度融合，通过"易加"系列管理模块实现了多主体、全方位、开放式的教育精准管理。

（一）数据支撑下适合的课程领导

1. 精准"赋权"：为课程规划"保驾护航"

为了深入贯彻《基础教育课程改革纲要（试行）》等文件精神，结合园区教育转型升级的发展需要，同时参照近年来园区五星评价的学校课程建设评估数据，园区研制出台了《苏州工业园区进一步推进中小学课程建设的指导意见》，以政策形式充分保障各校课程规划权的落实，增强各校课程领导和课程规划的意识。各校依托园区优越的区域环境，积极构建富有民族特色、区域特点、学校特质、国际化特征的课程体系，课程改革方案目标明确、体系完备、内容科学，具有可操作性和实效性。通过课程建设与特色培育、队伍建设、文化建设有机融合，提升学校发展内涵，满足学生个性化、多元化发展的需求，促进每一位学生的全面、个性发展，并将学校特色打造与课程建设相结合，将教育改革项目推进与课程建设相结合，将课程基地开发与课程建设相结合。如新城花园小学的"太阳花"课程，星湾学校的"统整课程"，星海小学的"适合课程"，百花齐放，成果丰硕，让每一位学生都成才，让每一个生命都绽放精彩。

2. 精准"给力"：让课程实施"按图施工"

基于年度评估学校课程建设的大数据分析报告，结合督导调研中发现的共性问题，园区精准提出了通过研制课程图谱促进课程实施力提升的总体要求。园区各校积极研制课程改革方案，整体规划学校课程建设，优化学校课程结构，设计适合学生发展的校本课程体系，形成具有学校个性特色的课程图谱，增强学校课程的适切性和创造性，加强课程的实施力。园区聘请高校和专业研究机构的课程改革领域专家，组成咨询、指导小组，建立健全以科研为引领、以教研为主力、以督导为保障的加强中小学课程领导力的专业支持体系，充分发挥教研人员的专业指导作用，把握学科课程改革的方向，制定学科深化课程改革图谱。园区以"立德树人、全面发展"为评价主要指针，在前期教学评价改革项目实践研究的基础上，以国家颁布的学科核心素养体系为纵向评价指标，以综合素质发展为横向评价坐标，依据2017版高中新课标中学科核心素养及教育部颁布的《关于推进中小学教育质量综合评价改革的意见》，研制了适合园区生情的中小学语文、数学、英语、物理等学科的核心素养图谱。在学科核心素养图谱基础上，形成三级评价指标，并研制出学科核心素养测评工具，导向学生学会学习和高阶思维发展。

3. 精准"增能"：使课程开发"力所能及"

针对五星评价学校课程建设情况的大数据分析，园区教育者敏锐发现，要保障国家课程的地位和结合各校实际的高质量实施，同时规范和指导校本课程的有效开发，需要通过培训"增能"，指引课程开发。为此，园区教育以立德树人为根本任务，以内涵式发展为目的，制订学校课程改革方案，通过培训"增能"指导课程开发。各校致力课程理论的学习,加强校长的课程领导力;发挥专业人员的作用,加强对课程建设的指导力;统筹利用课程资源,夯实课程建设的基础力。通过听专家讲座、与专家研讨、请专家把脉等方式,开阔校长视野,让校长在实践中汲取名校课程建设方面的经验及先进办学理念,并逐步完善本校培养核心素养的课程建设规划,增强人才培养新模式需求下的课程建设能力。

4. 精准"促联":与教学评价"一体连枝"

课程的生命在于教学的落实,而教学的落实有赖评价的保障。因此,以大数据为支撑,立足"知识点、能力点、素养点"全面评测,研制学科核心素养测评指标,绘制适合园区学生情况的学科核心素养图谱,成了园区智慧教育课程领导力培养的重点之一。园区通过逐步沉淀结构化和非结构化数据,形成基础大数据和各类应用主题大数据,通过大数据手段进行数据清洗和治理,为各类用户提供多维度多层面的"显性"画像,提供"隐性"数据关联驱动,构建教育大数据应用闭环。采取具有针对性的课程评价方式、手段,科学、及时、有效地评价学校校本课程建设、教师教学质量和学生发展状况。充分利用评价结果,及时调整和改进学校的课程计划、课程内容、课程实施,使课程改革呈现动态发展的良好格局,更好地促进学生全面、个性发展。结合贯彻教育部《关于推进中小学教育质量综合评价改革的意见》文件要求,针对学生发展状况,从品德发展水平、学业发展水平、身心发展水平、兴趣特长养成等多方面进行考核,做出综合评价。

(二) 数据支撑下的适合的教学管理

1. 指标引领:让教学管理目标看到"效果图"

园区教育质量评价价值观的导向是引领学生未来的发展,是面向"人人"的个体发展。在国家、江苏省学业质量监测基础上,园区结合小学学段的教学现状,出台《工业园区小学生学业质量监测方案》,开展了小学中、高年级学业水平及相关因素的补位监测工作。园区基于国家文件、核心素养和课程标准,自主研制园区学生综合素质评价指标,并在此基础上创新研制小学语文、数学、英语、体育、美术、科学、德育等学科的三级监测指标及相关因素指标,其中美术学科监测维度的开发在国内属于首创。指标的设计和引领,实现了由甄别向诊断、由知识向能力、由以成绩为本向以人为本的转向。园区围绕监测指标,科学开发学科监测工具,全面监测小学生全面发展状况,重点考查学生的综合运用知识、解决问题的能力和艺术审美、身心健康、实践探究等素养,促进学生综合素质的全面提升。为加强基于实证的诊断分析,园区形成区级整体监测报告、分学科监测报告,对学生各能力维度的表现进行科学分析和问题诊断。经过几轮实践探索,构建了一个"5+1"区域教育质量评价模型。这一模型在程序与环节上是闭合的,形成一个相对独立的回路,具有自我完善和自我修复的特质;在信息源与方法上是开放的,形成一个互联互通的平台,具有齐抓共管和不断优化的特征。

2. 督研一体:让教学管理过程拥有"动力源"

园区创新"浸润式督导""需求性素质教育督导"两种教育督导模式,提升服务水平,推进素质教育;发挥督导的课堂引领作用,落实督学职责,提高课堂优良率,从而推进区域教育优质均衡发展,让教学管理过程拥有"动力源"。督导内容涉及学校教育教学全学科、全过程、全方位，其中需求性督导严格对照义务教育管理规范的第88条，真正指向学校立足五育并举探索教学改革，全面提升学生核心素养，落实立德树人的根本任务。为提高调研质量，园区教师发展中心组织采取跟进式常态化主题调研。每次调研结束后，教师发展中心研判分析调研报告，并向被调研学校和所在板块其他学校进行集中反馈，起到了良好的效果。一方面，各学科组充分反馈经验成果、亮点特色，帮助学校总结提升，推广学校教改智慧，扩大办学影响力；另一方面，深入剖析监测问题，加强对典型学校的帮扶指导，开展精准改薄、精当提升。在教研员精准指导的基础上，学校各学科骨干开展"头雁说"，消化吸收调研指导意见并指导青年教师理解落实意见。此外，兄弟学校管理人员一并参与调研和评点的做法，也促进了校际经验分享和交流互鉴，达到了双向提升的良好效果。

3. 测评导航：让教管结果成为"方向标"

园区教育评价的改革，倒逼学校教育管理者更新评价理念，形成数据思维。教育评价的改革成为教学管理的"方向标"。园区各学校践行适合的教育理念，大力推进教育信息化，用"互联网+"的智慧管理方式助力学生素养发展，结合园区"大五星评价"理念，创新采用可视化、动态化数据评价学生学期综合素质自主发展情况，实现了园区教育评价工具从标准化向情境化、从纸笔化向数字化的多元发展。园区切实贯彻教育部提出的"深入推进管办评分离"意见，于2016年出台《苏州工业园区中小学五星评价办法实施方案》，形成了五星评价标准化管理框架。这是园区教育评价改革与创新的具体实践，是以"建设绿色发展的教育生态"为美好愿景，以"过程化监测、大数据分析"为主要手段的教育评价机制。数据主要来源于五星评价问卷、网络日常填报、专家评价赋分、系统数据采集与分析突出过程性监测，通过评价引领学校自我诊断，推动了实证诊断的学校成长机制，促进了学校多样化发展，整体提升了区域学校办学内涵。

（三）数据支撑下适合的队伍建设

1. 精准"施训"：教师教育体系化建设

园区中小学、幼儿园教师教育体系建设以提高职业道德修养为先导，以激发教师发展意识为关键，以提升教师专业发展能力为核心，统筹推进各级各类教育人才队伍建设，努力造就品德高尚、业务精湛、结构合理、充满活力的教育人才队伍，造就一批教育专家、教学名师和学科领军人才，为率先建成教育强区、率先实现高水平教育现代化提供有力保障。园区中小学、幼儿园教师教育体系建设力求遵循"前瞻性、科学性、实效性"原则，紧扣历年五星评价教师发展水平的各项数据指标，体现"架构与实施同步、开发与组织并重、中心与基地共建、自主与引进相长"建设思路。教师教育课程设置为"3主线、4模块"课程结构。"3主线"，指课程内容紧紧围绕教师专业发展的三个核心要素，即基础力、发展力、领导力。在这三个要素下分设12个维度，关注教师在不同阶段的成长特点，以课程内容的层次性满足不同阶段教师发展需要的针对性。"4模块"指课程设置结构由专业课程、通识课程、理论课程、实践课程4个模块构成。在此基础上，教师发展中心联合区内教师教育基地学校，共同编制完成了48个培训课程的《培训指南》开发，为系统开展教师培训奠定了基础。

2. 精准"提优"：队伍培养项目化推进

园区在教师培养方面依托园区智慧教育平台，建立"易加人才"教师资源库，根据教师成长数据，有针对性地开展分层次的培养培训工作，营造争做贡献、争先进位、比学赶超、积极向上的人才竞争成长氛围。建设金字塔人才培养工程，实施党员队伍"先锋工程"、干部队伍"头雁工程"、骨干队伍"示范工程"。优化星级教师评估制度和校长职级年薪制度，完善姑苏教育人才、金鸡湖教育人才和名特优人才三级教育人才体系，大力推进教师队伍梯队建设，着眼领军人才培养，培育园区教育名家，促进动能转换，增强队伍活力。扩大名师工作坊在省、市、区的影响力，发挥名师示范、引领、辐射、带动作用，促进中高端教育人才的培育、孵化和学术生态的构建。不断完善"骨干教师发展共同体"，促进骨干教师与品牌学科同生共长、集群发展。建立"传帮带"目标责任制，要求每名特级教师两年内至少培养2名青年教师达到参评大市学科带头人标准。着眼青年教师培养，不断加强岗前培训和校本研修力度，建立青年教师岗前培训合格准入机制，保证所有青年教师持证上岗。打造一支以年轻教师为基础，中青年教师为中坚，骨干教师为核心，名优教师为领军的教育人才梯队。

3. 精准"激励"：人才发展指数化诊断

园区在全国范围内率先推出"教育人才指数"测评体系。在园区教育局指导下，园区教师发展中心构建了苏州工业园区教育人才指数测评体系，采用信度高、采集易、可比较、可操作，与教师队伍建设省级教育评估相同或相近的教育人才指标维度。教育人才指标由刚性和柔性两方面的指标构成，其中刚性的九个指标反映教育人才现有特点或水平，体现一所学校师资整体素质与人才发展的硬实力；柔性的五个指标是对教育人才成长具有影响作用的指标，反映师资整体素质在下一个时段内的变化趋势及同时段在区域范围内的发展水平。园区通过"教育人才指数"大数据实验研究诊断，提升区域教育人才队伍建设的科学化水平，突出队伍建设的针对性；准确衡量学校师资整体素质状况，凸显教育人才管理的实效性；优化区域内中小学师资结构，为学校充实师资提供定量依据，体现教育人才管理的前瞻性；促进各校队伍建设及教师自我发展，发挥教育人才队伍建设的能动性。未来，园区还将把该人才指数测评升级为"四有"好教师建设测评指数，以"四有"好教师要求作为教师发展评估的主轴。

（四）数据支撑下适合的教育治理

1. 基于数据：实现"全面发展"

园区"易加分析"系统实现了"全对象、全学科、全维度"学习评价，利用雷达图、柱形图呈现学生学习的长短板，实现精准改薄；建立多级别、多维度的评价体系，利用学习分析技术，基于"易加综素"平台，对学生的思想品德、学业水平、身心健康、艺术素养、社会实践等进行分析，及时发现问题、分析问题、追溯源头，明晰学习通路，实现每一个学生全学科、全方位的均衡发展，真正实现"全面发展"。学生可以便捷地通过平台进行线上答卷、在线测验，能够查看历次考试的成绩及相关知识点和监测点的报表，了解自己的薄弱点并进行针对性学习。去中心化的学习管理模式，从学生的角度讲，使学生能够更好地找到适合自己的学习节奏和学习方式，增强获得感；教师可以通过平台方便地进行在线布置测验，查看学生的综合能力情况，不断改进教学模式和方法，为分层教学提供了更多便利；家长可以通过相关要素进行系统、科学、有效的监控与分析，了解孩子学习情况，促进家校联系，改进家庭教育方法，为提高教学质量提供有效的支持。

2. 基于应用：实现"两大保障"

园区"易加"大数据平台中的"易加评价"，是教育评价分析条线的核心应用系统。教育行政管理和学校管理，利用信息化手段，实现学校发展水平、教师人才水平、学生综合水平、校园安全评价、内外部满意度等评价指标的管理。"易加评价"主要包括问卷工具、评价指标管理、五星评价、综合分析、校园安全管理等模块。基于各模块数据的综合应用，园区不仅实现了对教育教学的管理，还实现了对校园安全和食堂管理方面的两大保障。在此基础上，园区对标国家教育信息化2.0行动计划，加快推进智慧教育建设，打造具有全国影响力的"易加"教育品牌，严格按照《义务教育学校管理标准》及省、市级各项规范办学文件精神，认真做好各项管理工作，为学生、教师、家长提供高效、优质的教育服务。

3. 基于整合：实现"内外互联"

园区"易加"大数据平台是面向社会开放的评价系统，充分践行"教育好不好，百姓说了算"的评价理念。让服务对象来评价教育质量是园区评价改革确立的评价理念之一。一是加强家长与学校之间的互联，践行家校共育理念，积极营造教育发展的绿色生态；二是充分公开办学信息。按照信息公开的有关规定，及时、准确地公开办学信息，保证教职工、学生、社会公众对学校重大事项、重要制度的知情权，接受各方的监督；三是用服务对象倒逼教育系统（或学校）补齐短板，精准发力。园区健全现代学校制度，建立家长委员会等学校建设与监督机制，充分听取他们的意见与建议，形成学校与社会的良性互动，共建和谐氛围。如"五星评价"的第一部分——内涵发展水平测评，有60%是来自学生代表、教师代表和家长代表的常态问卷和现场访问，传统的专家组评估只占40%，而教育管理部门则不直接参与评估。"五星评价"的第二部分——教育服务满意指数测评，则是充分征询教育（或学校）服务对象的意见，用服务对象的主观感受检验和评判服务质量。

4. 基于服务：实现"生态共建"

园区智慧教育大数据实验室拥有区域性大数据、学校大数据，以及管理、教学、学习、应用等层面的大数据。这些为教育教学方式变革提供了实证性诊断和可视化支撑。梳理园区智慧教育应用实践，大数据实验室就"生活化学习""自适应性学习""自主探究学习""O2O混合学习""网络协同学习""感知体验学习"等学习方式进行了探索和展示，并构建"生涯规划""远程教学""互动课堂""行为分析""网络教研"等体验场域，进一步丰富了教学与实践。不仅服务教学与日常管理，还涉及卫生、防疫等多个应用管理领域，为学生的健康建立个人数据档案。整个生态模型在程序与环节上是闭合的，具有自我完善和自我修复的特质；在信息源与方法上是开放的，形成一个互联互通的平台，具有齐抓共管和不断优化的特征。

为了让精准管理更具针对性和实效性，园区自2013年开始，以年度为单位，建立主题引领深化改革创新的工作机制，推动区域教育高质量发展。例如，2013年为师资队伍建设年；2014年为现代化水平提升年；2015年为品牌建设年；2016年为项目改革深化年；2017年为党建引领发展年；2018年为"四化"水平提升年；2019年为教育人才领航年；2020年为适合教育创新年；2021年为教智融合发展年；2022年为五育融合幸福年。年度发展主题词，正是园区立足大数据实施教育精准管理留下的清晰足印。

在大数据的支撑下，园区教育立足五育并举的精准管理得到高效化实施。未来，园区教育将继续秉持教育初心，牢记育人使命，面向即将开启的万物感知、万物互联、万物智联的5G时代和工业4.0新局面，继续探索远程互动、混合教学、AI测评、智能管理、行为评估的新路径、新方式，以大数据支撑适合教育下的精准管理，推动区域教育高水平现代化发展。

第五章　大数据支撑下适合的教育典型应用

教育在大数据技术与智慧理念的冲击下正在发生一场"静悄悄的革命"。教学范式的转型成为这场革命的先导和核心。伴随着教育数据的持续累积与深度挖掘，大数据在构建新型教学生态、助力教学结构变革、再造教学流程方面的作用日益凸显。一场由经验模仿教学、计算机辅助教学转向数据驱动教学的范式变革正在发生。

园区面向新时代，积极探索新形势下"教智融合"的新路径、新方法，通过挖掘教育大数据与教育现象的相关性，让数据"说话"，发挥数据在学习过程中的检测、监测、调控、评价、预测、决策等作用，实现大数据赋能适合的教育。

大数据支撑适合的教育应用案例是慧学课堂新样态、个性学习新方式的实践智慧和典型放样。学前教育聚焦"课程游戏化、和谐发展"；小学教育聚焦"兴趣激发、习惯培养、品格塑造"；初中教育聚焦"实践创新、思维发展"；高中教育聚焦"深层学习、素养提升"；特殊教育聚焦"远程支持、功能改善"，创新全学程融合模式、探索全学龄应用范式。

大数据对适合教育的支撑主要体现在学习环境的构建、学生成长路径的规划、跨时间与空间的氛围创造上，以实现真实情境的认知学习、尊重个性的高效学习、广泛联通的处处学习。

第一节　学前教育的典型应用

本节将聚焦学前教育《基于数据分析提升幼儿运动有效性》和《基于数据实证幼儿园STEM项目活动创新实践》两个案例，来具体呈现学前教育如何依托大数据支撑适合的教育。学前典型案例聚焦"课程游戏化、和谐发展"的核心目标，依托大数据的动态分析和追踪机制，利用幼儿活动、教学管理、发展评估等多元平台，对幼儿、教师、园所精准画像，实现幼儿个体、班级、园所、区域等多样化教育数据全汇集，从而定位方向、量化问题、明确差异，支持园所及教师及时关联幼儿园教育资源推进与幼儿学习与发展路径的优化，为幼儿园和教师提供更科学、更适合的教育教学策略，有效提升整体保教质量，促进幼儿全面和谐发展。

随着幼儿园户外环境的变革，幼儿的运动有效性问题进入人们的视野。但往往教师对幼儿的运动观察只停留在表面，倾向于感官检验，缺乏数据支撑和科学评估。《基于数据分析提升幼儿运动有效性》实践案例中，幼儿园根据幼儿的年龄特点和发展水平，积极探索信息技术与幼儿运动教育的有效融合，依托数据平台，开展针对"幼儿运动有效性"的精准评价。依托动态监测评估幼儿运动能力的成长现状，不断根据数据信息进行园所管理和课程建设的优化与调整，提出精准的策略支持，制订个性化运动发展方案及家园合作策略，提高运动有效性，提升幼儿身体素质，促进幼儿健康成长，发挥数据应用在学前教育中的显著作用。

课程游戏化带来全新的课程观。如何将 STEM 项目活动与园本课程相融而生，来突破儿童深度学习的难点，尝试多元主体参与共建，多资源整合共享，从而呈现出生动的教与学样态，是课程游戏化改革的研究生发点和突破点。《基于数据实证幼儿园 STEM 项目活动创新实践》案例，借助整合应用物质资源、自然资源、网络资源和人文资源，由资源生发活动，探索出信息技术与教育教学的整合之路。该案例以幼儿园大班 STEM 项目"桥"为例，剖析大数据幼儿园 STEM 项目的融浸创新实践，将数据采集、数据整理、数据存储、数据分析等技术广泛应用于 STEM 项目实践，将 STEM 项目活动作为幼儿主动学、个性学、智慧学，教师精准研、深度思、智慧教的实践过程。借力大数据平台，在项目开展前，采集数据，做好学情精准研判；在项目行进中，应用数据，推进教与学的智慧互动；在项目实施后，整理数据，优化多元评价模式，让传统的 STEM 教学样态转向具有精准教学、个性发展、多方协作、多元评价的新兴模式。

一、案例：数据分析提高幼儿运动有效性实践

基于大数据背景下提高幼儿运动的有效性，苏州工业园区景城幼儿园积极探索信息技术与幼儿运动教育的有效融合，坚持适合的教育导向，依托数据平台，依据精准评价，根据幼儿的年龄特点和发展水平，对幼儿园全体幼儿实施全覆盖、全方位的精准监测。数据监测结果呈现出"科学测评、全面评估、实时监测"的优态趋势，同时针对数据剖析问题，提出精准的策略支持。

（一）基于数据，全面监测

1. 幼儿体质科学测评

幼儿园始终把健康教育放在首位，对全园幼儿体质整体水平、男女体质水平、平行班体质水平进行了对比评估与数据分析。全园监测数据显示，全园幼儿体质合格率占比最高，良好率次之，不合格率占比最低（图 5-1-1）；在男女抽样监测数据中显示，男生的体质水平明显高于女生的体质水平（图 5-1-2）。科学的体质监测，多维度的数据分析，有利于幼儿园分析与了解幼儿的体质水平现状和发展需要趋势。

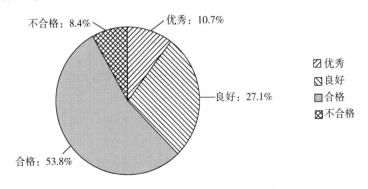

图 5-1-1　全园幼儿体质监测数据图

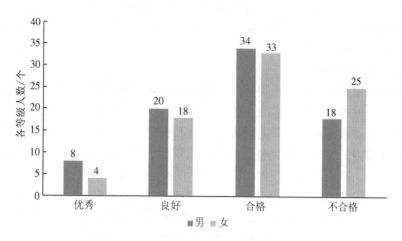

图 5-1-2　大班男女生抽样体质监测数据图

2. 动作发展全面评估

运动测评对幼儿速度与敏捷、平衡与协调、力量与耐力等多种运动能力的发展水平进行全面、精确的测量和数据记录，以个人报告、班级报告、园所报告三位一体的模式，以树状图、饼图、雷达图、对比图等数据结果，以点到线，以线到面，呈现全面、科学、专业的数据结果，动态监测评估幼儿运动能力的成长轨迹。针对幼儿测评数据的强项与弱项，制订个性化运动发展方案，更有针对性地进行运动指导，让幼儿健康成长（图 5-1-3—图 5-1-5）。

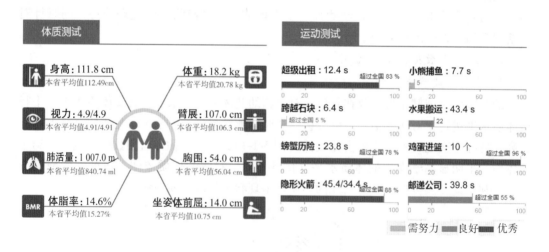

图 5-1-3　个人报告

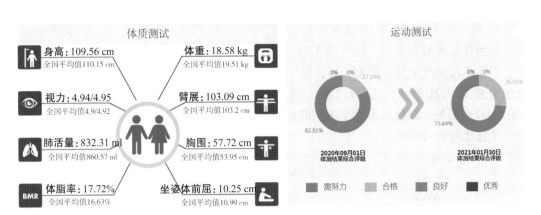

图 5-1-4　班级报告

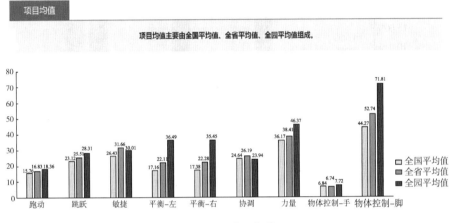

图 5-1-5　全园报告

3. 运动密度实时监测

幼儿园在关注幼儿的体质水平、动作发展的同时，更重视幼儿一日活动中的运动密度和运动强度，以"实时监测"幼儿运动数据的方式，诊断幼儿一日活动中中高活动量是否充足，实时体现高强度、中强度与低强度的运动数据，以柱状图的方式显示一日活动中明显的运动时段，以便教师关注与调整（图 5-1-6）。

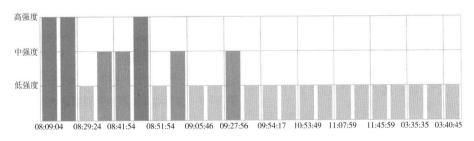

图 5-1-6　"儿童 A"一日运动数据分析

（二）数据分析，剖析问题

从监测数据中可以看出，幼儿园在提高幼儿运动有效性方面仍存在一些问题，主要集中在以下几个方面。

1. 同年龄段不同性别的体质存在差异

从抽样监测数据看到，幼儿园大班的体质测评中男女生的体质评估有着明显的差异，整体体质情况的分布男女一致，男生合格的占比最大，占男生抽样人数的42.50%；女生合格的占比最大，占41.25%。男生的优良率为35.00%，女生的为27.50%。（图5-1-7）可见，教师对男女生不同的生长发育特点的分析与思考仍不充分，运动指导缺乏个性化与针对性。

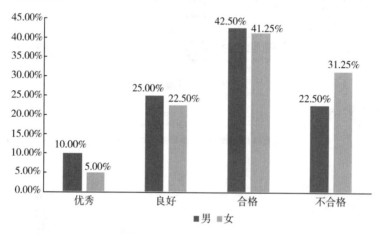

图 5-1-7　大班男女生抽样体质监测占比图

2. 大部分幼儿的动作发展仍存在弱项

从监测数据看到，在体质测评中幼儿园的10米折返跑项目较其他测评项目的平均得分较低，合格以上人数较少，只有48.9%，表明幼儿的灵敏素质和身体协调能力尚待改进（图5-1-8）。可见，在幼儿园体育游戏中，教师重视游戏性和趣味性，关注幼儿的跑、跳、平衡等常见的运动技能，却相对忽视了运动素质的培养，这个问题亟待重视和关注。

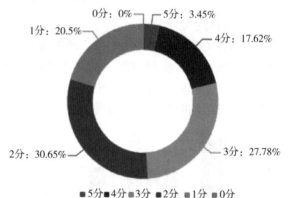

图 5-1-8　全园幼儿体质监测弱项监测占比图

3. 同班级一周内每日运动量差异显著

从监测数据中看到，该班级一周内每日运动量的强度有着明显的差距，中高强度充足的有15人次，中高强度正常的有16人次，中高强度较少的有79人次（图5-1-9）。可见，在一日活动中，教师组织的户外体育游戏的强度、密度存在差异，体育游戏内容是否能保证幼儿的运动量需要教师进一步的研讨和调整，一日活动中运动有效性有待提高。

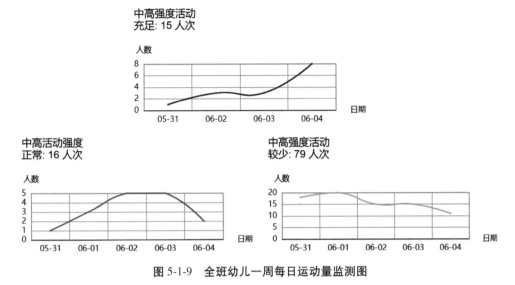

图 5-1-9　全班幼儿一周每日运动量监测图

（三）精准施策，优化管理

基于数据分析中的问题，结合园所现状，为提高幼儿运动有效性，幼儿园对"运动环境、课程方案、家园共育"三方面进行了调整和优化，具体措施如下。

1. 环境改造，营造适宜的运动氛围

环境作为隐性课程的主要载体，对幼儿各方面的发展都起着潜移默化的影响作用。幼儿园基于数据分析和幼儿园场地现状，遵循适合的教育理念，实施精准改薄，以平面立体相结合、实用美观相兼顾的原则，创设具有健康教育特色的幼儿园环境，以促进幼儿的全面、和谐发展。

（1）拓展内外活动环境

幼儿园充分挖掘场地的健康环境内涵，打造了"一场两廊""一室两墙""立体空间"等运动环境。一场两廊即中心竞技场、勇士拓展廊、丛林越野廊；一室两墙即体操室、攀岩墙、健身墙；立体空间即旋转楼梯空间、二楼连廊空间。同时，幼儿园对周边的环形步道进行绿化改造、安全布置，因地制宜设计出了丛林越野、户外拓展等区域，打造充满野趣的运动场所。

（2）提供多样运动器械

幼儿园依据园所健康特色和幼儿运动发展水平，对照《学龄前儿童运动指南》，打造了快乐体操室、体能挑战区，并提供了富有挑战性的运动项目器械，如跳马、小单杠、三阶跳箱、梯形架等，以不同难度的器械激发幼儿运动兴趣，促进幼儿动作技能的掌握，提高幼儿的体质素养。

（3）设置楼梯运动格局

幼儿园利用墙面、转角、台阶等展示面，由师幼共同创设运动活动区域及环境，设计出新颖有趣的游戏内容和规则，如地面跳跳棋、楼梯挑战区等，既融合了教师的智慧预设，又激发了幼儿大胆的想象力和创造力，体现了幼儿与环境的有效互动，真正让幼儿在玩中学，在玩中思。

2. 课程优化，积淀丰厚的特色内涵

幼儿园运用数据分析，以问题为导向，通过优化运动课程、提升师资水平等多种途径，帮助幼儿提高运动认知，改善运动态度，养成运动行为，促进身心健康发展，从而增强幼儿运动的有效性。

（1）园本课程再优化

开园至今，幼儿园始终把健康教育放在首位，大力培训特长教师，引进优质课程，初步形成了体能游戏、快乐体操、阳光足球组成的三大基础课程和武术、击剑、篮球、街舞等十大运动社团选修课程，不断完善园所运动课程体系。通过基础课程和选修课程相结合的方式，让幼儿在快乐游戏中掌握运动技能，体验运动游戏的乐趣。

（2）班本课程再探索

班级教师依据每周数据报告，分析体育活动组织过程中的问题，通过"每周研讨—跟进调整—研讨优化"的循环模式，对幼儿进行追踪，及时提出切实有效的调整方案和支持性策略，并优化及落实到周计划、日计划中，逐步完善班本课程。及时改进课程内容是一个循序渐进、层层深入的过程，只有在实践中才能发现问题，让"课程游戏化"和适合的教育理念落地生根，实现师幼共成长，从而提高幼儿的运动素质。

（3）师资水平再提升

幼儿园通过"请进来走出去""外培内培共联动"的方式，以特邀专家讲座、特聘专业教练指导、特长教师外出培训等途径，大力支撑师资队伍的培养计划。并且，幼儿园围绕运动主题开展了"学习成长互动式教研""聚焦观察研讨式教研""户外游戏体验式教研"等系列化园本教研活动，打造以"聚焦真问题"为特点的多元化教研模式，从而积淀教师的专业素养，促进教师专业成长。同时，为了鼓励教师因材施教、因人施策，提高各层次幼儿的运动水平，加强教师指导的有效性，幼儿园对教师的考核机制也进行了不断优化和完善。

3. 乐健共育，促进幼儿的个性培养

结合数据分析，依据测评报告和提示信息，教师分层分类为幼儿设定"跳一跳、够得着"的发展目标，为特殊儿童量身定制个性化指导方案，对家长开展科学宣教，让运动从课内向课外延伸、从园所向家庭延伸，实现家园合作共育、携手提高幼儿体质水平和运动能力。

（1）分层分类共培养

幼儿园正确认识男女生体质水平差异，同时针对同性别幼儿体质差异进行分析、评估，对运动能力强、中、弱的幼儿，分别提出不同层次的要求，制订难度有层次的活动方案。为增强幼儿不同类型的运动技能（跳跃、平衡、翻越等）制订不同的指导方案，提供不同难易程度的游戏。通过"分层分类"的策略支持，逐步提升幼儿的体质水平。

（2）个性定制促发展

幼儿园针对体弱儿、肥胖儿、特长儿分别对其测评数据进行分析，了解幼儿的体质水平，剖析问题，制订个性化指导方案，并定时、实时追踪幼儿的动作发展情况和体质水平现状，及时调整指导策略，逐步完善个性化指导方案资源包，以"个性发展"的培养目标，全面提升幼儿健康水平。

（3）持续合作助成长

家庭是幼儿园重要的合作伙伴。幼儿园将发挥家长优势和资源，定期向家长推送亲子体育游戏、亲子运动指南等活动信息，并运用家长资源开展亲子运动俱乐部、亲子竞赛游戏等，让家长关注幼儿体质水平的发展，参与幼儿运动能力的培养，持续建立家园共育关系，稳步促进幼儿健康、全面发展。

（四）成效显著，扎实推进

在"教智融合"视域下，幼儿园积极探索增强幼儿运动有效性的支持性策略，并在项目实践过程中，剖析问题、梳理经验、总结成效、稳步跟进，逐步增强教师个性化指导力，提高幼儿体质水平，加强了家园共育，从而进一步积淀园所健康特色文化内涵，凸显项目研究模式创新态势。

1. 教师个性化指导更专业

智能运动测评平台将每个幼儿运动素养、运动情况等以图像、图表的方式呈现，经过后台的大数据分析，将数据进行汇总，综合分析得出全班幼儿的运动数据，并形成数据分析报告。这些数据分析报告引发教师思考发现游戏项目与运动技能之间的关系、强度密度与运动量之间的关系、方案科学性与运动效果之间的关系、持续指导与体质提升之间的关系，进而开发不同类别的运动游戏项目，调整体育活动的组织方式，优化个性化运动指导方案，设计持续式推进家园合作的亲子运动游戏，初步形成系列运动游戏资源包。

2. 幼儿体质水平逐年提升

幼儿园每学期都会对幼儿进行体质测评，2018年优秀率只有10.7%，良好率只有27.0%，而2021年优秀率为20.4%，良好率为45.0%，合格率接近100%，优良率明显提升，而幼儿传染病发生率逐步下降，体弱儿、肥胖儿的转化率逐步提高，因人而异的指导方案更显成效。2021年幼儿在各级运动类比赛中获奖人次同比上升52%。

3. 家校共育彰显特色氛围

幼儿园在开展相关幼儿运动的活动时，得到了家长的鼎力支持和积极配合。2021年参与亲子运动比赛的人数占各班级总人数一半以上。这个过程不仅使家长和孩子体验了亲子运动的快乐氛围，了解了运动技巧和运动安全，还更新了家长对幼儿运动的教育理念，进一步加强了家校合作之力。

二、案例：幼儿园STEM项目活动的创新实践

（一）实施背景

《3—6岁儿童学习与发展指南》指出，幼儿是在直接感知、亲身体验、实际操作中获得对事物的认知的。幼儿园课程应在"自由、自主、愉悦、创造"游戏精神引领下，将游戏真正融入幼儿的一日生活中，支持幼儿在做和玩中收获身心和谐、全面的发展。

STEM教育倡导以项目化学习为主的课程实施方式。"造桥"作为STEM项目经典案例备受各校青睐，区别于中小学项目开发与实施，幼儿园"造桥"更应体现生活化、游戏化、体验性等特征。但从实际情况来看，其中不乏一些偏差，主要表现在忽视幼儿实际情况，盲目照搬中小学课程实施方法，内容过于复杂、难度过大；再者，对幼儿学习方式的忽视造成指导策略不当，以知识灌输为主，缺乏游戏化情境与方式等。

基于以上问题思考，幼儿园以大数据融浸创新STEM项目实践，将数据采集、数据整理、数据存储、数据分析等技术广泛应用于STEM项目活动，包含师幼信息收集、学情分析解读、资源推荐共享、学习记录追踪、实时监控反馈等，让传统的STEM教学样态转向精准教学、个性发展、多元评价的新兴模式。下文以幼儿园大班STEM项目"造桥"为例，积极探寻大数据下幼儿园STEM项目创新实践路径。

（二）应用实践

1. 项目开展前——大数据分析，学情精准研判

（1）价值研判，主题确立

幼儿园STEM项目的确立，强调对幼儿兴趣与需求的回应，对真实问题情境的关注。"造桥"项目源于一次同里古镇游，幼儿被古镇里各种各样的桥吸引，他们自发开始讨论起各种桥，提出想搭建一座桥的想法。但是，就大班幼儿的年龄及认知特点而言，教师是否应该支持孩子的想法，怎样引导幼儿以适合的形式展开对"造桥"的探究？基于问题导向，大班年级组在现实需求中开启项目审议，借助访谈及问卷调查，对"造桥"活动的价值与意义做出研判。

访谈及问题节选：

确立STEM项目主题，需要考虑哪些因素？

是否应该支持大班幼儿"造桥"的想法？依据是什么？

区别于中小学，STEM项目"造桥"怎样凸显幼儿的年龄与学习特点？

对项目活动"造桥"最大的问题和困惑是什么？

基于调研及访谈，在数据汇总中，89%的教师认为应该支持幼儿造桥的想法，原因是"造桥"来源于孩子生活，是孩子感兴趣的事情。在"造桥"项目中幼儿可以获得有关桥的经验，了解桥梁建造中一些科学原理，发展他们的创造能力、问题解决能力；93%教师认为幼儿园项目活动与中小学相比更应凸显"游戏精神"，活动组织形式上要更游戏化、生活化；82%的教师认为"造桥"项目活动重在过程的体验，可进一步发挥环境与材料和幼儿的交互作用……

基于以上数据分析，年级组教师在项目价值审议中达成一致，确立"造桥"STEM项目活动的实践意义，并通过数据呈现的共同问题，研讨审议，进一步明确了项目活动价值、实施方向及路径。

（2）信息采集，平台应用

项目实施之前，需要充分了解幼儿的水平、已有经验及认知倾向，以提升项目活动实效性。基于马赛克研究方法，大班围绕"造桥"开展学情调研，收集各种幼儿有关"桥"经验的资料，包括音频（幼儿访谈录音）、视频（谈话进行过程）、图片（儿童绘画作品）、文本（记录单、亲子调查），将原始数据直接导入Nvivo11质性研究分析软件，将幼儿有关"桥"经验的碎片化数据进行汇总，分析幼儿当前的研究兴趣点、问题关注点、经验交叉点及最近发展区等，在海量数据中进一步理清关键经验，优化项目预设方案。

本小节以大一班32名幼儿为研究对象，围绕"桥梁知多少"，整理出5段儿童会议录像视频、32份访谈录音、32份儿童绘画作品、32份调查单，以此作为主要的分析来源。第一步，导入原始数据，对幼儿的字、词、句进行总结提炼，并将其命名，建立出

自由节点22个，包括弯弯曲曲、高高、长长、跨过河、桥洞、桥墩、高架桥、桥面等（图5-1-10）；随后，对自由节点归类，提炼上位概念，建立了9个树状节点（包含外形特征、种类名称、功能界定、结构表征等）；最后，归纳出类型认知类、结构认知类、功能认知类、技术认知类4个核心类属（图5-1-11）。

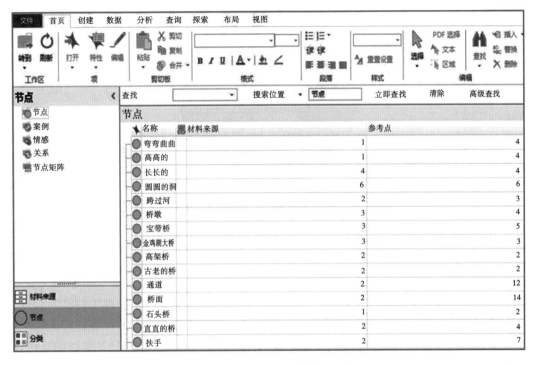

图 5-1-10　Nvivo11 自由节点编码界面

图 5-1-11　Nvivo11 核心节点编码界面

(3) 数据分析，问题聚焦

录入信息之后，借助定性数据分析软件，将各类信息数据化，从中分析发现，不同核心类属占比不同，类型认知类占 32%，结构认知类占 46%，功能认知类占 14%，知识认知类占 8%（图 5-1-12）。

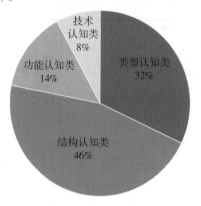

图 5-1-12　核心类属占参考点总数百分比统计图

关于桥的类型认知，能清楚说出 1~3 种桥名称的幼儿占比 58%，说出 3~4 种常见桥的幼儿占比最多为 40%，说出 5 种及以上的占比 2%；关于结构认知，89% 的幼儿能够关联到桥墩、桥面、桥梁基础部件，1 名幼儿提及支座，大多数幼儿对桥结构的细节部分关注度较少；关于功能认知，93% 的幼儿表示便于人车通行，表现出较高一致性，个别幼儿能够结合结构特征进行功能界定，如有 1 名孩子提到拱桥不仅能让行人通行，拱形的桥洞又方便行舟等；幼儿对造桥的技术原理的关注较少，个别幼儿能够提及桥面的形状、桥墩的疏密等因素对桥的承重力的影响。

总体来看，幼儿对"桥"的认识多停留在"桥"的表面特征，对于结构背后的技术原理认知相对比较缺乏，其认知是相对松散的、碎片式的，有的甚至存在一定偏差。在 STEM 项目活动开展初期，如何帮助幼儿形成有关"桥"的相对完整的认知，这是教师首先需要思考的问题。

(4) 支架思考，策略支持

3—6 岁儿童是在直接感知、实际操作、亲身体验中获得对事物的认知。基于幼儿桥梁经验松散、碎片化问题，依据幼儿年龄特征及学习特点，教师通过创设游戏区域、提供游戏材料、组织趣味活动，对幼儿进行针对性指导。

支架 1：提供材料，优化区域内容

区域游戏是幼儿园活动重要形态之一。根据孩子的兴趣特征及认知特点，教师打破传统集体教学模式，将班级划分为几个活动区，鼓励幼儿自由选择、自主探索。在"桥"项目进行时，语言区提供大量有关桥梁书刊、影音设备，建构区提供乐高桥梁编程游戏材料，科学区创设桥梁承重游戏、桥梁模型展等。多样化的活动材料和选择空间支持幼儿在做和玩中丰富对桥的感性认知。

支架 2：搭建平台，打造学习场景

教师充分挖掘网络资源，开展了一场"云游桥博"线上活动（图 5-1-13）。幼儿参观了中国古代桥梁、中国近现代桥梁、建桥国家队、世界桥梁博览、桥梁科技、桥梁文化等展厅。线上直播同步讲解,为幼儿呈现了一场 3D 全景式、沉浸式视听盛宴。

图 5-1-13　"云游桥博"云上参观一角

借助大数据技术,"云参观"突破了时空的界限,让学习随时随处发生。幼儿了解了桥梁发展历程、桥的结构特征、桥梁建设原理、中国桥文化等,初步形成了对"桥"全面系统性的认知,这也为"造桥"积累了诸多有益经验。

支架 3:携手家长,共享优质资源

学校毗邻独墅湖高教区,家长群体里不乏一些建筑专家。教师借助家长资源,邀请桥梁工程师走进幼儿园,现场采访、趣味问答,与幼儿共同探讨有关"桥"的知识,一起尝试桥梁规划与设计,进一步拓展幼儿相关经验(图 5-1-14)。

图 5-1-14　桥梁工程师现场互动

在此环节,通过专业知识的趣味互动、数据技术的应用体验,幼儿学着以一种工程设计思维去看待问题,这也为后续"造桥"工程实践提供了明确的指向性。

(5)数据分析,效能对比

教师将思维工具 KWH(know,what,how)(表 5-1-1)等应用在整个项目学习中,让幼儿记录自己所知、所想、所收获的,以图画的形式记录与表征。在"造桥"开始之前,教师再次对幼儿现有认知经验进行信息搜集与数据分析,以期进一步了解孩子的共同经验。

表 5-1-1　思维工具:KWH 表

关于桥,我已经知道的	关于桥,我还想知道的	关于桥,怎样运用这些知识

关于桥的类型认知，起初绝大多数幼儿只能说出 3 种以内桥梁名称，现在 73% 的幼儿能够说出 4~5 种不同桥梁名称（图 5-1-15）；

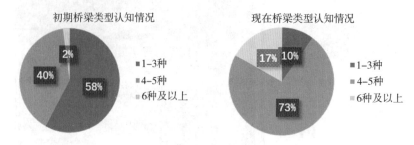

图 5-1-15　幼儿桥梁类型认知情况对比图

关于桥的结构认知，原来 89% 的幼儿能够关联到桥墩、桥面、桥梁基础部件，11% 的幼儿提及细节部分。如今，全体幼儿基本了解了桥梁基础部件，更有 56% 的幼儿能够对桥的路灯、栏杆、支架等做出细节刻画（图 5-1-16）。

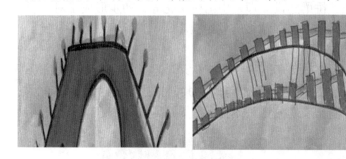

图 5-1-16　幼儿对桥梁结构细节的刻画

另外，26% 的幼儿在关注桥结构的同时，能够理解造桥材质的差异，比如有的用砖头、木头、钢筋等；同样，对造桥的技术原理主要观点占比有所提升，但仍旧相对偏少，这可能与幼儿学习方式直接相关。他们参与"造桥"实践时，更易生发对此类知识的探究（图 5-1-17）。

图 5-1-17　幼儿对桥梁材质、结构认知刻画

2. 项目进行中——大数据驱动，模式融通创新

在项目进行过程中，问题的不断迭代是 STEM 项目活动的一个重要特性。教师利用大数据技术融浸，解决棘手的教学问题，支持幼儿深层次问题探究。基于造桥的真实场景、问题探究、交流互动、反思调整，关注幼儿项目学习的多维表征，创新 STEM 项目适切的实践模式。

（1）项目实践，问题搜集

STEM 项目倡导小组化学习形式。前期，基于研究需求及兴趣爱好，指导幼儿确立不同研究小组，例如，倍力桥组、高架桥组、斜拉桥组、拱桥组等。通过图纸设计、材料收集，"造桥"工程开启在即。在整个实践探索环节，问题层出不穷。不同研究小组、不同问题需求，对教师有针对性指导造成一定挑战。

在项目实施中，教师综合运用大数据在 STEM 项目活动中的巨大功能，科学、动态观察与记录，发现幼儿学习困惑，以提供适宜、有效支架。调查单、设计图纸、材料清单、问题单等皆可成为捕捉幼儿学习行为的依据。教师对这些信息进行汇总与整理，建立数据档案库，通过作品分析、照片解读、档案评估、检核评价、观察记录等跟进 STEM 项目中的学习与发展（图 5-1-18）。

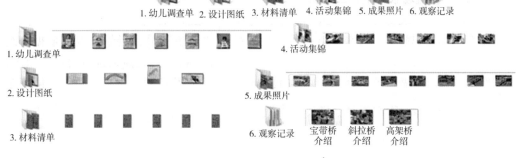

图 5-1-18　STEM 项目"造桥"幼儿发展数据档案库

在幼儿"造桥"实践中，围绕"我遇到了什么问题"，教师展开实时调查了解，通过回看幼儿游戏视频、观察实况记录、解读调查问卷、分析问题清单，从中生成有效数据，把握幼儿"造桥"中突出的难点与问题（图 5-1-19）。

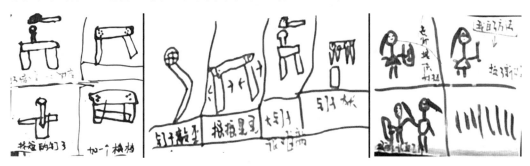

图 5-1-19　幼儿"造桥"中遇到问题清单

（2）数据汇总，情况分析

"造桥"过程前后共收集各类问题46个，其中有关造桥结构原理的问题，占43%，突出表现为"为什么桥总是不稳？总是要倒"等；有关工程技术问题占39%，如"钉子钉不牢""绳子不好绑"等；有关材料的问题占11%，如"材料不够用、种类太少""拱桥面材料用什么好呢"等；有关游戏规则类的问题占5%，如"小组成员在玩，不合作""破坏别人的桥"等。可见，幼儿"造桥"中突出问题集中在结构稳固原理及工程技术应用问题（图5-1-20）。

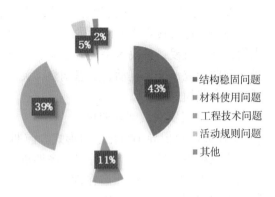

图5-1-20　幼儿"造桥"问题占比情况

（3）问题聚焦，策略支持

针对幼儿"造桥"中突出的结构稳固原理及工程技术应用问题，教师通过场景打造、材料优化、资源整合，让幼儿在与材料的充分互动中、在游戏的趣味体验中、在同伴的合作探究中寻求问题的解决方案。

支架1：打造场景，丰富工具材料

幼儿园中庭建筑工坊提供木头、泡沫、PVC管、瓶瓶罐罐等不同材质材料，并配备专门操作工具，如胶枪、榔头、锯子等，成为孩子"造桥"最佳场景。教师依据小组造桥需求，增加长度、厚度不一的木板、木棍等木工材料，满足高架桥组拼接、组装；增加麻绳、铁丝等做斜拉桥绳索；增加不同规格长度的PVC管、木棍、竹竿，以满足倍力桥组幼儿需求；增加多种衔接、组装、改造工具，如胶枪、U型钉钉枪、胶带、切割机等。

支架2：巧用"易加"，创新智慧教学

针对幼儿普遍存在的稳固结构原理认知短板，教师借助"易加"平台，有效突破教学重难点，转变教学方式。

实例1：稳固的三角形结构

高架桥组幼儿以长方形薄木板做桥面，两两桥面之间用U型钉衔接，桥面下方用细细长长的木棍做桥墩，测量好间距，两个一组，对称安装。可是，随着桥墩不断"施工"，孩子们发现已经安装好的高架桥越发晃动得厉害，摇摇摆摆。在幼儿"多钉几个钉子""在两条柱子之间加一条横梁""加粗桥墩"等方案探索下，问题仍未解决。"最为稳固的结构是怎样的"引发孩子新的思考与探索。

实则，三角形组成的支架结构是最为稳固的。由于缺乏相关经验，幼儿造桥工程遇到瓶颈。怎样进一步拓展幼儿经验，以什么样的方式让幼儿生动形象地理解抽象原理，并将新经验迁移应用到新的游戏情境中？

教师充分利用区域智慧教育资源优势，借助"易加互动"学习平台，在"资源中心"界面（图5-1-21）一键搜索、关联检测、精准推送。

其中《有趣的桥》《桥的秘密》一系列科普动画视频帮助幼儿了解到三角定律在建筑中的广泛应用，很多建筑由许多三角形组成一个拱形结构来承重，三角形的承重力度最强（图 5-1-22）。

图 5-1-21　易加互动：资源中心

图 5-1-22　资源中心：三角定律

有了这样的经验，孩子们便沿着两个"桥墩"所组成的长方形对角线处钉上一根长木棍，建出一个个"三角形"结构，最终让高架桥"站"得更加稳固。

实例2："桥梁"　虚拟仿真游戏

倍力桥组的幼儿前期基本掌握了倍力桥结构特征与搭建技巧。而在中庭，面对一条跨度长1.5米的小池塘，幼儿提议搭建一座可以"跨河"的倍力桥。新的想法激发幼儿再次游戏的欲望。他们选择用等长的木棍，一上一下做"井"字交叉叠加，开始大胆尝试起来。问题接踵而来：为什么增加了木棍数量，桥身还是不往对岸走？横梁搭不下了，要掉下河了！到底第一个"井"字组合横梁间距多少才合适？需要预留多长？搭建而成的倍力桥"拱"起来的高度太矮了，小船怎样通过？怎样调整拱高……

STEM项目学习需要真实、灵活、开放的场景支持。搭一座真正可以跨越池塘的倍力桥，充满着诸多挑战，需要考虑木棍的摆放顺序、摆放位置、预留长度等各方面因素。到底如何调整？是一点点调整、一次次重来，还是进一步拓展幼儿相关知识经验，再来调整？此时，"易加虚拟实验室（NOBOOK）"提供了有力支撑。"易加虚拟仿真"基于HTML5技术，可以让小小实验随时随地被轻松移植在各种不同的开放平台以及应用平台上，在各种不同的设备上展示内容。

在孩子"造桥"现场，教师提供了iPad，安装了"易加互动"学习平台App，幼儿便可根据自己的问题需要，轻松点击、语音搜索、主动查询。借助虚拟实验室《拱形的力量》，幼儿在游戏互动中了解到倍力桥结构特征，通过力的均匀分摊实现建构材料数倍的承重力（图5-1-23）。再者，结合一款"建桥模拟器"，3D实景呈现造桥场景（图5-1-24）、设置跨度，选择桥的造型。通过"闯关"游戏，幼儿初步感受到倍力桥桥梁跨度、高度与材料、结构之间的关系。这为他们新一轮的尝试提供了有力支持。

· 215 ·

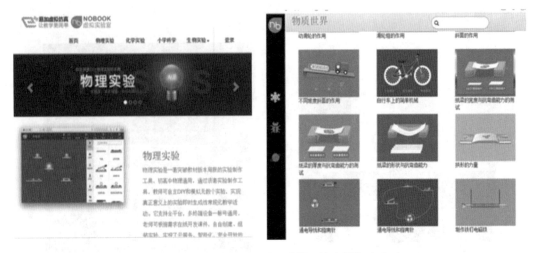

图 5-1-23 易加虚拟实验室:"拱形的力量"小实验

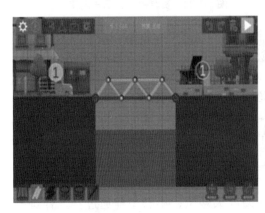 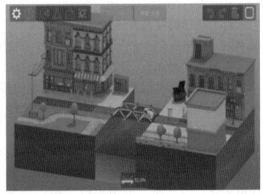

图 5-1-24 建桥模拟器游戏场景

"易加虚拟实验室"将相对复杂、抽象的知识经验融入有趣的游戏体验、真实的场景互动中,容易被幼儿理解与接受。孩子们在玩的过程中实现了主动学、智慧学。

(4)成果展示,效能分析

在 STEM 项目活动中,幼儿历经问题的发现、解决,方案的修正、调整,实践的改造、优化,不断增强问题解决能力、同伴协作能力、主动探究能力、动手实践能力等。

"造桥"工程走进了尾声。一个个作品布满现场,建筑工坊"桥梁建造师"们制作展板、海报,直播介绍自己作品背后的故事。最后,线上线下投票渠道开通,大家投票选择心目中最喜爱的"桥梁"。在这个过程中幼儿收获了作为"小小桥梁工程师"带来的成就(图 5-1-25)。

数据是评估价值判断的重要依据。将大数据及其关键技术应用到教学评价能促进教育教学精准化解读与分析。教师利用"易加评价"应用平台"成长纪实"做好日常数据整理、评估记录、一键汇总。借助大数据充分解读前期采集的数据,从问题明确、方案设计、物化实践、成果展示几个维度进行过程性评价,给每个维度都设定 A、B、C、D 等级(表 5-1-2)。在做个性化评价中,从专注探究能力、问题解决能力、合作表达能力、创新创造能力等六大维度着手,建立二级评价指标,形成系列化、个性化的评估报告。

图 5-1-25　STEM 嘉年华成果展示现场

表 5-1-2　STEM 项目学习过程性评价等级表

过程性评价	A	B	C	D	等级
问题明确	提出问题，会有初步解决方案	提出问题，无解决方案	会提出问题，但无关主题	无明确目标	
方案设计	认识到设计的优缺点，方案有细节说明	认识到设计方案部分优缺点，有设计，实践性不强	方案设计维度单一，片面，缺乏说明	无规划	
物化实践	在实践中会有新想法、新思考，作品富有创意	大胆实践，作品有一定的创造性	作品没有创造性，操作实践按部就班	没有物化成果	
成果展示	展示多元化，有独到见解，表达清晰	评价作品较合理，能够基本表述清晰	展示方法一般，作品评价单一	没有展示，没有反思评价	

最后，基于全班幼儿数据整体分析，教师发现幼儿发展共性问题，主要表现为创新应用能力发展存在短板，具体表现在幼儿变通应用材料的能力较为缺乏，对材料组合应用的方法与技巧相对局限，作品呈现出创新度与创意点相对较少，这也将是今后幼儿园 STEM 项目实践重点思考之处（图 5-1-26）。

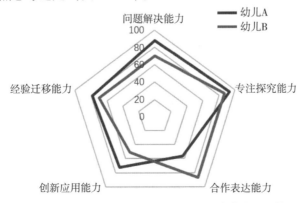

图 5-1-26　"造桥"项目个别幼儿 STEM 素养水平雷达图

（三）思考展望

1. 共建共享，资源建设新思考

教育资源不仅仅是教育内容的载体，更是发展和完善新型教育体系的基石。大数据下教育资源互联网化、生成性、多元化等特点，让一种全新的资源观应运而生。多元主体参与共建，多种资源整合共享，让 STEM 项目活动中幼儿的学习发生系统性变革。

（1）多元主体，共建共享

在大数据时代，人、事、物的关系不断交互变化。园区智慧教育枢纽平台以云计算、物联网、大数据、人工智能等技术为支撑，打造面向学生、教师、行政、家长、公众等全用户平台体系，形成大数据下新型教与学改革的实践典范。

（2）多种资源，整合应用

在大数据背景下，资源呈多模态特征，知识、经验、态度、价值观、过程性数据等都将成为资源，视频、音频、图像、文本、认知工具、虚拟仿真技术等皆可是资源形式。多种资源实现数据化管理，构建数字教育资源版图。STEM 项目活动"造桥"整合应用物质资源、自然资源、网络资源和人文资源，帮助幼儿突破"造桥"知识难点，转变学习方式，呈现出生动的教与学新样态。

2. 智慧应用，教学模式新行径

（1）拓展时空，创生场景

幼儿通过直接感知、实际操作和亲身体验获取经验，通过各种活动的探索操作来学习。在活动中产生的直接经验是幼儿认知发展的源泉。教师依托智慧教育枢纽平台，综合应用易加学院、在线课堂、易加互动、易加虚拟仿真等，幼儿置身于开放、真实的场景中，让他们融浸在线上线下融合的智慧教学中，学习能够随时随地发生。

(2) 搭建支架，形成模式

大数据及关键技术应用驱动精准教研，增强教师专业成长能力。在 STEM 项目进行中，通过前期访谈调查、相关信息汇总、课程审议跟进、班本实践反馈，教师能够基于幼儿学习特点与发展需求，以促进幼儿 STEM 综合素养提升为追溯点，从 STEM 项目活动目标拟定、内容开发、经验预设、环境准备等，形成园本、适宜的 STEM 项目实施路径。

3. 数据驱动，教学评估新样态

STEM 强调学习过程中对幼儿素养发展的科学评价。大数据支持全自动、全过程、全领域的客观数据采集，全面分析、推理、论证、评判，客观记录幼儿过程性发展情况，对教师教学质量整体评估，促进教育教学质量的提升和幼儿个性化发展。

（1）构建平台，多元评估

研究人员参考《3—6 岁儿童学习与发展指南》《新一代科学教育标准》中的评价指标，提炼 STEM 项目活动中幼儿核心素养，采集幼儿学习过程中的一切数据，依托"易加评价"平台系统，进行模块化分析，形成分析报告。

（2）策略跟进，素养提升

教师依托可视化数据呈现，全面分析教学"短板"，从课程设计、资源开发、活动预设、环境创设、材料支持等多维度思考，形成在 STEM 项目中支持幼儿学习的有效实施策略。

大数据与教育融合，成为教学变革的一种重要生成因素。在大数据时代下，幼儿教育始终坚守"儿童立场"，以开放、多元、动态、共享的未来视角，探索信息技术与教育教学的融合，实现从应用融合走向创新融合。

第二节　小学教育的典型案例

本节通过"基于数据支撑的课外阅读新样态""项目式学习提升学生科创素养的实践""'慧爱'家庭教育指导体系的构建"三个实践应用案例，阐释小学阶段如何利用大数据聚焦赋能学生"兴趣激发、习惯培养、品格塑造"。研究者通过对数据的深度挖掘、结构化重组与动态融合，以人的发展为核心，整合优质学习资源，记录个性学习过程，融合多元学习评价，连通跨界学习空间，适配精准学习服务。以数据智能驱动教、学、测、评、管等核心业务的智能升级，实现学习环境、教学方式和教育生态圈的智慧转型。

阅读素养是学生语文学科核心素养的重要组成部分，课外阅读是阅读素养提升的"半壁江山"。在"基于数据支撑的课外阅读新样态"案例中，针对课外阅读体系建设核心素养渗透不够、内容资源选择育人目标不明、测评反馈方式方法滞后等实际问题，园区星洲小学通过伴随式数据采集，优化阅读顶层设计；通过数据驱动任务，陪伴学生个性成长；通过数据评价，助力教师精准指导；通过数据重整，实现自身迭代发展：有效地将阅读的记录与测评和个人的成长与发展结合起来，推动了群体个性化学习和实践共同体的形成与发展。

科技创新是大数据时代最显著的特征，提升学生的科创素养是时代的必然要求。在"项目式学习提升学生科创素养的实践"案例中，针对浅表化的科创教育无法有效激发学生的创新意识，碎片化的科创活动难以积极培养学生的科创精神，学科化的科创活动难以实现核心素养的快速提升等问题，突出教与学方式创新，整合数据资源，连通学习空间，促进学习方式变革。一方面对现行课程进行适当整合重组，构建富有时代精神、体现学校特色的科创课程体系；另一方面，以学生项目"月球梦想营地"为例探索项目式学习的策略、基本模型及其效果和意义，为学校实施项目式学习、提升学生科创素养提供借鉴。

家庭教育是教育的基点，在"'慧爱'家庭教育指导体系的构建"案例中，针对家庭教育科学理念缺失、家庭教育胜任力不足、家校教育合力不强等问题，通过数据发现问题，以数据检验实践成效，从教育生态的角度进行学校变革，适配精准的学习服务。在学校层面，打造专业化家庭教育指导团队，构建套餐式家庭教育课程，编制校本化家庭教育指导手册；在家庭层面，开展生活化的家庭教养实践活动，创设参与式家庭教育指导环境，最后构建激励性家庭教育评价体系。通过学校、家庭、社区的联动，教师、学生、家庭共同成长，提升学校的教育服务品质。

一、案例：数据支撑的课外阅读新样态

阅读素养是学生语文学科核心素养的重要组成部分，课外阅读是阅读素养提升的"半壁江山"。当下学生的课外阅读面临着课外阅读体系建设核心素养渗透不够、内容

资源选择育人目标不明、测评反馈方式方法滞后等实际问题。星洲小学自2017年起，基于问题导向，借助互联网技术，利用大数据，开发了课外阅读网络平台——星洲读吧，开展线上线下相结合的课外阅读尝试，推动着全校整本书课外阅读的实践。

（一）顶层设计，数据规划：编织适切数据的采集网

1. 立足课标，设计课外阅读数据采集模型

根据《义务教育语文课程标准（2011年版）》（简称《课标》）要求，从陪伴学生阅读出发，平台设计了"阅读规划""方法指导""互动交流""师生点评""表彰激励""成长足迹"六大模块，形成闭环，陪伴着学生阅读。

"阅读规划"模块指明了阅读的方向和各阶段小目标的实现路径；"方法指导"模块是渗透在阅读过程中线上和线下的指导；"互动交流"模块是学生独立阅读输入与输出的内化；"师生点评"模块是阅读观点的碰撞；"表彰激励"模块是榜样的示范和兴趣的激发；"成长足迹"模块记录学生六年阅读的点滴收获。

2. 立足日常，设计课外阅读数据对比参照

星洲小学将《课标》提出的课外阅读总要求细化到每个年级、每个学期、每个月中，设计可以参考的量化数据。比如，把145万字的阅读量分解到具体的书目，从而确定了每个年级的阅读字数、阅读时长和阅读积分参照系。再细化到每天阅读的章节，这样可以跟踪学生每日阅读时长、阅读字数等数据。

3. 立足个体，生成课外阅读综合数据

每个学生都是独立的个体，他们存在差异，阅读兴趣、阅读能力各不相同。平台通过多次平均值、最高值、最低值的数据综合对比，确定阅读等级晋升规则，让学生跳一跳就能达到相应年级的阅读数值，从而实现相关等级的阅读目标。并在每个学年对积分进行重置，激发学生新的阅读动力，实现新一阶段的阅读目标值。这样，每个学年都是新的开始，既有总的数据，也有学期的数据。

（二）阅读陪伴，数据驱动：营造线上线下的阅读场

1. 自主选书，创设个人阅读空间

结合课标、教材和《中小学生阅读指导目录（2020年版）》，教师在"星洲读吧"平台上推荐了必读书目和选读书目，还有学生自己阅读的自读书目。书目范围包括人文社科、文学、自然科学和艺术四类，充分体现德智体美劳全面培养的目标。

学生会根据老师的推荐指数和阅读人气，选择喜欢阅读的书籍，形成个性化的动态阅读书单，构成自己的"书房"。进入"书房"，学生可以看到自己最近的阅读情况，包括阅读积分、时长、字数等数据，并可设置提醒近期需要完成的阅读任务，从而进一步激发阅读兴趣，养成良好的阅读习惯。

平台记录下学生每一次的阅读数据，自动汇总生成一周数据、一月数据，并通过数据动态分析智能生成下阶段的阅读建议。日积月累，形成一年数据和整个小学阶段的数据。当学生小学毕业时，平台将送给每一个学生一份沉甸甸的阅读印记。

2. 随时检测，享受亲子共读时光

学生的阅读，虽然不必每次精读理解，但基本的阅读方法还是要指导的，必读书目也是要深度思考的。借助"星洲读吧"平台，学生可以随时随地进行课外阅读检测。通过检测，一方面可进一步激发阅读兴趣，享受到阅读的成就感，另一方面也能从中领

悟基本的阅读方法。平台倡导学生阅读纸质版书籍，学生可根据当天阅读的章节，在平台中完成相应章节的检测题。如果阅读有所启发，也可以写一写当天阅读的随笔。

亲子阅读是孩子享受家庭温情的重要途径。由于各学段对学生阅读的要求不一样，学生操作网络平台的能力也不一样。低年级学生在家长的伴读下，共同完成平台的检测与反馈。很多家庭从孩子很小的时候就开始进行亲子阅读。这项长期进行的亲子活动不仅是孩子与家长交流、沟通的途径，还是传递亲情的桥梁。

3. 整本漫读，徜徉书籍内外

儿童阅读是一种复杂的创造性学习过程。相应地，整本书的阅读也是一种随心所欲、不断循环往复的过程，可以粗枝大叶地读，可以细嚼慢咽地读。

学生完成整本书的阅读后，会得到老师的一份二维码奖状。二维码的背后就是学生阅读这本书点点滴滴的数据呈现。当学生的阅读指数提升时，平台会推荐相关的一类书籍，或者邀请学生参与某个专题的阅读活动，开启更为广阔的阅读世界。比如，开展"苏州园林"专题阅读，让学生走进园林课程，感受园林文化，讲述园林故事，对话园林人物。

4. 阅读分享，联结同伴书圈

有了网络平台，学生的阅读不再孤单。网络实时分析全校阅读情况，学生也有了自己的阅读朋友圈——"班级阅读圈""书籍阅读圈"。"班级阅读圈"是以实际班级为自然组合的实体群。学生彼此了解，既可以在日常学习生活中交流，也可以利用空暇时间在线上积极展示。在班级阅读圈里，可以看到班级同学的近期阅读情况，形成你追我赶、互相借阅学习的氛围，同时有利于校园间的书籍漂流。

"书籍阅读圈"是以某一本书为中心组合的虚拟同学群。在"书籍阅读圈"里，打破班级年级的限制，可以查看一本书的优秀同学的随笔。除此之外，平台还可以根据已有数据生成书籍作家的朋友圈、专题活动的朋友圈等。

（三）阅读指导，数据评价：指向深度广度的可能性

1. 设计一份菜单：精心设计有趣有思的导读菜单

导读菜单是学生在"星洲读吧"平台中了解书籍的第一印象，也是陪伴学生每日阅读的引子或任务。导读菜单是否有趣，决定着学生能否坚持读完整本书；导读菜单是否有思，是学生读完整本书能收获多少的关键。在实践中，平台经过多次版本更迭，并将如何设计有趣有思的导读菜单作为读吧教师的第一要务。

"星洲读吧"1.0版本让学生"更有习惯地读"，引导学生从"要我读"转变为"我要读""我想读"。在推广初期，读吧教师通过查看平台每天的阅读汇总数据，及时提醒和指导学生完成阅读计划，养成每天阅读的好习惯。"星洲读吧"2.0版本让学生"更有方法地读"，将读与思、读与写相结合。读吧教师设计更为精细的导读菜单，让每一天的阅读都有检测和交流的机会，促进学生课外阅读的良性循环。"星洲读吧"3.0版本让学生"更有质量地读"，阅读的专题性更强、内容更丰富，借助互联网的优势，适当丰富图文、音视频资源，拓宽阅读的广度，也挖掘阅读的深度。这些都将默默地伴随每个学生静静心心地去阅读，实现阅读的自成长、自超越。

2. 担当双重身份：教师的班级指导和书籍代言

读吧教师不仅是班级阅读的指导教师，也是书籍代言的指导教师。对于学生而言，面对的课外阅读指导教师是"1+N"，即 1 位班级教师和 N 位书籍代言教师。如果让一位班级教师去指导所有的课外书籍，他既没有足够的时间和精力，也不可能都指导到位。

班级指导教师一般是班级的语文老师或班主任，是陪伴学生一年或六年的老师。"星洲读吧"平台中翔实的阅读数据能帮助班级指导教师对班级阅读情况了如指掌。首先，班级指导教师可以实时了解班级的阅读情况，其中包括本班学生参与阅读人数、班级总体阅读时长数据、班级阅读测试结果数据，以及本班学生在阅读中产生的疑惑和感想数据。其次，班级指导教师可以了解每个学生的阅读情况：学生当前阅读的书名、阅读的进度及计划阅读的书籍等数据。此外，班级指导教师还可以了解每本书的阅读情况：本月推荐的必读书目参与率、必读书籍的阅读进度等数据。基于以上数据，班级指导教师可以运筹帷幄，结合线下阅读指导课，进行课外阅读的读前、读中、读后指导。这样的指导才是精准的、有效的。

书籍代言教师是对某本书籍经过全面阅读、深入了解的教师，可以重点研读几本书籍，开展专题化、综合化的阅读教学研究。这样既减轻了教师负担，又发挥了代言教师研究成果的较大作用，还不断促进研究的深入。书籍代言教师根据年级内多轨班级错时阅读的指定书目，以及每个班级的阅读进度，选择性地进行走班教学，与学生进行线下的课外阅读指导课交流，并且能选择全校的阅读案例资源进行教学研讨。多轮的教与学也促使书籍代言教师向专家型教师进步。这对教师专业的成长，特别是对年轻教师的成长更为重要。

3. 开展三项评价：单本书的阅读评价、个人阅读的综合评价、班级阅读的综合评价

评价学生课外阅读时，要紧紧抓住学生是主体，进行多元化评价的原则。既要关注阅读的成果，也要关注阅读的过程；既要关注阅读的水平，也要关注在阅读中所表现的情感与态度。评价与激励相结合可帮助学生认识自我，树立信心，让阅读陪伴自己一生。

（1）单本书的阅读评价

单本书的阅读评价以书籍代言教师评价和同学互评为主。书籍代言教师可借助书籍的导读菜单，通过学生在每天阅读后的测一测和写一写，就学生参与的时长、连贯性、完成率进行评价；可通过答题正确率和读后感，评价学生阅读的方法和效果；对有独特见解的学生，还可以一对一进行评价。同学之间也可以利用平台数据进行互评点赞。学生完成单本书的阅读后，经过老师的评价，"星洲读吧"将最终形成一份二维码的奖状。这份奖状既是对学生阅读的肯定，也是阅读过程中一颗闪亮珍珠。扫一扫二维码即可查看每天阅读这本书的记录。这份记录是值得珍藏的。

（2）个人阅读的综合评价

如果说那一份二维码奖状是阅读过程中一颗闪亮珍珠，那把一颗颗珍珠串起来就是学生个人阅读的综合评价。个人阅读的综合评价以教师和家长评价为主。平台通过单本书的阅读评价，结合线下阅读与交流的情况，进行每学年的读吧阅读之星达标评选，达

到参考标准即可获得。

现实中可能会存在新教师对班级阅读不了解，教师对新学生不了解的情况，有了数据平台，这些就不成问题。一个新接手的老师，通过平台数据，能清楚地知晓学生历年阅读情况，看出学生的阅读习惯与阅读水平，可以开展学生个体阅读的跟踪研究。

（3）班级阅读的综合评价

一个人可以走得更快，一群人可以走得更远。推动全校所有学生进行课外阅读，不能停留在个人的阅读上，还要跟踪和指导班级的课外阅读。班级的课外阅读监测的范围有：班级课外阅读的氛围、全班阅读的参与率、整体阅读的得分率，以及教师的整体评价等。同样也进行每学年的读吧书香班级达标评选，达到参考标准即可获得。

（四）适时分析，数据调控：完善螺旋上升的循环系

1. 更新平台书库，使内容更具时代性

在内容为王的时代，书库的更新可谓是平台里的活水。

"星洲读吧"平台上的书库必须是经典的书库、开放的书库，不能局限在增强语文阅读能力上，不能带有追求短期效果的功利性。书库涉及的学科不仅仅有语文学科，还应该包括科学、艺术等学科。一方面与语文统编教材有机融合，另一方面与各个学科进行融合。既要加强阅读基本功的培养，也要从立德树人的角度开展相关阅读活动。

检测的题目和导读的设计也应该是灵活的。平台不仅面向学生开放，还应该面向老师、家长等多个阅读共同体开放。学生、教师和家长的参与也是一股股溪流。平台提供强大的数据反馈和更新功能，才能保证源源不断的活水流入。

2. 重组平台数据，使系统更具灵活性与稳定性

读吧平台之所以能得到师生的欢迎，是因为平台的开发者也是平台的使用者。语文老师自己开发网络平台，将信息技术与学科高度融会，减少了用户与程序员的沟通障碍，也可以让程序开发更加便捷。有了新的想法可以很快实现，在实践中发现问题能及时处理。

读吧平台从一开始就坚持自己开发做数据库，而不是借用网络上第三方平台，最重要的原因就是数据掌握在自己手中。经过原始数据的重新建构，可以实现更多的可能。平台可以监测到各班级的阅读习惯，可以监测到阅读的答题能力，还可以监测到学生的兴趣点。在每年的"读吧之最"的数据中，一方面检测到学生阅读能力与兴趣，另一方面检测到题目和导读的受欢迎的程度，甚至发现题目中的错误和系统的漏洞。

3. 升级平台技术，阅读更具常态与自然

学生始终是学习活动的主体，技术是为学生学习服务的。我们既要不断地丰富阅读活动，也不能加重学生的学业负担；既要使用现代化的设备，也要呵护学生的身心健康，特别是学生的视力下降问题和手机成瘾问题。

简单便捷与网络安全从目前看不能良好兼顾。技术在不断地发展，平台还需要跟进技术的脚步，在实际中让阅读更加方便。比如：从技术上赋予客观题多种形式；对主观题内容进行智能化识别评价；单一的文字编辑向绘图拍照、录音音频、微课视频多种方式迈进……这样的阅读，会更加趋于自然。

在苏州工业园区"大数据促进适合的教育实践研究"项目指引下，"星洲读吧"平台在阅读教学实践中应运而生，催生着教与学模式的变革，展示着基于数据支撑的课外

阅读新常态。"星洲读吧"平台联结着学生、教师、家长阅读共同体,让他们共同享受着有趣、有序、有思、有痕的阅读之旅!

二、案例:项目式学习提升学生科创素养的实践

园区第二实验小学在科创素养的培育中,改革传统的知识传授的教学方法,整合学科课程,并将科创教育理念落实于项目式学习活动中,为学生提供体验、运用、创新的学习机会,以发展学生在大数据时代的适应力和创新力,提高学生的科创素养,为充满创造力的人生奠基。

(一)数据诊断

科技创新是大数据时代的显著特征。学习者只有善于学习,创造性地运用新技术、新工具解决现实问题,才能成为适应时代的"数字公民"。培养科创人才是新时代学校教育的使命。园区第二实验小学根据苏州市义务教育学业质量监测数据,分析学校2018届毕业生的各学科能力水平(图5-2-1),发现了学生创新能力不足、学校科创教育成效不佳等现状。

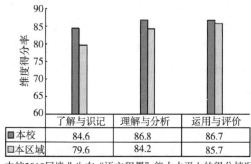
本校2018届毕业生在"语文积累"能力水平上的得分情况

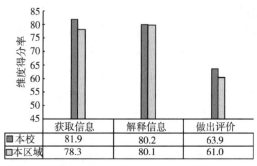
本校2018届毕业生在"阅读"能力水平上的得分情况

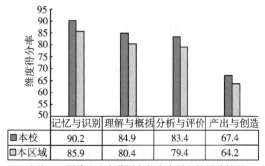
本校2018届毕业生在英语各能力水平上的得分情况

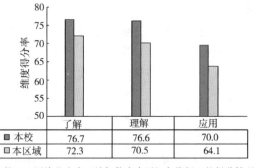
本校2018届毕业生在"认知能力水平"各指标上的得分情况

图5-2-1 园区第二实验小学2018届毕业生在各学科能力水平上的得分情况(选)[1]

苏州市义务教育学业质量监测对科学、数学、语文、英语学科均设立了测评学生科学创新能力水平相关的内容,如科学学科的"应用",数学学科的"运用规则""非常规问题解决",语文学科的"运用与评价""阅读评价",英语学科的"分析与评价"

---

[1] 2018年苏州市义务教育学业质量监测苏州工业园区第二实验小学基础数据与学科数据报告[R].苏州:苏州市教育质量监测中心,2019(1):6.

"产出与创造",等等。园区第二实验小学2018届毕业生的创新能力虽高于本区域平均水平,但相对于"识记""了解""理解"等基础学习能力,明显较为薄弱。

园区第二实验小学随即对学校历年来开展的科创教育的内容、方法和活动进行了客观分析,指出学校科创教育普遍存在的三大现象:一是浅表化的科创教育。学校开展以传授知识为主的科普教育,无法培养学生运用知识解决复杂的现实问题的能力,难以激发创新意识。二是碎片化的科创活动。学校开展科技活动时间短,没有形成长效机制,难以培养学生勤于钻研的科创精神。三是学科化的科创素材。各学科都具有培养创新能力相关内容,但各自独立,并没有开展跨学科教学,甚至部分学科教师仍认为只有科学课、综合实践课等课程具有培养科创素养的价值,导致学生的创意无法在理念连贯一致的学习环境中表达。此外受到技术与条件的制约,学校获取学习资源的范围狭窄,难以为学生营造整体化的科创素养培养教学情境。学校亟需探寻一种有效的科创教育实施策略。

针对科创教育普遍存在的三大现象,园区第二实验小学对现行课程进行适当整合重组,构建了以培养科创素养为目标的课程体系,着力培养具有跨学科素养的教师团队,加大科创课程的深度和广度,将科创教育理念落实于项目式学习活动中,力图打破"浅表化""碎片化""学科化"的局限,全面提升学生科创素养。

(二)实践路径

1. 构建项目学习群体系

园区第二实验小学自2018年引入项目式学习,从试点学科活动开始探索,发展到融入学科课堂的实践,依托信息技术,打造以项目式学习为主要路径的"慧学课堂",逐步构建了与学科紧密结合的"无涯课程"项目学习群体系(图5-2-2)。

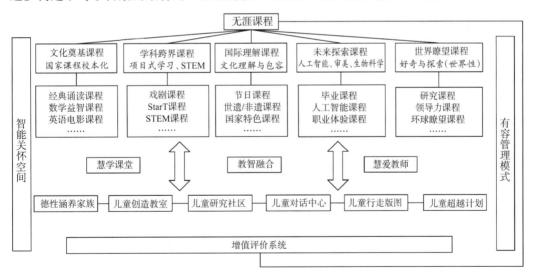

图5-2-2 "慧学课堂"中的无涯课程项目学习群体系

"慧学课堂"中的"无涯课程"项目学习群体系,将学科教学包裹在一个个无边界的教育主题中,科创教育则作为始终如一的教育内容融入其中。截至2021年6月,学校在全学科构建项目学习群体系,以项目为学习指南调动学生学习积极性,进而发展创新能力,让科创教育促进学科教育的深度学习,并研究出了发展学生科创素养的项目式学习模式，其基本框架如图5-2-3所示。

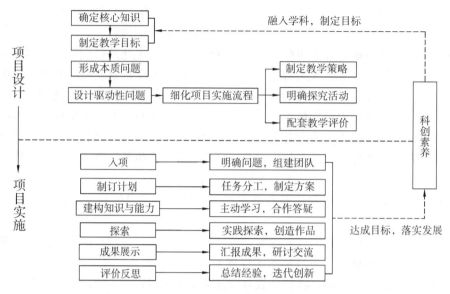

图5-2-3　科创素养视角下的项目式学习模式框架图

发展学生科创素养的项目式学习模式，是把科创教育和涵盖全学科的教材内容有机结合，设计结构清晰、信息丰富的项目式学习课程。课程的顶层设计中，每个项目式学习课程将由一位或多位教师发起，根据教师教学特色、学生学情及师生问卷调查情况，分析教师与学生的兴趣，结合现有教材内容，分析真实的现实问题，得出一个基于科创素养的研究主题，确定核心知识、教学目标，并拟定本质问题。进而邀请跨学科的教师加盟，形成项目指导团队，通过集体备课设计好项目中的驱动性问题，细化项目实施流程，包括制定可以在各学科课堂中实施的教学策略，明确项目各阶段需要的探究活动，以及配套的过程性、总结性评价要素等。

不同学科专业背景的教师组成课程开发共同体，围绕同一个源于生活的主题，挖掘匹配学科的内容，根据核心知识制定教学目标，再通过项目为学生打造丰富的情境：设计驱动性问题，制定跨学科的教学策略，明确探究活动并配套教学评价，形成项目学习指南。项目实施的有效性与教师教的兴趣、学生学的兴趣都紧密相关，教师的兴趣决定了设计质量和教学热情，而好的主题能引起学生的好奇，激发持续不断的学习内驱力。[1] 2019年2月，电影《流浪地球》热映，校园里掀起了一股讨论太空探索的热潮，宇宙主题的项目"月球梦想营地"应运而生。该跨学科项目融合了科学、信息技术、语文、数学、英语、艺术等学科。学生在信息技术的保障下，以小组合作的形式，通过搜查资料、数据分析、研讨交流、实验论证等学习方式，全面了解人类生存所需的基本条件、月球及太空的相关信息，科学合理地设计了一个能满足人类长期生活的月球营地，并以中英文答辩的形式说明了月球营地的运行原理，并绘制出月球营地的3D模型。其项目指南设计如下（表5-2-1）。

---

[1] 陈亮. 小学生学习活动课程内驱力提升 [J]. 新课程研究，2020（5）：17-18.

表 5-2-1 "月球梦想营地"项目学习指南

项目名称： 月球梦想营地	学习时长： 12 周	主要关联学科： 科学、信息技术、数学、语文、英语、美术、心育		年级： 五、六年级
项目描述：在无限的未来，地球资源耗尽，环境恶化，不再宜居，人类不得不选择移民其他星球。我们在前往一个遥远的星球之前，必须先学会如何在太空中生存。最好的办法是先在邻近的月球上建立一个基地来开展探索。你是一名专业的航天员，请和你的团队合作，一起设计一个月球营地。快来加入挑战，一起为人类迈出一大步而努力！				
1. 你想打造怎样的学习团队	心育课	了解自己和同学的学习特点，实现团队有共同的目标，又有明确的分工		
2. 如何进行月球营地的选址	科学课	了解月球的地形，对每一个选择做出利弊分析		
3. 月球营地容纳多少人，建筑成本有多大	数学课	根据人员数量确定建筑大小，独立计算所有数据，思考是否合理		
4. 如何设计稳固的建筑	科学课	了解横梁、立柱、拱形等形状和结构的作用 看一看《流浪地球》《星际穿越》《火星救援》等宇宙主题的电影，寻找灵感		
5. 该如何利用月球现有资源	网络	调查月球详细资料		
6. 如何解决饮水问题、吃饭问题和用电问题	科学课 网络资料	收集南极科考站、沙漠实验室的资料，了解极端环境下人类的生存办法		
7. 如何解决月球上的安全问题	科学课	对月球现有条件进行利弊分析，利用优势，解决劣势		
8. 如何讨论出设计方案	课间、课中 校内、校外 线上、线下	建立包含老师和家长的微信群，在校时面对面交流，不在校时网络会议交流 尊重伙伴，倾听，通过讨论达成共识。格外关注在讨论中提出的新问题		
9. 如何表达设计	语文课	学习用文字清晰完整地表述设计思路		
10. 如何呈现设计	美术课 信息技术课	先学习手绘草图，再学习使用 3D 建模软件，绘制 3D 模型		
11. 学习中提出的新问题		在进行更深入研究之前，团队必须就之前的问题达成共识		

在这个长达 12 周、贯穿大半个学期的项目式学习中，学生自始至终在明确一个主题的前提下，进入各个学科开展有目的的学习。结构清晰、内容丰富的项目给学生创造了多样的学习选择。不同兴趣爱好、不同能力水平的学生能根据自己的学习需求从不同角度切入项目，有侧重地进行某一问题的深入研究，并从中获得成就感。当思维和视角再不受约束时，学生就有更多机会主动探究和创造。本项目的开展充分培养了学生的想象力、创新能力、团队合作和实践能力，激发了学生对航天工程的兴趣。

园区第二实验小学"慧学课堂"中的"无涯课程"项目学习群体系,利用每门学科所蕴含的科创教育资源,将科创教育与学科教学紧密结合,在紧扣学科课程标准的基础上,将适宜的内容项目化,鼓励学生运用多学科知识去解决真实问题,让学生在不同的学科中,围绕同一个主题用自己喜欢的方式进行自主探究,既对知识达成深刻理解,又能通过问题解决、合作交流等过程参与创新实践,获得创新体验。创新的课程方案能在逐年迭代中形成长效机制,能有效打破传统科创教育"碎片化"的弊端。

2. 培养跨学科师资队伍

以项目式学习为主要形式的科创教育,需要教师具备较专业的跨学科能力,围绕共同的主题,破除学科界限,[①] 把不同学科、不同领域的理论和方法有机整合,有目的、有计划地设计课程内容和教学活动。[②] 在没有明确的跨学科课程标准和配套教材的情况下,怎样高效及时地传播学校在教学改革过程中形成的教育理念,让教师不断接受新的观念,进而形成团队的"教育共识",达到提升教师整体的专业素养和跨学科能力的目的?在这一现实问题的驱动下,2019年秋季学期,园区第二实验小学启动了"慧学课堂:八点播报"教师项目(图5-2-4)。每天上午八点,"主播"通过微信平台,将浓缩的教育理念以精简的文字表述,准时推送给全体教师。教师无须翻页就能一目了然,利用碎片化时间阅读和消化。"八点播报"第一季由主管教学的副校长播报,第二季由教

图 5-2-4　教师手机界面【慧学课堂】八点播报

[①] 周如玉,陈晓宇. STEM融合教育中教师能力培养策略研究[J]. 科技创业月刊,2019,32(6):89-91.
[②] 刘颖. 指向"4C能力"发展的STEM教育跨学科发展研究[J]. 中国教育信息化,2019(12):6-10.

科室播报。在前两季的示范引导下,学校鼓励全体教师人人都来当第三季"主播",由不同学科的五位教师组成播报小组(研修共同体),自主确定跨学科的主题,深度学习相关文献,并编辑完成一周的播报。理论学习以这样的方式嵌入教师日常工作,引发教师将理论对照自身的教育实践进行教学反思,在日复一日、潜移默化中影响教师的教育观念和教学行为,最终将最新的教学思想、工具和方法融入日常教学。学校以任务驱动的形式将全校177位教师卷入学校课改的洪流,保证"慧学课堂"教学改革向纵深推进。教师则将自己置身于"做项目"和"指导学生做项目"中,在两个"全息场景"中任意切换,大幅提升自身的跨学科教学水平,以创意点亮了专业发展。

培养具备跨学科素养的师资队伍,能从教学理念上打破学科壁垒,消除传统科创教育"学科化"的弊端。来自不同学科的教师团队根据统领全局的"项目实施指南",将项目过程有序地分散到各个学科的课堂学习之中,打破学科、时空的壁垒,使学生的学习得以连贯,思维得以延伸。具备跨学科教育理念的教师在科学教学中,也能渗透其理念,有利于学校开展高质量的跨学科项目式学习,为学校科创教育提供保障。

3. 创新项目式学习方式

项目实施的过程,即学习的过程。学生在组队、头脑风暴、搜集信息、会议讨论、分工合作、公开展示、交流答辩等环节,经历了指向提升科创素养的深度学习。以"月球梦想营地"为例,在驱动性问题的指引下,学生面临尝试解答"人类生存的必要条件是什么"这一核心问题。学习"生存"这个跨学科概念,学生需要思考空气、饮水和食物来源,设计月球营地的建筑结构,研究如何避免陨石及辐射危害;计算建筑大小和成本;考虑航天员的身心健康;以图文结合的方式描述设计方案,制作月球营地的3D模型图。学生要全面了解人类生存所需的基本条件,学习月球及太空的相关知识,并通过查找到的信息进行对比、分析、取舍、创造,用自己所学去解答一个有聚焦度、有挑战性且有开放度的学习话题。这样的学习过程,注重知识的主动建构,使学生有机会通过不同的学科课程,经历"尝试—出错—修正—再尝试",锻炼创造性思维。(表5-2-2)

表5-2-2 "月球梦想营地"项目相关学科涉及的核心知识

科学	(生物)动植物都有基本生存需要,如空气和水,动物还需要食物,植物还需要光。生物与环境是相适应的 (物理)人类用不同的材料和形状建造建筑物,理解柱、梁、拱形、框架等形状、结构各有不同特点,能满足建筑的不同需要。形状和结构与它的功能是相适应的 (宇宙)月球是地球的卫星。月球在运动方式、体积大小、引力大小、表面特征等方面有别于其他星球。宇宙是可以被人类认识的。人类通过不断地改进各种观测技术发现了越来越多的宇宙奥秘
语言	通过多种渠道搜集并处理信息,通过对事实的分析完成月球营地设计理念的文书,并翻译成英文 在项目发布会中公开演讲展示月球营地设计
数学	根据计划的人数计算营地的合理大小,了解不同的空间图形,通过数据分析对设计做出最终决策
心理学	学会合作。在小组合作中感受冲突和共鸣带来的体验,初步理解只有身心健康才能保障生存,以此决定月球营地计划的宇航员人数

续表

美术	根据设计理念绘制月球营地的草图,做出详细标注
信息技术	学习3D建模软件,根据草图分工完成营地的3D建模

在传统教学中为了提高一节课的效率,教师通常会进行围绕知识点的教学,然而学生对所学内容没有整体观,无法把不同课程、不同时段中习得的知识点综合起来,推导出事物完整的概念。一旦遇到具体的生活情境,学生就很难运用知识点来解决实际问题,很难进行知识的迁移和创造智慧。培育的目标同样是全体学生。项目式学习能够打破学科的界限。学生在项目指南的指引下,能明确学习目的,主动追踪分散在不同时间、不同学科课堂中的学习内容,知道自己要通过哪节课获取怎样的信息,完成解决问题的知识与能力的拼图(图5-2-5—图5-2-8)。

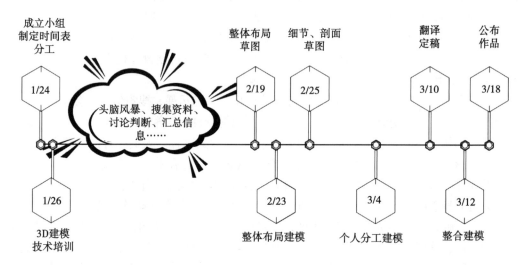

图 5-2-5　2019 年度"月球梦想营地"项目实施时间轴

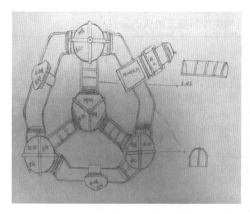

图 5-2-6　学生手稿——整体布局

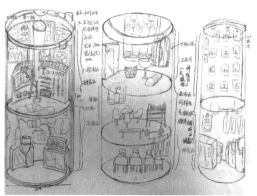

图 5-2-7　学生手稿——舱室剖面图

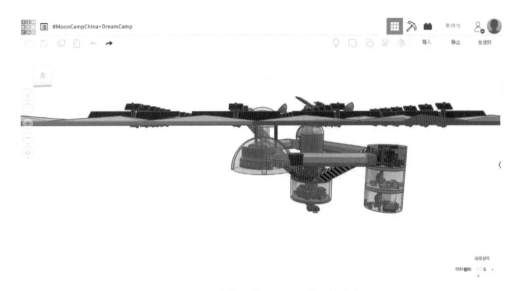

图 5-2-8　月球梦想营地 3D 设计之整体布局

在项目式学习的模式下,学生能通过小组合作的方式,根据团队分工,在问题的引导下,主动学习。学生之间、师生之间都是深入参与项目的学习共同体,通过互相倾听、质疑、补充、评价等方式形成深度互动的教学生态,实现学生间的相互补短,教师在教学中做到因材施教。这样的学习不再是传统科创教育中的"浅表化"学习,而是具备迁移能力、指向创造的深度学习。

(三) 反响成效

1. 学生整体科创能力水平提升

苏州市义务教育学业质量监测数据表明,园区第二实验小学的学生在各学科的创新能力水平逐年提升,实施项目式学习对提升学生科创素养有着积极意义(图 5-2-9—图 5-2-11)。

数据表明,经过一年的融入学科课堂的项目式学习,与 2018 届毕业生相比,2019 年届毕业生的创新能力水平得分与基础能力水平得分明显提升,领先区域平均值较上一年度普遍增长。实施项目式学习使学生的科创素养整体得到了较大提升(表 5-2-3)。

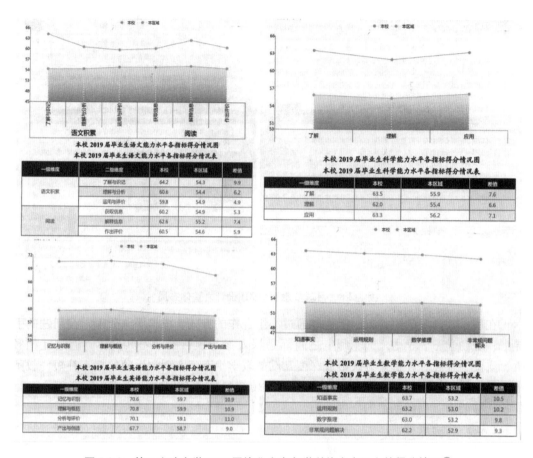

图 5-2-9　第二实验小学 2019 届毕业生在各学科能力水平上的得分情况①

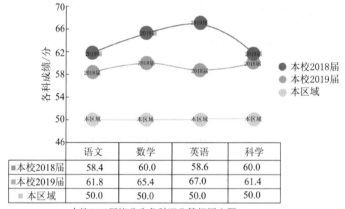

图 5-2-10　2018 届、2019 届毕业生各科百分等级对照图②

---

① 2019 年苏州市义务教育学业质量监测苏州工业园区第二实验小学基础数据与学科数据报告 [R]. 苏州市：苏州市教育质量监测中心，2019（12）：14.

② 2019 年苏州市义务教育学业质量监测苏州工业园区第二实验小学相关因素报告 [R]. 苏州市：苏州市教育质量监测中心，2019（12）：16.

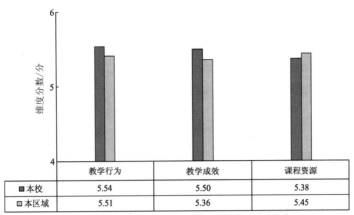

本校和本区域2018届毕业生的"教学支持"各维度得分

本校和本区域2019届毕业生的"教学支持"各维度得分

图 5-2-11　2018 届、2019 届毕业生的"教学支持"各维度得分对比情况

表 5-2-3　2018 届、2019 届毕业生创新能力水平得分领先区域平均值情况

学科	项目	2018 届毕业生	2019 届毕业生	增长值
科学	应用	5.9	7.1	1.2
数学	运用规则	5.8	10.2	4.4
	非常规问题解决	12.7	9.3	−3.4
语文	运用与评价	1	4.9	3.9
	阅读评价	2.9	5.9	3.0
英语	分析与评价	4.0	11.0	7.0
	产出与创造	3.2	9.0	5.8

同时调查数据结果显示，开展项目式学习后，学生参加项目式学习的积极性明显提升（表5-2-4）。

表 5-2-4　学生参加项目的积极性对比

问卷时间	喜欢人数占比	较喜欢人数占比	不喜欢人数占比
2018 年 5 月（四年级）	17.85%	45.41%	36.74%
2021 年 5 月（六年级）	60.27%	27.33%	12.40%

2. 学生研究项目成绩显著

2019 年度，学生项目"月球梦想营地"参加由欧洲航天局、空客基金会和全球最大的数字设计公司 Autodesk 联合举办的"2019 年度月球营地全球挑战赛"，经过了重重专业评审获得第一名（图 5-2-12）。获奖团队受邀参加了英国宇航员蒂姆·皮克（Tim

Peake）的在线研讨会。

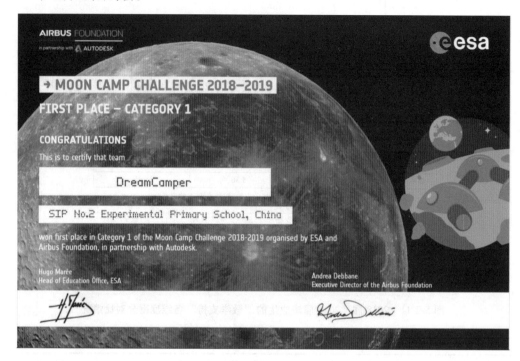

图 5-2-12　学生设计获得第一名证书

获奖项目组并未因比赛的结束而终止项目。学生在教师指导下，把项目开展的过程写成剧本，自导自演了项目介绍短片，制作 PPT，在区级、市级等多个场合公开演讲自己的月球营地设计和学习经历，并在芬兰专家访问学校之际发表演讲，后续活动锻炼了学生的综合能力。创意得到专业人士的认可激励着他们在科创道路上继续前行。

2020 年度，学生项目"垃圾分类的经济学"获得"2020 年度项目式学习评选"全国一等奖。2021 年度，全校更是掀起了"做项目"热潮。借助互联网平台发起的网络问卷，学校分析得出目前学生最感兴趣的十大主题分别为探索太空、动物保护、新型防疫、垃圾分类、旧物改造、改造校园、研究新材料、科幻连载漫画、"非遗"传承、创意发明。真实的问题引发真实的项目。在 3 月开展的"D2·PBL 我做主"项目征集活动中，78 个项目脱颖而出，78 个教师团队紧跟其后开展了"量身定做"的项目课程设计……

通过真实的项目解决问题，培养学生适应时代的科创素养，园区第二实验小学把这个目标体现在各类课程上，把科创教育生成的开放、自主、探究、创新的教学方式和品质渗透到课程及教育活动中，逐步实现科创教育常态化、长效化，达到保护学生的创新意识，激发学生的科创思维，鼓励学生创新实践，培养学生科创素养的育人目标。

三、案例："慧爱"家庭教育指导体系的构建

（一）数据诊断

当前，由于城市化进程加快，社会经济建设突飞猛进，人口、产业得到了快速集聚，大批省内外务工农民涌入城市就业。失地农民因拆迁集中聚居，很多家庭以出租房

屋的租金作为主要家庭收入。城郊地带因为房屋买卖和租赁的价格相对低廉，生活成本比较低，成为外来务工人员的集聚地。为经济建设注入新的活力的外来务工人员，其随迁子女成为城乡接合部学校生源的主力军。娄葑学校处于新老城区的交汇点，吸纳了大量随迁子女，形成了本地人员、外来务工人员和城市新市民子女共处校园的生源特点。

家庭是人生的第一所学校，家长是孩子的第一任老师。但目前家庭教育还存在一些问题，如部分家长缺乏科学的教育理念、教育能力不足，地区间、学校间家庭教育工作不平衡，家长、学校、社会教育合力还不强。

1. 家庭教育胜任力不足

调查显示：2018、2019 年，学校非独生子女占比分别为 63.5%、64.3%（图 5-2-13），呈上升趋势；流动儿童占比分别为 40.1%、39.9%，大幅超越区域平均数据，且呈扩大之势（图 5-2-14）；父亲有本科及以上学历的占比分别为 9.1%、10.6%，母亲有本科及以上学历的占比分别为 7.3%、8.4%，父母至少一方学历在本科及以上的占比分别为 11.5%、12.9%，家长学历层次在区域属较低水平（图 5-2-15）。

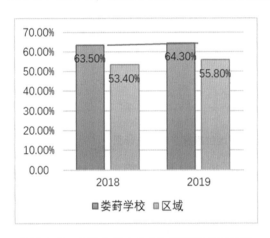
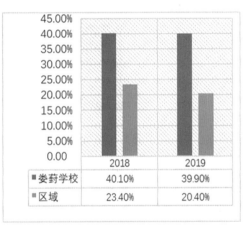

图 5-2-13　非独生子女比例与区域平均对比图　　图 5-2-14　流动儿童比例与区域平均对比图

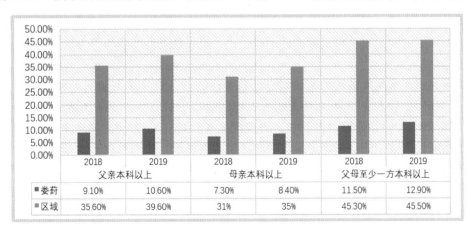

图 5-2-15　学校家长学历情况

研究显示，父母教育水平对学生的学业成绩有重要预测作用，家庭收入与学生的认知水平密切相关，父母职业与学生的学业成绩存在一定程度的关联。相关的元分析研究发现，家庭社会经济地位（家庭 SES）与学生学业成绩总体上呈正相关；家庭 SES 水平高的学生，其学业成绩往往也较好。① 根据区域各校各水平社会经济地位家庭比例统计显示，学校家庭 SES 处于高水平的占 12.5%，处于中水平的占 76.0%，处于低水平的占 11.4%，综合水平处于区域较低位置。因此，学校和学生需要克服家庭背景不利因素的挑战更大（图 5-2-16）。

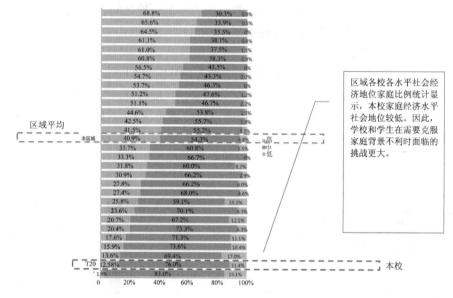

图 5-2-16　区域各校各水平社会经济地位家庭②比例统计图

从上述统计中发现，父母的学历水平和家庭经济社会地位制约了家庭教育胜任力，也给学校的家庭教育指导带来挑战。

2. 家庭教育理念、方法不够科学

调查发现，在家庭教育类型中，85.6%的家长认为教育孩子的好方法是"表扬、鼓励、说理"。但这与孩子的反馈形成较大反差。有不少学生反馈其家长常用的教育方法是物质奖励、训斥、罚站、单独关房间、增加作业量、不准出去玩及打一顿。这说明，家长教育孩子的理论水平与实际操作不成正比，家长缺乏科学的教养方法，没有耐心教育孩子。

调查显示，学生大多认为家长对自己最关注的前三位是学习情况（80.6%）、身体健康（64.6%）和人身安全（60.2%），其比例远高于对道德品质（26.3%）、日常行为习惯（14.2%）、兴趣爱好（9.7%）、心理状况（5.4%）等方面的关注度（图 5-2-17）。

虽然家长对孩子的学习普遍最为关注，但调查显示，他们对孩子学习生活的参与程度和关注度并不成正比，且随着年级的升高而逐步递减。每天虽然有一段相当长的业余

---

① 庞维国，徐晓波，林立甲，等. 家庭社会经济地位与中学生学业成绩的关系研究 [J]. 全球教育展望，2013（2）：12-21.

② 监测综合父母受教育程度、父母职业和家庭拥有物三个指标，评估"家庭社会经济地位"。监测全部参测学生的 SES 平均值为 0，标准差为 1，将 SES 得分大于等于大市平均值一个标准差（SES≥1）的学生划分到高经济状况组，SES 得分小于大市平均值一个标准差（SES<-1）的学生划分到低经济状况组，其余分值位于均值上下一个标准差内（-1≤SES<1）的学生划分到经济状况中等组。

时间，但家长把它用在孩子身上的很少，大部分业余时间都用在了做家务、看电视、参加娱乐活动等方面，对孩子采取放任自流的情况比较严重。

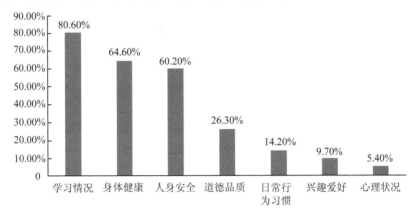

图 5-2-17　学生认为家长最关注的方面

丰富的家庭文化生活，是提高家庭教育质量的有效途径。调查中，89.67%的家庭通过看电视、做家务来打发业余生活，仅有 10.36%的家庭选择参加文体、娱乐活动。研究表明，亲子阅读频率越高，孩子在阅读兴趣、阅读时间、阅读量、运用阅读策略能力等方面的表现越好，然而有相当一部分学生的家庭没有建立良好的亲子阅读习惯。从对学生的调查中发现，选择"家长从不或几乎不和我一起读一本书"的人数比例为50.42%，选择"家长从不或几乎不和我谈论正在读的书"的人数比例为 37.82%，选择"家长从不或几乎不和我一起去书摊、书店或图书馆"的人数比例为 29.67%。

3. 家校合力不强

在参与调查的班主任中，九成以上表示家校之间的沟通存在问题，排名前三位的问题包括"家长认为教育孩子主要是学校和老师的责任""家长参与沟通的积极性不高""与家长教育理念不一致"。

调查显示，父母亲了解孩子在学校的情况主要是通过老师家访、家长会，极少有父母与教师主动联系沟通，经常主动与教师联系交流孩子的教育问题的仅占样本总数的5.4%。除家委会成员外，其他家长几乎不参与学校和班级的活动和管理。

4. 学校家长教育指导碎片化

学校在家庭教育指导方面缺乏专业性和系统性，往往通过家长会和家长开放日开展家庭教育指导，临时确定主题指导碎片化，主要依赖教师的自我发挥。大部分老师表示常用的家庭教育指导途径为家长会（家长开放日）、电话约谈、家访。在组织家庭教育指导时，主要面临的问题前三项是"自身缺乏家庭教育指导的知识和技能"（86.45%）、"缺乏相关指导和培训"（80.24%）、"精力有限，无暇顾及"（76.52%）。

学校没有自己专业的家庭教育指导教师，大部分教师也并没有接受过专业的家庭教育指导培训。教师在平时的家校共育工作中，大多以自身经验给家长做出指导。然而，自身经验往往有很大的局限性，而一个好的教师并不等同于一个好的家庭教育指导者，因此教师与家长之间的矛盾冲突也时有发生。

（二）体系构建

苏联教育家苏霍姆林斯基曾经指出："教育的效果取决于学校和家庭的教育影响的

一致性。""不关心家长的教育修养,任何教学和教育任务都是不可能解决的。"娄葑学校基于校情、学情的实证分析及时代对教育的要求,结合学校"用爱和智慧引领学生进步"的教育理念,构建了"慧爱"家庭教育指导体系(图5-2-18)。

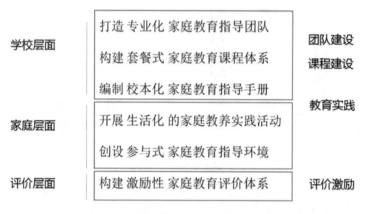

图 5-2-18 "慧爱"家庭教育指导体系图谱

在学校层面,打造专业化家庭教育指导团队,构建套餐式家庭教育课程体系,编制校本化家庭教育指导手册;在家庭层面,开展生活化的家庭教养实践活动,创设参与式家庭教育指导环境,构建"激励性"家庭教育评价体系。

1. 打造专业化家庭教育指导工作队伍

家庭教育指导体系的核心内容之一是建设高素质的家庭教育指导队伍。学校建立由优秀德育骨干、优秀班主任、专职心理教师、国家心理咨询师执证教师、市家庭教育指导师构成的"慧爱"家庭教育课程指导团队。同时聘请庭教育指导、儿童心理学、青春期教育等多个领域的校外专家进行指导。构建多层梯队,打磨一线班主任家庭教育指导能力,提升班主任家庭教育指导的专业化水平(图5-2-19)。同时充分发挥党员教师在家庭教育指导方面的先锋引领作用,将党建与家校共育相结合,形成以一线班主任为主体、家庭指导课程指导团队为主干、党员教师和校外专家为辅助的家庭教育指导工作队伍。

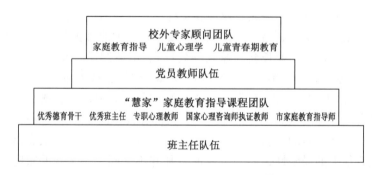

图 5-2-19 学校家庭教育指导工作队伍多层梯队

家庭教育指导师团队定期在学校"约慧吧"开展家庭教育咨询指导工作。"约慧吧"接受家长的预约，成为家长、老师和孩子直面问题、共同成长的平台。在"约慧吧"中，家长们有因孩子不爱阅读而困惑的，有因孩子作业拖拉而烦恼的，有因孩子叛逆而不知如何管教的……从学业发展到性格养成等方面，家庭教育指导师团队都给予针对性的解答和指导，并进行校内跟踪。

学校将家庭教育与心理教育相结合，组建以专职心理教师和国家心理咨询师执证教师为主体的心理教研组和"慧心工作坊"。心理教研组侧重从心理课程层面关注学生心理健康发展，"慧心工作坊"侧重从家庭教育层面关注学生心理环境的和谐建设。"慧心工作坊"定期举行家长沙龙和亲子主题活动，如"孩子，我想更懂你"父母沙龙、"童心同乐　快乐成长"亲子活动、"听听孩子的心里话"主题讲座、"以心换心、共谱感恩之歌"感恩活动、母亲家庭生活品质辅导等，让父母不断滋养心灵，获得与孩子共同成长的养分。

在社区，党员教师热情接待咨询的家长们，他们以自己丰富的教育教学经验就家庭教育、学业辅导、生活成长、习惯养成等方面给予详细的指导。在家庭，党员教师走进学生家中进行家访，和学生家长一起围绕学生的学习、生活及家庭学校教育等方面进行交流，并提供有效建议。

学校依靠队伍的建设实现学校对家庭教育指导的点面结合，并做到制度化和日常化。

2. 构建套餐式家庭教育课程体系

学校通过专业测评调查了解学生家庭在成长支持障碍、愤怒自控能力、父母教养方式、婚姻质量、家庭成长环境、家庭功能、家庭亲情水平、家庭教育焦虑及亲子心理距离九个维度的情况，生成个体、班级和学校的三级报告。掌握和划分家长类型，实行跟踪调查，了解学生家庭教育的现状和需求，对学生家长在家庭教育中存在的问题进行成因及对策分析，对家长家庭教育指导的需求进行梳理。

根据年段和发展特点，学校将学生划分为小学低段（一、二年级）、小学中段（三、四年级）、小学高段（五、六年级）、初中（初一至初三）四个阶段。分析与规划针对不同家长类型、各个阶段儿童青少年身心发展特点、家庭教育重点，以及在生命教育、生活教育、品德培养等方面的家庭教育指导要点，实施分类指导，构建以"慧爱家长学校"为主体、"互联网+"为辅助平台的"慧爱"家庭教育指导课程体系。通过家长学校、家长会和家长开放日等平台，针对家庭责任、家长素养、生命教育、身心发展、亲子沟通、品德培养、学业指导、人际交往、生涯规划、家校沟通等方面创建学校、年级组、班级三级家庭教育指导课程"套餐"，为家长量身定制指导规划，通过讲座、沙龙、阅读分享等形式引导家长听学、自学和互学。最终形成四个年段（低年级、中年级、高年级和初中年级）、四个维度（家长学校、亲子活动、家长进课堂、社区护苗）、三个场景（学校、家庭、社区）的"四四三"课程体系（表5-2-5）。

表 5-2-5 "慧爱"家庭教育课程内容表

年级段	家长学校培训内容				亲子活动内容				家长进课堂活动	社区护苗活动
	家长会主题	家庭生活指导	生活习惯训练	意识培养	典礼活动	节气活动	亲子阅读	雏鹰假日活动		
低年级	入学适应能力	有效陪伴	自理能力	遵守规则	入学典礼	制作元宵	绘本	堆沙城堡	生活技能	营养与健康讲座
中年级	中年级调整心态和学习方法	夫妻关系	自学能力	团队意识	十岁成长礼	制作饼干	童话	参观博物馆	科技知识	广场咨询服务
高年级	高年级学习心理	小升初衔接	自律管理	奉献意识	毕业典礼	包粽子	科技	采摘活动	实践创造	家庭良好氛围建设
初中年级	初中入学适应调整	沟通能力	自主安排	社会责任感	离队入团青春典礼	做月饼	教育读本	社区志愿服务	历史文化	青春期心理辅导

家长学校,有专家顾问团队的专业指导,能够让家长接受非常专业的指导。但是受时间和空间的影响,大规模、集中式的家长学校活动并不能频繁开展。为满足家长更多的学习需求,学校通过微信公众平台建立"慧心课堂",利用平台快速和超时空的优势,为学校指导家庭教育提供了极大的便利。在考试季,"慧心课堂"推出"和孩子一起迎接期末考试""孩子考完试,最重要的不是分数,而是做好这些事情……"等课程;针对孩子青春期,"慧心课堂"推出"做青春期孩子的罗德尼""理解并尊重青春期的孩子"等课程;针对情绪管理,"慧心课堂"推出"怎样和孩子有话说""冲孩子发火,破坏孩子灵性;憋着自己难受,试试这些妙招"等课程。同时,"慧心课堂"推出了"家庭教育学院"。"家庭教育学院"里丰富的家庭教育资源,家长可以随时随地获取自学。"按时定制"和"按需获取"相结合,可以让家长们通过阅读了解更多家庭教育的知识,既丰富他们的精神生活,又帮助他们找到教育子女的方法。

3. 编制校本化家庭教育指导手册

学校前期开展问卷调查和个别访谈,通过数据统计和词频分析,发现家长遇到的常见教育难点集中在六个方面:① 生活自理能力不强;② 自控能力不强;③ 注意力不集中;④ 作业拖拉;⑤ 和他人沟通有障碍;⑥ 自信心不足。年级不同,呈现出的急需解决的问题的排序也不同。研究小组围绕六大主题,进行了问题细分,形成对策,并让家长进行实践和反馈。

为更好地帮助家长解决家庭教育中的难题,学校集中学校德育骨干力量,通过"确定目标—准备阶段—研发阶段—实践阶段—改进阶段—总结阶段—规律化阶段"等步骤进行开发研制,最终形成了以解决问题为导向的校本化家庭教育指导手册——《家长宝典》。

4. 开展生活化的家庭教养实践活动

学校以密切联系孩子生活的实践活动为载体,引导学生在生活中学习,在学习中生活。从衣、食、住、行、心五个维度编制《"慧爱"家庭教育家校合作生活成长行为习惯目标指南》，以简洁明了、朗朗上口的三字经形式明确该年段孩子需要掌握的生活技能和行为习惯（表5-2-6）。

表5-2-6 娄葑学校"慧爱"家庭教育家校合作生活成长行为习惯目标表

分类	目标				
	衣	食	住	行	心
一年级	扣扣子，系鞋带	进餐厅，请安静	小物品，会安置	校内行，讲礼仪	上小学，真自豪
	自穿衣，爱整洁	细细嚼，慢慢咽	小家务，动动手	室内外，请小心	亲师长，爱交往
	小衣物，会清洗	不挑食，不剩饭	家门号，记清楚	过马路，会分辨	懂礼貌，受夸奖
二年级	红领巾，要爱惜	饭点准，不挑食	楼梯口，不打闹	排队伍，快静齐	明关系，能爱人
	叠衣服，摆放齐	食果蔬，营养好	阳台间，勿攀爬	靠右行，会礼让	识特征，懂性别
	看天气，添减衣	惜粮食，不浪费	小区里，勤健身	见路人，要问好	集体中，增归属
三年级	理衣物，亲动手	食卫生，食多样	敬友邻，爱社区	不越栏，不追车	知兴趣，明优缺
	勤换衣，常清洗	小凉菜，会调烹	防火电，重安全	若外出，听指挥	班集体，懂荣誉
	穿大方，不攀比	知住址，明路线	轻声走，稳步行	爱交往，结同伴	理衣物，亲动手
四年级	爱校服，明意义	讲营养，搭配好	起居表，记心中	靠边走，礼让人	对学习，感兴趣
	分场合，会着装	不洁物，慎入口	节水电，善节能	遵守则，莫乱窜	会原谅，促人际
	晾叠衣，我能行	会煎蛋，炒番茄	慎独处，爱家人	勤让座，讲文明	
五年级	衣和物，能归类	食与饮，有规律	记常识，懂逃生	乘交轨，记路线	对未来，能考虑
	小衣橱，真整齐	苏帮菜，知一二	水火灶，慎对待	识路标，记心中	身边人，能尊重
	红领巾，日常戴	炒土豆，把面煮	会求助，打热线	懂礼仪，守交规	
六年级	选衣服，有品位	有聚餐，长辈先	理房间，有个性	会骑车，结伴行	有事务，会安排
	善搭选，巧配色	能煮虾，会炒肉	遇灾祸，先冷静	识路标，辨路线	会建立，好人缘
	勤洗衣，理床被	勿暴饮，要适量	懂自救，讲科学	遵交规，重安全	
七年级	衣朴素，拒奢靡	重早餐，远零食	尊老幼，爱友邻	出远门，做攻略	入中学，能适应
	皮鞋收，首饰藏	八菜系，知根底	做义工，爱社区	熟地图，善规划	有个性，善倾听
	洗衣物，用机器	红烧肉，会烹饪	多出力，爱家园	公共处，安全行	定计划，会自省
八年级	穿得体，有格调	候不语，食不言	乐宣传，策活动	用手机，查地图	异性观，不遮掩
	小饰品，巧搭理	善帮厨，小助手	行低碳，保环境	绿出游，融团队	知发育，能面对
	织围巾，打领带	乡土味，赛糖藕	维绿化，护社区	善查询，会问人	遇挫折，懂减压
九年级	法螺祖，学丝织	谷肉蔬，拒肥胖	小医具，会使用	有氧操，多行走	会交际，消障碍
	为父母，编心意	世界大，美食多	小故障，亲维护	巧出行，智交通	遇压力，能面对
	废为宝，齐展示	包饺子，知年味	遇危机，会自救	能规划，自由行	将升学，能淡定

学校创设"家庭劳动日"等，引导家长在生活时间关注孩子生活自理能力和行为

习惯的养成。学校将家庭教育与劳动教育相结合，根据学生的年段特点，开展了"1+N"式的劳动作业。其中，"1"是指学校根据学生年段特点，为学生量身定制的必须练习的劳动技能。如一年级的"熟练使用筷子"，二年级的"系鞋带"，三年级的"穿针引线"，四年级的"钉纽扣"，五年级的"洗袜子"，六年级的"整理房间"，七、八年级的"学会炒一荤一素菜"，九年级的"学会炒两荤两素菜"。"N"是指学生根据自己的爱好与家庭的特点，自由选择自己喜爱的劳动内容，在家中进行劳动。"1+N"作业，不仅锻炼学生的动手能力，更重要的是为以后的幸福生活奠定基础。在学生完成劳动作业的过程中，能增进亲子情感，使家庭生活拥有满满的幸福感。

学校深入挖掘苏州本土"二十四节气"等民俗传统文化特征，引导外来务工人员家庭和新市民家庭感受苏州文化。如在清明节，让孩子和家长们切切实实地体验"清明节里做青团"的全过程。孩子们搓、压、揉、团，各种动作齐上阵，真正体验了在玩中学、学中玩的乐趣。在惊蛰日，学校发布"冰糖雪梨"召集令。孩子们在家长指导下学习制作"冰糖雪梨"，动手体验惊蛰"食梨"习俗。在立夏日，学校组织"立夏套蛋"活动，让学生自编网袋，将五颜六色的毛线编成美丽的蛋袋，感受"立夏胸挂蛋，孩子不疰夏"的传统民俗。

雨水自制养生粥，冬至包水饺，把传统美食吃到腹中，将传承民俗放在心上。在积累苏州节气文化人文底蕴的同时，也让来自不同地域文化的家庭在这里找到共鸣。

5. 创设参与式家庭教育指导环境

学校积极创设"参与式"家庭教育指导环境，通过家长志愿者活动、班级家长委员会会议等形式让家长参与学校的管理。学校成立校、班两级家长委员会，使家长能够更好地参与学校的管理，共同为学校的发展和学生的健康成长献计献策。学校成立"慧爱"家长志愿者服务队，更好地拓展学校的教育空间，让家长充分参与学校管理，为学生成长提供更优质的渠道，积极倡导"践行慧爱，关爱孩子，传递爱心，共建和谐"的校园文明风尚。在 2020 年，家长参与志愿服务活动超 1 000 人次。家长们逐渐形成共识，他们也要像老师一样，为学校出力，给孩子树立榜样，培养孩子终身受益的好习惯。家长志愿者们通过自己的行动、言传身教，使"慧爱"的口号熠熠生辉。

学校建立"伴读者"家长阅读指导团队，让家长成为孩子阅读的伴读者、指导者，在亲子阅读中提升家庭教育质量。"伴读者"行动让孩子爱上阅读，也影响、带动了一批优秀家长成为"伴读者"，散播阅读的种子，让阅读不再"孤"读。在 2020 年，便有 100 多个家庭投身"伴读者行动"，开展了 10 次"伴读者"工坊活动、4 次线上导读、10 次"阅读与家庭教育"讲座、4 次联合专题研讨，超过 500 人次参与不同阅读方法的现场教学，并以组织裂变的形式影响了所有低年级段学生的阅读学习日常。"伴读者"行动让家长和孩子一起度过很多充满愉悦和智趣的阅读时光。不仅教会了家长亲子阅读的方法，也让家长认识到问题比答案重要，思维比文本重要，倾听和表达一样重要，家长和老师一样重要。

学校创设"蒲公英家长课堂"，让不同职业、不同经历、不同兴趣、不同身份的家长志愿者走入课堂，与孩子分享他们的学识、阅历和技能。如在，秋冬季节，天气越来越干燥，小朋友的嘴唇不知不觉就干裂难耐，于是他们忍不住一直舔嘴唇，养成了不好的习惯。一位家长考虑到季节的特殊性，给孩子们带来了一堂生动的"实践操作课"——制作润唇膏。春季社会实践开展前,一位家长给孩子们带来了"春游安全教育和春游班级主题特色活动"课程。这些家长课程拓宽了学生的知识视野,提高了学生的综合素质,同时也拉近了学生、家长和老师之间的距离。学校还开展以"蒲公英假日小队"活动为载体的亲子活动,让家长带着孩子一起感受劳动的乐趣,领悟节气文化的内涵,享受互动运动的快乐,走进博物馆、工厂、敬老院、消防局等,一起享受生活,一起学习提升,逐渐开展"自主活动""演习活动""孝亲活动""公益活动""寻访活动""体验活动""民俗活动"等系列活动。

6. 构建激励性家庭教育评价体系

学校建立家庭教育评价引导体系,通过"十星家长"评比,制定目标,树立榜样,带动全体;开展"书香家庭"和"最美家庭"评选活动,营造浓郁的书香气息与和谐的家庭氛围。通过体系化的家庭教育评价制度,激励引领家长,提高家长整体素养,改善家庭教育环境。

要建设相互补充、相互渗透、协调一致的家校关系,就必须建设高素质的师资队伍。为推动教师家庭教育指导专业化成长,学校出台《苏州工业园区娄葑学校心理专兼职教师、家庭教育指导师绩效考核方案》,从案例资料、心理课程/家庭教育指导课程、个体咨询/家长沟通、专业分享、活动参与、行政随评、突出状况处理等方面进行评价,以期实现"以人性化管理促个性化发展,以科学化管理促专业化成长,以精细化管理促整体性提高"的评价激励,因此,学校专兼职心理教师和家庭教育指导师队伍不断壮大。

(三)反响成效

1. 提升了学校家庭教育指导的水平

通过"慧爱"家庭教育指导体系的构建,学校的家庭教育指导走向体系化、专业化,有专业的课程、专业的团队,为家长提供科学系统化的宣传指导,帮助家长创设良好的家庭教育环境。学校也因此被评为"苏州市中小学家庭教育课程优秀项目学校""华东师范大学心理与认知科学学院家校共育科研基地""苏州市家庭教育特色学校"。

2. 形成了良好的家校共育氛围

家校共育为学生创造了良好的家校成长环境,培养了学生良好的行为习惯。家长能在对孩子的教育过程中,配合学校开展教育,保持与学校教育的一致性,使学生更健康地成长。同时"慧爱引航"团队、"伴读者"家长阅读指导团队、家长志愿者团队、家长志愿课堂等营造了家校共育的良好氛围。学校和教师多次收到家长赠送的锦旗,这是家校共育最好的见证。

3. 学生得到了良好的家校支持

通过"慧爱"家庭教育指导体系的构建,家校形成了良好的教育合力,学生得到了良好的家校支持。

学校对四、五、六三个年级前测和后测的结果显示,语文、数学成绩在四、五、六年级均有提升,英语成绩在五年级有较大提升,在四、六年级基本持平,学业水平得到一定程度的提高(表5-2-7)。

表 5-2-7 学校四至六年级前测、后测成绩对比表

单位：分

年级	前/后测	语文	数学	英语
四年级	前测	80.30	86.75	88.90
	后测	81.06	90.02	87.85
五年级	前测	83.79	84.41	80.68
	后测	89.63	89.62	86.14
六年级	前测	81.72	78.94	88.97
	后测	86.34	87.92	88.74

研究表明，学生的家庭 SES 与学生学业成绩有较强的相关性。学校毕业生语文、英语、科学三门学科实际均分均超预测均分，语文、数学、英语、科学四科合计大幅超越区域平均水平（表 5-2-8）。这表明学校在挑战家庭不利因素中有一定的成效。

表 5-2-8 监测样本学生各科增值情况表

学校	学科	实际均分/分	预测均分/分	残差值或增值	合计
本校	语文	506	492	14	43
	数学	487	490	-3	
	英语	509	488	22	
	科学	502	491	11	
本区域	语文	522	536	-14	43
	数学	516	536	-21	
	英语	547	555	-8	
	科学	530	540	-10	

同时学生学业相关因素的监测结果显示，学生在学习品质、学习习惯、学习方法和学习动力等维度均有较好的表现（图 5-2-20）。

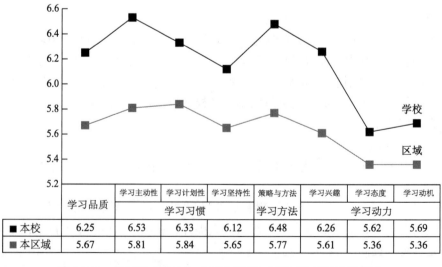

	学习品质	学习主动性	学习计划性	学习坚持性	策略与方法	学习兴趣	学习态度	学习动机
		学习习惯			学习方法	学习动力		
本校	6.25	6.53	6.33	6.12	6.48	6.26	5.62	5.69
本区域	5.67	5.81	5.84	5.65	5.77	5.61	5.36	5.36

图 5-2-20 监测样本学生在"学习品质"及其三级指标上的得分

监测结果显示，学校学生在主观幸福感方面的得分大大领先区域平均得分（图 5-2-21）。

学校	2020届
本校	6.04
本区域	5.52

图 5-2-21　监测样本学生在"主观幸福感"维度得分情况

学校通过构建"慧爱"家庭教育指导体系，改善了教育生态，如今在家庭、学校、社区的支持下，为孩子们创造了可以自由呼吸、自由舒展的成长空间。学生正以小主人的姿态活跃在校园内外，其个性和创造精神得到了充分的发展。

第三节　初中教育的典型案例

初中典型案例聚焦"实践创新，思维发展"，对学生学习参与、学习表现和学习过程的相关数据进行采集和分析，评估每一位学生学习行为，基于学情动态调整课堂教学策略，突出学生主体地位，从发现问题、激发动机开始，组织学生探究、体验与理解，努力实现学习的轻负担高效率。

在《融合信息技术的初中数学实验路径探索》案例中，为改变学生"数学很枯燥，数学很难学，数学没有用"的不良倾向，让学生享受"发现数学对象、研究数学内涵、应用数学知识"的数学学习过程，教师从基于数据的"易加学院"平台和基于仿真的计算机模拟软件出发，利用基于学情数据的前学环节、基于互动数据的共学环节及基于评测数据的延学环节，将学生的实验行为数据化、可视化，将直观有趣的仿真数学实验探索与数据支撑的精准数学实验教学有机结合，一方面外显知识的生成过程，另一方面精准、个性化地关注学生本身，将信息技术全面融入实验教与学的过程，克服教学过程功利化、学习过程单一化的现状，充分发挥数学实验教学功能及育人价值，让学生享受完整的数学学习过程。

在大班化教学的背景下，初中英语听说教学实施往往只能依托教师的经验来预测学情，依托课堂观察来把握学生整体的掌握情况。由于各个学习阶段都缺少精准学习数据的支撑，教学不能照顾到学习者的差异性，英语听说课堂学习活动的有效性和适切性得不到保障。听说教学的实施依托不同学习阶段的在线学习数据，从动机激发、难点突破、学习评价等方面反映了基于智慧学习空间的教学实践，实现"适合"的英语听说教学。

一、案例："易加数据"助力初中数学实验新方式

（一）数学教学现状与数学实验教学

1. 初中生数学学习的缺失

数学似乎总给人以"很枯燥、很难学、没有用"的印象。"不知道什么是数学，不知道怎样学数学，不知道数学有何用"是学生学习数学的普遍现象。究其原因，我们认

为这是学科认识出现偏差、学习方式过于单一、学科价值体验过少造成的。数学学习的路径主要由"发现数学对象，研究数学对象，应用数学知识"三个环节构成，所以，"加强学科理解，丰富学习方式，体验学科价值"应成为改善当下初中数学教学的重要方面。

2. 数学实验的教学功能及育人价值

数学实验是学生通过动手动脑，以"做"为支架的数学活动方式，是在教师引导下，学生运用有关工具（实物或软件），通过动手操作、观察思考、归纳抽象等过程建构数学概念、验证数学结论、探索数学规律、解决数学问题的一种学习方式。数学实验主张"手脑协同，启思明理"。借助数学实验工具，可以变被动接受为主动探究，变统一化学习为个性化学习，变离身思辨为具身体验，变半脑学习为全脑学习。① 数学实验具有实践性、主体性、过程性、激励性，可以改善学生数学学习的方式，让学生在"做数学"中，经历感知数学、引发思考、解决问题的数学学习全过程，在育"知"、激"情"、启"智"、形"品"中，促进学生理性思维、科学精神的形成和个人智力的发展，实现学科育人目标。

3. 江苏省数学实验先行示范校实验教学成效数据

为检验数学实验对数学学习的有效性，自 2019 年 9 月 10 日起，到 2020 年 1 月 6 日结束，江苏省教育科学规划领导小组办公室主任董林伟所领衔的初中数学实验研究团队，选取了苏州工业园区某校八年级部分班级，分为实验组被试和对照组被试，进行了为期一学期的观察和随机听课记录，以最终测试结果分析作为研究结论。②

表 5-3-1　数学实验成效分析表

组别	个案数	最大值	最小值	平均值	标准差
实验组	120	100	40	77.73	13.991
对照组	126	100	34	71.98	14.857

由表 5-3-1 可以看出，实验组学生的总体平均成绩要优于对照组学生的总体平均成绩，且实验组学生的总体成绩要比对照组学生成绩更稳定。这说明数学实验对于发展学生数学能力具有显著作用。

自 2021 年 3 月 2 日起，到 2021 年 5 月 20 日结束，南京师范大学课程与教学研究所所长喻平教授的数学实验研究团队选取了省内部分学校的七、八年级学生，针对数学实验培养学生"提出问题能力"进行了实证研究，测试数据如下：

表 5-3-2　"提出问题能力"成效分析表

学校年级	组别	个案数	平均值	标准偏差	标准误差平均值
A 校七年级	实验组	77	12.3377	6.56468	0.74811
	对照组	78	10.3333	6.52202	0.73847

---

① 董林伟. 初中数学实验的理论与实践研究［M］. 南京：江苏科学技术出版社，2016：156.
② 雷金萍. 数学实验对初中生合情推理能力发展的影响研究［D］. 南京：南京师范大学，2020.

续表

学校年级	组别	个案数	平均值	标准偏差	标准误差平均值
A 校八年级	实验组	86	15.930 2	9.809 71	1.057 81
	对照组	86	10.441 9	10.566 99	1.139 47
B 校七年级	实验组	73	17.808 2	5.057 06	0.591 88
	对照组	78	15.153 8	5.788 65	0.655 44
B 校八年级	实验组	69	20.724 6	10.129 87	1.219 49
	对照组	74	16.108 1	11.069 60	1.286 82

由表 5-3-2 可以看出,不同学校、同年级的实验组的平均值均优于对照组,且稳定性更好,并且随着年级增大,数学实验对学生"提出问题能力"的培养效果更加显著。

苏州市义务教育学业质量监测三年数据跟踪分析结果显示,苏州工业园区某校 2017 级学生除了在数学学习内容的掌握情况上逐年提高外(图 5-3-1),数学能力水平的四个维度也同步在提高,尤其在最难以提高的"非常规问题解决"能力维度,呈现出显著优势(图 5-3-2)。该校是江苏省数学实验先行示范校,近五年来,一直坚持将数学实验融入常态化教学当中。显然,上述结论与此密不可分。

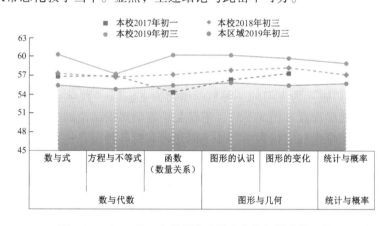

图 5-3-1 2017 级三年数学内容维度各指标得分情况图

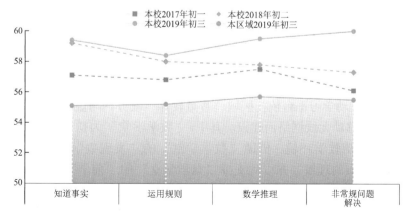

图 5-3-2 2017 级三年数学能力水平各维度得分情况图

（二）教育信息化与学科教学、数学实验关联分析

2018年4月，教育部发布《教育信息化2.0行动计划》，指出要持续推动信息技术与教育深度融合，积极推进"互联网+教育"发展，以教育信息化支撑和引领教育现代化。2019年6月，江苏省教育厅发布《江苏教育信息化2.0行动计划》，指出要以"深化应用、融合创新"为核心，将教育信息化作为教育系统性变革的内生变量，支撑引领教育现代化的发展。

信息技术与学科教学深度融合是将信息技术与学科教学各个要素充分融合，体现在学科教学常态的生态化、自主化、个性化，以及教学资源的建设、配置和整合上。教育信息化历经计算机辅助、计算机与学科教学整合的过程，当下已经进入信息技术与学科教学深度融合的阶段。大数据、人工智能等引领教育信息化将成为学科教学发展的必然。①

1. 数学实验类型

数学实验最重要的两个因素是实验目的与实验工具。其中，实验目的有三种：验证、理解和探索；实验工具有两类：实物模拟和计算机模拟。因此，数学实验有实物验证型、实物理解型、实物探索型、计算机验证型、计算机理解型及计算机探索型等六种类型。② 以计算机为实验工具的初中数学实验不仅可使用几何画板、GeoGebra及图形计算机等数学专业软硬件，也可使用Excel、电子白板及增强现实（Augmented Reality，简称AR）等非数学专业软件进行仿真模拟。可以说，只要能为数学实验服务的软硬件，都可以应用于数学实验。并且，计算机可让实验准备更省时省力，让实验过程更生动高效，让实验结果更真实清晰。

2. "易加数据"支撑下的数学实验教学

数学实验是以"做"为支架的一种数学学习方式。以"数学实验"为主要表征的"做中学"的实验教学程式（图5-3-3），不仅关注数学知识结论的学，还突出关注学生"做数学"的过程。学生在"做数学"中不断思考和对各种信息进行加工转换，基于原有经验和新生经验构建知识体系。在此过程中教师不断提供支持、帮助和引导。因此，在"做中学"的过程中，师生需要一套在实验前记录学生学前数据，在实验中生成合作交流等交互数据，在实验后反馈数学资源与个性化学习资源测评数据的互动学习平台。园区"易加学院"互动学习平台正好能满足数学实验教学对于数据实时循环反馈的需求。

图5-3-3 数学实验教学程式图

"易加学院"互动学习平台依托区域"智慧教育"政务网与虚拟资源池架构，基于云存储、大数据、移动无线网络而建设。其中，"数学学堂"为初中数学实验教学提供了先进、便利的互动教学环境。借助"数学学堂"的"发现数学"模块，可以提高、强化学生对数学本质的理解，并以此支撑"慧学学堂"的"前学"环节；借助"数学

---

① 王晓峰.「智慧教育」视域下区域初中数学学科的融合实践 [J]. 江苏教育，2020（46）：41-43.
② 董林伟. 初中数学实验的理论与实践研究 [M]. 南京：江苏科学技术出版社，2016：173.

实验"模块,可以引导学生通过动手"做数学",丰富学生的学习方式,并以此支撑"慧学学堂"的"共学"环节;借助"数学实践"和"数学文库"模块,可以拓宽学生的学科视野,体验数学价值;借助"进阶挑战"模块,可以锻炼学生的学科技能。"数学实践""数学文库""进阶挑战"三个模块,共同支撑起慧学学堂的"延学"环节。

(三)"易加数据"支撑下的数学实验教学案例

传统的初中数学课堂教学往往采取的是"掐头去尾烧中段"做法,只关注"知识是什么,方法有多少,可以做哪些类型的题目"而忽略了"知识是怎样产生的,方法背后的原理是什么,知识是怎样发展的,知识价值该怎么体现"等。借助"数学学堂"的五大功能模块,"探索'多边形'内角和"一课通过以下新的方式展开,对计算机仿真模拟和"易加数据"支撑下的初中数学实验教学进行探索。

1. 前学:基于学情数据,获得研究对象

(1)发布学习任务:探索图中各角的度数和(图5-3-4—图5-3-6)

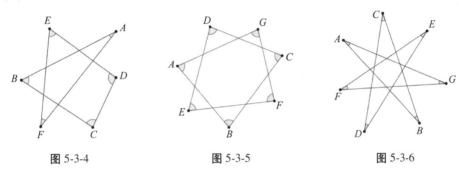

图 5-3-4　　　　　图 5-3-5　　　　　图 5-3-6

教师借助"发现数学"模块,发布学习任务,获得学生对于几何图形内角和计算的学情(图5-3-7),为精准教学做准备。图5-3-4的任务,学生使用三角形外角或是多边形内角和性质能完成,数据显示得分率为91.67%;对图5-3-5的任务,在不添加辅助线的情况下学生有些无从下手,得分率为70.83%;图5-3-6的任务,学生因图形更复杂,更难完成,得分率下降至58.33%。教师借助数据可以看出,在实验前,学生对于哪几种几何图形认识与变化的能力更欠缺。"易加数据"的实验前分析测验,为教师提供了更为精准的教学分析(图5-3-7),方便教师在共学环节为学生提供更有针对性、更个性化的指导,用数据驱动教学,以技术补充经验。"易加学院"实时反馈的正误判定,也可引发学生思考交流:这些标注角是如何产生的呢?

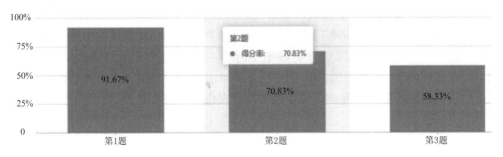

图 5-3-7　内角和计算的学情条形图

（2）提供阅读素材：陈省身与三角形的内角和

1980年，著名数学家陈省身在北大的一次讲学中语惊四座："人们常说，三角形内角和是180°。但是，这是不对的！"大家愕然。众所周知，三角形内角和为180°是数学常识。对于大家的疑惑，陈省身说道："说'三角形内角和是180°'不对，不是说事实不对，而是看问题的角度不对，应当说'三角形外角和是360°'。"

眼光盯住内角，只能看到三角形内角和是180°，四边形内角和是360°，五边形内角和是540°……n边形内角和是$(n-2)×180°$。这就找到了计算内角和的公式，公式里出现了边数n。如果看外角，三角形、四边形、五边形……任意n边形外角和都是360°。这就把多种情形用一个十分简单的结论概括起来了。用一个与n无关的常数替代了与n有关的公式，找到了更一般、更简洁、更漂亮的规律。

设想一只蚂蚁在多边形的边界上绕圈子。每经过一个顶点，它前进的方向就要改变一次，改变的角度恰好是这个顶点处的外角。爬了一圈，回到原处，方向和出发时一致了，角度改变量之和当然恰好是360°。这样看问题，不但给"多边形外角和等于360°"这条普遍规律找得到了直观上的解释，而且立刻把我们的眼光引向了更宽广的天地。[①]三角形、四边形等多边形都是静态图像，对蚂蚁跑圈也只是在静态图像上做动态解读，那能不能让图形在生成时就"动"起来呢？

角的产生，其实也是动态弯折的过程。（图5-3-8）一条直线，在点P处弯折，偏离了原来的方向，就产生两个角α和β，其中β为弯折的角度。

通过图形生成的动态可视化模拟，学生尝试定义这类新图形（图5-3-9）。图形可看成一条线段经过若干次弯折首尾相接而成，产生了许多角，称为"多角形"。定义：在同一平面内，由一条首尾相连的折线所组成的图形。其中，弯折与首尾相接处为顶点，每段折线为边，顶点处的两边在图形内部的夹角为内角。按此新定义，图5-3-9为"多角形"，有6个顶点、6条边和6个内角。

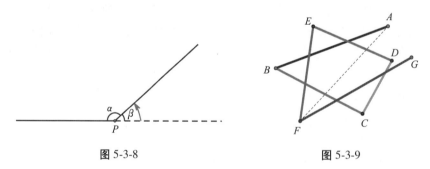

图5-3-8　　　　　　　图5-3-9

教师借助"发现数学"模块，发布材料阅读任务，通过平台记录的学生阅读的完成率、完成时间和阅读用时等行为数据，分析学生对于内角测试问题的感兴趣程度与图形动态视角认知速度，在课堂上更好地引导学生观察这些形状各异的图形，提出问题——这些标注角是如何产生的，引导学生用动态数学观察世界，以此提高学生对几何图形生成的自然理解，培养学生数学抽象与直观想象等核心素养。

[①] 张景中. 数学家的眼光[M]. 北京：中国少年儿童新闻出版总社，2011：241.

2. 共学：基于互动数据，研究数学对象

（1）发布实验任务：认识"四角形"的形状

学生使用平板端 GeoGebra 软件拖动"四角形"的顶点，寻找不同形状的"四角形"。经过实验，学生不难发现"四角形"有如下三种类型（图 5-3-10）。

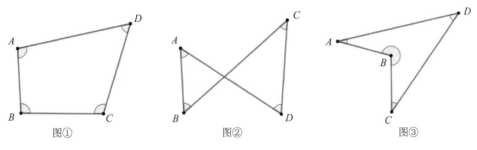

图 5-3-10 不同形状的"四角形"

经过测量，图①、图③的"四角形"内角和为定值 360°，但图②的"四角形"内角和随着顶点位置的变化而变化，不是定值。根据已有经验，图②的"四角形"内角间存在 $\angle A+\angle B-\angle C-\angle D=0°$ 的关系。

教师借助"数学实验"模块，发布实验任务，引导学生通过动手操作、自主探索"四角形"的多种形状，思考"四角形"的内角和是否存在着某种规律。教师可以通过"易加学院"的"收集图片"功能实时收集学生实验成果。收集后平台会记录学生上传时间、答案数等作答数据。教师据此可以实时分析学生实验结果，记录学情。通过度量计算、弯折"四角形"等推理的方式，学生能够提出猜想"在研究'多角形内角和问题'时，转弯方向是否一致是个关键"。借助"易加学院"对学生作答数据的循环监测及有针对性的因材施教，学生的数学运算、逻辑推理和数据分析等核心素养得到提高。

（2）发布实验任务：探索"同向五角形"的内角和

学生使用平板端 GeoGebra 软件寻找不同形状的"同向五角形"，并度量其内角和，不难发现有两种类型：五边形（图 5-3-11）和五角星形（图 5-3-12）。

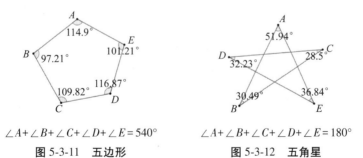

图 5-3-11 五边形　　　　图 5-3-12 五角星

$\angle A+\angle B+\angle C+\angle D+\angle E=540°$　　$\angle A+\angle B+\angle C+\angle D+\angle E=180°$

"易加学院"使用增强现实技术，把图形实体化成环形跑道（图 5-3-13），让学生在"同向五角形"的边界前进。五边形跑道角度改变量为 360° 即转了一圈，而五角星跑道角度改变量为 720°，即转了两圈。

图 5-3-13　实体化成环形跑道

类比可得，对于"同向 n 角形"，若跑了 m 圈，则"同向 n 角形"内角和等于 $n\times 180°-m\times 360°$。

经过学生讨论，发现顶点数 n 很容易确定，问题关键在于如何确定圈数 m。

使用几何画板模拟一条标准跑道（图 5-3-14），谈不上什么内角和与外角和。可是运动员在弯道跑步的时候，它的方向也在时时改变。跑一圈，角度改变量之和仍是 360°。裁判如何确定他跑了 1 200 米？站在跑道内，看见运动员经过眼前跑道 3 次。同理，如果你站在五边形跑道内部看别人跑圈，无论面朝什么方向，他只在你面前经过一次（图 5-3-15）；如果站在五角星跑道内部，无论面朝什么方向，他都要在你面前经过两次。因此，只需要在"同向多角形"内，作一条代表视线的射线，看该射线与几条边相交即可确定 m 的值。

图 5-3-14　标准跑道示意图

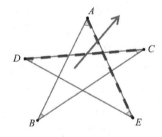
图 5-3-15　五角星跑道示意图

接着，教师借助易加学院"推屏"模块，请学生使用 GeoGebra 创作一个"同向多角形"，为随堂生成预设外的问题提供交互保障。使用"截图提问"发布抢答任务。平台记录学生最快 8.3 秒回答出问题。醒目的计时数据充分调动学生积极性。第二轮使用"截图提问"发布抢答任务。平台记录每一组回答的时长数据与正确率，实时高效地检查学生对"同向多角形"内角和算法的掌握情况（图 5-3-16）。

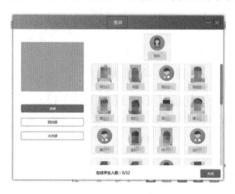
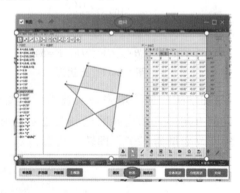

图 5-3-16　"截图提问"抢答任务

上述探索过程不仅展示了初中数学实验教学与计算机仿真模拟结合的传统模式，还诠释了"易加数据"助力初中数学实验教学的新方式。"易加学院"推屏、截图提问等工具更是打通实验交流屏障。基于平台记录的互动数据，教师可更快速调整实验教学节奏，帮助学生选择合适的研究对象，让学生享受完整的数学学习过程，锻炼合作、沟通和交流能力，培养数学核心素养，提升数学深度思维。除传统数学仿真软件外，案例中的增强现实技术将真实世界信息和虚拟世界信息——跑道"无缝"集成在屏幕上，把虚拟世界套在现实世界并进行互动，激发学生"我想做""我能做"的认知情怀，驱动学生"我也想知道""我也能学会"的内在认知兴趣，通过实践创新，激活学生的思维发展。

3. 延学：基于行为数据，应用数学知识

（1）发布实践任务：再探"四角形"的内角和

对于共学并没有研究的转弯方向不一致的"不同向四角形"，教师在课外借助"易加学院""数学实践"来发布学习任务，平台可收集完成率、完成时间和用时等数据，给教师反馈学生课后的实验行为。

使用"方向改变量的代数和"替代"外角和"即可。约定：逆时针旋转的角为正角，顺时针旋转的角为负角。当在图 5-3-17 所示"四角形"边界上前进时，在 A、C、D 处，由方向改变的角为正角，即 $\angle 1$、$\angle 3$、$\angle 4$；而在 B 处，由方向改变的角为负角，即 $\angle 2$。四个角方向改变量的代数和：$(180°-\angle A)-(\angle B-180°)+(180°-\angle C)+(180°-\angle D)=360°$，化简后得 $\angle A+\angle B+\angle C+\angle D=360°$。当在图 5-3-18 所示"四角形"边界上前进时，在 A、B 处，由方向改变的角为正角，即 $\angle 1$、$\angle 2$；而在 C、D 处，由方向改变的角为负角，即 $\angle 3$、$\angle 4$。特别注意，四个角的正负相抵，代数和为 $0°$。四个角方向改变量的代数和：$(180°-\angle A)+(180°-\angle B)-(180°-\angle C)-(180°-\angle D)=0°$，化简后得 $\angle A+\angle B-\angle C-\angle D=0°$。

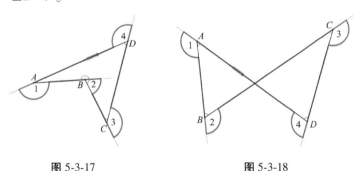

图 5-3-17　　　　　　图 5-3-18

教师引导学生在课后继续进行"不同向多角形"的实验探索，使用"数学实践"模块把自己的成果发布在"易加学院"的"数学学堂"，区域内的学生、教师都可以交流、点赞、评论，潜移默化开展教师评价、生生评价、学生自评等多元化评价。

（2）了解"多角形"的应用

教师在课外借助"数学文库"模块，提供数学文化资源，拓宽学科视野，引导学生从数学回到生活，强化实际应用，如折叠式台灯调整角度问题、窗棂中的角度问题、铺设地板中的角度问题，以及玻璃图案的设计、爱舍尔镶嵌图案的欣赏等，加强学科综合，引发数学创造，体验数学价值。

(3) 基于数据下的精准评测

"易加学院"使用"学生—资源关联模型"及"卷积神经网络"等算法，基于学生数学实验课堂的互动数据，借助"进阶挑战"模块，向学生推送符合其学习水平的"合适的"个性化在线测评试题，通过"打卡·闯关·做达人"等形式，收集学生数学知识学习目标的达成率。

（四）数字时代数学实验教学的新方式

几何画板、GeoGebra、AR等计算机仿真模拟技术外显知识的生成过程，为抽象的数学架起了直观理解的桥梁。动态可视化的教学拉近了数学与学生间距离，为学生快乐学铺平道路。"易加学院"可以为授课教师推荐符合班级群体水平、符合教师个人风格的最优的实验资源，为教师智慧教保驾护航。不仅可以记录一节课堂教学的横向数据，还可以纵向跟踪记录区域全体学生的行为数据，为师生提供了沟通、合作交互途径，为学生量身定制适合其知识基础、思维习惯、学习风格、学力水平的学习资源与学习方式，有力保障了区、校科学测试/验。

初中数学实验与"易加学院"数据平台支撑技术，以及初中数学实验与几何画板、GeoGebra、AR等计算机仿真模拟技术的两种融合路径，是数字时代数学实验教与学的新方式。这样的方式，有利于学生"四基""四能"获得更好的发展，有利于学生更好地培养创新意识和实践能力，有利于学生更好地形成学科素养、关键能力。这样的方式，是数字时代较好的人才培养模式。

二、案例：基于智慧学习空间的初中英语听说教学实践——以"Comic strip & Welcome to the unit"一课为例

近年来，越来越多的学者提出以智慧教育引领教育信息化，带动教育教学创新发展。智慧学习空间已成为信息时代教学的必然趋势。它采用云技术为学校建设虚拟外语校园，提供人工智能教学应用服务，包括信息化课堂、学习管理、测试评价、大数据分析等多个系统智能化同步教学平台。本案例以教学"Comic strip & Welcome to the unit"一课为例，重点介绍基于智慧学习空间的英语听说教学活动是如何开展的。

（一）基于智慧学习空间的教学模式介绍与分析

1. 基于智慧学习空间的教学模式介绍

基于智慧学习空间的听说教学模式是基于学生的测评数据，在大数据驱动下建构的。听说教学的实施依托不同学习阶段的在线学习数据，包括课前学习数据、课堂生成数据和在线测评数据。基于智慧学习空间的听说教学模式分为学习准备、互动学习、学习反馈三个阶段（图5-3-19）。区别于传统的备课模式，教师不仅需要设计教学活动，准备课件和智慧学习空间的听说资源等，还要准备在互动课堂上用以展示的学生动态资源，即课前学生通过智慧学习空间和智能教练辅导练习生成的资源，如朗读反馈、听力自测反馈等，从而增强学生互动和生成的有效性。教师基于教学目标、教学内容、学生认知特点和知识水平及智慧学习空间功能分析，可设计结构合理、内容精准、循序渐进的教学活动，将学习准备、互动学习和学习反馈有机结合起来。

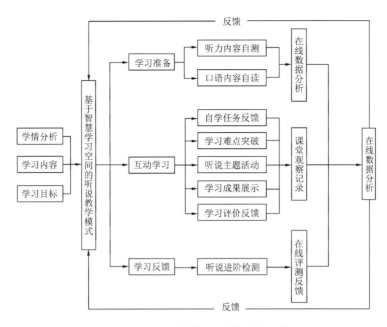

图 5-3-19　基于智慧学习空间的听说教学模式

2. 基于智慧学习空间的教学模式分析

学习准备阶段包括听力内容自测和口语内容自读。通过听力内容自测，学生在智慧学习空间能自主地反复训练听力内容，积累相关话题的语言知识和听力策略；通过口语内容自读，学生可以在智能教练的指导下规范语音，掌握相关话题的词汇和基本表达，激活图式，促进对学习内容的掌握。教师根据智慧学习空间的实时数据分析记录学生学习准备中遇到的问题和良好表现（图 5-3-20）。

在互动学习阶段，教师通过自学任务反馈、学习难点突破、听说主题活动、学习成果展示和学习评价反馈开展听说系列活动。在学生学习过程中，教师可根据平台数据分析及时评价学生的听说训练成果，对课堂教学活动做出适时诊断。在学习反馈阶段，学生通过完成听说进阶检测进行课后巩固训练。"智能教练"会对学生完成情况自动评价打分。教师通过智慧学习空间的数据记录，可以对学生的听说能力进行纵横向比较和跟踪。

图 5-3-20　基于智慧学习空间的听说教学数据

人工智能和虚拟现实技术共同打造的"智能教练"具备语音识别、发音分析、图像识别、人机对话、作文批改等功能，承担自动出题与批阅作业助教、学生个性化问题解决智能导师、学习障碍自动诊断与反馈分析师等角色，实现真人教师与人工智能教练的分工协作，为学习者提供精准、有效的指导与服务，实现物理校园与虚拟校园的融通互动。① 这一教学模式的优势在于，真人教师和人工智能教练协同合作，为学生提供精准、优质、个性化的指导与服务，打造以学生为中心、高质量的智慧课堂。

（二）基于智慧学习空间的初中英语听说课教学案例分析

本次执教内容为译林出版社英语教材八年级下册 Unit 8 "A green world" 第一课时 "Comic strip & Welcome to the unit"，主要围绕环保生活方式主题分为三部分：第一部分是卡通人物 Eddie 和 Hobo 展开的小对话；第二部分介绍不同的环保生活方式；第三部分是有关环保生活方式的对话。教学目标为：① 学生能够准确描述不同的环保生活方式；② 学生能够围绕环保话题描述自己日常生活中的环保行为；③ 培养学生的环境保护意识。下面主要介绍互动学习环节是如何开展的。

1. 基于预习自测数据，激发学习动机

教师主要围绕"What is a green life？"的内容引领学生开展相关学习活动。首先，课前口语自读内容是朗读本课时出现的生词。智慧学习空间的人工智能口语教练能根据录音及时对比，纠正学生的读音，指导学生读准生词。教师利用自制听力材料功能，自主设计和环保相关的听力训练。课前教师将平台测试数据分析添加在互动课堂上的"作业课堂展示"中，及时、精准地反馈和评价，帮助学生纠正生词"serious"和"reduce"的发音。通过分析听力自测中的典型错题，学生发现需要根据题干中的关键词来捕捉相关信息，排除干扰信息。课前自测反馈有助于教师了解学生已有知识背景，进而科学合理地安排课堂教学内容。教师提问："What will we learn today? Have a guess!"学生根据课前自测内容，猜测是"a green life"。教师通过两幅图（被污染的城市和没有污染的城市）的对比和问题"Which would you like to live in, a grey world or a green world? Why?"的引导，要求学生说出选择在环保世界中生活的原因。教师再追问："When we talk about a green world, what comes to your mind?"学生通过头脑风暴法说出"fresh air, no pollution, green trees, a green life"等。接着，教师通过真实语境中的猜字谜活动（图 5-3-21），帮助学生在语境中理解生词的意思，初步了解环保生活中的 3R（Reduce、Reuse、Recycle）原则，激发他们的学习兴趣，为后续学习内容做铺垫。

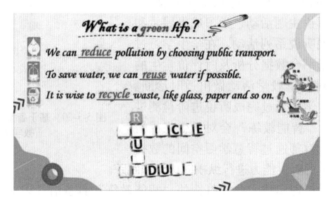

图 5-3-21　真实语境中的猜字谜活动

---

① 罗之慧，朱奇峰. 智慧学习空间支持下的初中英语听说课教学 [J]. 中小学数字化教学，2019（5）：33-36.

2. 基于学习理解数据，突破教学难点

学习理解类活动主要包括感知与注意、获取与梳理、概括与整合等基于语篇的学习活动。基于对学习内容的研读，教师利用图文匹配、听说互动等活动帮助学生建构出结构化知识。围绕"How to live a green life？"这个主题，教师设计了感知体验、梳理整合、模仿感悟三个活动，让学生自主发现、体悟和建构结构化知识。

在感知体验活动中，教师首先创设情境，利用图文匹配活动（图5-3-22），让学生感知日常生活中的环保行为。接着，教师利用课堂教学资源的"扣词模式"，让学生听一段对话并补全以下句子：① Kitty _____ to school now because driving cars causes _____。② It is wise for people to _____ or ride bicycles。③ We can take _____ showers to save water。④ Remember to _____ the lights when _____ a room。（参考答案：① takes the underground, serious air pollution；② choose public transport；③ shorter；④ turn off, leaving）互动课堂为课堂教学提供多模态的学习资源，让学生在真实语境中激活和"ways to live a green life"相关的词汇。

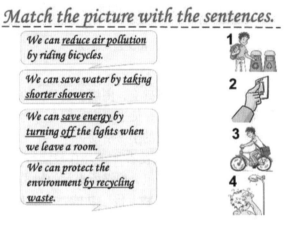

图 5-3-22　图文匹配活动

在梳理整合活动中，教师提出问题：在图文匹配和情景对话中有哪些描述环保生活方式的句型？有学生概括并梳理出句型"We can ... by doing ..." "sb. does sth. now because ..." "We can ... to ..."是阐明原因和表明目的的结构，有学生发现句型"Remember to ... when ..."可以描述具体的生活场景，还有的学生总结可以用句型"It is wise for people to ..."描述某一行为并表达自身观点。教师在黑板上以思维导图的形式呈现这些句型。教师追问："As students, what can you do to live a green life？"引导学生用新学的词语和句型描述其环保行为，为口语交际搭建语言支架。同时，教师利用"上传笔记"功能将板书内容上传至智慧学习空间的班级页，便于学生在课后查阅学习重点。

在模仿感悟活动中，根据Eddie 和 Hobo 对话中的植树话题，教师首先引导学生结合文本深入思考："How can trees help us？"学生各抒己见："Keep soil in place. / Reduce dust. /Provide home for wild animals. ..."教师对学生的回答给予肯定，随即播放Eddie 和 Hobo 的对话视频，提醒学生关注人物的语音语调和肢体语言，并以图文匹配的方式（图5-3-23）引导学生感悟人物情绪变化时的语音语调和肢体动作。这有助于培养

学生的场景理解能力和口语交际能力。接着，学生使用平板电脑在"听说作业"中跟读模仿。教师利用平台的"串烧制作"功能展示学生的优秀朗读作品。平台的数据分析及时客观地评价和反馈学生的口语表现。这改变了传统课堂上师生间单一、平面的交流方式，呈现出立体、多维的互动模式，增强了课堂活动的有效性，体现了听说课教学的交际性与实践性。

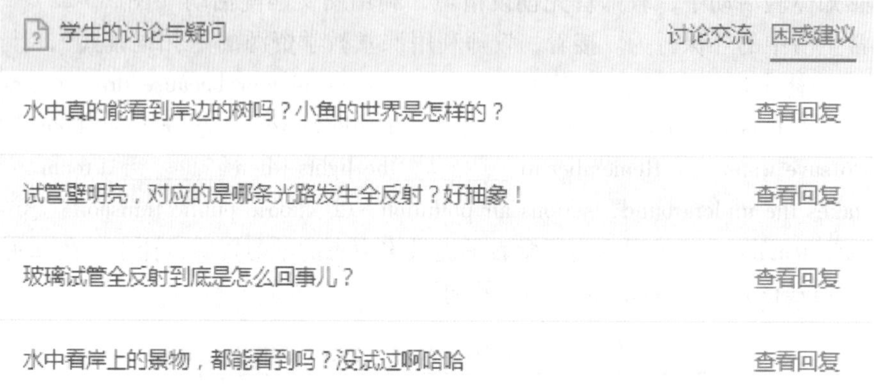

图 5-3-23　图文匹配活动

3. 基于应用实践数据，巩固学习内容

应用实践活动是在学习理解活动的基础上，围绕主题和新的知识结构开展语言实践与交流活动，以内化和巩固新的知识结构，促进语言运用自动化。它主要包括描述与阐释、分析与判断、内化与运用等深入语篇的学习活动。

教师创设情境：联合国环境署亲善大使参加"环保校园行"活动，你有机会和他一起讨论生活中的环保方式。学生两人一组，根据所提示的句式表达和对话框架完成对话任务。学生利用智慧学习空间的"微视频上传"功能，上传对话视频，在班内分享。这种半开放式的交际活动和分享形式让不同层次、类型的学生都有机会在活动中展示自己，体验英语学习的乐趣，逐步实现语言知识和文化知识的内化，使语言学习变成真正有意义的语言交流。之后，教师设计思考任务："Why do we need to live a green life？"学生思维活跃，回答精彩，如："We can reduce pollution. / To stop the environment changing for worse. / To save energy. /For a better future. ..."从学生的回答可以看出，他们已能从新的角度感悟环保生活的意义，从而提升了学科核心素养。

4. 基于交互活动数据，评价学习成果

学生学习中的交互性是决定学习成效的关键。基于智慧学习空间听说教学的学习评价包括：① 学习准备的在线数据分析（了解学生已有知识背景，有利于科学合理地安排教学内容）；② 互动学习的课堂观察记录（帮助教师发现学生学习过程中可能存在的问题，为活动管理提供支撑）；③ 学习的在线评测反馈（体现学生的学习目标达成率）。教师依托智慧学习空间对学生听说学习表现开展教师评价、生生评价、学生自评与家长评价，形成多元评价体系。小组合作学习中，师生、生生进行平等的互动交流，有利于培养学生的批判思维、探索能力、合作精神和自主学习能力。

教师设计小组合作学习活动任务：2020 年，由联合国发起的世界环保日挑战活动（图 5-3-24）以"Reduce air pollution"为主题。学生写下个人环保承诺并@组员，完成交流分享，在"图文作业"中上传自己的环保宣言，分享给全体学生。小组合作学习让学生之间碰撞出思维火花，比如在语言表达上给予同伴及时的帮助。这让学生的主体性得以凸显，增加了学生运用语言的机会，促进学生的思维发展。

图 5-3-24　世界环保日挑战活动

之后，教师以图片回顾"a green world"的内涵，让学生讨论并完成句子"It is important to keep a balance between ＿＿＿＿ and ＿＿＿＿"。学生说出"development and environment、factories and forests、people and nature"等内容。这有利于学生加深对主题意义的理解，体现英语学科的育人价值。

在课后听说进阶检测中，教师设计了两个任务。一是利用智慧学习空间的"影视配音"功能安排配音比赛，让学生完成影视片段"Nature is speaking—Mother nature"的配音，为学生拓展补充和主题相关的语言知识。智慧空间的人工智能教练实时自动评分，评选出"配音达人"并在平台上展示，帮助学生在轻松、愉悦的体验中提升口语表达能力。二是利用智慧学习空间的"命题作文"功能，让学生以"How to live a green life"为题写一篇作文。学生提交作文后，智慧学习空间平台实时自动点评，如给出得分、标注错误、进行总体评价等，并针对错误点提供单句解析和修改建议。教师也可对学生作文评分和写短评。学生既能收到系统点评，又能看到教师评价，这极大地提升了评价和反馈的效果，有助于学生书面表达能力的增强。

（三）基于智慧学习空间的初中英语听说教学思考

在初中英语听说教学中，教师根据学情与语言学习规律，有效利用智慧学习空间，丰富学生的学习内容，重构学生的学习方式，优化学生的学习评价。在学习内容方面，学生依托动画、音频、视频等多模态学习素材，实现与学习内容的多维互动，激发学生学习兴趣，提升学习参与度。在学习方式方面，学生在教师的指导下依托智慧学习空间进行线上线下的混合学习，拥有了更充分、个性化的听说训练机会。在学习评价方面，教师依托智能语音识别、在线数据等技术，既有精准的终结性评价，也有多样化的过程性评价。

1. 基于智慧学习空间拓宽英语学习渠道

从空间维度上说，智慧学习空间支持下的课堂突破了传统教学中教室、教材、教师的平面局限，实现了物理教室与虚拟世界学习的整合；从时间维度上说，智慧学习空间支持下的教学整合了课内与课外、课堂与课间的学习，体现了线下面对面的即时交流与线上虚拟学习的无缝对接。可见，智慧学习空间不仅为学生的英语学习提供了多模态手段，还提供了丰富的学习资源和跨空间、跨时间的语言学习与运用机会，促进了英语教学理念、教学方式与学习方式的变革。今后，教师要积极利用智慧学习空间的时空优势，改变教学方式，优化评价方式，为学生提供更多学习和运用英语的渠道，积累个性化学习资源，搭建学生自主学习平台，提高英语听说教学效率。

2. 基于智慧学习空间促进核心素养培养

《普通高中英语课程标准（2017年版）》提出了指向学科核心素养发展的英语学习活动观，明确活动是英语学习的基本形式，是学习者学习和尝试运用语言理解与表达意义、培养文化意识、发展多元思维、形成学习能力的主要途径。在基于智慧学习空间的初中英语听说教学中，教师要从英语学习活动观的视角思考听说教学设计的合理性和有效性，整合智慧学习空间的功能和学习内容，优化教学方式，为学生设计有情境、有层次、有实效的英语听说活动。

3. 基于智慧学习空间助力教学评一体化

完整的教学活动包括教、学、评三个方面。教是教师把握英语学科核心素养的培养方向，通过有效组织和实施课内外教与学的活动，达成学科育人的目标；学是学生在教师的指导下，通过主动参与语言实践活动，将学科知识和技能转化为学科核心素养；评是教师依据教学目标确定评价内容和评价标准，通过组织和引导学生完成以评价目标为导向的多种评价活动，监控学生的学习过程，检测教与学的效果，实现以评促学、以评促教。

在基于智慧学习空间的初中英语听说教学中，教师要处理好评价与教和学之间的关系，推动教、学、评一体化实施。智慧学习空间能够帮助教师对课内外学习进行全方位的记录和跟踪，及时评价学生的测试和学习任务完成情况，储存学生学习数据。教师要利用好智慧学习空间中的在线数据，及时发现学生的学习问题，提供有针对性的帮助，促进学生更有效地学习。

在大数据时代，教师的角色发生很大改变。只有及时更新理念，成为终身学习者、教学资源整合者、教学设计者和组织者，以智慧学习空间为依托，以学习活动观为指导，以核心素养培养为目标，教师才能引导学生开展有效学习，使学生的语言能力、学习能力、思维品质和文化意识的培养落实到位。

（四）基于智慧学习空间的初中英语听说教学成效分析

基于智慧学习空间的初中英语听说教学成效可以通过学习者的学业检测数据体现。区域以智慧学习空间为依托开展的初中英语听说教学实践使区域历届学生受益。以国区2018级学生为例，学生在智慧学习空间的支持下听说水平有了显著提升。三年的学业检测数据显示学生在听力技能各个维度的得分均远高于大市平均值（高出10%以上），且从低年级到高年级呈现出更大的优势，七、八年级得分高于全市平均值接近20%（表5-3-2）。

表5-3-2 三年的学业检测数据

听力二级指标	2018级	2018年	2019年	2020年
听对话回答问题	本区域	57.3	59.9	59.0
	大市	50.0	50.0	50.0
	差值	7.3	9.9	9.0
	高出百分比	14.6%	19.8%	18.0%

续表

听力二级指标	2018 级	2018 年	2019 年	2020 年
听文段理解细节	本区域	57.5	59.7	59.0
	大市	50.0	50.0	50.0
	差值	7.5	9.7	9.0
	高出百分比	15%	19.4%	18%
听文段完成任务	本区域	57.0	59.7	59.1
	大市	50.0	50.0	50.0
	差值	7.0	9.7	9.1
	高出百分比	14.0%	19.4%	18.2%
听文段记录关键信息	本区域	57.3	59.5	59.3
	大市	50.0	50.0	50.0
	差值	7.3	9.5	9.3
	高出百分比	14.6%	19.0%	18.6%

由此可见，基于智慧学习空间的初中英语听说教学成效显著。大数据支撑下的初中英语听说教学更为精准，更有助于激发学习动机，突破教学难点，巩固学习内容，评价学习成果，推动实现适合的英语听说教学。

第四节　高中教育的典型案例

高中典型案例聚焦"深层学习、素养提升"，培养学生的创新与批判性思维能力、科学探究与实践能力，以技术赋能规模化因材施教，为每一位学生的全面发展和终身发展奠基，在教学上体现为从"是什么"到"为什么"的思维升华，助推学生深度学习的发生，有助于培养学生的学科素养。利用大数据对体量宏大、类型多样的教学相关数据进行挖掘分析，驱动课堂教学决策的发生。

物理学科核心素养强调知识和原理的深度理解与灵活应用，而在传统教学模式下，课堂容量偏小，师生互动不足，呈现方式单一，数据意识模糊，个性差异抹杀。物理教学倡导探究式学习，通过为学生提供充分的情境体验与探究机会，逐步培养学生收集和处理科学信息的能力，获取新知识的能力，分析问题和解决问题的能力，以及交流与合作的能力。在"高中物理情境教学的'前学·共学·延学'模式"案例中，面对传统教学模式的困境，"易加学院"平台推出"前学·共学·延学"教学新模式，以实现重构教学、加强互动、整合资源、精准数据、关注个性的目的。以人教版高二物理"全反射"为例。"前学"环节安排在课前，通过平台呈现微课、图像等素材引导学生自主学习，期待学生提出问题；"共学"环节安排在课上，让学生有充足的时间体验物理情境，培养动手能力和观察能力，并借助软件、数据优化科学探究环境，激发学生深度思考；"延学"环节安排在课后，基于数据设计个性化作业，注重学生的个性化发展。最后"易加学院"平台根据"前学·共学·延学"教学实践，制定相关的教学策略。

基于加强学生对高中生物学科中抽象、前沿知识点的理解，解决校内分子实验室实验设备不完善、试剂缺乏等问题，教师以送课进校的形式开展任务探究式实验课程，利用问题创设情境，让学生动手实验，将教材中的技术与原理呈现于眼前，使抽象的理论知识具体化，同时促进高中生物实验室建设与发展。在课程进行的过程中，课题组同时从不同角度对课程进行多元化评估。"高中生物创新实验教学'教·学·做·评合一'探析"案例通过设置生物实验创新课程满足学生对高中生物实验课程的需要，补位创新引入相应的实验教学，使教材中较为抽象、理论性较强内容通过理论与实验相结合的教学模式，加深学生对知识的理解与能力的增强。基于高中生物教材中基因工程相关内容，课题组遵循学生知识结构及发展的特点，设计了包含普及性、提升性及研究性学习的生物实验创新课程。基于实验教学依托情境设计满足学生多元化的需求，从激发学生学习兴趣、引发学生的探究到实现知识的提升与拓展，提供系统的适合高中生物学科核心素养提升的教育配套服务。以学生的课堂参与度、非智力因素及学业能力水平作为评价，研究显示生物实验创新课程在提高学生的课堂参与度、加深对知识点的理解与应用方面，培养学科核心素养、发展终身学习及增强创新实践能力方面具有一定的促进作用。

一、案例：高中物理情境教学的"前学·共学·延学"模式

在教智融合背景下，"易加学院"慧学学堂构建了学科知识、能力和素养图谱，能分析研判出学生学习共性及个性问题，并按照不同学习路径有针对性地提供学习路网资源，使线性的学习变成立体的学习，给学生选择的权利、选择的空间、选择的资源、选择的工具，使学生个性学、精准学、智慧学、深度学。

（一）传统教学模式下的弊端与局限

物理学科核心素养强调知识和原理的深度理解与灵活应用。传统的教学模式以老师、书本和课堂为中心，即课前预习课本内容，课上讲解知识、巩固知识，课后完成作业。课堂上以教师口授、板书，学生耳听、笔记为主，教师根据学生的课堂反馈，判断学生对知识的掌握程度，并据此调整教学策略以达到教学目的。传统课堂受时间、形式等限制，很难让学生获得充分的情境体验，导致学生对知识的理解浮于表面，不利于物理观念的形成。"易加学院"的"前学·共学·延学"教学模式通过重构教学路径，丰富情境体验，为学生的深度学习、科学思维的发展和个性化学习提供保障。

（二）基于"易加学院"的物理教学策略

1. 重构课堂结构，促进学生深度学习

"易加学院"平台倡导"前学·共学·延学"教学模式，重构课堂结构：将基础知识的学习安排在"前学"环节，通过平台呈现丰富的学习资源，采集数据，提出问题，确定下一环节学习内容；"共学"环节聚焦问题，体验真实情境，培养动手能力、观察能力，开展合作学习，进行交流展示，激发学生学习兴趣和深度思考；"延学"环节基于数据推送个性化作业，选题开放，形式多样。

2. 注重情境体验，培养学生科学思维

观察、实验与科学思维相结合，是物理学科的基本特征。模型建构、科学推理、科学论证、质疑创新是构成科学思维的主要成分。从情境出发，经历"情境—模型—情

境"的探究历程,学生不仅丰富了体验,提高了观察的敏锐度,而且培养了科学思维,掌握了分析与综合、抽象与概括、比较与分类、逻辑推理等基本思维方法。

3. 尊重个体差异,满足学生个性需求

每一个学生的知识背景、学习能力、学习兴趣都是不同的。教学应将选择权交给学生,提供学生可选择的课程、试题、微课、工具等个性化路网资源,使学生在一个复杂的环境里去选择道路、选择资源,按照自己的进度自由地学,使学生成为积极主动的求学者,由"要我学"变成"我要学"。

(三)"前学·共学·延学"模式的教学实施

"全反射"是人教版高中物理选择性必修第一册第四章第2节内容。学生在初中已经定性了解了光的反射和折射现象,在前一节"光的折射"学习了折射定律的定量计算,为"全反射"的学习提供了充分的理论基础。学生很容易接受全反射现象的理论知识,而生活中的光学现象比较抽象,光路多样,学生缺乏相关物理情境的体验,缺少从物理学视角解释光现象的科学思维,难以将理论知识运用到实际问题中。因此,本节课采用"前学·共学·延学"模式。"前学"环节安排在课前,通过"易加学院"平台呈现微课、图像等素材引导学生自主学习,期待学生提出问题。"共学"环节安排在课上,体验情境,借助软件优化科学探究环境,激发学生深度思考。"延学"环节安排在课后,基于数据推送个性化作业,注重学生的个性化发展。具体教学过程如下。

1. 整合资源,优化课程设计

"前学"环节的教学目标:学生通过预习课本、观看微课、操作光路模拟软件,认识全反射现象,学习全反射理论知识,初步掌握发生全反射的条件和临界角的计算公式。随后平台设置三个学习任务,针对"理解临界角""全反射条件的应用""生活中的全反射现象"三个知识点进行小结,并通过习题量化学生的掌握情况。"前学"环节的教学资源如图 5-4-1 所示。

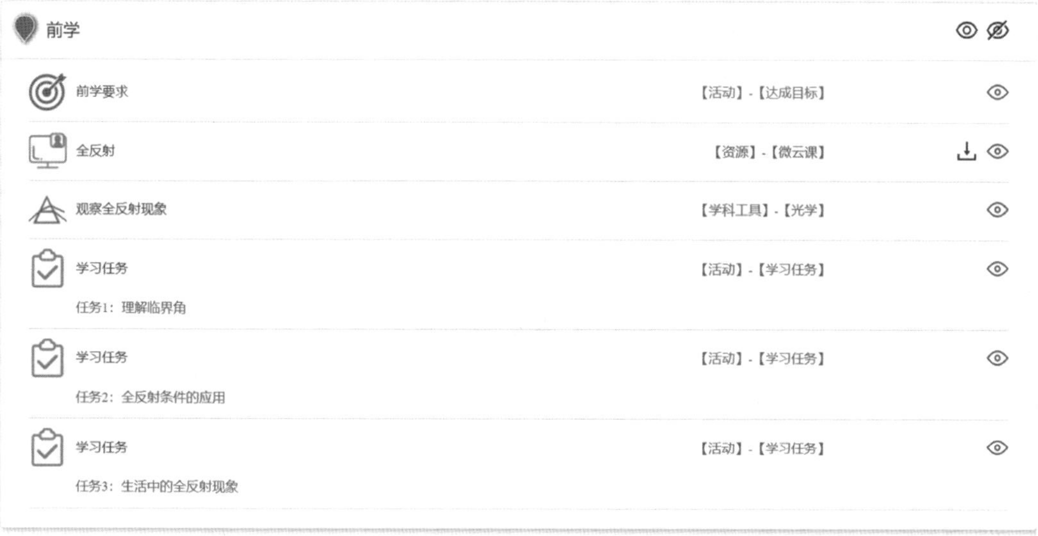

图 5-4-1 "易加学院"平台"前学"资源

学生完成“前学”任务后，教师可以通过后台查看“学生课程整体学习情况”“学生的困惑建议”等报告（图 5-4-2、图 5-4-3），在每个习题的“答题详情”报告中，还能查看完成情况、得分率等数据（图 5-4-4）。由报告中的数据可知，部分学生多次学习了微课，关于“生活中全反射现象”的练习正确率仅为 43.14%，其中一题的答题统计如图 5-4-5 所示。学生针对这部分的两个习题提出了疑惑，并有部分学生通过回复展开了讨论。

至此，“前学”环节达成目标。教师针对这一环节中学生提出的两个问题，设计了“共学”内容。问题一：潜水员在水下抬头看岸上景物，能看到的范围有多大？这些景物的像与真实情景有没有差异？问题二：在盛水的玻璃杯中放一空试管，用灯光照亮玻璃杯侧面，在水面上观察水中的试管，看到试管壁特别明亮，这一现象到底是不是全反射？其光路是怎样的？

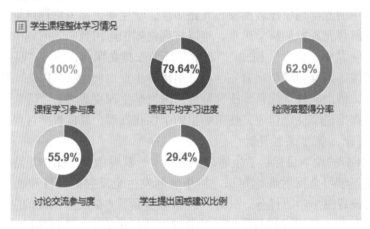

图 5-4-2　学生课程整体学习情况

图 5-4-3　学生的困惑建议

序号	资源名称	类型	已完成	未完成	重学人数	答题得分率	详情
1	生活中的全反射现象	教学课件	34	0	18	--	查看　统计
2	生活中全反射现象	练习	34	0	0	43.14%	查看　批阅　统计

图 5-4-4　“易加学院”平台“前学”数据统计

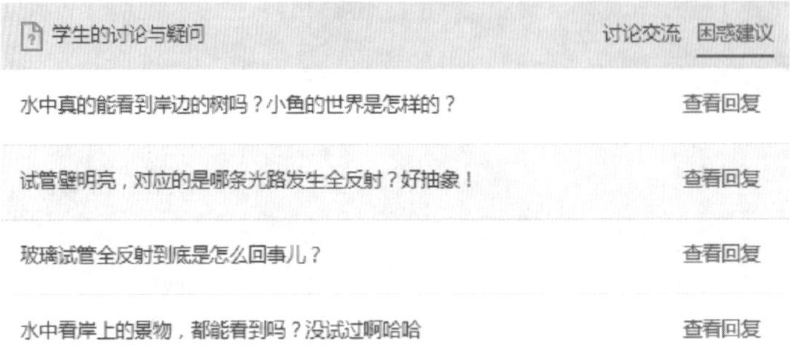

1.【多选题】
下述现象哪些是由于全反射造成的
A 露水珠或喷泉的水珠，在阳光照耀下格外明亮
B 直棒斜插入水中时呈现弯折现象
C 口渴的沙漠旅行者，往往会看到前方有一潭晶莹的池水，当他们喜出望外地奔向那潭池水时，池水却总是可望而不可即
D 在盛水的玻璃杯中放一空试管，用灯光照亮玻璃杯侧面，在水面上观察水中的试管，看到试管壁特别明亮
【答题统计】
满分学生：
（44.12%，15人）
44.12%
错误学生分布：
（55.88%，19人）
55.88%
未作答分布：
（0%，0人）
0%

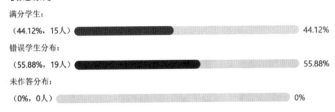

图 5-4-5　答题统计

2. 体验情境，展开深度学习

“前学”数据表明，关于全反射的理论知识，学生通过自学已基本掌握。但是，学生遇到实际问题，没有现成的光路，没有具体的模型，分析起来就困难了。学生对科学事物的认识，总是一点一点、一个方面一个方面、一个层次一个层次、一个角度一个角度地进行。学生在积累了大量知识和经验的基础上，形成对科学事物立体的、完整的认识。“共学”环节围绕两个情境，通过模型建构、科学推理、科学论证培养学生的科学思维，运用理论探究和实验探究的物理方法，达成全反射的深度理解和灵活应用，其教学资源如图 5-4-6 所示。

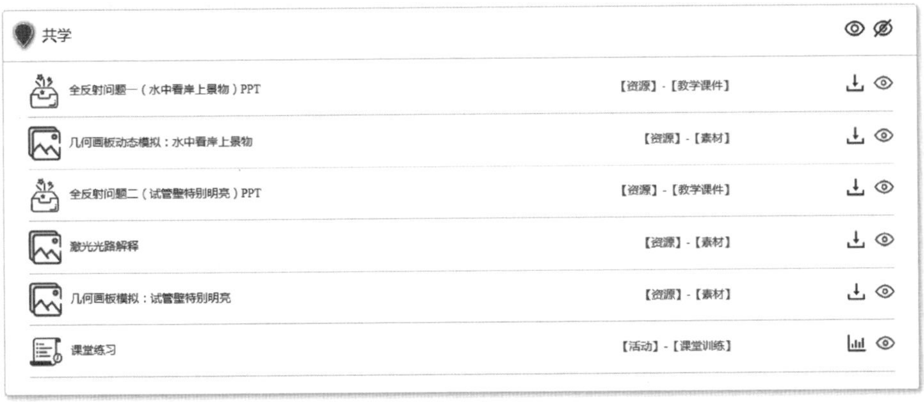
共学
全反射问题一（水中看岸上景物）PPT
【资源】-【教学课件】
几何画板动态模拟：水中看岸上景物
【资源】-【素材】
全反射问题二（试管壁特别明亮）PPT
【资源】-【教学课件】
激光光路解释
【资源】-【素材】
几何画板模拟：试管壁特别明亮
【资源】-【素材】
课堂练习
【活动】-【课堂训练】

图 5-4-6　“易加学院”平台“共学”资源

针对第一个问题“水中看岸上景物”，平台展示三种典型答案。答案一：只能看到顶角 97.6°倒立圆锥范围内的景物（图 5-4-7）。答案二：能看到所有景物，像与实物位置分布相同（图 5-4-8）。答案三：能看到所有景物，但像成在顶角 97.6°倒立圆锥内（图 5-4-9）。

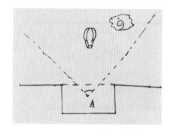
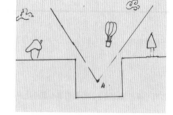
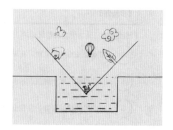

图 5-4-7　典型答案一　　　　图 5-4-8　典型答案二　　　　图 5-4-9　典型答案三

活动一　教师通过"易加学院"平台向学生推送水下摄影照（图 5-4-10、图 5-4-11）。学生仔细观察照片，获得情境体验。

图 5-4-10　水下摄影照片 1　　　　　图 5-4-11　水下摄影照片 2

设计意图　学生平时缺乏这类问题的相关生活经验。广角镜头下的摄影照片开启了全新的视角，通过亮斑的形状、岸上树木、房屋所成的像，营造出平面效果，丰富学生的体验。但照片没有立体效果，因而激发学生进一步搞清楚立体情境的求知欲。

活动二　几何画板光路模拟（图 5-4-12），动态移动光路构建立体情境。

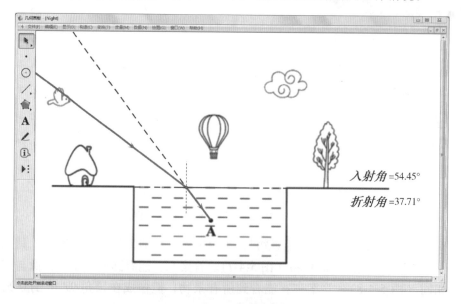

图 5-4-12　几何画板模拟光路①

设计意图 转换视角,从仰视切换到正视,构建物理模型,从无数条隐含的实际光路中,抽象出一条被潜水员眼睛接收到的光线,并作出折射光线的反向延长线。动态调节折射点,首先观察入射光线,确定潜水员能接收到的光线范围。当入射角接近90°时,折射角接近临界角,据此可确定全反射临界光路的逆光路。然后观察折射光线的反向延长线,确定像的大致方位。

将仰视角度的照片和正视角度的光路动态分析相结合,合成立体情境,完成"情境—模型—情境"的科学探究。

针对第二个问题"试管壁特别明亮",展示实验照片:装水的烧杯中,一支试管如镜子般明亮,另一支试管如玻璃般透明(图 5-4-13)。

活动三 猜测两支试管现象不同的原因。向明亮试管内缓慢加水,观察试管逐步由明亮变为透明。

设计意图 截然不同的实验现象,激发学生的好奇心,鼓励学生大胆猜测,并通过实验验证。

活动四 分组实验,观察不同情形下的实验现象:① 从水面正上方俯视观察、侧上方观察、烧杯侧面观察;② 比较空试管、加水的试管;③ 不加灯光,从不同角度用灯光照射烧杯侧面;④ 改变试管的倾斜程度。

图 5-4-13　两支试管现象对比

设计意图 由于实际光路复杂多样,在不同观察角度、不同界面、不同光线强度的情况下,所呈现的光学现象大不相同。活动一方面让学生观察实际光学现象的变化,丰富学生的体验;另一方面引导学生关注题干所表述的物理情境"在盛水的玻璃杯中放一空试管,用灯光照亮玻璃杯侧面,在水面上观察水中的试管,看到试管壁特别明亮"。通过这个活动,学生探索出"试管壁最明亮"的光照条件和观察角度,获得丰富的情境体验。

活动五 用激光亮化光路,构建物理模型。在空试管状态下,调整激光入射方向,获得全反射光路(图 5-4-14),保持激光入射方向不变,往试管中加水,光路随之改变(图 5-4-15)。

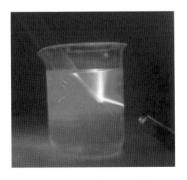

图 5-4-14　激光光路①

图 5-4-15　激光光路②

设计意图 题目中往往用带箭头的直线表示光路,每道题都只研究一条光路;而实际问题中有许许多多光路,且这些光路都是不可见的,学生往往对此无从下手。在水中加入少量牛奶,借助丁达尔现象,可以清楚观察到激光的光路。用激光亮化光路,是一个建立物理模型的过程,调整激光的入射方向,可以观察各个角度光线的具体传播情况。通过这个活动,学生将"空试管明亮""加水试管透明"这两个实验现象与相应的特征光路建立联系,确信明亮源于全反射,并选择恰当的视角建构物理模型(图5-4-16、图5-4-17),把抽象的实际问题转化为具体的理论问题,迈出分析实际光路的第一步。

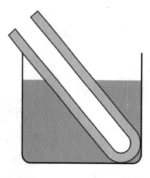 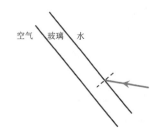

图 5-4-16　物理模型①　　　　　图 5-4-17　物理模型②

活动六　以小组为单位,围绕三个问题,展开实验探究或理论探究。问题一:全反射发生在哪个界面(水与玻璃的分界面,还是玻璃与空气的分界面)?问题二:所有光线都发生全反射了吗?问题三:试管中加水后,还有可能发生全反射吗?

<u>展示交流</u>　学生通过小组合作,进行理论探究与实验探究,用平板电脑拍摄证据并上传,分享展示探究成果。

组1　我们小组采用理论探究。光从水射向玻璃,水是光密介质,玻璃是光疏介质,不可能发生全反射,计算可得折射角小于或等于62°。在第二个界面上,玻璃是光密介质,空气是光疏介质,临界角约为42°,入射角小于或等于62°,只要满足入射角大于等于临界角,全反射就会发生。因此,全反射发生在玻璃与空气的分界面上。

组2　我们小组采用逻辑推理,向试管中加水,导致全反射现象消失了。第一个界面的两种介质没有变化,第二个界面由玻璃与空气的分界面变为玻璃与水的分界面,因此,一开始的全反射一定是发生在第二个界面上的。

组3　我们小组采用实验推理,将一支红色的笔抵在明亮的试管外壁,观察笔所成的像,发现实物与像之间存在一小段距离,这说明全反射发生在第二个界面上,这段距离是玻璃厚度的两倍。

组4　我们小组采用观察法,用灯从烧杯侧面对着试管照射,试管壁特别明亮。为了让效果更明显,我们在烧杯底下垫了一张红色的纸片,仔细观察发现明亮的部分比试管瘦,明亮的并不是试管外壁,而是试管内壁。因此,全反射发生在第二个界面上。

组5　我们小组采用观察法,观察全反射的激光光路,发现入射光路比较细,反射光路明显宽,由此推理,反射光由两束构成,第一个界面上既有反射,又有折射,第二个界面上才有全反射。

组6　我们小组采用实验探究,让激光射向试管壁,调整激光光路,发现有时发生全反射,有时发生折射,不是所有光线都发生全反射。

组7　我们小组采用理论探究,作出光路图,在第二个界面上,只要入射角小于临界角,全反射就不会发生。

组8　我们小组采用实验探究，往试管中加水后，用激光照射试管壁，发现光线都穿过了试管壁，没有发现全反射现象。

组9　没有寻找到全反射的光路，不能证明不存在全反射，我们小组认为，针对第三个问题，实验探究是没有说服力的。我们采用理论探究。往试管中加水后，根据光路的可逆性，光线一定能穿过平行的玻璃，而且出射光线与入射光线平行，所以没有光线发生全反射。

设计意图　物理教学倡导探究式学习，通过为学生提供充足的时间和充分的机会，逐步培养学生的观察能力、收集和处理信息的能力、科学推理能力、科学论证能力及交流与合作的能力等，学生形成尊重事实、善于质疑的科学态度。围绕设置的三个问题，学生开展合作探究（图5-4-18），充分发挥主观能动性，彰显个性化学习成果。小组展示（图5-4-19）给学生创造舞台，网络收集图片让展示更方便。与此同时，学生可以通过点赞、质疑等方式进行互动。

图5-4-18　学生用平板电脑拍摄实验现象

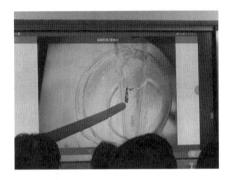

图5-4-19　小组交流展示

活动七　几何画板光路模拟（图5-4-20）动态显示精准光路，通过改变参数对比试管内介质由空气变为水时的光路突变。

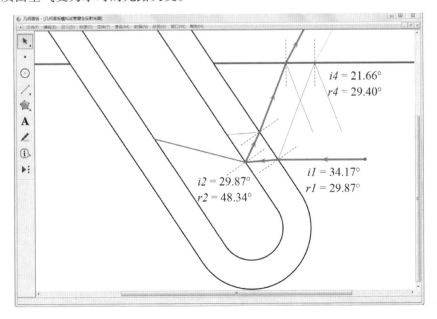

图5-4-20　几何画板模拟光路②

设计意图 借助几何画板的精确计算、动态变化功能，可设置试管倾角可调，入射光线方向可调，精准模拟光路，弥补手工作图的不足。空试管对应光路调节，观察在第二个界面上，有可能发生全反射；改变试管倾角，寻找正上方观察现象较明显的范围；改变角度计算参数，即试管加水后，全反射光路变为折射、反射光路，绝大部分光线发生了折射。

光路的动态模拟帮助学生建立连续的变化模型，深化现象与理论的对应关系，达成知识的深度理解。

活动八 学以致用，完成课堂练习。

设计意图 设置几个关于全反射的情景题，让学生在平板电脑上完成课堂练习。课堂练习提交后，平台立即生成统计报告（图5-4-21），便于教师量化学习效果，并进行针对性的讲评。

图 5-4-21　课堂练习作答报告

3. 个性作业，促进课堂延伸

基于"易加学院"平台的课后作业形式多样，层次分明，定位精准，满足学生个性化学习的要求。本节课设置的延学作业如图5-4-22所示。

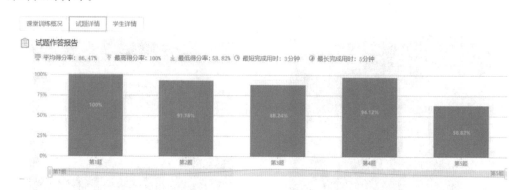

图 5-4-22　"易加学院"平台"延学"资源

针对课堂内容仍需巩固的学生，平台设置了微课"水中看岸上景物"和"试管壁特别明亮"。有 10 位学生课后通过自主播放微课"水中看岸上景物"回顾了课堂知识，其中 5 位学生多次学习了该微课。有 15 位学生课后通过自主播放微课"试管壁特别明亮"回顾了课堂知识，其中 8 位学生多次学习了该微课。

平台根据"前学""共学"两次作业的统计数据，分层次布置课后习题：针对前两次作业得分不高的 10 位学生，布置基础练习，以基础题、同质题为主；针对前两次作业都完成得很好的 24 位学生，布置进阶练习，以提升题和创新题为主。

每次提交作业后，系统都会及时反馈参考答案，让学生及时订正，对于仍旧存在的问题，学生可以在讨论留言区展开讨论，寻求帮助。

针对擅长几何画板的学生，平台设置了用几何画板作动态光路的选做作业。几何画板是一款容易上手的软件，对学生建构连续变化的动态物理模型有很大帮助。学生自主创建几何画板文件，对增强物理分析能力、数形结合能力、信息技术能力大有裨益。有 12 位学生完成了这项选做作业，其中的优秀作品已作为教学资源添加到资源库。

针对学有余力的学生，平台设置了三个拓展内容：科普短视频《霓与虹》、PPT 课件《钻石为什么如此闪耀》、微视频《一个关于全反射的魔术》，让学生了解更多与全反射相关的物理情境，尝试用理论与实验相结合的探究方法分析更多奇妙的光学现象，让物理回归生活。

"易加学院"所打造的"前学·共学·延学"教学模式，围绕学生自主地学，服务学生深度地学，在智能技术支持下，采集学习数据，注重情境体验，达成深度学习，培养学生终身发展、适应时代要求的能力和素养。"前学·共学·延学"教学模式激发了学习兴趣，提高了教学效率，让学生自主选择学习资源，甚至成为学习资源的建设者，促进了深度学习，提升了学生的科学素养。

二、案例：高中生物创新实验教学"教·学·做·评合一"探析

生物创新实验课程是由苏州工业园区教育局牵头，园区教师发展中心组织区内生物骨干教师及冷泉港亚洲 DNA 学习中心教学团队共同开发，以问题为导向引发学生思考，基于实验课程培养学生解决实际问题的能力，同时推动学生对知识原理的吸收与掌握，实现理论与实践一体化的创新实验教学模式。

（一）生物创新实验课程产生的背景及目标

1. 课程实施的背景

（1）高中生物基因工程板块教学现状分析

生物学是一门实验性的学科。很多知识需要通过实验才能被直观地感受到。在教学过程中引入实验环节，有助于学生对知识点的深入理解，提高教学的效率和效果。如高中课程中"基因工程"板块内容，因其理论过于抽象，与生活联系不密切，且原课程设置中未安排相关实验，学生对这部分内容的理解具有难度，知识点掌握得并不扎实。[1] 如采用以问题为导向，带领学生从选择合适的实验器材和实验材料开始，逐步设计并亲自动手完成基因工程相关实验，同时分析实验结果的教学方法，就可使学生更加

---

[1] 张凤娟. 新高考政策下生物学科学业水平考试的教学案例分析［J］. 高考，2018（20）：240.

直观、深刻地掌握该板块的内容。

纵观目前苏州市的高中生物课程，学生学习该实验技术还停留在书本上。因相关实验器材尚不完善、实验试剂缺失，且缺少精通该技术的专业实验人员等因素，苏州市目前还没有一所学校可以独立开展相关实验，无法让学生真正走进生物实验室动手进行基因工程相关操作实验。

（2）生物创新实验课程设计初衷

在课程实施前，为了解学生对知识点的理解程度及对实验课程的态度与需求，课程组针对苏州大学附属中学生物选修班学生设置了问卷调查，共发放问卷112份，回收109份，发现所有的学生都对实验课程表现出了非常大的兴趣。其中：59.63%的学生表示对生物很感兴趣，愿意主动设计题目进行探索，而40.37%的学生表示如果有人组织，愿意参与；对于各种实验类型，63.3%的学生表示喜欢探究类实验，14.68%的学生表示喜欢验证性实验，11.01%的学生喜欢演示类实验，11.01%的学生喜欢课外实验。

为解决学生对教材中抽象理论知识理解不透彻，学校缺少相关高端的实验设备与器材，以及缺乏专业技术人员的困境，同时遵循学生知识结构特点，满足学生对实验课程的需求，提升学习的兴趣，园区教育局依托区域内蓬勃发展的生物医药行业的技术及人才支持，将学校课程与冷泉港亚洲DNA学习中心的实验课程进行了双向匹配，以技术赋能，力求通过经典实验使学生对生物学中基因工程相关知识有更直观、更深入的理解，在巩固课本理论知识的同时培养学生的实际操作能力、分析问题与解决问题的能力，培养学生基本的学科素养。

2. 课程内容的选择

该项目在实施过程中，根据教学评价结果及经验总结不断进行内容的修改与调整。

2018年首期创新实验课程实施时，选取了果蝇观察实验、噬菌体侵染细菌实验、DNA分子模型搭建与NCBI数据库比对实验、细菌与抗生素实验、荧光基因的细菌转化实验、人类性状图谱实验、人体苦味基因检测实验、DNA条形码技术实验8个实验，以及基因工程系列实验4日营地课程。

2019年第二期项目在实施过程中，根据学生及授课教师的反馈情况对课程进行了调整，为拓展学生学习的空间，将原内容分为普及性课程、提升性课程和研究性学习课程三个板块。其中，普及性课程包括细菌转化实验与限制性内切酶分析实验；提升性实验包括微生物的实验室培养实验、土壤细菌的分离与纯化实验、凝乳酶的固定化实验；研究性学习开展了"苏州本土植物条形码"项目。

3. 课程实施的目标

生物创新实验课程的实施力求满足学生生物学科核心素养的培养，具体实施目标体现在以下四个方面。

（1）注重知识在生活情境中的应用

本项目分别在不同阶段的课程中为学生设置了相应的情境。例如，在普及性课程中，向学生展示具有绿色荧光蛋白基因的小鼠在紫外光下发出绿色荧光，使其利用所学的知识自己设计并动手制造出能够发出绿色荧光的大肠杆菌。

（2）利用假设问题引发学生的探究

完成导入环节之后，教师引发学生对所接受的任务进行思考与探索，给学生一定的探究空间，引导学生利用所学过的知识进行实验设计。① 例如，在普及性课程中为获得具有绿色荧光的大肠杆菌，教师引导学生联系学过的生物技术知识，提出设计方案。接下来，教师在学生方案的基础上进一步引导：如何获得水母中的 GFP 基因？如何与质粒进行连接？连接后的重组 DNA 如何导入大肠杆菌体内？教师鼓励学生积极参与到讨论活动中，结合相关的理论和知识，给学生一些引导和思维提示，帮助学生找到问题的切入点，一步一步整理并完善实验流程。

（3）通过解决问题实现知识的拓展

通过系列实验，学生对基因工程的操作流程有了直观的认识和真实的体验，能够看到构建过程中通过凝胶电泳鉴定质粒的酶切和连接结果，实验结束后能观察到发着荧光的细菌。在整个实验过程中，教师利用操作中遇到的具体问题拓宽学生的知识面，在实验结束后，为学生提出一些开放性的问题，引导学生使用期刊、网络、书籍等多种可以获得知识的途径，延伸知识的深度，拓宽知识的广度。

（4）分析归纳结果达到能力的提升

在实验过程中，对实验结果的归纳和总结的能力也同样重要。例如，在普及性课程中，实验过程环环相扣，每一个环节都可能成为实验成功或失败的关键点。不论实验成功与否，教师都带领学生分析原因，探讨实验过程中出现的问题。对于实验结果所得到的数据，师生进行归纳分析，探究数据背后的意义和观点。

（二）"教·学·做·评合一"的生物创新实验课程开发实施的过程

1. 教·学·做一体化过程的实施与改进

为更好地匹配校内课程，提高效能，课程组教师在三年的课程实施过程中对课程内容、过程、课时、实验材料及实验设备等不断进行了改进与优化。

（1）实验内容的整合

在课程实施过程中，课程组根据学生的学习情况及师生反馈不断进行内容的调整，由最初的 8 个独立的实验课程及一期连续 4 天的系列课程，调整为 5 课时的基因工程系列实验及 6 课时的 PTC 苦味基因检测实验。

（2）实验过程的完善

基因工程系列实验原为 4 天的连续课程。课程组考虑到学校课程的课时安排，通过升级实验材料、优化实验条件、学生实验与教师演示相结合的方式，调整实验时长，完善实验过程，将系列实验调整至三部分共计 5 课时。

（3）实验课时的优化

在基因工程系列实验中，有些实验过程缓慢，耗时较长，如 PCR 实验程序运行需约 2 h，电泳实验运行需约 1 h，在时间分配上不利于学校用 1 节课时间来开展，在一定程度上增加了学校开设此类课程的难度。② 因此，在实验设计过程中，课程组创新性地通过改变实验条件，缩短了实验时间，提高了实验效率。例如，利用课堂时间完成 DNA 的提取及 PCR 反应体系的配制，利用课后时间完成 PCR 反应程序的运行，在后续课程中进行电泳的运行及分析；在琼脂糖电泳分离 DNA 条带的实验中，将电泳胶浓度

---

① 余丽萍. 核心素养下高中化学实验教学案例的分析［J］. 中学课程辅导，2020（2）：21.
② 周初霞. 高中生物学实验教学的现状与对策：第七届全国中小学实验说课高中生物学案例分析［J］. 中学生物学，2020，36（5）：49-51.

降低为0.8%,电压升高至150 V,电泳运行时间便可由1 h缩减至20 min;在电泳运行的时间里,教师通过动画、视频、手绘、讲解等形式向学生讲授电泳运行的原理,引导学生对结果进行分析,使学生从单纯完成实验的浅层学习过渡到理解实验原理、会分析实验结果的深层学习。

(4) 实验材料的改进

在实验中选取更适合的实验材料也可提高学生的学习热情并优化实验时间。例如,选择绿色荧光蛋白基因作为目的基因,学生在成功构建重组DNA并转入受体细菌后,可在紫外光下看到发出绿色荧光的大肠杆菌。这大大激发了学生的学习兴趣。在限制性内切酶实验中选择活性更高的高效酶,既可以减少酶的用量,也可以减少反应的时间,提高课堂效率。

(5) 实验设备的优选

在实验教学过程中,针对很多学校没有相应的分子生物学实验设备,学习中心"送课进校"的同时,也将相关仪器设备带入各高中校,满足学生的实验需求。在此过程中,课程组对所用设备进行优选,使学生能够地接触分子生物实验室先进的仪器设备,为日后走进高校实验室打好基础,也为学校建立分子生物实验室提供设备参考与技术支持。

2. 评价的实施与改进

(1) 对学生课堂参与度的评价

课程组对苏州大学附属中学2017级112名生物选修班学生的评价采用随机调查和发放调查问卷的方式进行课堂参与度评价[1]。随机课堂观察进行了9次。教师共提问54次。学生集体回答21次,占问题总数的38.89%;学生自主参与16次,占问题总数的29.63%;被动参与12次,占问题总数的22.22%;无人参与5次,占问题总数的9.26%(表5-4-1)。

表5-4-1 学生课堂参与情况

项目	次数/次	比例/%	累计比例/%
集体回答	21	38.89	38.89
主动参与	16	29.63	68.52
被动参与	12	22.22	90.74
无人参与	5	9.26	100.00
合计	54	100.00	100.00

(2) 对实验教学的过程性评价

① 学生评价。

在生物创新实验课程进行中,课程组通过问卷调查的形式收集学生对教学过程的评价(表5-4-2),共发放调查问卷112份,回收106份。90.56%的学生认为生物创新实验课程中教师演示的部分多于传统课堂;79.25%的学生认为创新实验课程中教师描述

---

[1] 闫芳. STEM教育与高中生物课堂教学融合的实践分析 [J]. 高考, 2020 (16): 168.

实验过程环节的部分多于传统课堂；66.04%的学生认为创新实验课程中学生的提问更多；75.47%的学生认为创新实验课程中学生讨论环节更多；77.35%的学生认为创新实验课程中学生设计实验的环节更多；83.02%的学生认为创新实验课程中学生记录实验结果的环节更多；73.59%的学生认为创新实验课程中以小组合作的形式完成实验的更多；94.34%的学生认为在创新实验课程中进行实验总结并制作学术海报的指导的更多；88.68%的学生认为在做科学研究并与科学界共享数据方面，创新实验课程中给予他们更多的帮助。

表 5-4-2　学生对实验教学的过程性评价①

	创新实验课程多很多	创新实验课程多一些	与传统课堂一样多	传统课堂多一些	传统课堂多很多
教师演示步骤	56.60%	33.96%	7.55%	1.89%	0
教师描述实验过程	54.72%	24.53%	20.75%	0	0
学生提问环节	33.96%	32.08%	32.08%	1.89%	0
课堂讨论环节	41.51%	33.96%	22.64%	1.89%	0
学生设计实验环节	56.60%	20.75%	22.64%	0	0
学生记录实验环节	66.04%	16.98%	16.98%	0	0
学生以小组形式工作	54.72%	18.87%	26.42%	0	0
学生制作科学海报并总结	79.25%	15.09%	5.66%	0	0
学生做科学研究并与科学界共享数据	71.70%	16.98%	11.32%	0	0

② 学业水平评价

第一期项目实施伊始，课程组针对课程内容、课程安排及学生实际情况制定了学习能力评估试题，分别在项目开始前（学期初）、执行中（学期末）及结束后（基因工程系列营地）对苏州大学附属中学 2017 级的 3 个创新课程实验班及 3 个常规授课的对照班进行评估测试，旨在通过分析评估结果及时修正教学方案。

图 5-4-23 显示通过实验课程的安排，虽然实验班的学生牺牲了课内习题的时间，但测试分值不降反升。学期初实验班与对照班的分差为 0.7 分；经过一个学期 8 个实验后，平均分差值增加到 1.04 分；假期的基因工程系列实验结束后，相同题目的平均分差值增大到 3.66 分。

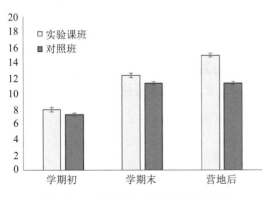

图 5-4-23　创新课程学生评估测试结果

---

① 杨桦，张梦杰，朱云国. 以学生为本优化理论课教学：遗传学课堂调查问卷分析 [J]. 教育教学论坛，2018（17）：95-96.

截至 2020 年，该课程已在园区进行三期，课程组也对每期参与学生进行了学业水平的跟踪分析。2018 级学生在园区高三学期初测评（测评时间 2020 年 9 月）中，基因工程知识点相关题目平均分为 2.73 分（满分 9 分）。普及性课程授课结束后（2020 年 10 月），该届学生在高三期中考试（2020 年 11 月）中，基因工程知识点的平均分为 7.48 分（满分 12 分）。全区生物选修班学生在创新实验课程结束后，该知识点平均成绩有大幅度提高。

③ 教师评价

在课程实施的过程中，苏州大学附属中学的生物教师发现，实验课程的设计在很大程度上补充了传统课堂教学的空位。以往的校内教学中由于教学时间和实验条件的限制，无法实现基因工程实验课程的整班教学。学生只能死记硬背，理解与掌握的程度并不理想。开展系列实验后，学生不但掌握了基本操作技能，课程中实物、动画、视频、模型相结合的教学方法也使学生更清晰地了解到技术背后的原理，将复杂的问题具体化。如 PCR 的模块演示，对学校课程的深入开展起到了很大的推动作用，使原本枯燥的分子生物学课程变得鲜活。学生在使用模块动手操作模拟 PCR 扩增的同时，了解了 PCR 扩增过程中变性、退火、延伸等每一步的原理。

（3）对学生科学素养提升的评价

① 普及性及提升性课程学生评价

课程组向学生发放了非智力因素调查问卷，共发放调查问卷 112 份，回收 106 份，让学生对实验教学进行过程性评价（表 5-4-3）。

对于在生物课堂中加入实验环节，96.22% 的学生表示非常愿意在生物课堂中加入实验环节，其中 92.45% 的学生认为实验有助于理论知识的理解和综合能力的增强，而另外的 3.77% 的学生认为实验有助于提高考试成绩。79.25% 的学生认为实验课程对自己生物知识的学习很有帮助。课程开始前，58.49% 的学生表示会阅读资料，带着问题进行操作；32.08% 的学生表示会提前理清实验脉络；7.55% 的学生表示会进行简单的阅读，了解实验的目的和意义。实验过程中如遇失败，64.15% 的学生表示会分析原因，按照正确的实验方法和操作规范进行重复实验；20.75% 的学生表示会认真思考并与同伴共同分析；15.09% 的学生表示认为会寻求老师的帮助。实验结后，64.15% 的学生表示会认真分析实验结果，即使失败了也会从中找到原因，在下一次实验中进行修正。49.06% 的学生表示在实验结束后能提出进一步的探究问题，41.51% 的学生表示能在老师和同学的帮助下提出探究问题；9.43% 的学生认为遇到自己感兴趣的问题会进一步探究。课程结束后，43.40% 的学生表示自己喜欢并时常自己设计实验，60.38% 的学生表示非常愿意参加生物实验课外探究小组。

表 5-4-3　学生对实验教学的过程性评价①

序号	题目/选项
1	你是否希望在生物课的学习中，加入实验环节？ A. 非常希望，有助于理论知识的理解和综合能力的增强（92.45%） B. 非常希望，可帮助提高考试成绩（3.77%） C. 为了完成学习任务，如需要可以接受生物实验课程（3.77%） D. 不希望，浪费时间（0）
2	你认为实验课程是否有助于生物知识的学习？ A. 很有帮助（79.25%） B. 有一定帮助（16.98%） C. 一般（3.77%） D. 没有任何帮助（0）
3	在实验开始前，是否会认真阅读相关内容，理清实验的目的、实验内容和操作步骤？ A. 会认真阅读相关书籍，提出自己的问题，带着问题进行实验操作（58.49%） B. 会进行相关阅读，理清楚实验脉络（32.08%） C. 会简单阅读，了解实验的目的和意义（7.55%） D. 上课时才知道进行的实验内容（1.89%）
4	在实验过程中，如实验失败或有实验现象与预期不一致，你会_____。 A. 分析失败原因，并更加仔细地按照正确的实验方法和操作规范重复实验，再重新分析结果（64.15%） B. 认真思考并与同伴共同分析（20.75%） C. 寻求老师帮助，找出问题所在（15.09%） D. 无所谓，不在意（0）
5	对于实验结果，你会认真分析并得出结论吗？ A. 每次都会，即使失败，也会找到其中原因，并在下一次实验中进行修正（64.15%） B. 如果实验失败，会分析并得结论；如果成功，便不再进行进一步思考（26.42%） C. 自己特别感兴趣的会去分析（9.43%） D. 不分析，操作完就行了，并不关心实验结果（0）
6	实验结束后，你能不能进一步提出研究问题？ A. 能提出进一步的探究问题（49.06%） B. 在老师和同学们的帮助下，提出探究问题（41.51%） C. 遇到自己感兴趣的课题，会提出探究的问题（9.43%） D. 不愿意进一步思考（0）
7	你愿意自己设计并完成实验吗？ A. 很想，并时常这样做（37.74%） B. 很愿意但没有机会（43.40%） C. 一般（1.89%） D. 不想（0）
8	如果是生物实验课外的探究小组，你是否愿意参加？ A. 非常愿意（60.38%） B. 看自己的学习时间（28.30%） C. 有感兴趣的就参加（11.32%） D. 不愿意（0）

---

① 梁魁景. 基于调查问卷分析对园林植物病虫害实验教学改革［J］. 现代园艺，2020，43（3）：194-195.

经过首轮的生物创新实验课程学习之后，参与调查的学生对实验课程做了相应的评价（图5-4-24）。

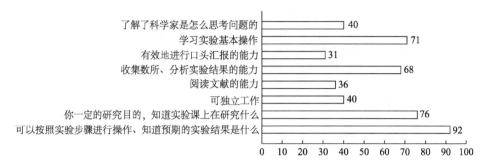

图 5-4-24　实验课程后，哪方面的收获较大（可多选）

② 研究性课程评价

第二期项目实施中，课程组针对园区部分学生开展了以"苏州本土植物条形码"为主题的研究性学习课程。

在课程中，学生围绕身边的植物，从选题、实验设计到样本的采集、实验的操作、过程中的纠错与重复、数据的分析、结果的讨论、学术海报的制作，再到学术成果的交流与分享，利用课余时间经历了科学研究的全过程。① 在研究性课程中，学生调查了学校内几条路径的植物多样性，经过物种鉴定，结合人流量统计分析与调查问卷，了解植物多样性分布对学生活动路径的影响。还有学生关注园区生态环境的变化，探究未开发的环境中生长的植物的特点。学生经过文献阅读，共采集了 43 个样本，并在所采集的样本中发现了 1 种外来入侵生物，随后对该生物进行了拓展研究。对中药材有兴趣的学生，分析了实体中药店和网店购买的中药材，运用 DNA 条形码技术，通过 DNA 测序判断购买的药材是否为同一物种，是否存在以次充好的乱象。

完成研究后，课程组组织了一次科学海报展，学生向到场的专家、教师介绍研究的内容及结论，并现场回答了专家、教师的问题。

3. 评价对课程实施的推动作用

课程组根据课程实施后对学生课堂参与度的评价、学生对实验教学的过程性评价以及教师评价等因素，逐步调整课程的内容与授课的方式，丰富学生的学习内容，实现从推动学生深度学习的发生，到达成学生思维与思辨能力的增强，使学生在提高理论知识水平的同时，也能在实验过程中体验惊喜与成就，让学生有兴趣并愿意将学习作为自己的事情，并用适合自己的方式进行学习。

为覆盖更多学生，2020 年第三期课程进行了进一步的调整。取消了研究性学习项目，减少了提升性课程的授课内容，将部分实验融入了提升性课程中。普及性课程为基因工程系列实验，包括目的基因的获取及基因表达载体的构建、重组质粒导入受体细胞、目的基因及其表达产物的检测鉴定，同时完成微生物培养，包括培养基的制备、微生物的接种方法、微生物的培养方法等；提升性实验课程为人类苦味基因检测，针对高

---

① 余巧玲，郑放先. 高中生物探究式实验教学设计研究及案例分析［J］. 生命科学研究，2006（A2）：149-153.

三生物选修班学生开展，具体实验内容包括口腔上皮细胞的提取、DNA 的提取与纯化、PCR 体外扩增、限制性内切酶分析、凝胶电泳分离 DNA 条带、电泳条带分析判断基因型、基因型与表现型的比较与分析等。

（三）生物创新实验课程引入生物教学的意义

1. 补位创新培养学生科学素养

生物创新实验课程项目打破了传统的教学模式，在课堂上不再向学生密集地输出知识点，而是通过亲手做实验，让学生在实验过程中自己发现问题、分析问题、解决问题，把学习的主动权交回学生的手中，使学生全方位体会科学研究的过程和方法。课程在培养学生动手操作能力的基础上，以增强学生实践能力和创新能力为核心，重视培养学生的科学思维能力、探究能力、创新精神及自主学习能力，为发现式学习法的建立提供借鉴意义，通过发现式学习法搭建学生与科研之间的桥梁。

2. 深度学习提升学生学业水平

生物创新实验课程作为教材的补位创新项目，在实验的基础上加深了学生对原有知识的理解，增加了学生知识的深度与广度。在培养学生科学素养的同时，对于提升学生的学业水平具有非常明显的效果。

3. 指导学生职业生涯规划

生物创新实验课程让学生通过完成系列实验，亲身体验生物专业科研工作者的工作状态，提前为学生揭开实验室工作的神秘面纱，使学生更加了解所学的专业及日后可能从事的工作，对学生未来职业规划有很好的导向作用。

4. 改变教学设施与环境

该项目首批试点学校苏州大学附属中学已配置了一间标准的分子生物学实验室。该实验室可供学生进行基本的分子生物学实验操作、项目研究等，为学生进一步探索生物的奥秘提供场所与支持。园区内其他学校，也逐渐加大对实验室的建设投入。此外，创新实验课程在对学生进行授课的同时也完成了三批教师培训。教师的参与大大提高了实验室的利用率。项目的推进让学校实验室、课程及师资资源得到了更广泛、更深入、更充分的利用。

5. 向区外辐射提高整体教学水平

该项目在园区实施三年以来，受到学校的高度认可。除园区外，区外很多学校也对该项目充满了兴趣。该项目的实施为未来将实验课程引入传统课堂教学提供了借鉴。

第五节　特殊教育的典型案例

特殊教育案例中聚焦"远程支持、功能改善"。园区特殊教育对象以智力障碍学生为主，还包括自闭症学生、脑瘫学生及多重残疾学生。这些特殊学生的分布安置根据要求有以下三个途径：轻度的，在普通学校随班就读，中度及重度的在特殊教育学校就读，极重度的送教上门。基于数据导向的特殊儿童教育与康复是信息化教学理论在特殊教育领域的典型应用，成为新一代信息技术在基础教育领域深度应用的时代标志，在信息技术支持下能开发特殊儿童的潜能，促进特殊教育的全纳性，实现零拒绝，让特殊儿童与健全儿童一样享受公平优质的教育。

在"运用数据优化特殊儿童个别化教育的设计与应用"案例中,研究人员通过建立数字化系统平台满足特殊儿童个别化教育需要,破解特殊儿童居所分散、教师巡回服务不便、课程与教学适性不强、评估欠精准等特殊教育面临的困境。基于尊重特殊儿童的个体差异与特殊需求,遵循特殊儿童个别化教育时代发展内涵及其相关理论,针对我国特殊儿童个别化教育面临的现实问题和困境,以远程支持平台建设为驱动,设计了特殊儿童个别化教育数字平台系统。系统从生态评估到课程拟定,从教学实施到综合评鉴,提供了特殊儿童个别化远程教育的一站式全程教育支持服务。案例以一名特殊儿童为个案对系统功能与应用进行了探讨。研究显示特殊儿童个别化远程教育对改善特殊儿童的个别化教育方式、促进特殊儿童的个性化发展、增强特殊教育的针对性和有效性具有一定的推进作用。现在园区所有在仁爱学校学习的特殊儿童均已获得了远程支持,学校、家庭、教师都可以实时掌握每一位特殊儿童的学习与发展情况。远程支持也面向送教上门特殊儿童,使得他们也能像在校特殊儿童一样接受公平的教育与康复。

在"基于长期数据循证分析自闭症儿童的社交技能"案例中,研究者发现,社交技能缺陷是自闭症儿童的核心缺陷,会阻碍其人际交往、学业等方面的发展。当自闭症儿童掌握良好的社交技能时,其能够更好地进行人际互动,进而获得社会大众的接纳和认可,更好地适应社会。近几年基于数据分析的循证研究得到一线特殊教育工作者的重视并引发思考:如何依托大数据平台对自闭症儿童的社交技能展开有效的干预?如何利用通过数据循证分析自闭症儿童的社交技能?在本案例中,研究者结合工作实践,从自闭症儿童社交技能干预领域的重要内容——主动使用口语提要求领域出发,选择实证有效的关键反应训练法对两名学龄自闭症儿童的口语提要求技能进行干预,具体从对身边物品提要求、对缺失物品提要求、寻求他人的帮助提要求、获得他人的注意提要求四个方面展开。

一、案例:运用大数据优化特殊儿童个别化教育的设计与应用

特殊儿童的个别化教育是指在对尊重其个性的基础上,变革以教材、教师为中心的教育为以学生为中心、真切关照每个特殊儿童潜能开发、个性发展的教育,主要包括个别化教育计划与个别教学两个方面。个别化教育计划是个别教学展开的内容依据,在各国特殊教育发展中受到普遍重视。

(一)问题的提出

以特殊儿童发展为中心的个别化课程与教学设计是近年来特殊教育发展的趋势。个别化教育强调以下几点:第一,根据不同特殊儿童的不同兴趣与需要确定目标与任务,在此基础上提出结构合理的个别化教育课程,帮助特殊儿童进行多项选择,为特殊儿童设计合理的教学进度;第二,为特殊儿童设计与提供有针对性的、可以理解的教学情境、教学资源与教学设计,以便他们能完成学习与训练任务;第三,由于每一个特殊儿童完成任务的方式各不相同,教师要充分考虑他们的实际情况,因材施教,确定个别化教学的策略与方式;第四,为特殊儿童学习提供反馈及评估方式,以检验学习效果,为下一步学习设计提供基础性的参考信息。传统的个别化教学的载体是课本、教具、标本等形式。这些资源往往是针对集体教学设计与安排的。

根据大数据时代的特殊儿童教育康复的新特征,研究者在实践中设计与应用特殊儿

童个别化教学载体,以满足特殊儿童课程内容与教学实施的载体需要。基于尊重特殊儿童的个体差异与需求,遵循特殊儿童个别化教育时代发展内涵及其相关理论,研究者针对我国特殊儿童个别化教育面临的现实问题和困境,设计了特殊儿童个别化远程教育支持系统。系统从生态评估到课程拟定,从教学实施到综合评鉴,提供了特殊儿童个别化远程教育的一站式全程教育支持服务。

(二) 以大数据为导向的特殊儿童个别化教育系统设计

1. 系统简介

通过对特殊儿童个别化教育时代内涵的分析,遵循个别化教育理论、多元智能理论、远程教育理论的核心观点,研究者设计了"特殊儿童个别化远程教育支持系统"平台,构建了以"生态评估、课程拟定、教学实施、综合评鉴"四大模块为主体架构的系统设计,实现了门户统一、网络管理、检索方便、数据共享、可视化智能统计等功能。每一个模块都是一个半开放的系统结构,可根据教育理念、课程发展、教学方式、评鉴量表进行添加、查看、修改和删除设置。在该系统中,学生的初始评估、课程、教学及后期评鉴都被系统记录下来,所生成的个别化教育计划、课程资源与评鉴分析又可作为后续设计依据。通过这样连续性迭代循环实操来修正、完善个别化教育设计,有效地促进了特殊儿童个别化教育质量的提高。

2. 功能特点

系统四个模块的设计力求满足特殊儿童个别化远程教育需求。其远程教育特色主要体现在四个方面[①]:

第一,促进了特殊教育数字化课程与教学改革。系统的设计能实现线上线下教育教学与康复训练的互相补充,能按需设计或推送有针对性的课程与资源,通过特殊教育远程化促进特殊儿童课程与教学改革。事实证明,在疫情时期,特殊儿童个别化教育系统对儿童教育康复的促进作用非常明显。

第二,创新了特殊教育远程教学模式。系统在施教地点上突破了普通学校、特殊学校和送教上门等形式中现实环境的限制,形成了特殊儿童个别化教育团队中普教教师、特教教师、巡辅教师通过远程教育环境开展教学、科研、资源等有效沟通机制,克服了传统教育康复中信息沟通难的局面。

第三,拓宽了"送教上门"服务渠道。系统能化解重度障碍特殊儿童到校学习难的困境,能更好、更有的放矢地服务于接受"送教上门"的特殊儿童,实现了"巡辅教师"上门施教与远程指导的有机结合,不仅能提高教育教学与康复训练效益,还能减轻"巡辅教师"路途奔波。

第四,实现了特殊儿童远程教育的可视化评估。系统设计了具有一定智慧教育属性的数据可视化汇聚功能,实现了对特殊儿童的智能发展、社会适应、生活实践能力的可视化分析与评估,进而能根据其个别化教育进程进行阶段分析、评鉴结果,及时修正个别化教育方案。

---

① 郑权,张立昌,郑汉柏. 特殊儿童个别化远程教育的设计研究[J]. 中国远程教育,2018 (3):27-33,79-80.

(三)以大数据为导向的特殊儿童个别化教育典型应用

整个系统通过四个模块来解决特殊儿童个别化教育中的典型问题。系统通过四个模块的有机衔接,对特殊儿童首先进行生态评估,了解学生的身体障碍情况、学习特点与个别化需求,通过对其课程能力进行前期评量,找到每位学生的学习起点和最近发展区,在此基础上拟定课程与教学内容,选择合适的教学策略与方式,实施个别化教育,最后完成个别化教育成效的综合评鉴。

研究者以一名脑瘫加智障多重残疾的特殊儿童(以下称为"儿童C",本个案研究中遵守教育科研的相关伦理原则,不会对研究对象的身体与心理造成伤害,并且得到了其监护人的正式许可)为个案,按照本案例特殊儿童个别化教育系统框架的设计思想,为"儿童C"设计的课程是"3D康复个训"。课程目标主要是改善其身体运动功能;施教内容为通过体感游戏对其进行粗大动作与精细动作的康复训练;教学模式采用由"巡辅教师"为接受"送教上门"服务的"儿童C"进行上门施教与远程指导相结合的方法。下面对生态评估、课程拟定、教学实施与综合评鉴四个方面的典型应用做进一步论述。

1. 生态评估

特殊儿童个别化教育是一份量身定制的方案,因此完整的基础资料是定制个别化教育方案的前提。在本模块中,生态评估由个人生态评量、选择性评估、多元评估、综合研判组成。

个人生态评量由"学生基本资料""学生兴趣偏好""健康状况""能力现况-1""能力现况-2""家庭生活简述""期望与需求"7个方面组成(图5-5-1)。其中"能力现况-1"是对特殊儿童的认知、语言沟通、学业能力进行评估;"能力现况-2"是对特殊儿童的生活自理能力、社会化及情绪行为能力、动作发展及其他能力进行评估。

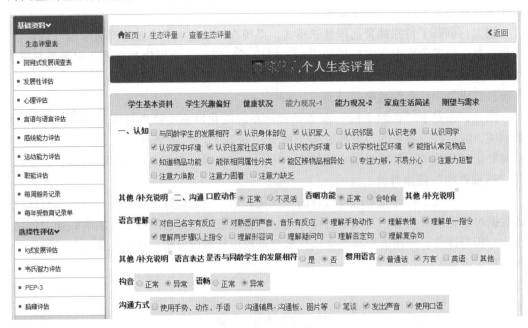

图5-5-1 "儿童C"的生态评量

针对特殊儿童的障碍类型不同，系统提供了选择性评估供评估团队选择性使用，如提供专门针对自闭症谱系障碍儿童的心理教育评估-第三版（Psychoeducational Profile – Third Edition，PEP-3）量表、针对脑瘫儿童的脑瘫患儿的手功能分级系统（Manual Ability Classification System，MACS）量表。为了更好发现特殊儿童的优势潜能，系统还提供了心理评估、语言评估、感统评估、发展评估等专业量表供评估团队使用。

通过特殊儿童的生态评量、选择性评估、多元评估数据的收集进行需求分析可知，特殊儿童需求顺序依其重要性大致为生理方面、生活方面、社会人际方面、学业方面。例如，对有癫痫的特殊儿童而言，照顾其生理需求就远比学业发展更重要；对一个单纯的高功能自闭症儿童，进行增强社会人际能力的个别化教育服务也更显重要；而对一个轻度或中度的智障儿童就应提供生理、生活、社会人际、学业等全方位的个别化教育服务。

2. 课程拟定

钟启泉指出，课程集中体现了教育思想和教育观念，它既是实现教育目标的蓝图，也是组织教育教学活动的依据。① 在特殊儿童个别化远程教育支持系统中，在生态评估的基础上合理为特殊儿童定制个别化教育课程显得特别重要。我国特殊教育课程经历了1993年、2007年、2016年三次大的课程改革。当代特殊教育课程的价值取向逐渐从单一的补偿性、发展性或功能性，向以综合素质能力发展为核心的多元整合型发展，强调三者的相互渗透与融合。②

本系统依据课程发展理念与国家新课标要求，将课程指向特殊儿童的发展性、社会性和实践性三个基本属性，将课程总目标分解成智能发展、社会适应和生活实践三个领域（图5-5-2），每个领域又细分为次领域。比如：将智能发展领域细分为动作能力、感知能力、认知能力、语言能力、数理能力、自我引导能力；将社会适应领域细分为情绪情感、人际关系、社区参与、社会权责、安全防范、实用学识；将生活实践领域细分为日常生活、卫生健康、生活娱乐、信息运用、职业能力、环境保护，每一个次领域内容都有明确的说明，学生达成度从低向高分为四级：0级表示不能，1级表示辅助能，2级表示基本能，3级表示完全能。

通过对"儿童C"的智能发展的课程前期评量可以看出，其"动作能力"与"感知能力"发展相对较好。一个主流的观点是发掘与善用其优势潜能，使其获得更进一步的发展或表现，促进劣势能力的补救与替代，并视其需求来提供个别化教育服务。根据新课程理念从"缺陷补偿"向"潜能开发"转折，进而指向更高层次的"注重潜能开发与功能改善相结合"原则，教师通过评量分析，从该生现有水平出发，为其拟定了"3D康复个训"课程，精选体感游戏教学内容对他进行动作能力与感知能力训练，以增强其粗大动作和精细动作能力，改善其视觉、听觉、前庭与本体觉以及综合运用的能力，满足其日常生活及学习活动中对不同信息接收、处理、运用等方面的需求。

---

① 钟启泉. 为了中华民族的复兴 为了每位学生的发展《基础教育课程改革纲要（试行）》解读［M］. 上海：华东师范大学出版社，2001.
② 盛永进. 特殊教育课程范式的演进及其转向［J］. 中国特殊教育，2011（12）：21-25，81.

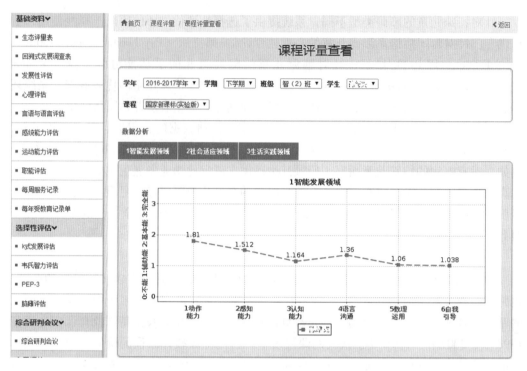

图 5-5-2 "儿童 C"智能发展领域水平评量

3. 教学实施

特殊儿童个别化远程教育主要采用个别教学形式,即教师对受教儿童根据课程设置与教学目标实施个别教学的组织形式。个别教学的显著优点是针对特殊儿童的个性特征因材施教,对提高特殊教育学校教学质量有重要意义。近年来,个别教学在特殊儿童的技能培训、康复训练、行为改变中被广泛使用。2016 年版《特殊教育学校义务教育课程标准》指出:要关注学生的个体差异,通过情景化、个性化的学习体验活动,促进学生主动参与、积极体验和能动发展。

据此个别教学发展理念设计的"教学实施"模块,首页包括导航搜索栏和个别教学列表,主要由学年、学期、班级、学生、学科、课题、任教老师、周次、节次和维护等表单组成。比如,该生的体感游戏教学包括教学目标、教学准备、安全事项、流程及方法、学生参与活动实录和教学反思等环节。由于康复训练需要持续进行,在节假日,"巡辅教师"可远程查看教学设计安排,利用在"儿童 C"家中预置的体感游戏对其进行康复训练(图 5-5-3)。

在本模块"个训学科教学"首页中,教师可通过"新建教学"进行教学内容增添与设计;如果需要查看该生的教学设计及其他内容,可在其列表后的"维护"中点击"查看",相应地也可进行该生个别教学的"编辑"与"删除"操作;在个别教学结束后,可在"教学反思"一栏进行教后反思。

图 5-5-3 "儿童 C"的个别教学内容

4. 综合评鉴

综合评鉴是针对特殊儿童个别化远程教育活动，通过采集、组织、分析资料，加以描述及价值判断的过程。从根本上讲，适切的内容与方式是评鉴的立足点。在"综合评鉴"模块中，评鉴的内容可根据学生个别化教育内容与系统中已有相关量表来确定。评鉴的方式主要有阶段性评价与总结性评价两个。阶段性评价是对个别化教育计划中短期目标完成效果的评鉴。该评鉴数据与个别化教育计划实施前的生态评估基线数据进行比较，就可以客观地显示一段时间个别化远程教育的成效。

系统设计了定性评价与定量评价相结合方式。评价主体坚持教师评价、学生自我评价、家长评价相结合原则；评价结果可以采用多种方式呈现，如折线图、评语、观察描述、案例分析、成长档案等。为了体现定期总结评估的全面性，系统设计了由管理员（班主任）综合该生个别化教育的不同学科课程的综合评鉴内容，统一根据教学目标、学科能力、教育康复等方面进行全面评鉴（图 5-5-4）。

图 5-5-4 "儿童 C"的定期评估

为了促进特殊儿童评鉴的多样化，系统还引入《国际功能、残疾和健康分类（儿童青少年版）》（ICF—CY）量表。ICF—CY 教育康复绩效评估是一种国际化评估体系，拓宽了特殊儿童教育康复与评估研究的新空间，增加了特殊儿童个别化教育评估新方式。

（四）总结与展望

系统使用至今，已积累了 220 名特殊儿童共 3 000 多项个别化教育评量数据与可视化评估，可以为教师、家长及研究者提供学生整个教育康复过程中的不同阶段的发展水平。

本设计研究基于尊重特殊儿童的个体差异与特殊需求，设计了特殊儿童个别化远程教育支持系统，从生态评估到课程拟定，从教学实施到综合评鉴，提供了特殊儿童个别化远程教育的一站式全程教育支持服务，对促进特殊儿童的个性化发展，增强特殊教育的针对性和有效性具有一定的推进作用。系统应用五年来，经过多次迭代设计与应用，功能不断完善，较好地发挥了媒体优势与资源优势，被全国多所特教学校采用。

特殊儿童个别化远程教育是教育信息化在特殊教育领域的创新研究与实践。随着特殊教育对象数量和类型不断扩大，教育理念不断发展，教育内容也向更加个性化课程服务需求趋势发展。这就要求在以后的设计研究中不仅要关注教师的教学需要，还要针对不同障碍类型的特殊儿童需要，对系统进行升级改进，增加诸如手语、盲文、语音等信息无障碍服务设计，以满足盲、聋等特殊儿童"人人皆学、处处能学、时时可学"的需要。同时还要加强在课程资源推送、精准评估等方面个案研究与探索，以加强理论建构功能和实践指导功能①。

二、案例：基于长期数据循证分析自闭症儿童的社交技能

社交技能由一系列约定俗成的规则组成。这些规则能指导和帮助个体独立地参与社会和家庭活动，或者与他人进行沟通交流，分享自己的情绪情感等②。社交技能缺陷是自闭症儿童的核心缺陷，会阻碍其人际交往、学业等方面的发展。当自闭症儿童掌握良好的社交技能时，其能够更好地进行人际互动，进而获得社会大众的接纳和认可，更好地适应社会。

近几年基于数据的循证研究得到一线特殊教育工作者的重视并引发思考。如何将大数据与特殊教育有效整合？如何依托当下的大数据平台对送教上门儿童进行有效干预？如何针对自闭症儿童的社交技能展开有效的干预？如何通过数据循证分析自闭症儿童的社交技能？本案例从两名送教上门的自闭症儿童社交技能干预领域——主动使用口语提要求领域出发，选择实证有效的关键反应训练法对两名学龄自闭症儿童的口语提要求技能进行干预，具体从对身边物品提要求、对缺失物品提要求、寻求他人的帮助提要求、获得他人的注意提要求四个方面展开。

（一）基于数据循证分析的自闭症儿童社交技能干预

美国国家自闭症中心 2009 年公布了 11 种有关 ASD 儿童实证有效的干预方法。国内研究者顾泳芬等人在 2015 年从促进 ASD 儿童社交技能的表现和促进技能习得两个维度对国外的 ASD 儿童的社交技能实证干预方法进行了梳理和总结。以下内容参考已有研究，主要从自闭症儿童社交技能干预方法的应用进行梳理。

1. 促进 ASD 儿童社交技能表现的干预方法

（1）同伴介入法

同伴介入法是研究者借助 ASD 儿童同伴中的正常儿童群体来发展被试的社交技能，而不是直接对自闭症儿童进行教学的一种干预方法。因此对介入的同伴有一定要求（需具备较好的语言理解与表达能力），根据干预需要，必要时要对同伴进行社交技能训练。该干预方法一般包括四种干预模式：融合小组游戏、同伴辅导、同伴支持、小组导向模式。③

（2）提示

提示是一种用来教授自闭症儿童新技能和巩固强化其已习得的技能的干预方法。干预形式分为一对一干预和小组干预。已有研究发现提示对无口语、低口语和有口语自闭症儿童和大龄自闭症人士的干预；适用于自闭症儿童的多种生活环境。

（3）自我管理

国内研究者将 ASD 儿童的社交技能训练中的自我管理定义为儿童根据目标行为，对自身的行为表现进行调节、管控及有效强化。自我管理对自闭症儿童的认知水平和语

---

① 张立昌，南纪稳."走出个案"：含义、逻辑和策略［J］.教育研究，2015，36（12）：99-104，134.
② 顾泳芬，贺荟中. 自闭症儿童社交技能训练的研究综述［J］. 幼儿教育，2015，(30)：35-40.
③ 潘前前，杨福义. 学前自闭症儿童以同伴为中介的社交技能干预研究综述［J］. 幼儿教育，2014（C6）：69-75.

言理解要求较高。[1]

2. 促进ASD儿童社交技能习得的干预方法

(1) 社会故事法

20世纪90年代初美国学者格雷（Gray）提出了社会故事法。格雷认为围绕自闭症儿童的生活情境编写社会故事可以满足其需要。一般来说，自闭症儿童的父母和专业人员会编写社交故事，用以教导自闭症儿童在特定社会情境下表现出符合社交规范的行为。教育者通过暗示、提醒，引导自闭症儿童产生符合社会情境的社交技能、社交行为和语言等，帮助他们在自然情景中正确做出社交反应，进而更好地适应生活。[2]

(2) 录像示范

录像示范是利用自闭症儿童视觉学习的优势，引导ASD儿童观察、模仿录像中呈现的榜样行为，进而学习榜样行为或改变自己当前的行为的一种干预方法。根据示范者的不同，录像示范可分为他人示范和自我示范。录像示范法主要用来对自闭症儿童的社会交往、游戏、沟通及回应等方面进行干预。

(3) 脚本故事法

脚本故事法是指通过为自闭症儿童设计脚本来提示其与他人进行社交互动的一种方法。随着干预次数的不断增加，干预实施者会逐渐撤销脚本的提示，直至自闭症儿童能在没有提示的情况下稳定地表现出适宜的社交行为。

已有的研究证实该方法在对ASD儿童社交技能习得、维持方面效果显著，尤其是对社交技能，如对话技能、社会交往发起有明显的立即效应和维持效应。[3]

(4) 关键反应训练法

关键反应训练法是通过在自然情境下的游戏活动来改善自闭症儿童的社交技能，尤其是提升其主动与他人互动的动机水平。同时关键反应训练法能促进已习得的社交技能的迁移和泛化。关键反应训练法在自闭症儿童干预中被广泛使用。已有研究说明该方法对自闭症儿童的社交技能干预具有较好的即时效应和泛化效果，尤其是对高功能的自闭症儿童。

(二) 基于IEP平台生态评估的送教上门儿童社交技能个案干预

本案例选取两名送教上门的自闭症儿童（以下称为"儿童A"和"儿童B"，本个案研究遵守教育科研的相关伦理原则，不会对研究对象的身体与心理造成伤害，并且得到了其监护人的正式许可）。通过分析远程数字化IEP平台中两位个案的生态评估资料，了解被试目前阶段的发展水平，确定两位被试干预的关键领域。通过关键反应训练的干预，分析关键反应训练对被试口头提要求行为干预的短期效果与长期效果。最后采用视觉分析和C统计分析法进行数据分析。研究框架图如图5-5-5所示。

---

[1] 王颖. 自闭症儿童社交技能干预综述[J]. 绥化学院学报. 2015, 35 (4): 89-95.

[2] 王永固, 张庆, 黄智慧, 等. 社会故事法在孤独症儿童社交障碍干预中的应用[J]. 中国特殊教育, 2015 (4): 45-50.

[3] FLYNN, HEALY. A review of treatments for deficits in social skills and self-help skills in autism spectrum disorder [J]. Res Autism Specturm Disorder, 2012 (6): 431.

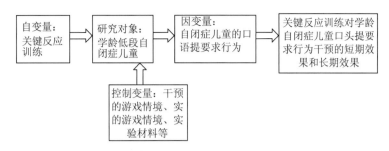

图 5-5-5　研究框架图

下面对干预准备、干预程序、干预方案设计、研究结果及结论四个方面的典型应用做进一步论述。

1. 干预准备

在正式干预前研究者通过对两名送教的自闭症儿童进行远程数字化的个别化教育平台（简称 IEP 平台）的生态评估，对评估数据进行整理、全面细致的分析，聚焦个案迫切发展的领域——社交技能。同时在参考国际上已有的社交技能领域的实证有效的干预方法——关键反应训练法（PRT）的基础上，将本案例的社交技能的目标行为进行细化，具体包括：对身边物品提要求、对缺失物品提要求、寻求帮助提要求和获得注意提要求。通过对目标行为进行操作性定义，为后续的有效干预提供保障。

实施干预前，研究者深度挖掘大数据 IEP 平台中送教上门儿童生态发展评估结果等信息，分析各方面能力发展水平，确定个案所需干预的关键领域，预设干预活动计划。确定干预形式：线上远程+线下送教上门。家长和干预实施者协商制定干预时间：由专业干预教师在固定时间实施干预，一周两次。鉴于"儿童 A"和"儿童 B"都属于送教上门的重度自闭症儿童，研究者根据其个性化课程表确定干预时间：每周一和周四对"儿童 A"实施干预，每周二和周五对"儿童 B"实施干预。两名被试每次干预时间均为下午的送教上门时间，共 70 分钟，一周干预总时长为 140 分钟。

本次的送教上门个案选择符合 2013 年《精神疾病诊断与统计手册（第五版）》中关于自闭症谱系障碍的诊断标准，被试之前均未接受过 PRT 干预。干预之前被试在主动发起提要求的社交技能方面存在明显缺陷，缺乏主动表达需求的意愿，不会使用口语提要求。被试平时未习得合乎社会规范的提要求技能，主要通过哭闹、异常的行为表达需求。这阻碍了其与他人进行正常的沟通与交往，对其整体发展造成不利影响。远程 IEP 平台大数据中的生态评估资料汇总如表 5-5-1、表 5-5-2 所示。

表 5-5-1　"儿童 A"的基本情况

基本信息	女，2012 年 3 月 11 日出生于江苏南通，主要抚养者为父母。经苏州大学附属儿童医院诊断为患孤独症（诊断日期为 2015 年 3 月 11 日），精神残疾一级。2015 年 5 月 1 日在上海鸿慈儿童医院再次确诊为重度自闭症，并接受脑循环、穴位埋植、稳态听觉的治疗
认知能力	认识生活中常见的物品及其功能；能辨认 1~2 种颜色；能认识、辨认圆形；在辅助下会点数 10 个以内的物品

续表

语言能力	接受性语言能力优于表达性语言能力；语言发展年龄相当于1~2岁水平；能理解辨认生活中常见物品，可以理解常见的1步指令；口语表达较清晰，但音调单一，喜欢模仿；能理解1个线索的指令；能回应教师简单指令；不能区分人称代词，对"我"的概念比较模糊；使用口语表达需求的意愿较低，主动性语言偏少，以词语为主
精细动作能力	可以手眼协调完成拼豆、涂色
粗大动作能力	可以跑、双脚跳，动作较协调，喜欢玩追逐类游戏
生活自理能力	会表达自己吃饭、喝水、如厕的需求，可以自己穿有拉链的衣服和有纽扣的衣服，可以灵活使用筷子和勺子用餐
学习特质	偏好视觉、听觉的学习，喜欢动手操作类的学习活动
情绪行为	会出现哭闹、发脾气、抢夺物品的行为

表 5-5-2 "儿童 B"的基本情况

基本信息	男，2011年1月9日出生于苏州。2014经苏州儿童医院诊断为患自闭症
家庭信息	与爸爸、妈妈、外婆住一起，平时主要由外婆照顾。在家中还有一个弟弟
认知能力	认识生活中常见的物品及其功能；能辨认2种颜色，不能进行深浅颜色的分辨；能认识、辨认1~2种平面图形
语言能力	接受性语言能力优于表达性语言能力。语言发展年龄相当于2岁水平，口语表达清晰，但缺乏明显的主动性语言；能理解生活中常见的物品及功能，可以理解1步指令和1个线索的指令。能回应简单指令，但以肢体为主，口语以仿说为主，主动性表达以词语为主
精细动作能力	可手眼协调完成拼版、搭积木、串珠子等活动，精细能力较好
粗大动作能力	能双脚跳、跑，肢体运动比较协调
生活自理能力	能独立完成吃饭、上厕所等基本的自理活动
情绪行为	情绪较稳定，偶尔会有亢奋尖叫的行为，无攻击性行为

2. 干预程序

关键反应训练（PRT技术）的执行程序是以应用行为分析的学习原理A-B-C为基础，因此干预中会用到行为学习中"刺激—反应—结果"的概念，即前提（A）—给儿童提供一个学习机会，行为（B）—观察儿童反应，结果（C）—干预者对儿童行为的反应。所以PRT技术的实际操作也遵循A—B—C的三段式关联模式。

前提策略（A）：包含五大要素，分别是儿童的注意力、干预者清晰且恰当的指令、保持性任务和习得性任务的穿插、分享控制权以及多线索反应。

结果策略（C）：包含三个要素，分别是直接强化、强化合理的尝试以及依从性结果。在实际干预中体现为干预者密切关注儿童的反应，根据儿童的行为做出回应，而这个回应不仅是及时的、迅速的，还是合适的即与儿童行为相关联的。

3. 干预方案设计

本案例根据前期IEP平台特殊儿童大数据评估资料，结合个案自身情况，通过运用

PRT 技术的"自我发起"来提高"儿童 A"的主动提要求技能。干预方案设计依据 PRT 技术的基本实施原则和策略。具体干预方案如表 5-5-3 所示。

表 5-5-3 "儿童 A"的干预方案（对身边物品提要求）

干预目标：增加使用口语对身边物品提要求的主动发起的次数，语言逐渐从词语过渡到陈述句和问句，减少用手抢夺玩具的次数，建立合乎社交规范的提要求方式	
干预过程（以对身边的物品提要求为例）	PRT 干预原则
1. 根据被试的兴趣准备好一个玩具箱，让儿童选择喜欢的玩具。指导语：箱子里有好玩的东西哟，玩玩具喽	遵循儿童的兴趣和选择，吸引注意力
2. 当被试拿出 2~3 个玩具时，干预者迅速移开玩具箱，移开其他干扰物。选择两个玩具，问被试：要玩哪一个	提供选择 分享控制权
3. 当儿童将手移动到玩具的一边或者说"这个"时，干预者迅速将玩具移到自己的面前，等待儿童反应。当儿童目光从玩具移动到干预者，并尝试表达"积木"时，干预者立即强化儿童使用词语提要求的行为，松手将积木给儿童并说："好的，给你。"如果儿童不看向干预者，直接用手抢夺玩具，干预者就不予理睬，将玩具放到自己面前，提示看向干预者眼睛，同时口语提示儿童："要玩积木。"当儿童第一次说出"积木""要积木"等相关的提要求的语言时，干预者立即给儿童积木，给予自然强化。根据儿童的状态，继续示范，等待儿童说出目标句："我要玩积木。"在此过程中穿插儿童已经学会的任务——积木颜色命名的活动，完成后给予强化。在干预中当儿童尝试用目标句提要求，说出"我要"时，干预者也给予强化	自然强化 保持性任务和习得性任务的出穿插 强化尝试
4. 在儿童能熟练使用"我要玩积木"提要求后，干预者给予自然强化。增加任务难度，示范"我要红色的积木"，等待儿童反应。儿童把手放好，眼神由积木转向干预者后，无反应。干预者再次给予示范："我要红色的积木。"当儿童注意力有分散的迹象时，干预者增加儿童已经习得的任务，变换活动：命名积木的形状；表达"圆形的积木、三角形的积木、正方形的积木、长方形的积木"。可以将颜色和形状任务变换，增加多线索的提示	自然强化 多线索示范和提示
5. 在儿童能熟练使用"我要玩____色的积木"提要求后，干预者给予自然强化。增加任务难度，示范"我可以玩积木吗？"，等待儿童反应。儿童把手放好，眼神由积木转向干预者后，无反应。干预者再次给予示范："我可以玩积木吗？"当儿童注意力有分散的迹象时，增加活动：轮流搭积木	保持性任务和习得性任务穿插 立即强化/自然强化 轮流活动，分享控制权
6. 在儿童能独立用"我可以玩积木吗？"提要求后，干预者用开心的情绪递给儿童积木，并回应说："你真棒，给你。"以后再出现选择时，提示水平要逐渐降低，强化标准要逐步提高，比如适时增加难度。当儿说出完整的句子提要求时，干预者再给予强化	—
备注：在整个干预过程中，干预者要注重调整体位，始终处于儿童正面位置，且保持一定距离，使儿童能轻易看到干预者的脸并保持沟通时的愉快，也方便干预者及时推进与儿童眼神、肢体语言等方面的互动交流。每次成功的非语言交流都有助于持续促发儿童的内在动机，降低儿童的习得性无助，培养儿童正向的社会互动经验，促进儿童去尝试更多的主动发起性行为。	

"儿童 B"的主动参与集体活动的意愿较低，其在平时遇到困难时也不会主动寻求帮助，偶尔会出现站起来尖叫的行为，在家里跑来跑去。下面以"儿童 B"对寻求帮助提要求为例，列出其某次干预的具体方案（表 5-5-4）。

表 5-5-4 "儿童 B"的干预方案

干预目标：增加使用口语寻求帮助的主动发起的次数，语言逐渐从词语过渡到陈述句和问句，减少以尖叫行为回应的次数，建立合乎社交规范的提要求方式	
干预过程（以寻求帮助提要求为例）	PRT 干预原则
1. 根据被试的兴趣准备好多个积木箱，让儿童选择喜欢的积木玩具。指导语：搭积木啦，好玩的积木	遵循儿童的兴趣和选择，吸引注意力
2. 当被试走近积木箱，干预者迅速移开其他干扰物。选择两个玩具箱，问被试：要玩哪一个？	提供选择 分享控制权
3. 当儿童将手移动到积木箱的一边或者说"这个"时，干预者迅速将积木箱移到自己的面前，等待儿童反应。当儿童目光从积木箱移动到干预者，并尝试表达"积木"时，干预者立即强化儿童使用词语提要求的行为，松手将积木给儿童并说："好的，给你。"儿童试图打开积木箱，但积木箱锁了起来，儿童打不开。干预者示范："帮帮我/帮我打开"。当儿童能主动提出要求"帮""帮忙"时，干预者马上回应："好的。"然后打开积木箱。强化尝试	自然强化 保持性任务和习得性任务的出穿插 强化尝试
4. 当儿童能熟练使用"帮帮我"提要求后，给予自然强化。增加任务难度，干预者示范"帮我打开箱子"，等待儿童反应。儿童手放好，眼神由积木箱转向干预者后，无反应。干预者再次给予示范："帮我打开箱子。"当儿童注意力有分散的迹象时，干预者增加儿童已经习得的任务，变换活动：命名拼板颜色，表达"红色的拼板、黄色的拼板、橙色的拼板"。可以将颜色和形状任务变换，增加多线索的提示	自然强化 多线索示范和提示
5. 在儿童能熟练使用"帮我打开箱子"提要求后，干预者给予自然强化。增加任务难度，示范"可以帮我打开箱子吗？"，等待儿童反应。儿童手放好，眼神由积木箱转向干预者后，无反应。干预者再次给予示范："可以帮我打开积木箱吗？"当儿童注意力有分散的迹象时，干预者增加活动：轮流拼拼板	保持性任务和习得性任务穿插 立即强化/自然强化 轮流活动，分享控制权
6. 在儿童能独立用"可以帮我打开箱子吗？"提要求后，干预者用开心的情绪打开积木箱，并回应说："打开了，给你。"以后再出现选择时，提示水平要逐渐降低，强化标准逐步提高，比如适时增加难度。当儿童说出完整的句子提要求时，干预者再给予强化。	
备注：在整个干预过程中，干预者要注重调整体位，始终在儿童正面位置，且保持一定距离，使儿童能轻易看到干预者的脸并保持沟通时的愉快情绪，也方便干预者及时调整与儿童眼神、肢体语言等方面的互动交流	

4. 研究结果及结论

（1）儿童 A 的口语提要求行为干预成效

由图 5-5-6 可知，在基线期，"儿童 A"的使用口语提要求的总次数一直较低，保持在 10~12 次的水平；进入干预期后，"儿童 A"的口语提要求行为次数显著增加，最高次数将近 60 次，最低次数为 10 次，而且随着干预的推进，"儿童 A"使用口语提要求的总次数一直呈现快速增加的趋势。这表明了关键反应训练技术对"儿童 A"口语提要求行为干预的立即效应。维持期口语提要求的次数较干预期有所回落,但总体上明显高于基线期水平,基本保持在57~63次的水平。这反映了PRT技术对"儿童A"的口语提要求行为干预具有重要的积极影响,也说明干预效果具有一定的维持效应。下面阐述PRT技术对"儿童A"使用口语提要求整体的干预成效视觉分析(表5-5-5)。

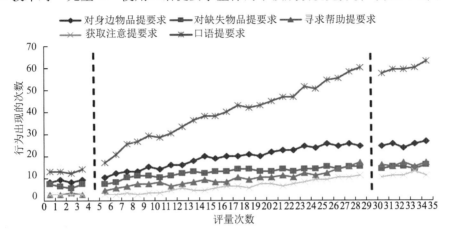

图 5-5-6　关键反应训练对儿童A的口语提要求行为干预成效曲线图

表 5-5-5　PRT对儿童A使用口语提要求的干预成效视觉分析

阶段内分析			
	基线期 A/1	干预 B/2	维持 C/3
1. 阶段长度	4次	24次	5次
2. 水平范围	10~12次	15~60次	57~63次
3. 趋向路径估计	—	—	—
4. 水平稳定性	100% 稳定	29% 变化	100% 稳定
5. 趋向稳定性	100% 稳定	33% 变化	100% 稳定
6. 水平变化	11~12次 (+1)	15~60次 (+45)	57~63次 (+6)
C值	-0.25	0.98	0.99
Z值	0.68	5.01**	2.83**
阶段间分析			
阶段比较		A/B	B/C
相邻阶段间水平变化		3次	3次
平均水平变化		28次	20.6次
趋向方向与效果变化		正向	正向

续表

阶段间分析		
趋向稳定性变化	稳定到变化	变化到稳定
重叠百分比	0	80%
C 值	0.97	0.97
Z 值	5.34**	5.38**

备注：＊为显著，＊＊为极其显著，下表略。

如表5-5-5可知，基线期共有4个点，数据分布在10~12次，平均数为11次。该阶段趋向稳定性达到100%，水平稳定性为100%，整体趋势较为稳定。结合统计结果（$C=-0.25$，$Z=0.68$，$P>0.05$）表明该阶段内差异不显著，故进入干预期。

在干预阶段，共进行了24次评量，水平范围在15~60次，平均数为39次。该阶段的点分布总体呈现上升趋势。水平稳定性为29%，趋向稳定性为33%，说明"儿童A"使用口语提要求的总次数在干预期呈现不稳定的变化趋势。结合干预期的阶段内C统计结果（$C=-0.98$，$Z=-5.01$，$P<0.01$），说明干预期的数据差异显著。根据阶段间的分析结果，基线期和干预期的平均水平变化为28，干预期较基线期"儿童A"的使用口语提要求水平有较大的提升，两阶段间的重叠百分比为0%，结果统计（$C=0.97$，$Z=5.34$，$P<0.01$）表明在干预期儿童A使用口语提要求的行为有明显进步，与基线期数据差异显著。以上数据和视觉图分析表明，干预期儿童A的使用口语提要求行为取得了较好的立即效应。

维持期共进行了5次评量，数据分布在57~63次，平均值为59.6次。趋向稳定性为100%，趋向范围在52~67次，5个点全部落在此范围内，总体呈现稳定的变化趋势。水平稳定性为100%，结合阶段内统计数据（$C=0.99$，$Z=2.83$，$P<0.01$），表明维持期内数据变化具有极其显著的差异。干预期和维持期的阶段间分析得知：两阶段间的重叠百分比为80%，$C=0.97$，$Z=5.38$，$P<0.01$。这些数据表明在维持期儿童A使用口语提要求的行为能较好地维持进步，并且具有显著差异，"儿童A"的使用口语提要求的行为取得了较好的维持效应，即维持期总体上呈现稳定状态，朝着正向趋势发展，干预取得了明显的维持效果。

（2）"儿童B"的口语提要求行为干预成效

从图5-5-7可直观发现，"儿童B"在基线期的总的使用口语提要求的次数较少，其中使用口语寻求帮助、获取注意的行为均未出现，对身边物品提要求和对缺失物品提要求次数也比较少。进入干预期后，"儿童B"的使用口语提要求行为总次数有明显的增加，无论是对身边物品提要求、对缺失物品提要求、寻求帮助提要求还是获取注意提要求行为，出现的次数均有一定的增加。下面对"儿童B"使用口语提要求总的行为的干预成效视觉分析表进行分析（表5-5-6）。

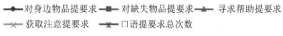
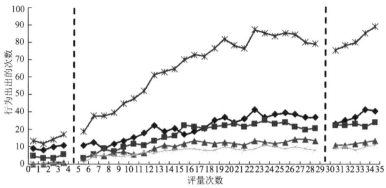

图 5-5-7 关键反应训练对儿童 B 的口语提要求行为干预成效曲线图

表 5-5-6 PRT 对儿童 B 使用口语提要求的干预成效视觉分析表

阶段内分析			
	基线期 A/1	干预 B/2	维持 C/3
1. 阶段长度	4 次	24 次	5 次
2. 水平范围	13~19 次	21~86 次	73~88 次
3. 趋向路径估计	—	—	—
4. 水准稳定性	50% 变化	25% 变化	100% 稳定
5. 趋向稳定性	100% 稳定	25% 变化	80% 稳定
6. 水平变化	15~19 次 (+4)	21~77 次 (+56)	73~88 次 (+15)
C 值	0.41	0.94	0.78
Z 值	1.13	4.79**	2.21*
阶段间分析			
阶段比较		A/B	B/C
相邻阶段间水平变化		2 次	4 次
平均水平变化		47 次	17 次
趋向方向与效果变化		正向	正向
重叠百分比		0%	80%
C 值		0.98	0.96
Z 值		5.37**	5.40**

由表 5-5-6 可知，基线期的阶段长度为 4 次，数据分布在 13~19 次，平均值为 15.75 次，四个数据点呈现上升趋势，但趋向稳定性达 100%，结合阶段内的统计结果（$C=0.41$，$Z=1.13$，$P>0.05$），说明基线期数据比较稳定，因此进入干预期。在干预期共进行了 24 次评量，数据的水平范围在 21~86 次，平均值为 62.7 次，呈现上升的趋势，趋向稳定性为 25%，显示儿童 B 使用口语提要求总的干预呈现不稳定的变化趋势。同时水平稳定范围为 55~71，落在该阶段内的点有 6 个，趋向稳定性为 25%，体现出干预阶段数据变化的不稳定，结合阶段内的统计结果（$C=0.94$，$Z=4.79$，$P<0.01$），说明干预期的数据变化极其显著，表明随着干预次数的增加，"儿童 B"的使用口语提要求行为出现的次数越来越多，变化越来越大。同时结合基线期和干预期两阶段间的比较，阶段间的重叠百分比为 0%，同时 $C=0.98$，$Z=5.37$，$P<0.01$，干预期较基线期数据有极其显著的变化，说明干预取得了很好的立即效应。维持期共评量了 4 次，数据分布在 73~88 次，呈现上升趋势，趋向稳定性为 100%，数据变化稳定，维持期平均数为 79.8 次，水平稳定性为 100%，结合阶段内统计结果 $C=0.78$，$Z=2.21$，$P<0.05$，说明该阶段内的数据变化显著。通过阶段间视觉分析，维持期和干预期重叠百分比为 80%，统计结果为 $C=0.96$，$Z=5.40$，$P<0.01$，表明维持期较干预期有显著差异。总体上表明维持期较干预期的使用口语提要求的行为仍有显著的变化，也进一步说明干预取得了更好的维持效应。

本次研究发现基于 IEP 平台实施的 PRT 技术对增强自闭症儿童的口语提要求能力的干预效果显著，表现出较好的立即效应和维持效应。其中对身边物品提要求和对缺失物品提要求干预效果较寻求帮助和获取注意提要求更明显。这样的干预路径提示后续对重度和极重度的送教上门儿童，因为孩子无法到校接受教育，因此前期可以利用大数据聚焦这一类孩子存在的共性问题，然后通过远程评估、到家评估综合分析聚焦孩子的核心需求，最后通过实证有效的干预方法进行针对性干预，为送教上门的特殊儿童提供有效的支持。这也为园区"适合教育"提供了实践的路径，丰富了园区送教上门特殊教育质量提升的内涵。

（三）总结与展望

苏州工业园区仁爱学校是园区的一所特殊学校，同时发挥园区特殊教育指导中心的职能。学校和指导中心紧紧围绕园区智慧教育平台大数据服务学生教育教学的理念，创新性地设计了数字化 IEP 平台，以期为园区每位有特殊儿童提供适合的教育。目前，学校和特教指导中心依托该平台积累了上百名特殊儿童共 2 000 多项生态评估数据与可视化评估资料，其中包括一部分送教上门特殊儿童的评估资料。这些评估数据为辅助教师、家长及研究者为自闭症儿童制订个性化干预方案提供了有力保障。

本研究个案正是两名送教上门儿童。研究者正是基于 2 000 多项评估数据，以送教上门自闭症儿童核心需求为本位，采用关键反应训练技术对其口语提要求行为进行个别化干预，具体围绕对身边物品提要求、对缺失物品提要求、寻求帮助提要求、获得注意提要求四个方面循序渐进进行个别化的干预，从四个方面提升个案主动提要求的社交技能水平，促进其技能的泛化，为送教上门自闭症儿童家长、教师及康复工作者提供可行的干预建议。同时基于数据循证分析送教上门自闭症儿童的社交技能个案研究为今后缓减自闭症儿童家长的焦虑状态，提升其生活质量，进而提升整个自闭症儿童家庭的幸福感指数具有重大的意义。

综上所述，大数据平台的个性化支持，让教师将先进的实证有效的干预技术送到个案家中的目标成为现实，同时为进一步园区特殊儿童接受优质、公平、适合的教育提供了科学保障，这也正体现了"一个不能少"的园区特殊教育办学遵旨，而所有这些支持和保障也正是汲取园区大数据智慧教育平台成果的体现。

附录：支撑适合的教育数据标准规范

标准是人类文明进步的成果，是经济社会生活中重要的技术依据之一。标准及标准化涉及社会经济生活的诸多方面，成为提升产品与服务质量、调整产业结构、推进成果转化与科技创新、维护生态安全、促进经济产业发展、构建"互联网+教育"大生态圈的重要技术基础。在社会经济发展过程中，标准发挥着基础性、引领性、战略性作用。从中国秦代伊始的"车同轨、书同文"，到现代工业规模化生产和高新技术广泛应用的教育服务创新，都是标准化的实践和体现。在传统工业化时代，标准是后补型的，往往是先有产品，后有标准。但在信息技术和知识经济时代的今天，往往是标准先行，标准起到技术引领与规范前置的重要作用。

园区智慧教育信息标准规范符合国家《国家教育管理信息系统标准与规范》要求。随着园区教育信息化建设的深入发展而不断更新完善，形成一套既满足园区教育自身业务特殊要求，又具备教育行业通用性和普遍性的完善标准体系。

标准助推创新发展，标准引领时代进步，标准化水平的高低，反映了一个国家核心竞争力的强弱和一个行业技术发展水平的高低。标准的重要性为从事专业技术的科技工作者所皆知，无标工作对质量与效益的保障而是一种缺失，无标产品与服务将脱离质量监督管理导致产品失信。因此，标准决定质量，只有高标准才有高质量，谁制定标准谁就拥有话语权，谁掌握标准谁就占据制高点，高质量的发展离不开先进标准的支撑。

信息化标准研究和制定的目的在于满足整个园区智慧教育发展的需要，加强信息化建设的统一领导，建立信息化标准的管理体系，保证信息在采集、处理、交换、传输的过程中有统一的规范，实现信息资源共享。

园区智慧教育依托园区"非凡城市，智慧园区"信息化建设大环境、"四区一城"大架构，与智慧城市建设相融通，建成"三通三库九枢纽"之教育大枢纽平台。在园区智慧教育建设过程中，无论是智慧教育一期的"一库一门户六系统"，还是智慧教育二期的"双线五块"，都按照国家教育"十二五""十三五"规划以及教育行业信息化标准进行建设。智慧教育三期的"一站三块六系统"，即打造一个"易加数据站"，完备"采集、统计、分析、表达"的数据链，形成"个性学、智慧教、科学测、智能评、精准管"的应用闭环；构建"易加学院"、升级"易加分析"，支撑课堂特色创新，满足"明确、简单、有趣"的个性学习；建设"易加综素"，推动学生综合素质评价改革，为学生发展、个性成长的优化开辟更明确的路径；优化"易加招生""易加办公""易加终身"等，都是基于教育大数据的挖掘、应用与创新，更离不开教育行业数据标准规范的支撑。可以说，园区智慧教育是一个基于标准的信息化平台，它的工作、成果、产品、服务、质量，乃至品牌之根基，都基于标准。

园区教育信息化数据标准规范在总结园区多年来教育信息化标准建设与应用实践的基础上，全面论述了园区教育信息化数据标准的制定原则、制定程序和实施标准。标准规范中列出了园区当前使用的基础代码标准、基础数据标准、主题数据标准、数据接口标准等，全面反映了当前园区智慧教育的标准化发展与现状，其对区域智慧教育标准化建设，都具有重要的参考价值。

一、标准管理规范

（一）范围

本标准确立了园区教育信息化数据标准的管理规范，规定了相关标准的制、修订和实施的相关标准。

本标准适用于园区教育信息化应用体系各级各类标准规范的制定、修订和实施过程。

（二）规范性引用文件

下列文件对于本文件的应用是必不可少的。凡是注日期的引用文件，仅所注日期的版本适用于本文件。凡是不注日期的引用文件，其最新版本（包括所有的修改单）适用于本文件。

GB/T 13016—2009 标准体系表编制原则和要求；

GB/T 15834 标点符号用法；

GB/T 15835 出版物上数字用法；

GB/T 20000.1 标准化工作指南 第一部分：标准化和相关活动的通用术语；

GB/T 20000.2 标准化工作指南 第二部分：采用国际标准；

GB/T 20001（所有部分）标准编写规则；

GB/T 20002（所有部分）标准中特定内容的起草。

（三）基本原则

数据标准 Data Standard 是保障数据的内外部使用和交换的一致性和准确性的规范性约束。数据标准管理是规范数据标准的制定和实施的一系列活动，是数据资产管理的核心活动之一，对于提升数据质量、厘清数据构成、打通数据孤岛、加快数据流通、释放数据价值有着至关重要的作用。

1. 标准的结构和编写规则

数据标准的具体形态通常是一个或多个数据元的集合，即数据元是数据标准的基本单元。《信息技术数据元的规范与标准化第1部分数据元的规范与标准化框架》（GB/T 18391.1 2002）将数据元定义为用一组属性描述定义、标识、表示和允许值的数据单元。

2. 标准体系表编制和要求

（1）一般要求

标准体系表包括标准体系结构图、标准明细表、标准统计表和编制说明；标准体系图可由结构方框图和若干个子方框图组成；标准体系的结构关系一般分为上下层之间的层次关系，或按一定的逻辑顺序排列起来的序列关系；也可是由以上几种相结合的组合关系；每个方框可边上图号，并按图号编制标准明细表。

(2) 符号与约定

标准体系结构图内，方框间用实线或虚线连接，用实线标识方框间的层次关系、序列关系，不表示上述关系的连接用虚线，为了表示与其他系统的协调配套关系，用虚线连接表示本体系方框与相关标准间的关联关系，对虽由本体系负责制定的，但应属其他体系的标准亦作为相关标准并用虚线相连，且应在编制说明中加以说明，带文字下画线的方框，仅表示体系标题之意，不包含具体的标准。

3. 各类标准通用编写规定

(1) 目标明确

标准体系表的编制，应首先明确简历标准体系的目标。不同的目标，可以编制出不同的标准体系表；

(2) 全面成套

标准体系表的全面成套应围绕着标准体系的目标展开，体现在体系的系统完整性，即体系的子体系及子体系的全面成套和标准明细表所列标准的全面成套；

(3) 层次适当

列入标准明细表内的每一项标准都应安排在恰当的层次上。从一定范围内的若干个标准中，提取共性特征并制定共性标准。然后将此共性标准安排在标准体系内的被提取的若干个标准之上，这种提取出来的共性标准构成标准体系中的一个层次。基础标准宜安排在较高层次之上，即扩大其通用范围以利于一定范围内的统一。应注意统一标准不要同时列入两个以上体系或子体系内，以避免统一标准由两个或以上部门重复修订。

(4) 划分清楚

标准体系表内的子体系或者类别的划分，主要应按行业、专业或者门类等标准化活动的性质划分，而不宜按行政机构的管辖范围划分。

4. 标准的编排规则

(1) 通则

出版标准的纸张采用 A4 幅面，即 210 mm × 297 mm，允许公差 + 1 mm。在特殊情况下（例如，图、表不能缩小时），标准幅面可根据实际需要延长和（或）加宽，倍数不限，此时，书眉上的标准编号的位置应做相应调整，标准出版的格式应符合本章的规定，标准报批稿的格式宜按本章的规定编排。

(2) 封面

标准名称由多个要素组成时，各个要素之间应空一个汉字的间隙。标准名称也可分为上下多行编排，标准名称的英文译名各要素的第一个字母大写，其余字母小写，各要素之间的连接号为一字线。

封面上标准的编号中，标准代号与标准顺序序号之间空半个汉字的间隙，标准顺序序号与年号之间的连接号为一字线。如果有被代替的标准，则在本标准的编号之下另起一行编排被代替标准的编号。被代替标准的编号之前编排"代替"二字，本标准的编号与被代替标准的编号右端对齐。

(3) 目次

目次中所列的前言、引言、章、附录、参考文献、索引等各占一行半。图或表的目次与其前面的内容均空一行编排。目次中所列的前言、引言、章、附录、参考文献、索引、图、表等均应顶格起排，第一层次的条以及附录的章均空一个汉字起排，第二层次的条以及附录的第一层次的条均空两个汉字起排，依此类推。

章、条、图、表的目次应给出编号，后跟完整的标题，附录的目次应给出附录编号，后跟附录的性质并加圆括号，其后为附录标题。章、条、图、表的编号以及附录的性质与其后面的标题之间应空一个汉字的间隙。前言、引言、各类标题、参考文献、索引与页码之间均用"……"连接，页码不加括号。

（4）前言和引言

前言和引言均应另起一面。

（5）正文

① 正文首页

正文首页应从单数页起排，正文首页中标准名称由多个要素组成时，各要素之间应空一个汉字的间隙，标准名称也可分成上下多行编排。

② 规范性引用文件

规范性引用文件中所列文件均应空两个汉字起排，回行时顶格编排，每个文件之后不加标点符号。所列标准的编号与标准名称之间空一个汉字的间隙。

③ 术语和定义

标准中的"术语和定义"一章不应采用表的形式编排。除条目编号外，其余各项均应另行空两个汉字起排，并按下列顺序给出：

a. 条目编号（黑体）顶格编排；

b. 术语（黑体）后空一个汉字的间隙接排英文对应词（黑体），英文对应词的第一个字母小写（除非原文本身要求大写）；

c. 符号；

d. 术语的定义或说明，回行时顶格编排；

e. 概念的其他表述形式；

f. 实例；

g. 注。

（6）附录

每个附录均应另起一面，附录编号、附录的性质以及附录标题，每项各占一行，置于附录条文之上居中位置。

（7）参考文献和索引

参考文献和索引均应另起一面，参考文献中所列文件均应空两个汉字起排，回行时顶格编排，每个文件之后不加标点符号。所列标准的编号与标准名称之间空一个汉字的间隙。

（四）标准的制定与修订

1. 标准的适用范围

标准的适用范围为必备要素，应置于标准正文的起始位置。范围应明确界定标准化对象和所涉及的各个方面，由此指明标准或其特定部分的适用界限。必要时，应指出标准不适用的界限。如果标准分成若干个部分，则每个部分的范围只应界定该部分的标准化对象和所涉及的相关方面。范围的陈述应简洁,以便作为内容提要使用。范围不应包含要求。

标准化对象的陈述应使用下列表述形式:
——"本标准规定了……的方法、特征、系统。"
——"本标准确立了……的系统、一般原则。"
——"本标准给出了……的指南。"
——"本标准界定了……的术语。"

标准适用性的陈述应适用下列表述形式:
——"本标适用于……"
——"本标不适用于……"

针对不同的文件,应将上述列项中的"本标准……"改成"GB/T XXXXXXXXX 的本部分……""本部分……"或"本指导性技术文件"。

2. 标准的制修订原则

标准的修订原则按照制定标准的一般程序严格执行,各个阶段对应的工作和执行标准参照下文。

3. 制定标准的一般程序

(1) 调查研究、收集资料

数据标准调研工作,主要从业务运行和管理层面、国家和行业相关数据标准规定层面、信息和业务系统数据现状三个方面开展,调研内容包括现有的数据业务含义、数据标准分类、数据元定义、数据项属性规则以及相关国际标准、国家标准、地方标准和行业数据标准等。

(2) 起草标准草案

根据数据标准调研结果以及行业的最佳实践,在对现有业务和数据现状进行分析的基础上,定义自身的数据标准体系框架和分类,进一步起草标准草案。

(3) 数据标准意见征询

意见征询工作是指对拟定的数据标准初稿进行宣介和培训,同时广泛收集相关数据管理部门、业务部门、开发部门的意见,减小数据标准不可用、难落地的风险。

(4) 数据标准审议

数据标准审议工作是指在数据标准意见征询的基础上,对数据标准进行修订和完善,同时提交数据标准管理部门审议的过程,以提升数据标准的专业性和可管理执行性。

(5) 形成标准送审稿

在对标准征求意见稿广泛征求意见的基础上,由编制组认真汇总、研究和修改完善后形成标准送审稿。

(6) 编制标准报批稿

提供标准送审稿供相关机构审查,该草案经审查、修改后即成为标准报批稿。

(7) 批准和发布

数据标准的评审发布是保证数据标准可用性、易用性的关键环节。在数据标准定义工作初步完成后,数据标准定义需要征询数据管理部门、数据标准部门以及相关业务部门的意见，在完成意见分析和标准修订后，进行标准发布。

数据标准发布工作是指数据标准管理部门组织各相关业务单位对数据标准进行会签，并报送数据标准决策组织，由其对数据标准进行审批发布的过程。

（五）标准的实施

数据标准执行是指把已经发布的数据标准应用于信息建设，消除不一致的数据的过程。在数据标准落地执行过程中，相关单位应加强对业务人员的数据标准培训、宣贯工作，帮助业务人员更好地理解系统中数据的业务含义，同时也促进信息系统的建设和改造。

1. 基本原则

数据标准落地原则主要包括遵循整体规划、分步实施、价值驱动、确保执行和管控保障五项。

整体规划：数据标准体系建设工作是规划与计划、制定、执行、维护、监督检查一个持续深入的动态过程。

分步实施：综合考量战略价值、业务优先级、实施难易度、数据满足程度和投资回报比，优先定义和执行战略价值高、优先级高、数据重组易实施、投资回报比较高的数据标准，并找到合适的数据标准建设切入点。

价值驱动：业务价值是数据标准工作的原始驱动力，需结合战略目标，与IT系统建设相结合，可以在数据标准工作初期以项目为载体，逐步推进。

确保执行：保证数据标准在业务领域和技术领域的执行是标准体系建设工作的宗旨。

管控保障：建立强有力的组织、制度和管理流程，以保证数据标准工作的顺利进行。

2. 实施标准的程序

（1）制订实施标准计划

深入分析数据标准要求与现状的实际差异，以及实施标准的潜在影响和收益，并确定执行方案和计划。

（2）实施标准的准备

协调各个业务系统和业务部门，统一宣介标准规范的核心思路，统一协调各方面资源，按照计划逐步推进标准落地。

（3）实施标准

推动数据标准执行方案的实施和标准管控流程的执行，数据标准实施方式可以有以下两种方式，分别是按数据主题逐步推进和按业务目标逐步推进。两种方式的优点、缺点和适用场景如表附1-1所示：

表附1-1 数据标准的两种实施方式比较

方式	按数据主题逐步推进	按业务目标逐步推进
优点	1. 全局性强，是真正意义的企业级标准 2. 中立、扩展性好	1. 目标需求明确，有对口业务部门配合 2. 标准落地系统结构清晰，推动力强，见效快
缺点	1. 可能缺乏业务目标，使业务部门难以深入参与 2. 定义过程容易与实际业务目标脱节 3. 标准落地动力不足	1. 缺乏整体观，数据标准的内容易出现交叉或遗漏 2. 会随着业务目标需求的增加不断完善

续表

方式	按数据主题逐步推进	按业务目标逐步推进
适用场景	1. 业务需求不具体 2. 技术部门主导	1. 业务部门参与度高、数据标准管理目标明确 2. 配合主题集市及应用系统建设

（4）检查总结

综合评价数据标准落地的实施成效，跟踪监督标准落地流程执行情况，收集标准修订需求。

3. 标准体系的评价与改进

数据标准并非一成不变的，而是随着业务的发展变化以及数据标准执行效果而不断更新和完善的。

在数据标准维护的初期，首先需要完成需求收集、需求评审、变更评审、发布等多项工作，并对所有的修订进行版本管理，以使数据标准"有迹可循"，保持数据标准体系和框架维护的一致性。其次，应制定数据标准运营维护路线图，遵循数据标准管理工作的组织结构与策略流程，各部门共同配合实现数据标准的运营维护。

在数据标准维护的中期，主要完成数据标准日常维护工作与数据标准定期维护工作。日常维护是指根据业务的变化，常态化开展数据标准维护工作，在拓展新业务时，应及时增加相应数据标准；在业务范围或规则发生变化时，应及时变更相应数据标准；当数据标准无应用对象时，应废止相应数据标准。定期维护是指对已定义发布的数据标准定期进行审查，以确保数据标准的持续实用性。通常来说，维护的周期一般为一年或两年。

在数据标准维护的后期，应重新制订数据标准在各业务部门、各系统的落地方案，并制订相应的落地计划。在数据标准体系下，由于增加或更改数据标准分类而使数据标准体系发生变化的，或在同一数据标准分类下，因业务拓展而新增数据标准的，应遵循数据标准编制、审核、发布的相关规定。

（六）数据标准管理的保障措施

1. 数据标准管理组织架构

数据标准管理组织是以推动数据标准化为目标，负责并落实开展数据标准管理工作全过程的组织体系。数据标准管理组织的设置应遵循数据资产管理组织体系的相关规定，并依据数据标准管理所涉及的不同工作职责，将数据标准管理组织划分为数据标准决策层、数据标准管理部门、数据标准工作组。

数据标准决策层是企业数据标准管理的最高决策组织，主要职责是组织制定和批准数据标准规划、审核和批准拟正式发布的数据标准、协调业务和IT资源，解决在数据分类规划、体系建设、评审发布、执行落地中的全局性、方向性问题，推进企业整体开展数据标准化工作。

数据标准管理层是企业数据标准管理的组织协调部门，主要职责是根据业务需求，组织业务部门和IT部门，开展数据标准落地和数据标准管理相关工作，同时及时将数据标准管理过程中的成果或问题报决策层审批。

数据标准执行层是指具体开展数据标准编制和体系建设的数据标准管理部门，通常由数据标准管理专家、相关业务专家和 IT 专家组成，主要职责是解决编制数据标准、推进数据标准落地工作中的各类具体业务问题和技术问题。

2. 数据标准管理制度体系

数据标准管理制度体系是指组织为开展数据标准管理工作而制定的一系列规章制度。数据标准管理的相关制度应遵循组织数据资产管理的相关制度和原则。数据标准管理制度主要包括数据标准管理办法文件、数据标准规范文件、数据标准管理操作文件。

数据标准管理办法文件：组织制定的内部开展数据标准管理工作的工作办法。一般包括数据标准管理目标、数据标准管理组织中各部门的职责、数据标准管理各项工作的主要过程，以及开展数据标准管理工作的相关机制，如沟通汇报机制、审核机制、考核机制等内容。

数据标准规范文件：指组织已编制并发布的一系列数据标准文件，如基础数据标准、代码和数据接口标准、主题数据标准等文件。

数据标准管理操作文件：指各业务部门根据组织数据标准管理办法制定的，在本部门或本业务领域内开展数据标准化工作的具体实施文件。数据标准管理操作文件也可包含数据标准管理中各主要过程配套的工作模板文件。

二、基础代码标准规范

（一）范围

本标准规定了园区教育管理基础代码集。适用于各级各类教育机构如幼儿园、普通中小学、中等职业学校、高等学校的内部管理以及各级教育行政部门对学校（教育机构）的管理需要。

本标准适用于相关信息处理系统之间的信息交换。

（二）规范性引用文件

下列文件对于本文件的应用是必不可少的。凡是注日期的引用文件，仅注日期的版本适用于本文件。凡是不注日期的引用文件，其最新版本（包括所有的修改单）适用于本文件。

GB/T 2260 中华人民共和国行政区划代码

GB/T 2261.1 个人基本信息分类与代码 第 1 部分：人的性别代码

GB/T 2261.2 个人基本信息分类与代码 第 2 部分：婚姻状况代码

GB/T 2261.3 个人基本信息分类与代码 第 3 部分：健康状况代码

GB/T 2261.4 个人基本信息分类与代码 第 4 部分：从业状况（个人身份）代码

GB/T 2261.6 个人基本信息分类与代码 第 6 部分：人大代表、政协委员代码

GB/T 2261.7 个人基本信息分类与代码 第 7 部分：院士代码

GB/T 2659 世界各国和地区名称代码

GB/T 3304 中国各民族名称的罗马字母拼写法和代码

GB/T 3469 文献类型代码与文献载体代码

GB/T 4657 中央党政机关、人民团体及其他机构代码

GB/T 4658 学历代码

GB/T 4754 国民经济行业分类

GB/T 4761 家庭关系代码

GB/T 4762 政治面貌代码

GB/T 4763 党、派代码

GB/T 4880.1 语种名称代码 第 1 部分：2 字母代码

GB/T 4881 中国语种代码

GB/T 6565 职业分类与代码

GB/T 6864 中华人民共和国学位代码

GB/T 6865 语种熟练程度和外语考试等级代码

GB/T 7156 文献保密等级代码与标识

GB/T 7408 数据元和交换格式 信息交换 日期和时间表示法

GB/T 8561 专业技术职务代码

GB/T 8563.1 奖励、纪律处分信息分类与代码 第 1 部分：奖励代码

GB/T 8563.2 奖励、纪律处分信息分类与代码 第 2 部分：荣誉称号和荣誉奖章代码

GB/T 8563.3 奖励、纪律处分信息分类与代码 第 3 部分：纪律处分代码

GB/T 10113 分类与编码通用术语

GB/T 12402 经济类型分类与代码

GB/T 12403 干部职务名称代码

GB/T 12406 表示货币和资金的代码

GB/T 12407 职务级别代码

GB/T 12408 社会兼职代码

GB/T 13745 学科分类与代码

GB/T 14946.1—2009 全国干部、人事管理信息系统指标体系与数据结构 第 1 部分：指标体系分类与代码

GB/T 16502 用人单位用人形式分类与代码

DA/T 10 高等学校档案实体分类法

GA 59.7 涉外信息管理代码 第 7 部分：护照证件种类代码

GA 214.12 常住人口管理信息规范 第 1 部分：宗教信仰代码

GA 324.1 人口信息管理代码 第 1 部分：户口类别代码

GA/T 704.8 出入境管理信息代码 第 8 部分：中国签证种类代码

GA/T 704.17 出入境管理信息代码 第 17 部分：签注种类代码

高等学校固定资产分类及编码，中华人民共和国教育部高等教育司，中国计量出版社，2000 年

教学仪器设备产品（物资）分类与代码，教育管理信息化标准第 1 部分：学校管理信息标准，中华人民共和国教育部，人民邮电出版社，2002 年 12 月

中等职业学校专业目录，《中等职业学校专业目录》，中华人民共和国教育部，高等教育出版社，2010 年，ISBN：978-7-04-030444-2

统计用区划代码和城乡划分代码编制规则，国家统计局令（第 14 号），2010 年

学位授予和人才培养学科目录，关于印发《学位授予和人才培养学科目录（2011 年）》的通知（学位〔2011〕11 号，国务院学位委员会、教育部文件）

专业学位授予和人才培养目录，关于印发《学位授予和人才培养学科目录（2011年）》的通知（学位〔2011〕11号，国务院学位委员会、教育部文件）

国家职业技能标准目录，人力资源和社会保障部职业技能鉴定中心网站（http：∥www.osta.org.cn）

普通高等学校本科专业目录，中华人民共和国教育部中国教育统计网统计标准（http：∥www.stats.edu.cn）

普通高等学校高职高专教育指导性专业目录（试行），中华人民共和国教育部中国教育统计网统计标准（http：∥www.stats.edu.cn）

学校（机构）标识码，中华人民共和国教育部中国教育统计网统计标准（http：∥www.stats.edu.cn）

（三）术语和定义

GB/T 10113 中确立的术语和定义适用于本标准。

（四）基础代码规范

1. 基础代码字典

表附 2-1　基础代码字典

序号	代码表	序号	代码表
1	SFZJLX 身份证件类型代码表	16	家庭类别代码表
2	GATQW 代码表	17	从业状况（个人身份）代码
3	中国各民族名称代码表	18	专业技术职务代码
4	XX 血型代码表	19	职务级别代码
5	人的性别代码	20	学位授予和人才培养学科目录
6	婚姻状况代码	21	专业学位授予和人才培养目录
7	健康状况代码	22	JB 级别代码
8	日期（Date）完全表示法	23	JLDJ 奖励等级代码
9	宗教信仰代码	24	JLFS 奖励方式代码
10	户口类别代码	25	JLFS 奖励代码
11	政治面貌代码	26	荣誉称号级别代码
12	政治面貌异常类别代码	27	荣誉称号代码
13	学历代码	28	荣誉奖章代码
14	SFBZ 是否标志代码	29	中华人民共和国行政区划代码
15	家庭关系代码	30	普通高等学校本科专业目录

2. 学校管理类代码子集

表附 2-2　学校管理类代码子集

序号	代码表	序号	代码表
1	教育层次行业分类代码	22	JZWFL 建筑物分类代码
2	学校（机构）类别代码	23	JZWJCXS 建筑物基础形式代码
3	BXLX 办学类型代码	24	JZWJDNR 建筑物鉴定内容代码
4	DWBB 学校办别代码	25	JZWJG 建筑物结构代码
5	SZDCXLX 所在地城乡类型代码	26	JZWLBXS 建筑物楼板形式代码
6	SZDQJJSX 所在地区经济属性代码	27	JZWPMXS 建筑物平面形式代码
7	XXBG 学校变更代码	28	JZWYT 建筑物用途代码
8	XXDWCC 学校单位层次代码	29	JZWZK 建筑物状况代码
9	XXJYJGJBZ 学校（教育机构）举办者代码	30	KWZD 刊物装订代码
10	XXXZ 学校性质代码	31	KZSFBZ 抗震设防标准代码
11	CQ 产权代码	32	KWZD 刊物装订代码
12	CSQK 厕所情况代码	33	QDFS 土地取得方式代码
13	DKDWZZ 地勘单位资质代码	34	SYZK 使用状况代码
14	FJYT 房间用途代码	35	TSQKZT 图书期刊状态代码
15	FWCQ 房屋产权代码	36	WWJZDJ 文物建筑等级代码
16	FWLX 房屋类型代码	37	YQSYFX 仪器使用方向代码
17	GNFS 供暖方式代码	38	YQXZ 仪器现状代码
18	GSQK 供水情况代码表	39	ZTBXS 招投标形式代码
19	HDFS 获得方式代码	40	ZYZXTZBZMC 中央专项投资补助名称代码
20	JLDWZZ 监理单位资质代码	41	JFKM 经费科目代码
21	JZWAQPCJL 建筑物安全排查结论代码		

3. 学生管理类代码子集

表附 2-3　学生管理类代码子集

序号	代码表	序号	代码表
1	AQJXXS 安全教学形式代码	7	XSDQZT 学生当前状态代码
2	FJFLB 附加分类别代码	8	XJYDLB 学籍异动类别代码
3	XSNL 学生年龄代码	9	XJYDYY 学籍异动原因代码
4	JDFS 就读方式代码	10	XSBD 学生变动代码
5	ZXXXSLY 中小学学生来源代码	11	XZ 学制代码
6	RXFS 入学方式代码	12	NJ 年级代码

续表

序号	代码表	序号	代码表
13	LQLB 录取类别代码	23	KNCD 困难程度代码
14	RXFS 入学方式代码	24	KNCD 困难原因代码
15	ZCZK 注册状况代码	25	YZBLXW 严重不良行为代码
16	教育培训结果代码	26	JSJB 竞赛级别代码
17	HJLX 获奖类型代码	27	JXJLX 奖学金类型代码
18	JLZZZJLY 奖励资助资金来源代码	28	JNXFZK 缴纳学费状况代码
19	XSHJLB 学生获奖类别代码	29	TJXMLB 体检项目类别代码
20	CJRLX 残疾人类型代码	30	XSTZDB 学生体质达标代码
21	CFMC 处分名称代码	31	XSSFTZFS 学生收费调整方式代码
22	WJLB 违纪类别代码		

4. 教学管理类代码子集

表附 2-4　教学管理类代码子集

序号	代码表	序号	代码表
1	BE 班额代码	17	SKFS 授课方式代码表
2	JKRLB 监考人类别代码	18	SSMZSYJXMS 少数民族双语教学模式代码表
3	JSLX 教室类型代码	19	SYYQ 实验要求代码表
4	JSZYQK 教室占用情况代码	20	SYZLB 实验者类别代码表
5	JXLX 教学类型代码表	21	TSJYXXJD 特殊教育学习阶段代码表
6	JXYFXZ 教学用房性质代码表	22	XQ 学期代码表
7	KCJB 课程级别代码表	23	XZ 学制代码表
8	KCJB 课程类别代码表	24	YEBJLX 幼儿班级类型代码表
9	KSFS 考试方式代码表	25	ZCZK 注册状况代码表
10	KSXS 考试形式代码表	26	ZSDX 招生对象代码表
11	NJ 年级代码表	27	ZXXBJLX 中小学班级类型代码表
12	PXJSX 培训进修时限代码表	28	ZXXBZLB 中小学编制类别代码表
13	PXZSLXY 培训证书类型代码表	29	ZXXKC 中小学课程代码表
14	PXZYSSCY 培训专业所属产业代码表	30	ZXXKCDJ 中小学课程等级代码表
15	RXNL 入学年龄代码表	31	ZXXSYLB 中小学实验类别代码
16	QKWB 缺考舞弊代码表	32	ZXXSYSLB 中小学实验室类别代码

5. 教职工管理类代码子集

表附 2-5　教职工管理类代码子集

序号	代码表	序号	代码表
1	BZLB 编制类别代码	31	教育培训结果代码
2	BZYD 编制异动代码	32	CGMD 出国目的代码
3	CQSHJZHXSTTZWYY 辞去社会兼职或学术团体职务原因代码	33	经费来源代码
		34	考核类别代码
4	GWZY 岗位职业代码	35	考核结论代码
5	JSNL 教师年龄代码	36	未参加考核原因代码
6	RKJS 任课角色代码	37	JSHJLB 教师获奖类别代码
7	RKKCLB 任课课程类别代码	38	JS 角色代码
8	RKXD 任课学段代码	39	纪律处分代码
9	学历代码	40	JZGDQZT 教职工当前状态代码
10	中华人民共和国学位代码	41	JZGLB 教职工类别代码
11	社会兼职代码	42	JZGLY 教职工来源代码
12	学术团体级别代码	43	教师专业技术职务代码
13	语种名称代码	44	HYGZLB 行业工种类别代码
14	中国语种代码	45	JSBD 教师变动代码
15	语种熟练程度代码	46	教师流动类别代码
16	PTHSPDJ 普通话水平等级代码	47	LGYY 离岗原因代码
17	取得资格途径代码	48	LXLZYY 离校离职原因代码
18	PRQK 聘任情况代码	49	免职、辞职原因代码
19	PYXZ 聘用性质代码	50	离休、退休类别代码
20	ZWLB 职务类别代码	51	CBSJB 出版社级别代码
21	职位分类代码	52	CGHJLB 成果获奖类别代码
22	任职方式代码	53	CGLX 成果类型代码
23	职务变动类别代码	54	HYJBXS 会议举办形式代码
24	当前任职状态代码	55	JDJL 鉴定结论代码
25	免职方式代码	56	JHWCQK 计划完成情况代码
26	免职、辞职原因代码	57	KWJB 刊物级别代码
27	（教育）培训、进修性质代码	58	LWBGXS 论文报告形式代码
28	学习方式代码	59	LWBGXS 论文报告形式代码
29	社会单位性质代码	60	SHJJXY 社会经济效益代码
30	在学单位类别代码	61	SRFLX 受让方类型代码

附录：支撑适合的教育数据标准规范

续表

序号	代码表	序号	代码表
62	WCXS 完成形式代码	74	成果水平代码
63	XKMLKJ 学科门类（科技）代码	75	工资变动原因代码
64	XMJFLY 项目经费来源代码	76	保险福利费细目代码
65	XMLX 项目类型代码	77	工资级别代码
66	XMLY 项目来源代码	78	职务工档次代码
67	XSHYDJ 学术会议等级代码	79	职务工资变动原因代码
68	XSJLLX 学术交流类型代码	80	级别工资变动原因代码
69	XZDWLX 协作单位类型代码	81	工资变动类型代码
70	ZLFLZT 专利法律状态代码	82	参加社会保险标识代码
71	ZLLX 专利类型代码	83	用人形式码
72	ZLPZXS 专利批准形式代码	84	编制类型码
73	科技项目类别代码	85	教师职称码

三、基础数据标准规范

（一）范围

本标准确立了园区教育基础库中最基本的信息体系结构、数据元素的元数据结构，规定了教育管理基本数据元素。

本标准适用于园区各级各类教育机构如幼儿园、普通中小学、中等职业学校以及教育行政管理部门的教育管理信息系统数据结构设计。

（二）规范性引用文件

下列文件对于本文件的应用是必不可少的。凡是注日期的引用文件，仅所注日期的版本适用于本文件。凡是不注日期的引用文件，其最新版本（包括所有的修改单）适用于本文件。

GB/T 13016—2009 标准体系表编制原则和要求

GB/T 18391.1-2002 信息技术 数据元的规范与标准化 第1部分：数据元的规范与标准化框架（ISO/IEC 11179—1：1999，IDT）

GB/T 21062.1—2007 政务信息资源交换体系 第1部分：总体框架

GB/T 21062.3—2007 政务信息资源交换体系 第3部分：数据接口规范

GB/T 33782—2017 信息技术 学习、教育和培训 教育管理基础代码

GB/T 35298—2017 信息技术 学习、教育和培训 教育管理基础信息

（三）术语和定义

下列术语和定义适用于本文件。

- 信息 information

关于客体（事实、事件、事务、过程或思想、包含概念等）的知识，在一定的场合中具有特定的意义。

- 数据 data

信息的可再解释的形式化表示。它能够被计算机识别、存储和加工处理。

- 数据元素 data element

通过定义、标识、表示以及允许值等一系列属性描述的数据单元,在特定的语义环境中是不可再分的最小数据单元。

- 元数据 metadata

描述具体的信息资源对象的数据,并能对该对象进行识别和管理,实现信息资源的有效发现与获取。

- 数据项 data item

具有独立含义的最小标识单位。

- 数据类 data catalog

描述同一对象(业务环节)的相关数据元素的集合。

- 数据子类 data subcatalog

数据类所描述的业务环节如可以再分解成若干相对独立的对象,则相对独立对象的相关数据元素的集合称为数据子类。

- 数据集 data set

本标准描述的所有数据元素的集合。

- 数据子集 data subset

按教育主要管理业务划分的数据元素的集合。

- 代码 code

描述单一对象取值的符号,该符号应具有一定规律性,易于计算机和人识别与处理。

- 来源 source

描述本数据项的来源信息。

(四)教育基础库的体系结构

1. 元数据组成

通过对基础信息库实体元数据信息进行梳理,形成资源元数据目录体系。资源无数据目录体系是目录信息与服务、保障与支撑组成的一个总体。参与的角色包括使用者、提供者、管理者,目录信息与服务是指基于教育信息资源核心元数据的、能够提供人机接口查询界面的各种浏览器和客户端应用,同时也提供计算机系统之间通讯的元数据查询服务接口。

资源目录体系是整个教育信息资源共享和开发利用的基础设施。教育信息资源目录体系的主要作用是实现对信息资源的发现和定位,同时对于加强信息资源的管理以及整合利用也有很大的作用。教育信息库资源元数据由元数据实体和元数据元素组成,核心元数据为各教育信息资源元数据标准中必选项,主要提供有关教育信息资源的标识、内容、管理、维护的描述信息。实体元数据可分为资源核心元数据和服务核心元数据。本附录中元数据元素采用摘要的方式进行定义和描述,其主要属性包括定义、英文名称、数据类型、值域、短名、注解 6 个方面,在遵循 GB/T 19486—2004、GB/T 7027—2002、GB/T 10113—2003、GB/T 4754—2002 等国家标准以及江苏省地方标准的前提下，制定出符合苏州市工业园区实际情况的资源目录标准。遵循的标准包括：

表附 3-1　数据元标准

序号	编号	项目名称	对应国际标准
1	GB/T18391.1—2002	信息技术数据元的规范与标准化第 1 部分：数据元的规范与标准化框架	ISO/IEC 11179—1 1999
2	GB/T18391.2—2003	信息技术数据元的规范与标准化第 2 部分：数据元的分类	ISO/IEC 11179—2 2000
3	GB/T18391.3—2001	信息技术数据元的规范与标准化第 3 部分：数据元的基本属性	ISO/IEC 11179—3 1994
4	GB/T18391.4—2001	信息技术数据元的规范与标准化第 4 部分：数据定义的编写规则与指南	ISO/IEC 11179—4 1995
5	GB/T18391.5—2001	信息技术数据元的规范与标准化第 5 部分：数据元的命名和标识原则	ISO/IEC 11179—5 1995
6	GB/T18391.6—2001	信息技术数据元的规范与标准化第 6 部分：数据元的登记	ISO/IEC 11179—6 1997

表附 3-2　信息分类编码标准

序号	编号	项目名称	对应国际标准
1	GB/T 20001.3—2001	标准编写导则第 3 部分：信息分类编码	
2	GB/T 7027—2002	信息分类和编码的基本原则与方法	
3	GB/T 10113—2003	分类与编码通用术语	
4	GB/T7408—2006	数据元和交换格式信息交换日期和时间的表示法	
5	GB/T 2261.1—2003	个人基本信息分类与代码第 1 部分：人的性别代码	ISO 5218
6	GB/T 2261.2—2003	个人基本信息分类与代码第 2 部分：婚姻状况代码	
7	GB/T 2261.3—2003	个人基本信息分类与代码第 3 部分：健康状况代码	
8	GB/T 2261.4—2003	个人基本信息分类与代码第 4 部分：从业状况（个人身份）代码	
9	GB/T 4658—1984	文化程度代码	
10	GB 4761—1984	家庭关系代码	
11	GB 4762—1984	政治面貌代码	
12	GB 4763—1984	党、派代码	
13	GB/T6565—1999	职业分类与代码	
14	GB 6864—2003	中华人民共和国学位代码	

元数据划分成不同的子集。其基本模式由以下 4 个子集组成（图附 3-1）。它还表达

了数据集与代码集的关联。

——XSSJ 学生管理数据子集：组合了园区学生管理数据类的数据元素定义。

——JZGSJ 教职工管理数据子集：组合了教职工管理数据类的数据元素定义。

——JYJGSJ 教育机构管理数据子集：组合了教育机构管理数据类的数据元素定义。

——JCDMSJ 基础代码数据子集：组合了基础代码管理数据类的数据元素定义。

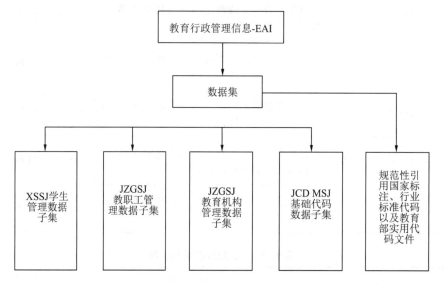

图附 3-1　数据集与代码集

2. 数据的层次结构

各管理数据子集按业务环节和流程将数据项划分为数据类、数据子类（图附 3-2）。

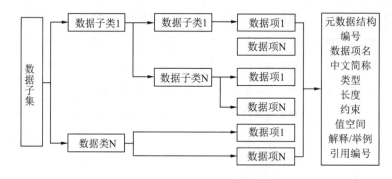

图附 3-2　数据层次与元数据结构

3. 数据元素的结构

（1）数据项组成

图附 3-2 还给出了数据元素的表示结构（数据项），定义了数据元素的元数据结构。元数据结构如下：

——编号：数据项的唯一标识，采用全局统一的 5 段 8 位编码。

——数据项名：由中文简称的汉语拼音首字母大写组成，与中文简称一一对应，宜在实际数据结构中应用。

——中文简称：所用的数据元素的名称，具有语义，面向用户。

——类型：数据项容纳的数据类型，本标准在数据项中简称其为类型（一种属性）。

——长度：数据项能容纳的最大字符数（一种属性）。

——约束：数据项约束状态的描述，即必备数据项或可选数据项（一种属性）。

——参照标准：数据项取值的范围与规范（一种属性）。

——解释/举例：数据项属性的说明或举例。

——引用编号：指明此数据项引用其他已定义数据项的编号。以上 9 项组合了各业务数据子集的元数据结构。

（2）数据项名

宜在实际数据结构中采用。取名原则是由"中文简称"每个字的汉语拼音首字母大写组成，且与其一一对应。在本数据标准的同一数据子集中，数据项不得重名。

（3）数据类型

● 字符型

字符型为 C（Character），在信息系统中取用时，可以是可变长度，如 VARCHAR2（Oracle）或 NVARCHAR（SQL Server）。日期：采用 GB/T 7408 中的日期完全表示法，字符型，中间不加符号。格式：YYYYMMDD。

时间：采用 GB/T 7408 中的时间完全表示法，字符型，中间不加符号。格式：hhmmss。

● 数值型

数值型为 N（Number），可参与运算。

● 币值型

币值型为 M（Money），定义了金额属性的结构对象，此结构包括 3 个域："币种""单位""金额"。默认定义币种为：人民币。单位：元（需要时也可定义为：万元）。总长度：不定长。小数后长度：4 位。取值范围：数字。

需要时，M 可依照 GB/T 12406 定义为其他币种。

● 文本型

文本型为 T，宜用于数量较多的文字描述。本标准约定长度大于 200 字符时采用文本型 T。

（4）约束

可选数据元素 O（Optional data element）：在数据类/子类中定义，但不是必须在数据结构的实例中出现的数据元素。必备数据元素 M（Madatory data element）：在数据类/子类中定义，应在数据结构的实例中出现的数据元素。符合以下三条原则之一的数据项为必备数据元素：

——在该管理数据类或子类中不可或缺的数据项（元素）；

——在标准针对的教育管理范围内，跨管理业务领域的应用系统之间需要交换、共享的数据项。

——需要满足上级部门统计要求或交换的数据项。

（5）参照标准

数据元素取值的格式、范围与规范。凡是可以代码化的，应采用代码。

（6）编号

数据元素的编号方式表示了数据元素的层次结构及其组成成分。采用全局统一的5段10位编码，编号由前4位字母和后6位数字组成。第1、2位的字母代表本标准体系中规定的标准简称（EMGI简称JC），第3、4位的字母代表数据子集的简称，第5、6位的数字代表数据类，第7、8位的数字代表数据子类，最后2位的数字代表数据子类中数据元素的编号，从小到大顺序排列，数据元素的编号在全标准体系内是唯一的。

（7）取用编号

为避免数据冗余，当前数据项如与本标准中已定义的数据项含义及格式相同，则应"取用"已定义的数据项。"取用"的描述规则为：当前数据项的编号、数据项名、中文简称采用被取用数据元素的编号、数据项名、中文简称；"类型""长度"缺省；"约束"条件应按本数据类/子类需求重新确认（M/O）。取用数据元素之后，下一个数据元素的编号接续当前数据元素的上一个数据元素编号编排。

"取用"具有广义性，需要当前数据类或子类可以整体取用本标准已经定义的数据类或子类。

（8）引用编号

为避免数据冗余，当前数据项可"引用"本标准中其他同义数据元素的格式。"引用"的描述规则：在"引用编号"中列出被引用的数据元素的编号；"类型""长度"缺省；"约束"条件应按本数据类或子类需求重新确认（M/O）。

（五）基础数据标准

1. 学生数据集

学生基础数据包括学生基本数据、学生详细信息数据、学生来源信息数据和学生家庭成员数据。

学籍类数据包括学籍基本数据、学籍异动数据、学生入学注册数据和毕业信息数据。

教务类数据包括成绩信息数据、学生奖励信息数据、学生惩处信息数据和学生任职情况信息数据。

扩展类数据包括学生困难补助信息数据、学生奖学金信息数据、学生健康状况数据、学生财务情况数据和学生特长数据。

2. 教师数据集

教师基本数据包括教师基本信息数据、教师详细信息数据、工作简历信息数据、教师档案数据、教师家庭成员信息和教师学习简历信息。

资质类数据包括教师语言能力信息数据、教师专业技术职务信息数据、教师职业证书信息数据和教师职务信息数据。

社会团体兼职类数据包括社会兼职信息数据和学术团体兼职数据。

培养类数据包括国内进修学习信息数据和国外进修学习信息数据。

考核类数据包括组织考察数据、教职工考核数据、教师奖励数据和教师惩处数据。

聘用类数据包括来源数据、部门调动数据、离岗数据和病休数据。

离职类数据包括离职数据、离退数据和返聘数据。

教务类数据包括教师任记录信息数据、教师发表论文信息数据、教师荣誉资质数据、教师教研活动数据、教师参与课题数据和教师异动数据。

财务类数据包括教师薪资信息数据和教师财务数据。

3. 教学机构数据集

教学机构数据包括学校基本信息数据、学校详细信息数据、学校班级详细信息数据、校内机构信息数据、教学教材信息数据、教学专业信息数据、学校课程信息数据、学校房产设施信息数据、学校用地数据、学校安保信息数据、学校奖励数据、学校惩处数据和分校区数据。

四、主题数据标准规范

（一）范围

本标准确立了园区教育主题库中最基本的信息体系结构、数据元素的元数据结构，规定了教育管理基本数据元素。

本标准适用于园区教育信息化应用体系各级各类应用平台的主题数据结构设计。

（二）规范性引用文件

下列文件对于本文件的应用是必不可少的。凡是注日期的引用文件，仅所注日期的版本适用于本文件。凡是不注日期的引用文件，其最新版本（包括所有的修改单）适用于本文件。

GB/T 13016—2009 标准体系表编制原则和要求

GB/T 18391.1—2002 信息技术 数据元的规范与标准化 第1部分：数据元的规范与标准化框架（ISO/IEC 11179—1：1999，IDT）

GB/T 21062.1—2007 政务信息资源交换体系 第1部分：总体框架

GB/T 35298—2017 信息技术 学习、教育和培训 教育管理基础信息

GB/T 8561 专业技术职务代码

GB/T 12403 干部职务名称代码

GB/T 12407 职务级别代码

GB/T 4658 学历代码

JY/T 1001 教育管理信息 教育管理基础代码

JY/T 1007—2012 教育管理信息 教育统计信息

（三）术语和定义

下列术语和定义适用于本文件。

- 信息 information

关于客体（事实、事件、事务、过程或思想、包含概念等）的知识，在一定的场合中具有特定的意义。

- 数据 data

信息的可再解释的形式化表示。它能够被计算机识别、存储和加工处理。

- 数据元素 data element

通过定义、标识、表示以及允许值等一系列属性描述的数据单元，在特定的语义环

境中是不可再分的最小数据单元。

- 元数据 metadata

描述具体的信息资源对象的数据,并能对该对象进行识别和管理,实现信息资源的有效发现与获取。

- 数据项 data item

具有独立含义的最小标识单位。

- 数据类 data catalog

描述同一对象(业务环节)的相关数据元素的集合。

- 数据子类 data subcatalog

数据类所描述的业务环节如可以再分解成若干相对独立的对象,则相对独立对象的相关数据元素的集合称为数据子类。

- 数据集 data set

本标准描述的所有数据元素的集合。

- 数据子集 data subset

按教育主要管理业务划分的数据元素的集合。

- 代码 code

描述单一对象取值的符号,该符号应具有一定规律性,易于计算机和人识别与处理。

- 来源 source

描述本数据项的来源信息。

(四)教育主题库的体系结构

1. 元数据组成

通过对教育业务信息库实体元数据信息进行梳理,形成资源元数据目录体系。资源元数据目录体系是目录信息与服务、保障与支撑组成的一个总体。参与的角色包括使用者、提供者、管理者,目录信息与服务是指基于教育信息资源核心元数据的、能够提供人机接口查询界面的各种浏览器和客户端应用,同时也包括提供计算机系统之间通讯的元数据查询服务接口。

资源目录体系是整个教育信息资源共享和开发利用的基础设施。教育信息资源目录体系的主要作用是实现对信息资源的发现和定位,同时对于加强信息资源的管理以及整合利用也有很大的作用。教育信息库资源元数据由元数据实体和元数据元素组成,核心元数据为各教育信息资源元数据标准中必选项,主要提供有关教育信息资源的标识、内容、管理、维护的描述信息。实体元数据可分为资源核心元数据和服务核心元数据。本附录中元数据元素采用摘要的方式进行定义和描述,其主要属性包括定义、英文名称、数据类型、值域、短名、注解6个方面,在遵循GB/T 19486—2004、GB/T 7027—2002、GB/T 10113—2003、GB/T 4754—2002等国家标准以及江苏省地方标准的前提下,制定出符合苏州市工业园区实际情况的资源目录标准。遵循的标准包括:

附录：支撑适合的教育数据标准规范

表附 4-1　数据元标准

序号	编号	项目名称	对应国际标准
1	GB/T18391.1—2002	信息技术数据元的规范与标准化第 1 部分：数据元的规范与标准化框架	ISO/IEC 11179—1 1999
2	GB/T18391.2—2003	信息技术数据元的规范与标准化第 2 部分：数据元的分类	ISO/IEC 11179—2 2000
3	GB/T18391.3—2001	信息技术数据元的规范与标准化第 3 部分：数据元的基本属性	ISO/IEC 11179—3 1994
4	GB/T18391.4—2001	信息技术数据元的规范与标准化第 4 部分：数据定义的编写规则与指南	ISO/IEC 11179—4 1995
5	GB/T18391.5—2001	信息技术数据元的规范与标准化第 5 部分：数据元的命名和标识原则	ISO/IEC 11179—5 1995
6	GB/T18391.6—2001	信息技术数据元的规范与标准化第 6 部分：数据元的登记	ISO/IEC 11179—6 1997

表附 4-2　信息分类编码标准

序号	编号	项目名称	对应国际标准
1	GB/T 20001.3—2001	标准编写导则第 3 部分：信息分类编码	
2	GB/T 7027—2002	信息分类和编码的基本原则与方法	
3	GB/T 10113—2003	分类与编码通用术语	
4	GB/T7408—2006	数据元和交换格式信息交换日期和时间的表示法	
5	GB/T 2261.1—2003	个人基本信息分类与代码第 1 部分：人的性别代码	ISO 5218
6	GB/T 2261.2—2003	个人基本信息分类与代码第 2 部分：婚姻状况代码	
7	GB/T 2261.3—2003	个人基本信息分类与代码第 3 部分：健康状况代码	
8	GB/T 2261.4—2003	个人基本信息分类与代码第 4 部分：从业状况（个人身份）代码	
9	GB/T 4658—1984	文化程度代码	
10	GB 4761—1984	家庭关系代码	
11	GB 4762—1984	政治面貌代码	
12	GB 4763—1984	党、派代码	
13	GB/T6565—1999	职业分类与代码	
14	GB 6864—2003	中华人民共和国学位代码	

元数据划分成不同的子集。其基本模式由以下 4 个子集组成。其体系结构（图附 4-1），它还表达了数据集与代码集的关联。

——XSSJ 学生管理数据子集：组合了园区学生管理数据类的数据元素定义。

——JZGSJ 教职工管理数据子集：组合了教职工管理数据类的数据元素定义。

——JYJGSJ 教育机构管理数据子集：组合了教育机构管理数据类的数据元素定义。

——JCDMSJ 基础代码数据子集：组合了基础代码管理数据类的数据元素定义。

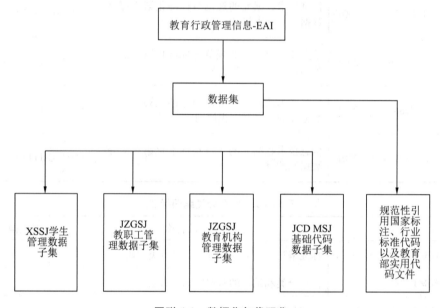

图附 4-1 数据集与代码集

2. 数据的层次结构

各管理数据子集按业务环节和流程将数据项划分为数据类、数据子类（图附 4-2）。

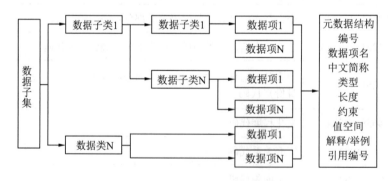

图附 4-2 数据层次与元数据结构

3. 数据元素的结构

（1）数据项组成

图附 4-2 还给出了数据元素的表示结构（数据项），定义了数据元素的元数据结构。元数据结构如下：

——编号：数据项的唯一标识，采用全局统一的 5 段 8 位编码。

——数据项名：由中文简称的汉语拼音首字母大写组成，与中文简称一一对应，宜在实际数据结构中采用。

——中文简称：所用的数据元素的名称，具有语义，面向用户。

——类型：数据项容纳的数据类型，本标准在数据项中简称其为类型（一种属性）。

——长度：数据项能容纳的最大字符数（一种属性）。

——约束：数据项约束状态的描述，即必备数据项或可选数据项（一种属性）。

——参照标准：数据项取值的范围与规范（一种属性）。

——解释/举例：数据项属性的说明或举例。

——引用编号：指明此数据项引用其他已定义数据项的编号。以上 9 项组合了各业务数据子集的元数据结构。

（2）数据项名

宜在实际数据结构中采用。取名原则是由"中文简称"每个字的汉语拼音首字母大写组成，且与其一一对应。在本数据标准的同一数据子集中，数据项不得重名。

（3）数据类型

• 字符型

字符型为 C（Character），在信息系统中取用时，可以是可变长度，如 VARCHAR2（Oracle）或 NVARCHAR（SQL Server）。日期：采用 GB/T 7408 中的日期完全表示法，字符型，中间不加符号。格式：YYYYMMDD。

时间：采用 GB/T 7408 中的时间完全表示法，字符型，中间不加符号。格式：hhmmss。

• 数值型

数值型为 N（Number），可参与运算。

• 币值型

币值型为 M（Money），定义了金额属性的结构对象，此结构包括 3 个域："币种""单位""金额"。默认定义币种为：人民币。单位：元（需要时也可定义为：万元）。总长度：不定长。小数后长度：4 位。取值范围：数字。

需要时，M 可依照 GB/T 12406 定义为其他币种。

• 文本型

文本型为 T，宜用于数量较多的文字描述。本标准约定长度大于 200 字符时采用文本型 T。

（4）约束

可选数据元素 O（Optional data element）：在数据类/子类中定义，但不是必须在数据结构的实例中出现的数据元素。必备数据元素 M（Madatory data element）：在数据类/子类中定义，应在数据结构的实例中出现的数据元素。符合以下三条原则之一的数据项为必备数据元素：

——在该管理数据类或子类中不可或缺的数据项（元素）。

——在标准针对的教育管理范围内，跨管理业务领域的应用系统之间需要交换、共享的数据项。

——需要满足上级部门统计要求或交换的数据项。

（5）参照标准

数据元素取值的格式、范围与规范。凡是可以代码化的，应采用代码。

（6）编号

数据元素的编号方式表示了数据元素的层次结构及其组成成分。采用全局统一的5段10位编码，编号由前4位字母和后6位数字组成。第1、2位的字母代表本标准体系中规定的标准简称（EMGI简称JC），第3、4位的字母代表数据子集的简称，第5、6位的数字代表数据类，第7、8位的数字代表数据子类，最后2位的数字代表数据子类中数据元素的编号，从小到大顺序排列，数据元素的编号在全标准体系内是唯一的。

（7）取用编号

为避免数据冗余，当前数据项如与本标准中已定义的数据项含义及格式相同，则应"取用"已定义的数据项。"取用"的描述规则为：当前数据项的编号、数据项名、中文简称采用被取用数据元素的编号、数据项名、中文简称；"类型""长度"缺省；"约束"条件应按本数据类或子类需求重新确认（M/O）。取用数据元素之后，下一个数据元素的编号接续当前数据元素的上一个数据元素编号编排。

"取用"具有广义性，需要当前数据类或子类可以整体取用本标准已经定义的数据类或子类。

（8）引用编号

为避免数据冗余，当前数据项可"引用"本标准中其他同义数据元素的格式。"引用"的描述规则：在"引用编号"中列出被引用的数据元素的编号；"类型""长度"缺省；"约束"条件应按本数据类或子类需求重新确认（M/O）。

（五）主题数据集

1. 区域画像包括区域画像标签、区域教育概况、学校概况、教师概况、学生概况、区域综合发展、学校发展、教师发展和学生发展等主题数据。

2. 学校画像包括学校画像标签、学校发展、教师发展、学生发展、资源建设、学业发展和校园安全等主题数据。

3. 教师画像包括教师画像标签、教师概况、教育教学、教学绩效和专业发展等主题数据。

4. 学生画像包括学生画像标签、综合素质、成长轨迹、学生水平和学科素养等主题数据。

5. 智慧教学主题包括学校资源累计统计情况、学院访问情况、知识图谱绑定情况、推送资源、学生学习资源统计、学校教师资源贡献TOP10、学校热门资源、教师热门资源和教师资源统计等。

6. 个性学习主题包括监测信息表、参与监测的学生成绩表、监测对应的小题、监测对应的小题得分、小题对应的知识点、素养和能力点等。

7. 精准管理主题包括五星评价历史数据、五星评价学校得分等。

8. 终身学习主题包括"易加终身"平台注册用户统计、终身学习积分排名、街道新闻活动发布数据、终身学习情况、研究成果和终身教育培训机构数据等。

9. 易加平台应用大数据主题包括累计访问次数、实时访问次数（分钟）、实时访问次数（小时）和信息化应用量化指标评分等。

五、数据接口规范

（一）范围

本标准规定了在信息交换时封装教育业务数据采用的数据接口规范，列出具体的交换接口内容。

本标准适用于园区教育行业信息资源交换体系设计与建设。

（二）规范性引用文件

下列文件对于本文件的应用是必不可少的。凡是注日期的引用文件，仅所注日期的版本适用于本文件。凡是不注日期的引用文件，其最新版本（包括所有的修改单）适用于本文件。

GB/T 13016—2009 标准体系表编制原则和要求

GB/T 18391.1—2002 信息技术 数据元的规范与标准化 第1部分：数据元的规范与标准化框架（ISO/IEC 11179—1：1999，IDT）

GB/T 21062.1—2007 政务信息资源交换体系 第1部分：总体框架

GB/T 21062.3—2007 政务信息资源交换体系 第3部分：数据接口规范

GB/T 33782—2017 信息技术 学习、教育和培训 教育管理基础代码

GB/T 35298—2017 信息技术 学习、教育和培训 教育管理基础信息

（三）术语和定义

下列术语和定义适用于本文件。

- 数据 data

信息的可再解释的形式化表示。它能够被计算机识别、存储和加工处理。

- 表示 representation

值域与数据类型的组合，必要时也包括计量单位或字符集。

- 实体 entity

任何具体或抽象的事物，包括事物间的关系。

（四）接口调用规范

1. 总体流程

数据接口的总体流程包含应用接入流程、接口注册流程及服务调用流程三个子流程，各子流程详情见后续章节内容，总体流程详情如图附5-1所示。

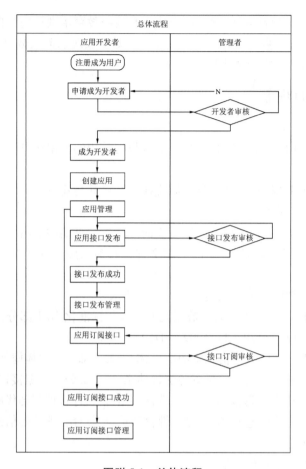

图附 5-1　总体流程

2. 应用接入

（1）应用创建流程

应用开发者首先进入应用管理页面，根据系统提供的指引创建应用，应用创建成功后需把应用提交上架，管理人员收到上架提醒后，审核需要上架的应用是否符合要求，不符合则驳回，反之则应用上架成功。应用创建流程详情如图附 5-2 所示。

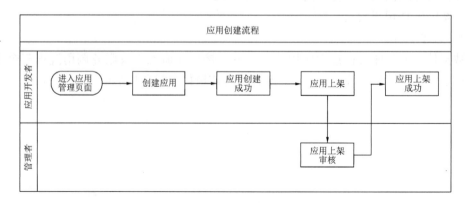

图附 5-2　应用创建流程

（2）应用上架流程

应用开发者创建应用成功后，需对创建的应用进行管理，即可对创建的应用进行查阅、修改编辑、删除等操作。确定无误后提交应用上架的申请，管理人员收到申请后，审核需要上架的应用是否符合要求，不符合则驳回，流程返回到管理应用环节，符合则确认通过，系统提示应用上架成功信息。应用上架流程详情如图附5-3所示。

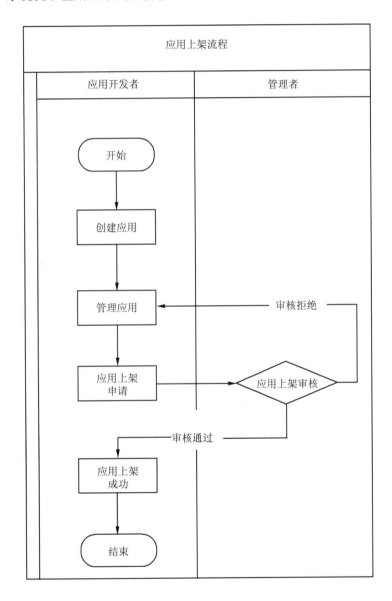

图附 5-3　应用上架流程

(3) 应用的生命周期状态图

应用的生命周期状态为：① 新建的应用状态；② 应用的编辑状态；③ 应用创建的完成状态；④ 应用未上架状态；⑤ 应用上架待审核状态；⑥ 应用已审核状态；⑦ 应用已上架状态；⑧ 应用禁用状态；⑨ 应用正常状态；⑩ 应用已删除状态。详情如图附5-4所示。

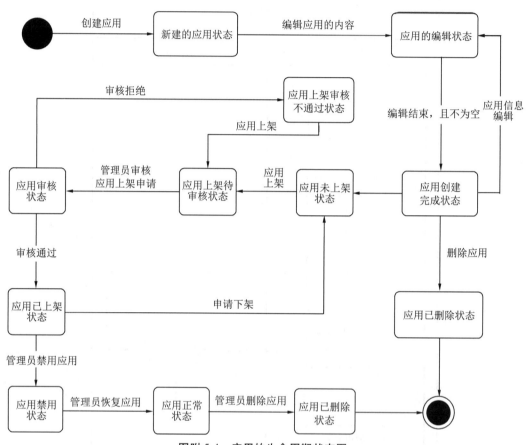

图附5-4 应用的生命周期状态图

3. 接口注册

（1）服务接口发布流程

接口开发者选择应用后创建应用接口，填写应用接口的相关信息完成应用接口的创建。在应用接口管理环节中，可对创建的接口进行查阅、修改编辑、删除等操作。确认无误后发布应用接口，并提交管理人员审核。审核不通过则返回应用接口管理环节，反之则流转到应用接口发布成功环节。管理员对成功发布的接口进行日常管理及限流管理。接口发布流程详情如图附 5-5 所示。

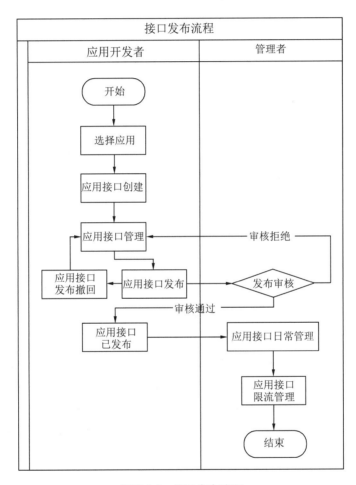

图附 5-5　接口发布流程

(2) 服务接口订阅流程

在服务接口订阅流程中，应用开发者进入应用接口订阅管理环节，选择需要订阅的接口的应用，申请应用接口订阅，审核不通过则返回应用接口订阅管理环节，反之则流转到应用接口订阅成功环节。接口订阅流程详情如图附5-6所示。

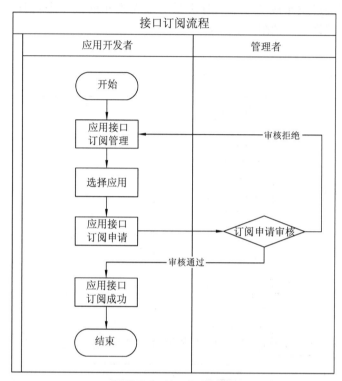

图附5-6 接口订阅流程

(3) 应用接口的生命周期状态图

应用接口的生命周期状态：① 空接口文档状态；② 应用接口编辑状态；③ 应用接口创建完成状态；④ 接口未发布状态；⑤ 接口发布待审核状态；⑥ 接口已审核状态；⑦ 接口已发布状态；⑧ 接口禁用状态；⑨ 接口正常状态；⑩ 接口已删除状态。详情如图附5-7所示。

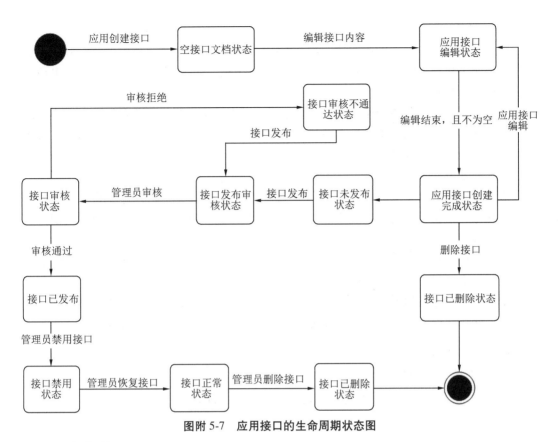

图附 5-7 应用接口的生命周期状态图

4. 服务调用

（1）服务接口发现

接口调用者要调用园区教育数据服务接口，首先需要在数据共享交换平台上进行服务接口的查找，当查找到需要的服务后，需要申请使用该服务接口的权限，申请权限后才开始进行服务调用。流程详情如下图附 5-8 所示：

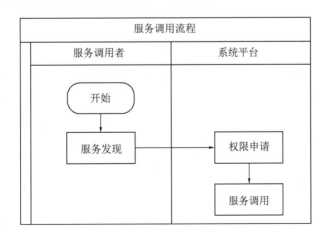

图附 5-8 服务接口调用流程

（2）服务权限申请

数据共享交换平台中的服务接口均有调用安全控制，服务接口调用者要想调用平台中发布的服务接口，需要进行服务接口调用权限申请。申请者在平台上填写好申请原因，并提交平台管理员审核。

服务调用者申请服务调用权限后，服务管理者需要根据服务消费者的申请内容判断是否通过此次申请，如果不通过，则邮件通知服务调用者原因。如果通过，则授权服务调用者使用所申请的服务接口。

（3）服务接口调用

服务消费者拥有了服务调用权限后，需要在自身的应用系统中进行编码以调用服务，在调用时根据相应的接口规范传入相应的鉴权参数（唯一标识符及对应的密钥）。

（4）服务安全认证

当平台接收到用户的服务接口调用请求后，需要对调用进行安全认证。平台的安全认证流程如下：

平台解析服务调用者传入的鉴权参数，如果解析不到标识符及对应的密钥，则终止服务接口调用，返回认证失败的错误代码。反之，则完成认证，可进行服务调用。

（五）接口规范

1. 易加平台一期接口

表附 5-1　易加平台一期接口列表

序号	接口名称	序号	接口名称
1	更新账号信息	13	楼盘信息
2	更新 E 卡通信息	14	数据统计类型接口
3	学校列表	15	学校数量
4	年级列表	16	教师数量
5	班级列表	17	教师学历
6	教职工列表	18	学生数量
7	学生列表	19	招生数量
8	课程信息（学校）	20	交流人数
9	国标基础代码	21	骨干数量
10	老师任课信息	22	职称统计
11	班主任信息	23	特定年龄段人数等
12	施教区列表		

2. 易加平台二期接口

表附5-2　易加平台二期接口列表

序号	接口名称	序号	接口名称
1	教职工基本信息	6	教职工列表
2	学生基本信息	7	学生列表
3	学校列表	8	老师任课信息
4	年级列表	9	班主任信息
5	班级列表		

3. 易加平台三期接口

表附5-3　易加平台三期接口列表

序号	接口名称	序号	接口名称
1	家长信息列表	9	教职工工作经历
2	教职工基本信息	10	教职工学历证书
3	学生简历列表	11	教职工奖励信息
4	校区列表	12	教职工荣誉资质
5	学科列表	13	教职工职称
6	学段年级列表	14	教职工任教记录
7	学期学年信息	15	班主任工作
8	教职工详细信息		

后　记

　　适逢本书成稿之际，从江苏省教育厅传来喜讯，由本成果支撑的研究项目"2018年江苏省基础教育前瞻性教学改革实验'大数据促进适合的教育实践研究'"圆满结题，并被评定为"优秀"等级，这让我们在获得喜悦的同时，更平添了一分教育研究与实践的自信。

　　本书作为区域教育研究与实践的成果，从教育战略、教育理论、教育实践三个层面展现了行动策略与方法。

　　一是教育战略层面的考量。一方面，我们以办人民满意的教育为宗旨，聚焦大数据促进育人方式变革的时代场域，将其作为"教智融合"新型教与学改革的重大教育命题进行攻关，提出研究与实践的逻辑框架、内容框架与实施框架，确保了本项目的科学性与方向性，以期获得理论建构与实践范式。另一方面，本书也彰显了在以更高的历史站位、更宽广的国际视野、更深邃的战略眼光超前布局教育事业的思考，以及以构建人类命运共同体，实现中华民族伟大复兴为己任的教育创新。

　　二是教育理论层面的贡献。在学理性分析的基础上，本书首创性地提出了从学、教、测、评、管五个维度达成适合的教育的理论框架，即植根核心素养的"个性学"；指向立德树人的"智慧教"；针对全程覆盖的"科学测"；促进优质均衡的"智能评"；立足五育并举的"精准管"。需要强调的是，我们改变了"管"字当头的传统模式，把学生的"学"置于中心位置，"管"是在大数据驱动"教、测、评"基础上的教育服务，其精神实质是教育管理的生态化。

　　三是教育实践层面的模式。适合的教育总是在一定的环境中展开的，环境的不断创设和革新及其多样化，必然为教育教学的展开产生有效、有力、有益的影响。着眼本项目，大数据是基础层，适合的教育是应用层，以大数据促进因材施教是目标层。历经多年顶层设计与迭代建设，我们已建立功能完善、架构合理、布局科学的"易加大数据"系统平台，能较好地支撑各类应用，使适合的教育在大数据的驱动下呈现更加丰富多彩的实践样态，以发挥大数据在现代教育中的基础性、导向性和前瞻性作用。

　　教育科研是认识教育规律的重要方式，是促进教育发展的有效途径。本项目尽管取得了阶段性成果，但研究与实践还将持续开展，同时我们也衷心希望各位专家学者与基础教育同行对本书提出宝贵的意见。

　　本书得到了国家数字化学习工程技术研究中心、教育大数据应用技术国家工程实验室、教育部数字化学习支撑技术工程研究中心、苏州大学出版社、21世纪教育研究院等专家学者的全方位指导；凝聚了杨宗凯教授、刘三妩教授、钟绍春教授、陈兴昌总编、熊丙奇教授的殷切关怀与指导，杨宇笛编辑在本书出版过程中给予了细致的指导；在项目实施与本书撰写中，苏州工业园区教育系统多名师生也贡献了集体智慧与辛勤汗水。谨此，向你们表示衷心的感谢与崇高的敬意！